PCs Para Dummies
8a Edición

¡Las Cosas de Mi PC!

Complete la siguiente información vital acerca de su computadora.

Marca y modelo: _____

Nombre de red (si hubiera): _____

Microprocesador: _____

RAM: _____ MB

Capacidad el disco duro: _____ GB

Número de serie: _____

¡La Unidad A es mi primera unidad de disquete!

Unidad A es un: 3½-pulgadas   SuperDisk

¡La Unidad C es mi unidad de disco!

Tengo otras unidades en mi computadora.

Unidad ___ es una unidad de disco.

Unidad ___ es una unidad de disco.

Unidad ___ es una _____.

Unidad ___ es una unidad de CD-ROM.

Unidad ___ es una unidad de CD-R unidad de CD-RW.

Unidad ___ es una unidad de DVD.

Unidad ___ es una unidad de Zip.

Unidad ___ es una _____.

¿Qué se conecta dónde?

Haga un círculo alrededor de los siguientes elementos según apliquen a su PC.

Mi módem está en:
COM1   COM2   USB   Ethernet

Mi impresora se conecta en: LPT1   USB

Mi Puerto USB tiene el siguiente hardware adjunto:

_____

_____

Números telefónicos importantes

Complete la siguiente información para el hardware de su PC.

Mi distribuidor: _____

El nombre y extensión de mi representante de ventas:

La línea de soporte técnico de mi distribuidor:

Para Dummies: La Serie de Libros más Vendida para Principiantes

PCs Para Dummies, 8a Edición

Referencia Rápida

Consejos útiles para utilizar su PC

Siempre sálgase de Windows adecuadamente. Escoja Shutdown en el menú de Start y use el recuadro de diálogo para cerrar o reiniciar Windows.

Haga clic sobre el botón Start para mostrar el menú principal de Start. Puede también pulsar la combinación de teclas Ctrl+Esc.

Inicie cualquier programa en su PC usando el submenú de Programs or More Programs en el menú principal de Start.

El escritorio es el fondo que mira en Windows, la cosa donde los iconos y las ventanas flotan.

La barra de tareas a lo largo de la parte inferior de la pantalla contiene botones, uno para cada programa o ventana que ve en el escritorio.

 Cierre cualquier ventana o sálgase de cualquier programa haciendo clic sobre su pequeño botón X.

Use My Computer para familiarizarse con las unidades de disco, carpetas e iconos — la forma en que Windows le muestra la información dentro de su computadora.

 ¡La tecla Help! Su teclado no tiene una tecla Help adecuada, pero Windows usa F1 como la tecla Help. Para llevar este punto a casa, dibuje una pequeña tecla Help a la izquierda y péguela sobre la tecla F1 de su teclado. Ya. Ahora tiene una tecla oficial de Ayuda para PC *Para Dummies*.

Información de Internet

Mi nombre de registro: _____

Mi contraseña (escríbala en otro lado)

Mi dirección de correo electrónico: _____

Mi dirección de página Web personal: _____

El nombre de dominio de mi ISP: _____

Mi dirección de correo electrónico en Hotmail: _____

Mi contraseña en Hotmail (escríbala en otro lado)

Otra información: _____

Para Dummies: La Serie de Libros más Vendida para Principiantes

TM

¡Soluciones Prácticas para Todos!

¿Le intimidan y confunden las computadoras? ¿Encuentra usted que los manuales tradicionales se encuentran cargados de detalles técnicos que nunca va a usar? ¿Le piden ayuda sus familiares y amigos para solucionar problemas en su PC? Entonces la serie de libros de computación...Para Dummies® es para usted.

Los libros ...Para Dummies han sido escritos para aquellas personas que se sienten frustradas con las computadoras, que saben que pueden usarlas pero que el hardware, software y en general todo el vocabulario particular de la computación les hace sentir inútiles. Estos libros usan un método alegre, un estilo sencillo y hasta caricaturas, divertidos iconos para disipar los temores y fortalecer la confianza del usuario principiante. Alegres pero no ligeros, estos libros son la perfecta guía de supervivencia para cualquiera que esté forzado a usar una computadora.

Millones de usuarios satisfechos lo confirman. Ellos han hecho de ...*Para Dummies* la serie líder de libros en computación para nivel introductorio y han escrito para solicitar más. Si usted está buscando la manera más fácil y divertida de aprender sobre computación, busque los libros ...*Para Dummies* para que le den una mano.

ST EDITORIAL

PCs

PARA

DUMMIES®

8A EDICIÓN

PCs
PARA
DUMMIES®
8A EDICIÓN

por Dan Gookin

1-04 Wiley 10.99

PCs para Dummies®, 8a Edición

Publicado por
ST Editorial, Inc.
Edificio Swiss Tower, 1er Piso, Calle 53 Este,
Urbanización Obarrio, Panamá, República de Panamá
Apdo. Postal: 0832-0233 WTC
www.steditorial.com
Correo Electrónico: info@steditorial.com
Tel: (507) 264-4984 • Fax: (507) 264-0685

Para información general de nuestros productos y servicios o para obtener soporte técnico contacte nuestro Departamento de Servicio al Cliente en los Estados Unidos al teléfono 800-762-2974, fuera de los Estados Unidos al teléfono 317-572-3993, o al fax 317-572-4002

For general information on our products and services or to obtain technical support, please contact our Customer Care Department within the U.S. at 800-762-2974, outside the U.S. at 317-572-3993, or fax 317-572-4002

Library of Congress Control Number: 2003104809

ISBN: 0-7645-4095-5

Publicado por ST Editorial, Inc.

Impreso en Costa Rica por Trejos Hermanos Sucesores S.A.

Acerca del Autor

Dan Gookin se inició con las computadoras en la edad de los tubos al vacío de la computación: 1982. Su primera intención fue comprar una computadora para reemplazar su vieja y quejumbrosa máquina de escribir. Trabajando como un esclavo en un restaurante, sin embargo, Gookin no podía pagar un "procesador de palabras" completo y se limitó a una computadora que tenía un monitor, teclado y algo más. Pronto su carrera de escritor había arrancado con varios envíos a revistas de computación y muchos rechazos.

El gran salto vino en 1984, cuando empezó a escribir sobre computadoras. Aplicando su instinto por ficción con un auto conocimiento de las computadoras, Gookin pudo desmitificar el tema y explicar la tecnología en una forma relajada y comprensible. Hasta se atrevió a poner un poco de humor, que eventualmente le ganó una columna en una revista de computación local.

Eventualmente el talento de Gookin llegó a escribir libros para otros en una casa editora de libros de computación. Eso fue seguido por una posición de edición en la revista de computación en San Diego. Durantes este tiempo, también participó regularmente en un programa acerca de computadoras. Además, Gookin siguió escribiendo libros sobre computadoras, algunos de los cuales se convirtieron en pequeños éxitos.

En 1990, Gookin vino a IDG Books Worldwide con una propuesta. A partir de esa reunión inicial surgió una idea para un libro maravilloso junto con una idea original y muy usada del libro de computación para el resto de nosotros. Lo que se convirtió en *DOS Para Dummies* floreció en un éxito internacional con cientos de miles de copias y muchos lenguajes.

Actualmente, Gookin aún se considera un escritor y "gurú" de computación cuyo trabajo es recordarle a todo el mundo que las computadoras no deben tomarse muy en serio. Su enfoque a las computadoras es liviano y humorístico, aunque muy informativo. Él sabe que las bestias complejas son importantes y pueden ayudarle a las personas a ser productivas y exitosas. Gookin mezcla su conocimiento sobre computadoras con un sentido único de humor que mantiene a todos informados y despiertos. Su frase favorita es "las computadoras son notoriamente sujetos aburridos, pero eso no quiere decir que yo pueda escribir sobre ellas de esa forma".

Los títulos de Gookin para IDG Books incluyen Word 2002 Para Windows Para Dummies, C Para Dummies, Comprar una Computadora Para Dummies y el Diccionario Ilustrado Para Dummies. Todo está dicho. Ha escrito más de 50 libros sobre computadoras, algunos de los cuales ha escrito más de una vez. Gookin tiene un diploma en comunicaciones de la Universidad de California, San Diego y vive con su esposa y cuatro hijos en el interior de Idaho.

Puede contactarlo por correo electrónico en dang@idgbooks.com.

ST Editorial, Inc

Edición al Español

Presidente y Editor en Jefe:
Joaquín Trejos C.

Directora Editorial:
Karina S. Moya

Diseño:
Everlyn Castro
Milagro Trejos C.
Alexander Ulloa

Traducción:
Ana Ligia Echeverría
Sergio Arroyo M.

Corrección de Estilo:
Alexandra Ríos

Asistencia Editorial:
Adriana Mainieri
Laura Trejos C.

Impreso por: Trejos Hermanos Sucesores, S.A.

Edición al Inglés

Adquisiciones, Editorial y Desarrollo de Medios

Presidente General del Proyecto:
Nicole Haims
(Edición Previa: Darren Meiss)

Editor General de Adquisiones:
Steve Hayes

Editora General:
Kim Darosett

Editoras de Pruebas: Jerelind Charles

Editor Técnico: Lee Musick

Especialista en Desarrollo de Medios:
Leah Cameron

Coordinador de Desarrollo de Medios:
Carmen Krikorian
Laura Moss

Supervisor de Desarrollo de Medios:
Richard Graves

Editor General de Permisos:
Jean Rogers

Gerente Editorial:
Jean Rogers

Asistente Editorial:
Jean Rogers

Producción

Coordinador del Proyecto:
Dale White

Diseño Gráfico: Joyce Haughey, Barry Offringa, Jill Piscitelli, Jacque Schneider, Betty Schulte, Julie Trippetti, Jeremey Unger

Correctores: TECHBOOKs Production Services

Índices: Maro Riofrancos

Un Vistazo a los Contenidos

Un Vistazo a las Caricaturas

Por Rich Tennant

página 7

página 379

página 279

página 117

página 415

página 307

página 45

Correo Electrónico: richtennant@the5thwave.com
World Wide Web: www.the5thwave.com

Tabla de Contenidos

Capítulo 24: Correo Electrónico y Más Allá **353**

Personalizar su Correo electrónico 354
   Redactar mensajes con estilo 354
   Crear una firma 355
Manejar sus Mensajes 356
   Crear una carpeta de correo 357
   Mover un mensaje a una carpeta 358
   Eliminar (y des-eliminar) mensajes 359
El Valioso (Address Book) Libro de Direcciones 359
   Agregar un nombre al Address Book (Libro de Direcciones) 359
   Usar el (Address Book) Libro de Direcciones al enviar un mensaje .361
   Crear un grupo 362
Bloquear Mensajes 363

Capítulo 25: ¡Archivos para Acá, Archivos de Allá! **365**

Tomar Cosas de la Internet 365
   Guardar una página Web en el disco 366
   Guardar parte de una página Web en disco 366
   Buscar programas 367
   Bajar un archivo MP3 370
¡Mira, Mamá! ¡Es un Archivo Adjunto de Correo electrónico! 371
   Tomar un archivo adjunto con Outlook Express 373
   Enviar un archivo adjunto en Outlook Express 374
El Mundo del FTP 375
   Explorar un sitio FTP 375
   Unas cuantas palabras acerca de los programas FTP 377

Parte VI: ¡Algo Ocurre! *379*

Capítulo 26: Una Onza de Prevención de PC **381**

El Disco de Reinicio de Emergencia 381
   Instrucciones de Windows 98/Me 382
   Instrucciones de Windows 2000/XP 382
   Ahora que tiene el disco 383
Respaldar sus Archivos 384
"¿Tiene mi PC un Virus?" 386
   Dónde no puede obtener un virus 386
   Software antivirus 387
Utilizar System Restore 388
   Crear un punto de restauración 389
   Restaurar su sistema 390

Introducción

*B*ienvenido a *PC Para Dummies,* la nueva y fresca 8va Edición. Este es el libro que responde a la pregunta, "¿Cómo convierte la computadora a una persona inteligente como usted en un 'dummy'?"

Este libro habla acerca de usar una computadora en términos amistosos, humanos y a menudo irreverentes. Nada es sagrado aquí. La electrónica puede ser valorada por otros. Este libro se enfoca en usted y sus necesidades. Aquí, descubrirá todo lo que necesita saber acerca de su computadora sin jerga dolorosa o el prerrequisito del diploma de la maestría en ingeniería. Y tendrá diversión.

¿Qué Hay de Nuevo en Esta Edición?

Este libro contiene mucha de la nueva y actualizada información acerca de la tecnología que ha cambiado desde la edición anterior. He tirado cerca de 80 páginas de lo que creía que nunca más necesitaría y cerca de 80 páginas de información sobre las computadoras, opciones, software, la Internet de hoy y montones de localizaciones de averías que los lectores han solicitado con el paso de los años. Casi todas las cosas importantes para el usuario actual de la PC pueden ser encontradas justo aquí entre estas portada.

Esta edición contiene la siguiente información no encontrada en ninguna edición anterior de *PC Para Dummies*:

- ✔ Cobertura de Windows 98, Windows Me, Windows 2000 y el nuevo Windows XP

- ✔ La última información sobre USB y FireWire

- ✔ Nueva información de hardware, incluyendo monitores LCD, mouse ópticos y los últimos modems

- ✔ Información completamente nueva para "quemar" CD-R y CD-RW

- ✔ Fotografía de escaneado y digital

- ✔ Montones de nueva información acerca de la Internet

- ✔ Consejos y advertencias para usar Internet Explorer y Outlook Express

✔ Toneladas de nueva información sobre localizar averías y prevención

✔ Aprecio por lo que ya sabe sobre las computadoras

En cuanto al último punto, he actualizado mucha de la información básica en este libro bajo la suposición de que muchas personas comprenden unos cuantos conceptos sencillos de computación, como enviar correo electrónico o iniciar un programa en Windows. Aunque esta información permanece en el libro, la he tomado de nuevo para incluir nueva información sobre temas inmediatos y avanzados que ciertamente no van más allá del rango de cualquier usuario de PC.

Como siempre, toda la información es presentada en los mismos tonos gentiles que calman aún al más aterrado.

Dónde Empezar

Este libro está diseñado para que pueda tomarlo en cualquier punto y empezar a leer, como una referencia. Tiene 31 capítulos. Cada capítulo explica un aspecto específico de la computadora (encenderla, usar una impresora, usar software, patearla, etcétera). Cada capítulo está dividido en trozos de información auto contenida, llamadas secciones, relacionadas con el tema principal del capítulo. Las secciones de muestra que puede encontrar incluyen:

✔ Su Hardware Básico (El Punto de Vista de un Nerdo)

✔ Aprender cuáles botones puede ignorar

✔ "¡Mi barra lateral se ha ido!"

✔ Crear una firma

✔ Dónde no puede obtener un virus

✔ Ejecutar un localizador de averías

No tiene que memorizar nada en este libro. Nada acerca de una computadora es memorable. Cada sección está diseñada para que pueda leer la información rápidamente, digerir lo que ha leído y luego apartar el libro y seguir usando la computadora. Si algo técnico aparece, será alertado de su presencia para que pueda evitarlo.

Convenciones Usadas en Este Libro

Este libro funciona como una referencia. Empiece con el tema del que desea información; búsquelo en la tabla de contenidos o en el índice. Vaya al área de interés y lea la información que necesita. Luego, con la información en su cabeza, puede rápidamente cerrar el libro y realizar libremente las tareas que necesita, sin aprender nada más.

Cuando describo un mensaje o información en la pantalla, se ve así:

```
This is a message on-screen.
```

Si debe digitar algo, se ve así:

Type me in

Usted digitaría el texto **Type me in** como aparece. Se le dirá cuándo pulsar la tecla Enter.

Los comandos del menú de Windows se muestran así:

Escoja File⇨Exit.

Esto quiere decir escoger el menú de File y luego escoger el comando Exit.

Las combinaciones clave que puede tener que digitar aparecen así:

Ctrl+S

Esto significa pulsar y sostener la tecla Ctrl (control), digitar una S y luego soltar la tecla Ctrl. Funciona en la misma forma en que al pulsar Shift+S en el teclado se produce una S en mayúscula. La misma cosa con una tecla shift diferente.

Lo que No Necesita Leer

Hay mucha información técnica involucrada al usar una computadora. Para aislarlo mejor de ella, he incluido dicho material en barras laterales claramente marcadas como información técnica. No tiene que leer esa cosa. A menudo, es tan solo una explicación compleja ya discutida en el capítulo. Leer esa información solo le enseñará algo sustancial acerca de su computadora, lo que no es la meta aquí.

Suposiciones Tontas

Voy a hacer algunas suposiciones acerca de usted: tiene una computadora y la usa en alguna forma para hacer algo. Usted usa una PC (o está planeando usarla) y estará usando Windows como su sistema operativo de la PC o programa principal.

Este libro no describe DOS, Windows 95 ni ninguna versión previa de Windows. Explica Windows 98, Windows Me, Windows 2000 y Windows XP. Si la información se relaciona con una versión específica de Windows, nombraré la nueva versión. De lo contrario, cuando uso el término "Windows," aplica a todas las versiones.

(Para cobertura de DOS o ediciones anteriores de Windows, refiérase a *DOS Para Dummies*, 3ra Edición, publicado por Hungry Minds, Inc. la cobertura de Windows 95 está incluida en *PC Para Dummies*, 6ta y 7ma Ediciones).

Iconos Utilizados en Este Libro

 Este icono lo alerta de inútil información técnica, tonterías incluidas porque me siento como explicando algo totalmente innecesario (un hábito difícil de evitar). Siéntase libre de saltarse cualquier cosa que tenga esta pequeña ilustración.

 Este icono por lo general le da consejos útiles o una introspección que hace el uso la computadora interesante. Por ejemplo, al verter ácido sobre su computadora, asegúrese de llevar puesto un delantal, guantes y anteojos.

 Ummm, olvidé lo que significa esto.

Este icono indica que necesitaba ser cuidadoso con la información presentada, por lo general, es un recordatorio para que no haga nada.

Este icono marca los método especiales y a menudo extrañamente diferentes con los cuales Windows Xp logra muchas de las tareas en este libro. Si tiene Windows XP, busque estos iconos. Si no tiene Windows XP, ¡entonces está bendecido!

Este icono marca los temas P&R que he entresacado de mi correspondencia. Como muchas preguntas son temas que afectan a muchas personas, he colocado las preguntas originales y mis respuestas en las varias barras laterales "Pregúntele a Dan" a lo largo de este libro.

Ponerse en Contacto con el Autor

Mi dirección de correo electrónico aparece aquí por si quiere escribirme en la Internet:

```
dgookin@wambooli.com
```

Sí, esa es mi dirección y personalmente respondo a cada mensaje que recibo. Sin embargo, recuerde que usted le pagó a otros por su soporte técnico y debería intentar eso primero: llame a su distribuidor para obtener soporte de hardware, el desarrollador de software para asistencia sobre el software y su ISP para varios problemas de la Internet.

Puede también visitar mi sitio Web, que está bastante lleno de páginas de soporte e información extra. Puede también suscribirse a mis varios boletines de correo electrónico en el sitio:

```
http://www.wambooli.com/
```

Dónde Ir Desde Aquí

Con este libro a mano, está listo para salir y conquistar su PC. Empiece mirando en la tabla de contenidos o el índice. Encuentre un tema, vaya a la página indicada y está listo para arrancar. Además, siéntase libre de escribir en este libro, llenar los espacios blancos, doblar las páginas y cualquier cosa que haría que un bibliotecario palideciera. Disfrútelo.

Parte I
Introducción a la PC

La 5a Ola
Por Rich Tennant

"LA NUEVA TECNOLOGÍA REALMENTE ME HA AYUDADO A ORGANIZARME. MANTENGO MI REPORTE DEL PROYECTO DEBAJO DE LA PC. LOS PRESUPUESTOS DEBAJO DE MI COMPUTADORA PORTÁTIL Y LOS MEMOS DEBAJO DEL PAPEL".

En esta parte . . .

La licencia de un operador especial no es requerida para usar una computadora personal. No, necesita una licencia para hacer otras cosas peligrosas, como conducir un auto o casarse. Pero nadie necesita una licencia para operar una computadora. Eso podría implicar que las computadoras no son tan peligrosas (y no lo son), pero más que eso, significa que casi cualquier persona puede usarlas. Ni siquiera necesita unos anteojos gruesos o una gabacha blanca de laboratorio.

Esta parte del libro cubre los conceptos más básicos de la computación. Está diseñada para ponerlo en operación y aligerarlo con cosas de la computación, sin importar si apenas está empezando si no ha comprado una computadora todavía, si va a comprar una nueva después de "retirar" su estufa vieja o si acaba de comprar una ametralladora y necesita saber a qué dispararle. No importa cuál sea el caso, esta parte del libro es para usted.

Capítulo 1

¡Hola, Computadora!

Las computadoras personales, o las *PC,* no son nada para temer. No son como robots personales, o *RP.* No, los robots personales empiezan muy lindos y amistosos y luego, después de un tiempo, usted y el resto de la humanidad se vuelven demasiado tranquilos y dependientes de ellos. Entonces, ¿adivine qué? ¡Se vuelven contra usted! En determinado momento, somos historia y las cucarachas inteligentes son las que dominan el planeta. (¡Piense en el olor!) Eso nunca ocurrirá en una PC.

Las computadoras no son algo a lo que deba temer, pero tampoco se molestarán en ayudarlo. No piense ni por una sola vez que la computadora saltará de la caja, le dará su mano y luego instantáneamente se convertirá en su mejor amigo. Eso no va a ocurrir. Por otro lado, usted tiene este libro amistoso, que empieza con este capítulo "¡Hola, Computadora!", el cual lo introduce a todo lo que necesita saber acerca de las PC.

▶ Si aún no tiene su propia PC, puedo recomendarle un libro maravilloso: *Comprar una Computadora para Dummies,* escrito muy atentamente. Cubre los elementos básicos de la PC, cómo seleccionar una adecuada para usted y cómo configurarla la primera vez.

▶ Este libro hace su mejor esfuerzo para estar libre de jerga o al menos explicar términos antes de utilizarlos. Otros libros y revistas no pueden hacer la misma promesa, así que puedo recomendar un buen diccionario de computación: *El Diccionario de Computación Ilustrado Para Dummies,* también escrito muy atentamente y disponible por Hungry Minds, Inc.

▶ Prometo no conectar ninguno de mis otros libros en el resto del capítulo.

¿Qué Exactamente es una PC?

Una PC es una computadora personal, llamada así por su primer antecesor, la PC de IBM. IBM (International Business Machines) creó la PC (Computadora Personal) luego de años de hacer computadoras más grandes, más impersonales (IP).

Hoy día, la mayoría de las computadoras son conocidas como PC, sin importar si las compra para su casa u oficina. No tienen que ser hechas por IBM. Diablos, hasta la Macintosh es una PC. Si es suya y es una computadora, entonces es una PC.

- ✔ Técnicamente, una PC es una calculadora enorme con una mejor pantalla y más botones.

- ✔ Las PC son tan adeptas a las palabras como lo son a los números. El software es el que controla las cosas, sin embargo esto se explica más adelante en este capítulo.

- ✔ Aunque la Macintosh, Sony PlayStation, PalmPilot e incluso Nintendo Game Boy son técnicamente computadoras personales, no son explicados en este libro. Este libro se concentra en PC que ejecutan el sistema operativo de Windows. [Windows es definido más adelante en este capítulo, en la sección "El sistema operativo (O ¿quién está a cargo aquí?)".

- ✔ Las computadoras "laptop" y "notebook" son versiones más livianas y portátiles de la PC tradicional de escritorio. Les permiten a las personas hacer importantes tareas de computación, como jugar en la computadora con aviones. Aunque una "laptop" puede no ser su primera PC, menciono varias cosas "laptosas" a lo largo de este libro solo para impresionar a mi editor administrativo.

- ✔ Acabo de inventar el término IP (para computadoras impersonales). Las computadoras más grandes son llamadas *mainframes*. Siéntase libre de ignorarlas.

- ✔ Las computadoras no son malas. No encubren ninguna inteligencia siniestra. De hecho, cuando usted llega a conocerlas, son más bien tontas.

¿Qué hace una PC?

Las computadoras desafían la descripción. A diferencia de otras herramientas que tienen propósitos definidos, una computadora puede hacer una serie de cosas diferentes y resolver un número infinito de problemas para un número infinito de personas. Casi cualquier cosa puede hacerse con palabras, números, información o comunicación con una computadora.

En alguna forma, una computadora es tan solo un dispositivo electrónico. A diferencia de su tostador o del sistema de inyección de combustible de su auto, que son programados para hacer solamente una cosa, una computadora personal puede ser programada para una serie de tareas interesantes. Depende de usted decirle a la computadora lo que desea que haga.

- La computadora es el camaleón de los dispositivos electrónicos. Su teléfono puede ser utilizado solamente como teléfono, su VCR solo graba y reproduce videos y su horno microondas solo cocina cosas (alimentos, sobre todo). El potencial de una computadora es ilimitado.

- Las computadoras hacen su trabajo utilizando software. El software le dice a la computadora qué hacer.

- El software es solamente la mitad de la ecuación de la computadora. La otra mitad es el hardware, explicado más adelante en este capítulo.

- No, nunca debe aprender sobre programación para utilizar una computadora. Alguien más hace la programación y luego usted compra el programa (el software) para que haga el trabajo.

- Su trabajo como operador de computadora es decirle al software qué hacer, que a su vez le dice a la computadora qué hacer.

- Solamente en malos espectáculos de ciencia ficción la computadora le dice a usted qué hacer.

- Puede siempre decirle *verbalmente* a la computadora qué hacer con ella misma. Esto ocurre millones de veces al día, en programadores y no programadores.

¿Qué no hace una PC?

La PC no despide un olor placentero, tampoco tatarea.
Y aunque puede hacer muchas cosas al mismo tiempo, no puede mascar chicle.

Una PC se siente feliz de arreglar Windows, pero no limpiará su casa.
Es buena compañía, pero realmente no es realmente un cónyuge.

Con su PC puede practicar juegos interactivos y ajedrez.
Pero si usted necesita un abrazo, a la computadora le importa un comino.

La PC funciona calculando, almacenando y recuperando.
Pero aunque parezca realmente inteligente, en realidad no es mala.

Y sobre todo, recuerde esta útil regla de PC:
No es usted, sino la computadora, la que es realmente tonta, tonta, tonta.

Hardware y Software

Dos cosas separadas conforman una computadora: hardware y software. Van de la mano. No puede tener uno sin el otro. Sería como un romance sin la luna, rayos sin truenos, macarrones sin queso, Yin sin Yang.

Todos digan "Hardware". Más duro: Hardware.

El hardware es la parte física de una computadora, todo lo que puede tocar y ver. Aún así, el hardware no es nada a menos que tenga software para controlarlo. En cierta forma, el hardware es como un auto sin conductor o un serrucho sin carpintero; usted necesita a ambos para hacer que algo ocurra.

Todos digan "Software". Más suave: Software.

El software es el cerebro de la computadora. Le dice al hardware qué hacer. Sin el software, el hardware solo se sienta allí, aburrido e inapreciado. Debe tener software para hacer que una computadora funcione. De hecho, el software determina la personalidad de su computadora.

- ✔ Si puede tirarlo por una ventana, es hardware.

- ✔ El software de la computadora no es más que las instrucciones que le dicen al hardware qué hacer, cómo actuar o cuándo perder sus datos.

- ✔ El software de la computadora es más importante que el hardware. El software le dice al hardware qué hacer.

- ✔ Aunque el software de la computadora viene en discos (CD o disquetes), los *discos* no son el software. El software es almacenado en discos igual que la música es almacenada en casetes y CD.

- ✔ Sin el software adecuado, su computadora es únicamente un sujetador de puertas barato.

Su Hardware Básico (El punto de vista de un nerdo)

La Figura 1-1 muestra la apariencia de un típico sistema de computación. He indicado las cosas más importantes de la computadora que usted debería identificar y conocer. Estas son las básicas. El resto de este libro brinda detalles.

Console (Consola): La caja principal de la computadora es la consola, aunque también puede ser llamada *system unit (unidad del sistema)* (para fanáticos) o *CPU* (incorrecto). Es la caja que contiene las entrañas de su computadora, aparte de varios botones, luces y orificios donde conectar el resto del sistema.

Monitor: El monitor es esa cosa parecida a una TV en la que la computadora despliega información. Se coloca a la derecha o izquierda de la consola, o si pone la consola debajo de la mesa, el monitor se coloca sobre la mesa. (Poner el monitor debajo de la mesa no es una buena idea). Explico los monitores en detalle en el Capítulo 11.

Keyboard (Teclado): Es esa cosa sobre la que digita. El Capítulo 13 maldice y explica el teclado de la computadora.

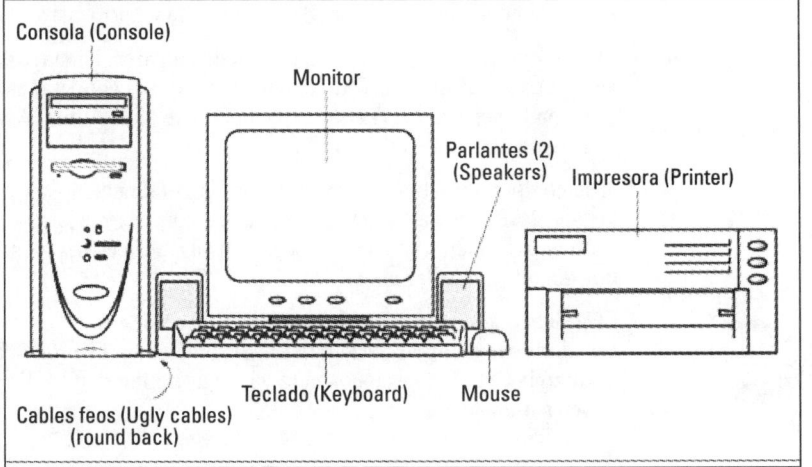

Figura 1-1: Cosas básicas de la computadora.

Mouse: Ah, el mouse de la computadora. Sin roedores ni peste, es un dispositivo útil que le permite trabajar con objetos gráficos que la computadora despliega en la pantalla del monitor. Refiérase al Capítulo 12 para más información sobre el mouse.

Speakers (Parlantes): La mayoría de las PC puede emitir sonidos de pitos y graznidos por medio de los parlantes de un equipo de sonido, los cuales pueden ser externos, como se muestra en la Figura 1-1, o incorporados en la consola o monitor. Pague más dinero y puede incluso conseguir sub altavoces para poner debajo de la mesa. Eso aterrorizará a los vecinos.

Printer (Impresora): Es donde obtiene el producto de su computadora: la impresión, también llamada *hard copy (copia dura)*. Vaya al Capítulo 14 para aumentar el conocimiento sobre la impresión de su PC.

Scanner (Escáner). Este elemento, no mostrado en la Figura 1-1 (porque, al igual que en su escritorio, ¡sencillamente no hay espacio!), es utilizado para escanear imágenes gráficas y material impreso, y los transforma en gráficos que puede manipular, enviar por correo electrónico o hacer una serie de cosas interesantes dentro de la computadora. Vaya al Capítulo 17 para más informes.

Lots of ugly cables (Montones de cables feos): Algo que nunca le enseñan —en ninguna computadora manual y especialmente en ningún comercial — son los enredos de cables que se encuentran detrás de todas las computadoras. ¡Qué desastre! Estos cables son necesarios para conectar cosas en la pared y entre sí. Ningún champú o acondicionador puede quitar estos nudos.

✔ Todas estas partes de la computadora son importantes. Asegúrese de que conoce dónde están la consola, el teclado, el mouse, los parlantes, el monitor y la impresora de su propio sistema. Si la impresora no está presente, es probablemente una impresora de red que está en otro cuarto.

✔ Una computadora realmente existe en dos lugares. La mayoría de ellas vive dentro de la consola. Todo lo demás, las cosas conectadas a la consola, es llamado *peripherals (periféricos)*. Refiérase al Capítulo 18 para más información acerca de periféricos.

✔ Si su computadora tiene un módem, está generalmente localizado dentro de la consola. Puede verlo en la parte trasera, como se muestra en la Figura 1-3. Algunos modems viven fuera de la consola, pero eso es menos común hoy día que hace diez años.

✔ CPU significa unidad central de proceso. Es otro término para el microprocesador de la computadora. Aún así, algunos amigos se refieren a la consola como la CPU. Esto es incorrecto y los que confunden la CPU y la consola deben ser azotados.

Cosas en la consola (frente)

La consola es la parte principal de su computadora. Es lo más importante, la Gran Caja. Cada parte del sistema de su computadora vive dentro de la consola o se conecta a ella. La Figura 1-2 muestra la apariencia de una típica consola de PC. He indicado los lugares más importantes para ubicarla, aunque en su computadora puede aparecer en una ubicación diferente a la mostrada en la figura.

CD-ROM o DVD drive (DCD-ROM o unidad DVD): Estas unidades de alta capacidad leen discos que se ven exactamente como CD musicales, aunque contienen información de la computadora. Los Capítulos 4 y 9 describen cómo utilizar y abusar de las unidades y discos de CD-ROM y DVD.

Las unidades de DVD tienen el logotipo "DVD" en ellos. Si no lo ve, entonces su PC tiene una sola unidad de CD-ROM. Eso está bien por ahora, porque hay poco software disponible exclusivamente en discos DVD.

Future expansion (Expansión futura): ¡Ah, potencial! Puede agregar una bolsa entera de "delicatessen" a una computadora y la mayoría de las consolas tienen mucho espacio para ello. Cualquier parche blanco o cubierta al frente de su computadora significa que puede agregar más basura, más adelante. Dicho espacio puede ya estar ocupado, lleno de dichas "delicatessen" como la unidad de respaldo en cinta, la unidad de Zip, otra unidad de CD-ROM o CD-R/RW, otro disco duro o una combinación de otras cosas de la computadora en que muchos amigos desesperadamente gastan su dinero tan difícil de ganar.

Floppy drive (Unidad de disquete): Esta ranura se come los disquetes. Parte del software viene en disquetes y puede utilizar estos discos para mover archivos desde una PC a otra.

Zip drive (Unidad de Zip): Una opción común en muchas PCs es la unidad de Zip, que es como una súper increíble unidad de disquete. En un disco Zip, puede almacenar el equivalente a 100 disquetes llenos de información, ¡o más! Sin embargo, no todas las PC tienen un disco Zip.

Air vents (Ventiladores): Bueno, esto realmente no es muy importante, pero la mayoría de las consolas muestran algún tipo de ventilador en el frente. ¡No los bloquee con libros o notas adhesivas! Esta cosa tiene que respirar.

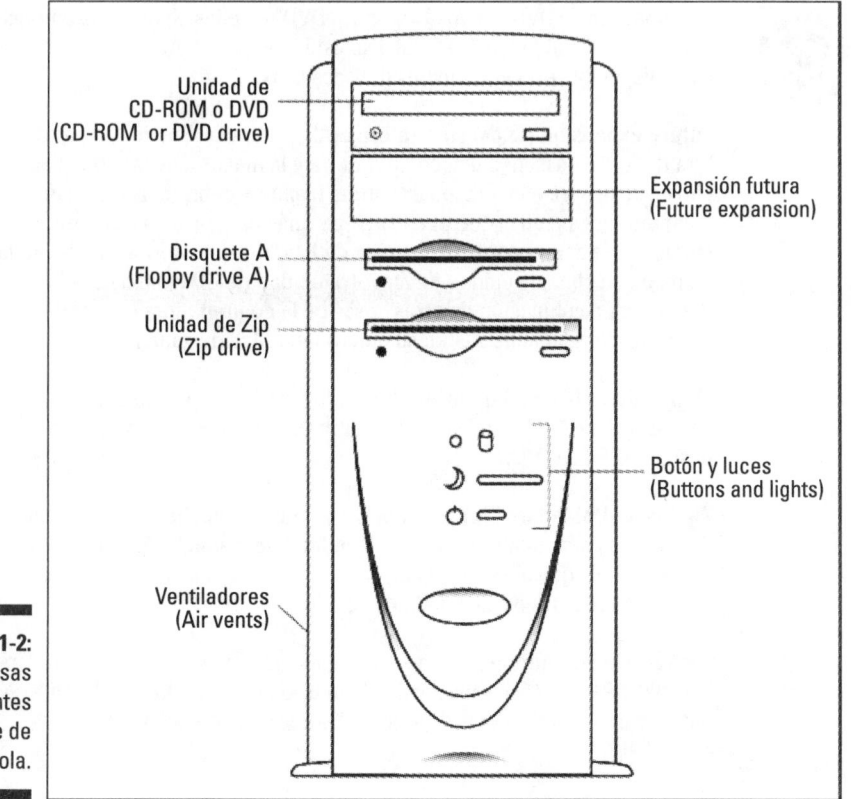

Unidad de
CD-ROM o DVD
(CD-ROM or DVD drive)

Expansión futura
(Future expansion)

Disquete A
(Floppy drive A)

Unidad de Zip
(Zip drive)

Botón y luces
(Buttons and lights)

Ventiladores
(Air vents)

Figura 1-2:
Cosas
importantes
al frente de
la consola.

Buttons and lights (Botones y luces): La mayoría de los botones de la computadora está en el teclado. Algunos de los más importantes están en la consola y estos botones en las PC más sofisticadas están acompañados por muchas lucecitas pequeñas y llamativas. Estos botones y luces incluyen lo siguiente:

- ✔ **On-off button (Botón de encendido / apagado):** El botón de poder de la PC, el que utiliza para encender esa maldita cosa. Por lo general, una luz acompaña al botón de encendido / apagado, aunque las computadoras hacen tanto alboroto que puede generalmente escucharlas cuando son encendidas.

- ✔ **Reset button (Botón de reinicio):** Este botón siempre le permite reiniciar la computadora sin pasar por la molestia de encenderla y apagarla de nuevo. El Capítulo 2 explica por qué cualquier persona en sus cinco sentidos querrían hacer eso. Cabe mencionar que no todas las PC tienen un botón de reinicio.

✔ **Sleep button (Botón latente):** Pulsar este botón hace que su PC entre en coma, suspendiendo todas las actividades sin apagar la computadora. En algunas computadoras, este botón y el botón de encendido apagado son el mismo. Lea todo acerca de esta locura en el Capítulo 2.

✔ **Disk drive lights (Luces de la unidad de disco):** Estas luces brillan cuando el disco duro, disquete, unidad de CD-ROM o unidad de Zip están funcionando. Para un disco duro, la luz es su garantía de que está vivo, feliz y haciendo su trabajo. Para todos estos tipos de unidades (con discos removibles), la luz indica que la computadora está utilizando la unidad.

Otras cosas inusuales y divertidas pueden vivir al frente de su consola, la mayoría de las cuales son particulares a una cierta marca de computadora.

✔ Las computadoras juguetean con cosas como candados, llaves y botones "turbo".

✔ Algunas computadoras más viejas tienen calcomanías que muestran el número secreto de instalación de Windows o proclaman el mensaje absurdo "Fui creada para correr Windows 3,000,000" o "Una Pentium XIX husmea dentro de esta caja".

✔ Rara vez, si es que ocurre, encontrará un botón Panic.

✔ La consola no es la única parte de su sistema de computación que muestra un interruptor de encendido/apagado. Su monitor, impresora, módem y casi cualquier otra cosa de su computadora tiene su propio interruptor de encendido/apagado. Refiérase al Capítulo 2 para más información acerca de encender todo.

✔ No bloquee los conductos de aire al frente de la consola. Si lo hace, la computadora puede literalmente sofocarse. (En realidad, se recalienta mucho).

✔ Una luz de disco duro puede ser roja, verde o amarilla y parpadea cuando el disco duro está en uso. ¡No le permita que lo moleste! No es una alarma; el disco duro está haciendo su trabajo. (Personalmente, encuentro el tipo verde más reconfortante – me recuerda la Navidad).

Cosas en la consola (atrás)

La parte trasera de la consola es el lado ocupado. Ahí es donde puede encontrar varias conexiones para los muchos otros dispositivos en el sistema de su computadora: un lugar donde conectar el monitor, teclado, mouse, parlantes y casi cualquier cosa que venga en la caja con la PC.

La Figura 1-3 ilustra el trasero típico de la PC que muestra dónde y cómo se pueden conectar las cositas. Su computadora tendrá la mayoría de los elementos mostrados en la figura, aunque probablemente estarán en ubicaciones diferentes en el lado posterior de su PC.

 Power conector (Conector de energía): Esta cosa es el lugar donde la PC tiene un cordón que se conecta a la pared.

 Keyboard conector (Conector de teclado): El teclado se conecta en este pequeño orificio. La imagen chiquita supuestamente es un teclado. Note que algunos orificios del teclado pueden llamarse *KBD* o incluso decir *Keyboard* con todas las vocales y la *R*.

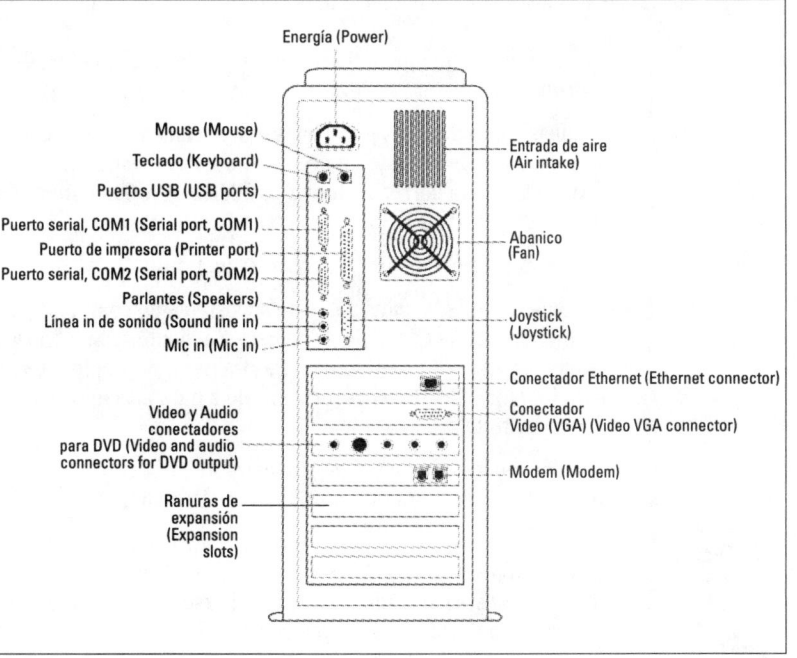

Figura 1-3:
Cosas
importantes
en la parte
trasera de la
consola.

Mouse conector (Conectador del mouse): Es generalmente del mismo tamaño y forma que el conectador de radio, aunque este orificio tiene un icono de mouse para permitirle saber que el mouse se conecta allí.

 **USB port (Puerto USB):** Conecte dispositivos USB bonitos en estas ranuras del tamaño de las Certs. Si tiene un mouse, teclado, parlantes o impresora USB, conéctelos aquí, no en otro puertos. Refiérase al Capítulo 8 para más información acerca de USB.

 Serial, or COM, ports (Puertos Seriales o COM): La mayoría de las PC tiene dos de estos puertos llamados COM1 y COM2, aunque a menudo son llamados con una serie de Is y Os. Aquí es donde un módem externo, o algunas veces un mouse, es conectado.

 Printer port (Puerto de impresora): La impresora de la PC se conecta en este conectador.

 Joystick port (Puerto de Joystick): Este puerto es utilizado principalmente para aplicaciones científicas. El puerto puede ser identificado por una imagen (mostrada en el margen) o decir *Joystick* o *Game controller.*

 Monitor conector (Conectador del monitor): El monitor de su PC se conecta en este orificio. Algunas veces el orificio está en una ranura de expansión etiquetada. Si es así, puede decir cuál es el conectador del monitor porque tiene 15 orificios en él – más que el puerto serial, que es del mismo tamaño pero tiene solamente 9 orificios.

 Speaker/sound-out jack (Enchufe de parlante / sonido): Es donde conecta los parlantes externos de su PC o donde conectaría la PC a un sistema de sonido.

 Line-in jack (Enchufe de línea de entrada): Este enchufe es donde conecta su estereo o VCR a la PC para capturar sonido.

 Microphone jack (Enchufe del micrófono): El micrófono de la computadora se conecta en este orificio.

Ethernet (network) conectador (Conectador de red Ethernet): Aquí es donde usted se conecta a un conectador de red de área local (LAN), que se ve como un conectador telefónico enorme. No todas las computadoras tendrán uno de estos conectadores.

Modem: El módem puede tener dos conectadores, aunque algunos modems tienen solo uno. Uno de estos conectadores, o el único conectador, es donde conecta el módem al enchufe telefónico en su pared. El otro conectador, si está disponible, es utilizado para conectar un teléfono a la computadora para que pueda responder llamadas. Refiérase al Capítulo 15 para más información acerca de modems.

S-Video out (salida de s-video): Si su PC muestra una unidad de DVD, probablemente tiene varios conectadores adicionales para reproducción de video y audio. El conectador de S-Video le permite conectar una TV S-Video-feliz a su PC. Otros conectadores de video le permiten enviar una película de DVD a un aparato de TV o VCR.

Si su computadora tiene una unidad de DVD, entonces necesita utilizar los enchufes de sonido en la tarjeta de expansión de DVD, no los enchufes de sonido como se muestra en la Figura 1-3. Entonces, por ejemplo, si conecta sus parlantes al enchufe como se muestra en la figura y no obtiene ningún sonido, busque un orificio idéntico en una de las tarjetas de expansión.

Además de los puertos, enchufes y orificios en la parte trasera de la consola, están las ranuras de expansión. Son los traseros de varias tarjetas de expansión que usted conecta a su PC. Algunas ranuras de expansión tienen conectadores para otras cositas de la PC.

¿Las buenas noticias? Usted conecta todo esto solo una vez. Luego el trasero de su PC queda contra la pared para el resto de su vida y nunca lo ve de nuevo.

¡Oooh! ¡Está codificada a color!

La nueva tendencia en hardware de computadoras es codificar a color los conectadores en la parte trasera de PC. Entonces, además del icono intergaláctico para los parlantes o "sound-out", tiene el color verde. Esas son las nuevas noticias.

Las malas noticias es que cada fabricante de computadora tiende a utilizar su propia codificación de color para todo. Así que lo que es rojo en una computadora puede ser violeta en otra. Dicha inconsistencia es la consigna en la industria de la computación. Afortunadamente, los conectadores todavía se ven diferentes y son etiquetados con el símbolo internacional o texto. Aún así, pensé enumerar los colores más comunes utilizados por la mayoría de los fabricantes en la Tabla 1-1.

Tabla 1-1	Códigos de Color del Conectador de PC
Puerto/Conectador	*Color*
Teclado	Morado
Mouse	Verde
Puerto(s) serial(es)	Cyan
Impresora	Violeta

Puerto/Conectador	Color
Monitor	Azul
Line out/parlantes	Lima
Micrófono	Rosado
Audio line in	Gris
Joystick	Amarillo

Variaciones en el típico tema de computadora

No todas las computadoras se ven como la imagen mostrada en la Figura 1-1. El tipo de PC mostrado allí es actualmente el más popular y se llama *mini-tower (mini-torre)*. Puede sentarla bien derecha en su escritorio o sacarla de la vista debajo del escritorio. Y es elegante y sexy.

Las PC no necesitan ser todas configuradas como mini-torres. Durante los primeros diez años aproximadamente de la vida de las PC, el modelo de escritorio fue el más popular. También existen otros modelos, cada uno con su propia orientación, tamaño y suficientes luces parpadeando para complacer a cualquier persona en particular.

La siguiente lista describe los varios tipos de modelos de PC:

Mini-torre: la configuración más popular de PC, en la cual la computadora se sienta derecha sobre un escritorio o debajo de la mesa (refiérase a la Figura 1-1).

Escritorio: Anteriormente fue la configuración de PC más común, con una consola en forma de losa sobre la parte superior de la mesa y el monitor agachado en la parte superior.

Escritorio (huellas pequeñas): Una versión más pequeña del escritorio, típicamente utilizada en sistemas caseros de bajo precio. (La *footprint (huella)* de PC es la cantidad de espacio en disco que utiliza. Un modelo de escritorio de huella pequeña es más pequeño que el modelo de escritorio de tamaño completo. Por supuesto, al final, no hay diferencia: la cantidad de aglomeración que tiene siempre se expande para llenar el espacio disponible de escritorio).

"Notebook"/"laptop": Un tipo de computadora que se dobla en un estuche manual y liviano, ideal para ir a aeropuertos. A las PC "laptop" les gusta su hermano de escritorio; cualquier excepción es anotada a lo largo de este libro.

Torres: Esencialmente un escritorio de tamaño completo postrado a su lado, haciéndola alta, como una torre. Estas PC tienen mucho espacio adentro para expansión, lo que las hace muy adoradas por los usuarios locos del poder. Por lo general, se sientan sobre el piso y apuntalan a un extremo de la mesa.

Su Software Básico

El software de la computadora recibe el crédito de operarla, que es probablemente la razón por la que está sobrevalorado. En cualquier evento, necesita el software para hacer que su hardware funcione.

El sistema operativo (O "¿Quién manda aquí?")

La parte de software más importante es el *operating system (sistema operativo)*. Es el programa número uno de la computadora - el Sr. A Mando, Líder Atrevido, *le roi.*

El sistema operativo lleva la voz cantante de la computadora, ya que controla todos sus componentes individuales y se asegura de que todo se lleva bien. Es el cerebro de la operación y le dice al hardware cretino qué hacer.

El sistema operativo también controla el software de aplicaciones (refiérase a la sección siguiente). Cada uno de esos programas debe doblar sus rodillas y hacer un juramento de fidelidad al sistema operativo.

Por último, es trabajo del sistema operativo comunicarse con usted, querido humano. En este nivel, hace un trabajo realmente mediocre, que es la razón por la que usted ve tantos libros acerca de utilizar sistemas operativos de la computadora en la librería.

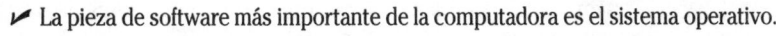

✔ La pieza de software más importante de la computadora es el sistema operativo.

✔ El sistema operativo por lo general viene con la computadora cuando la compra. Usted nunca necesita agregar un segundo sistema operativo, aunque estos se actualizan y mejoran de vez en cuando. Refiérase al Capítulo 19 para información acerca de actualizar el sistema operativo.

✔ Cuando compra software, lo hace para un sistema operativo, no la marca de su PC. En los días dorados (los 80), usted caminaba a la sección de Apple, IBM o Commodore de la tienda de software. Hoy día, usted explora los pasillos de Macintosh o Windows o incluso Linux.

✔ Para la PC, el sistema operativo es Windows. Viene en varios sabores: Windows 98, Windows Me, Windows 2000 y Windows XP.

✔ El Capítulo 3 habla sobre Windows, en todos los sabores.

Software que en realidad hace algo

El sistema operativo está meramente a cargo de la computadora. Por sí solo, un sistema operativo realmente no hace nada por usted. Más bien, para hacer el trabajo, necesita un programa de aplicación.

Los *application programs (programas de aplicación)* son los programas que hacen el trabajo.

Estos programas incluyen procesadores de palabras, hojas electrónicas y bases de datos. No importa lo que haga en su computadora, lo hace utilizando un programa de aplicación.

Otros tipos de programas incluyen utilidades y juegos, junto con software educacional y de programación. Además hay todo tipo de aplicaciones de la Internet: exploradores de la Web, programas de correo electrónico y software de esa índole.

Algunas Consoladoras Palabras de Advertencia

El mayor problema que encuentro con las personas principiantes en el mundo de las computadoras es que se echan la culpa rápidamente cuando algo sale mal.

¡Honestamente, gente! ¡No es su culpa! Las computadoras pifian. Los programas tienen pulgas. Las cosas salen mal y algunas veces harían eso aún si no estuviera sentado allí con los controles.

Por favor, no asuma que usted ha fallado o en alguna forma ha estropeado algo. De verdad, eso ocurre. Pero una gran parte del tiempo, la computadora está solo actuando tontamente.

✔ ¡Culpe a la computadora o al software primero! La cosa algunas veces no funciona.

✔ Refiérase al Capítulo 27 para más información acerca de localizar averías en su PC en caso de que haga algo malo o explote.

Capítulo 2

El Gran Interruptor Rojo

Comparado con un auto, encender una computadora es cosa segura. Las computadoras tienen solamente un interruptor. Los autos tienen un interruptor de ignición con dos posiciones, además de que tiene que embragar el auto y a menudo meter el pedal del freno. Y si comete un error, el auto podría tambalearse hacia delante o atrás, haciendo ruidos espantosos. Por el contrario, las computadoras son mucho más fáciles de poner a trabajar. No se preocupe de que el interruptor no sea grande ni rojo.

Este capítulo describe los aspectos básicos de encender una computadora. No, no corteje la computadora con flores o sonetos de amor; usted enciende una computadora simplemente presionando el interruptor de energía. Por supuesto, eso ameritaría un capítulo más bien corto, así que he incluido información acerca de qué hacer *después* de presionar este interruptor, además de información importante de cuándo (si ocurriera) apagar la computadora.

Para Encender la Computadora, Tire el Interruptor

Haga clic.

Quizás la parte más difícil de encender la computadora es encontrar el interruptor, la mayoría de las PC coloca el interruptor al frente de la consola. En otras, puede encontrar el interruptor en el costado o incluso en la parte trasera.

Algunos interruptores son del tipo encendido/apagado o "rocker". Otros interruptores son botones de presionar que encienden y apagan el sistema.

- El interruptor de encendido en su PC probablemente es etiquetado de la manera internacional. La | (barra) significa "encendido," y el O (cero) significa apagado. Creo.

- Las computadoras "laptop" tienen extraños interruptores de encendido/apagado. Algunos de ellos son los botones de presionar on/off detrás de una franja rígida de plástico en la parte superior. Otros interruptores pueden funcionar con un trabajo de "deslizar y soltar". Y no se puede decir en qué lado está el botón; tendrá que acostumbrarse.

- Si la computadora no se enciende, revise si está conectada. Si aún no se enciende, refiérase al Capítulo 27.

- Algunos términos de nerdos para encender una computadora: *power-on*, *reiniciar* y *boot*. *Boot (reiniciar)* una computadora meramente significa encenderla. No tiene que patearla.

- Algunas computadoras más nuevas tienen interruptores "on-sleep", en lugar de interruptores "on-off". El interruptor "on-sleep" enciende la computadora y la pone a dormir. No apaga la computadora. Refiérase a las secciones "Apagar la Computadora (Shutdown)" para más información.

- Asegúrese de que no haya un disquete en la unidad A cuando inicia su computadora. Si lo hubiera, entonces la computadora no puede iniciar desde el disco duro como supuestamente debe. (Refiérase al Capítulo 4 para más información acerca de la unidad A).

¡Ups! Otras cosas para encender

Casi todo lo que está conectado a su PC tiene un interruptor "on-off", lo cual indica que encender la consola solamente no completa el trabajo. En su lugar, debería encender otros dispositivos que puede necesitar.

A continuación, presento una lista de las cosas que debería encender en el orden general en que son encendidas:

1. **El monitor.** Caliéntelo y alístelo para desplegar texto.

2. **Periféricos.** Encienda cualquier dispositivo que planea utilizar: unidades de disco externas, CD-R, etcétera. Encenderlos significa que la computadora los verá una vez que empiece a operar.

3. **La consola.** Enciéndala de último.

También puede encender todo de una vez, lo que está bien. De lo contrario, la consola debería venir de último.

✔ La mayoría de los dispositivos de computadoras tiene sus propios interruptores "on-off".

✔ El botón más grande al frente del monitor lo enciende. Algunos modelos más viejos pueden tener el interruptor "on-off" en la parte trasera.

✔ No necesita encender un módem externo inmediatamente. No se moleste en encenderlo hasta que esté listo para usarlo. O bien, puede ser como yo y dejar el módem externo encendido todo el tiempo.

✔ No necesita encender su impresora hasta que esté listo para imprimir algo. O (de nuevo), puede ser como yo y dejar su impresora encendida todo el tiempo. (Tengo una de esas impresoras *power-saving (ahorro de energía)*, así que es ambientalmente segura y todo eso).

✔ Otro accesorio que no necesita encender primero es el escáner. Necesita encender la mayoría de los escaners justo antes de escanear una fotografía o documento (aunque algunos escaners más nuevos están encendidos todo el tiempo).

La mejor solución para encender una PC

Como la computadora tiene tantos dispositivos que deben ser conectados y encendidos, la mayoría de las personas compra una regleta. La regleta viene con seis (más o menos) enchufes donde puede conectar cada parte de su computadora. Luego solo conecta la regleta en la pared. Presione el interruptor en la regleta y luego se enciende la consola, monitor y todo lo demás.

A continuación, presento consejos y sugerencias para las regletas:

✔ Instale todo conectando las partes de su PC a la regleta: consola, monitor, módem, escáner, impresora, etcétera.

✔ No conecte su impresora láser en una regleta. Conéctela directamente al enchufe de la pared. (Eso dice en el manual, por si alguna vez lo ha leído).

✔ Intente obtener una regleta con *surge protection (supresor de picos)*. Son un poco más caras que las regletas corrientes, pero ofrecen un nivel de protección de energía que podría salvar a su PC en caso de que ocurra un pico de energía.

✔ Un sobrevoltaje es un aumento gradual en la cantidad de voltaje que viene de la compañía de suministro eléctrico. Un pico de energía es un aumento repentino en la cantidad de voltaje, como cuando cae un rayo. Ambas cosas son molestas. (Lo opuesto de un pico es un *dip (bajón)*; lo opuesto de un pico es, bueno, cuando se va la electricidad).

✔ Para tener más protección, obtenga una *UPS*, la cual detallo en la sección siguiente.

✔ Recomiendo la regleta Kensington SmartSockets. A diferencia de las regletas más baratas, la SmartSockets alinea sus enchufes en una forma perpendicular y hace más fácil conectar transformadores voluminosos.

✔ Conectar todo en una regleta resuelve el problema de "¿cuál parte de la computadora enciendo primero?"

✔ Con una regleta, puede encender su sistema de computación con su pie (siempre que la regleta esté en el suelo). Si se quita los zapatos, utilice el dedo gordo. Y si realmente tiene clase, utilice su dedo gordo que se sale del hueco que tiene en la media.

✔ El nombre médico en inglés para su dedo gordo es *hallux*.

Una solución de poder aún mejor (la UPS)

Quizás la mejor cosa para conectar su computadora es una UPS o suministro ininterrumpido de poder. Es como una batería grande que mantiene su computadora en operación cuando se va la electricidad.

Dependiendo del número de enchufes en la UPS, puede conectar su monitor y consola, además de otros accesorios en el sistema de computación. Por ejemplo,

La urgencia del pico

P: No estoy muy seguro de cómo se siente sobre los protectores de picos. Tenía la impresión de que la mayoría de los gurús de computación pensaban que todos deberían tener un protector de picos, aún si la energía en el área es generalmente estable y no caen más rayos de lo normal. Quizás las grandes cadenas de tiendas ofrecen los protectores para hacer más dinero; no estoy seguro. Entonces, ¿piensa que todos los que compran una PC deberían también comprar un protector de picos?

R: Sí. Comprar una regleta con supresor de picos es lo mejor para ambos mundos: le brinda más enchufes para conectar cosas y agrega el supresor de picos. Además, debería saber que el supresor de picos no hace nada contra los rayos. Para eso necesita protección contra picos, que se ofrece en una UPS.

yo también conecto mi módem y la unidad de CD-R externas en mi UPS (tiene cuatro enchufes). Esa configuración me mantiene listo y trabajando durante pequeños altibajos de corriente.

La Figura 2-1 ilustra un enfoque de cómo puede trabajar una UPS con una regleta para encender su sistema de computación. Note que solamente la consola y el monitor están conectados a la UPS. Todo lo demás va en una regleta. La siguiente dramatización ilustra mis razones para hacer eso:

Se escucha un gran bum. Las luces parpadean, se van. STAN *se queda sentado en la oscuridad, pero su computadora todavía está encendida.* GINGER *entra rápidamente.*

> **GINGER:** ¡Se fue la luz! ¡Los cangrejos que puse en el tostador se han estropeado! ¿Perdiste el salvavidas que estabas creando en Paint?

> **STAN:** No, querida, aún estoy trabajando en ello. ¿Ves? Nuestra UPS ha mantenido la consola y el monitor de la computadora encendidos durante esta breve interrupción.

> **GINGER:** Bueno, apresúrate e imprímelo.

> **STAN:** ¡No! No lo imprimiré. La impresión puede esperar, por eso no conecté la impresora a la UPS. Es tan impotente como el horno.

> **GINGER:** ¿Qué puedes hacer? ¡Apresúrate! La batería de la UPS no durará para siempre!

> **STAN:** Tranquilízate, gentil esposa. Lo guardaré en disco. [Ctrl+S] Ahora puedo apagar la computadora, tranquilo sabiendo que el archivo de mi garabato está almacenado en forma segura en el disco duro interno. Ahí está. *(Apaga la computadora y el monitor).* Ahora podemos salir de la tormenta con tranquilidad.

> *Dos horas más tarde después de que la electricidad ha vuelto.* GINGER *y* STAN *están tomando vino.*

> **GINGER:** Cariño, sí que eres inteligente por la forma en que utilizaste esa UPS.

> **STAN:** Bueno, tan solo estoy agradecido de haber leído el libro de Dan Gookin *PC Para Dummies,* publicado por by Hungry Minds, Inc. Pienso que voy a comprar más de estos libros.

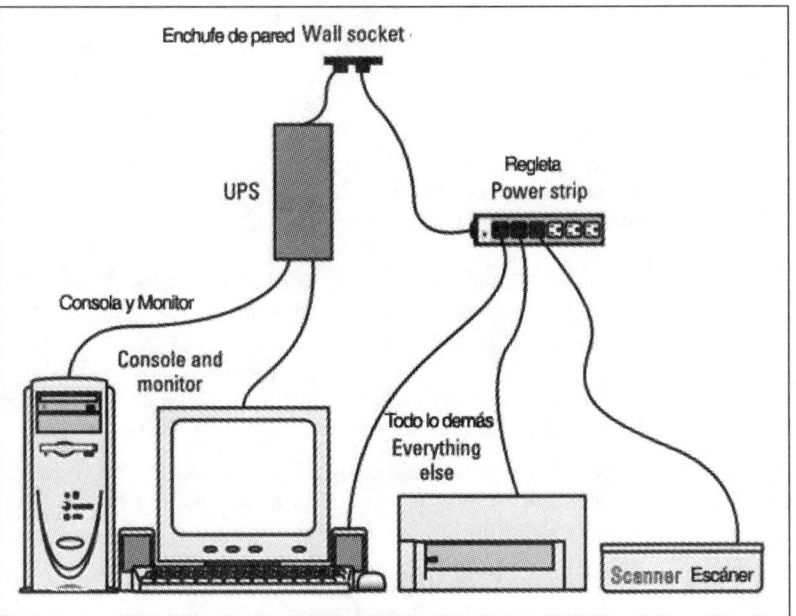

Aparte del comercial, una UPS le brinda quizás cinco minutos de energía para la computadora. Así que sea como Stan y guarde su trabajo en el disco y luego cierre Windows y apague la computadora. Puede imprimir, escanear, conectar un módem o cualquier otra cosa cuando regrese la energía.

- ✔ Una UPS funciona mejor para breves interrupciones de energía. Por ejemplo, esos pequeños eructos de energía que pueden hacer parpadear las luces pueden reiniciar su PC. Una UPS evita la reiniciación.

- ✔ Nunca conecte una impresora láser a una UPS.

- ✔ Además de la energía de emergencia, una UPS también brinda niveles más altos de protección eléctrica para su equipo. Muchos modelos ofrecen protección contra picos, sobrevoltaje y bajonazos, haciendo que su PC opere sin problemas a pesar de cualquier molestia que la compañía eléctrica pueda causarle.

¡Aquí Viene Windows!

Después de iniciar su computadora (el hardware), el sistema operativo (el software) toma control. Recuerde que el software controla el hardware y la

Caen los rayos

P: Desconecté mi computadora durante una reciente tormenta de rayos. Aún así, una huelga cercana cocinó mi disco duro. Afortunadamente, mi vendedor reemplazó la computadora. Pero ¿cómo se cocinó si la computadora estaba desconectada?

R: Probablemente el pico vino por el cable telefónico, hasta el módem y luego justo a la tarjeta de la computadora *¡Zap!* Si desco-

necta la computadora o utiliza una UPS para suprimir picos UPS, la computadora puede todavía dañarse por la línea telefónica. Así que como protección extra, recomiendo desconectar la línea telefónica durante una tormenta eléctrica. O, si tiene una UPS, revise si tiene un enchufe para la línea telefónica, lo que significa que ofrece supresión de picos en la línea telefónica. Eso es algo bonito de tener.

parte principal del software es el sistema operativo. Así que el sistema operativo es el primer programa que ejecuta su computadora. Ese sistema operativo es llamado Windows.

Conforme Windows cobra vida, usted ve varios mensajes desplegados en la pantalla. Lo que sea. Solo siéntese y observe; la mayoría tiene un valor bajo de entretenimiento, algo como una lista de créditos antes de una buena película . . . o uno mediocre, en este caso.

- ✔ Ocurre mucho caos conforme Windows se carga. No se preocupe por eso.

- ✔ Para todos los que lean este libro, el sistema operativo es Windows, ya sea Windows 98, Windows Me, Windows 2000 o posiblemente Windows XP. A lo largo de este libro se anotan diferencias sutiles y específicas entre las varias versiones de Windows.

- ✔ Las versiones anteriores de Windows se explican en ediciones anteriores de *PC Para Dummies.*

- ✔ Antes de Windows, el sistema operativo de la PC era llamado DOS. Refiérase a *DOS Para Dummies* (Hungry Minds, Inc) para más información.

- ✔ Algunos monitores pueden desplegar texto antes de que Windows se inicie. El texto está básicamente diciéndole que el monitor no está recibiendo una señal de la computadora. En lugar de solo decir, "No estoy recibiendo ninguna señal de vida de la computadora," el monitor dice `Invalid Sync` o `Error on input` o algo más crudo. Ignore el mensaje; se desvanece cuando la consola cobra vida.

"¡Mi computadora fue apagada incorrectamente!"

Hay una forma correcta y una forma incorrecta de hacer las cosas. Para apagar una computadora, no tire el gran interruptor rojo en la otra dirección. Eso sencillamente no funcionará. Hace unos años, estaba bien. Hoy día, sin embargo, usted debe apagarla adecuadamente. Si no lo hace, Windows puede advertirlo la próxima vez que inicie la computadora.

No se preocupe por la advertencia. No es vergonzoso que Windows le diga que fue cerrado inadecuadamente. ¡En realidad es algo bueno! La advertencia le dice que el programa ScanDisk puede operar y que arregla cualquier problema causado por el cierre inadecuado.

✔ Si nunca ve ese mensaje de error . . . ¡bien!

✔ Si ScanDisk encuentra algún error, arréglelo pulsando la tecla Enter.

✔ Usted no necesita un *undo disk (disco deshacer)*, así que seleccione la opción Skip Undo si alguna vez se la ofrecen.

✔ Refiérase a la sección "Apagar la Computadora (Shutdown)," más adelante en este capítulo, para información acerca de cómo apagar su computadora adecuadamente.

No juegue con las contraseñas del sistema

Algunas PC tienen la capacidad de tener una contraseña del sistema. Esto suena apestoso: aparece un indicador justo después de que enciende su computadora y lo previene de acceso no autorizado. Si no sabe la contraseña – o la olvidó – no puede utilizar la computadora. Una contraseña es maravillosa para seguridad, pero es un riesgo serio si su cerebro de repente la olvida.

Mi advertencia: No se moleste con las contraseñas del sistema.

"¡Mi computadora dice 'No hay disco del sistema.' ¿Qué más da?"

Ocurre con frecuencia, ¡incluso a Bill Gates!

```
Non-system disk or disk error
Replace and strike any key when ready
```

Si ve este mensaje, saque el disquete de la unidad A y pulse la tecla Enter. Su computadora luego se inicia normalmente.

La razón por la cual usted ve este mensaje es que un disquete fue dejado en la unidad A de su PC. La computadora se ha iniciado sola utilizando software en ese disco y - ¿qué sabía yo? - no hay software en ese disco. El software (el sistema operativo de su PC) está realmente en el disco duro de su PC, que no puede ser cargado hasta que quite ese maldito disquete de la unidad A y pulse la tecla Enter.

Regístrese, invitado misterioso

El paso final a la prisión de Windows es para que los inquilinos se identifiquen ellos mismos con el guarda. En lenguaje técnico, esto es *login* o *logon (registrarse)*. Esto ocurre por varias razones:

- ✔ Conectarlo a usted y a su computadora a una red (sobre todo la de la oficina o, si *realmente* está metido con las computadoras en su casa)
- ✔ Identificarlo como una de las muchas personas que utilizan la misma computadora
- ✔ Molerlo a palos

El registro funciona diferente, dependiendo de su versión de Windows y si está o no en red.

La Figura 2-2 muestra el tonto recuadro de diálogo de registro para Windows 98 y Windows Me. Es tonto porque no ofrece ninguna seguridad y puede ser fácilmente ignorado pulsando la tecla Esc o haciendo clic sobre el botón Cancel. De lo contrario, usted digita su nombre de usuario y contraseña o solamente la contraseña si su nombre de usuario se muestra, como ilustra la Figura 2-2.

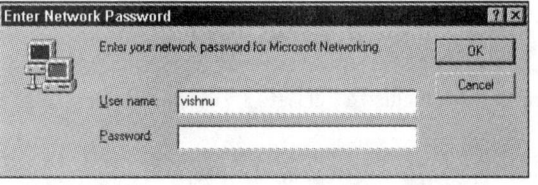

Windows 2000 tiene un esquema diferente de registro: primero debe pulsar Ctrl+Alt+Delete para llamar al recuadro de diálogo de registro. Luego debe digitar un nombre de usuario reconocido e introducir una contraseña adecuada, o Windows 2000 simplemente no le permitirá ingresar. Molesto, ¿verdad? Pero eso es porque Windows 2000 ofrece seguridad verdadera.

Para Windows XP, usted hace clic sobre su nombre de usuario de la lista mostrada en la pantalla Welcome. A menos que haya creado más cuentas de usuario, verá solamente dos: la suya y una llamada *Guest*. Si se necesita una contraseña, aparece un recuadro después de que hace clic sobre el nombre de usuario; digite su contraseña en el recuadro y pulse Enter.

No importa cuál versión de Windows está utilizando, digite su nombre de usuario o solo acepte el nombre que automáticamente aparece en el recuadro de diálogo (Vishnu en la Figura 2-2). Luego introduzca una contraseña, o bien, para Windows 98/Me, haga clic sobre el botón Cancel.

Está adentro.

✔ Pulse la tecla Tab para moverse entre los recuadros de texto User Name y Password.

✔ Si tiene bastante suerte de estar en una Red Impersonal Muy Grande, un recuadro de texto puede estar disponible para que usted digite el nombre o dominio de la red.

✔ Si está en una red, entonces necesita digitar la contraseña para acceder a dispositivos de la red. Las contraseñas de la red ofrecen seguridad real.

✔ Es posible deshabilitar el recuadro de diálogo de la contraseña en Windows 98/Me. Refiérase a la siguiente página Web:
`www.wambooli.com/help/Windows/logon/`.

✔ En Windows 2000, puede también quitar el recuadro de diálogo de contraseña, siempre que usted sea la única persona que utiliza la computadora y no esté en una red. Desde el botón Start, abra el Control Panel y luego abra el icono Users and Passwords. Quite la marca de verificación junto al elemento Users Must Enter o User Name and Password to Use This Computer. Haga clic sobre OK.

✔ No puede evitar registrarse en Windows XP. No, después de años de laxa benevolencia, los amigos de Microsoft están finalmente obligándolo a obedecerlos.

Ya era hora de que este sistema operativo apareciera

Eventualmente – no estoy perdiendo el tiempo para tejer telarañas, pero al menos suficiente para tomar una taza de café o rasurarme - Windows se presenta listo para que usted lo utilice. Lo que ve en la pantalla (refiérase a Figura 2-3) es el escritorio, la pantalla principal de Windows, o bandeja de inicio, si es que la ve. Windows está finalmente listo para que lo utilice. Hora de empezar a trabajar.

✔ El escritorio en Windows XP tiene una apariencia tridimensional y más colorida que el escritorio mostrado en la Figura 2-3. De hecho, Windows XP es tan diferente que el icono Windows XP, mostrado en el margen, indica varias cosas en este libro que son específicos de Windows XP.

✔ Como parte del proceso de inicio (¿nunca acaba?), aparecen varios mensajes o ventanas en la pantalla. Algunos de ellos desaparecen por sí mismos y otros requieren que haga clic sobre un botón OK o Cancel para eliminarlos.

✔ El Capítulo 3 ofrece más información acerca de Windows y empezar a trabajar.

Figura 2-3: Se llama escritorio, pero luce más como un parabrisas después de un largo viaje en auto.

Terminar su Trabajo

Entre encender y apagar su computadora, debería hacer algo. A terminar el trabajo. Hágalo ahora.

- ✔ Refiérase a la Parte IV de este libro para más información acerca de utilizar software.
- ✔ También refiérase a la Parte V para información acerca de utilizar la Internet, que es como utilizar software, pero también incluye utilizar un módem.

Apagar la Computadora (Shutdown)

Cuanto más intentan hacer las computadoras más fáciles de utilizar, más difícil resulta apagarlas. En los viejos tiempos, todo lo que hacía era golpear el interruptor de energía. ¡Clunk! La computadora estaba apagada. Ahora, golpear el interruptor de energía para apagar una computadora puede ni siquiera funcionar. Puede más bien poner la computadora a dormir. Cada vez se pone más y más raro.

Cerrar Windows XP

Para cerrar Windows XP durante la noche, haga clic sobre el botón Start y escoja Turn Off Computer en la parte inferior de la ventana que aparece. Esto despliega el recuadro de diálogo Turn Off Computer, mostrado en la Figura 2-4.

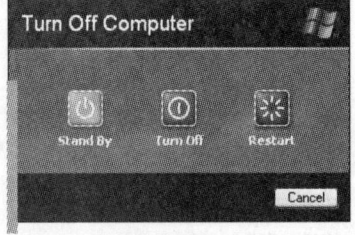

Figura 2-4:
Cerrar
Windows XP.

El recuadro de diálogo Turn Off Computer contiene cinco opciones: Stand By, Hibernate, Turn Off, Restart y Cancel. Cada una de estas opciones es discutida en las secciones que siguen; busque el icono Windows XP en el margen para descubrir esa información específica.

> ✔ Notará que no existe un botón Hibernate en el recuadro de diálogo Turn Off Computer. Quizás es que a Microsoft le gustan las cosas en trío. Pero de todas formas, para invernar la computadora, usted pulsa la tecla Shift y hace clic sobre el botón Stand By.

> ✔ Refiérase a la sección siguiente para información acerca de las diferencias entre Stand By y Hibernate.

> ✔ Si se aterroriza y no desea ponerse en Stand By, Turn Off o Restart, haga clic sobre el botón Cancel o pulse la tecla Esc.

> ✔ Puede elegir también Log Off y regresar Windows de vuelta a la pantalla Welcome; haga clic sobre el botón Log Off en el menú de Start.

Utilizar el recuadro de diálogo Shut Down Windows en Windows 98/Me/2000

 Para recoger adecuadamente las velas de Windows, escoja Shut Down en el menú de Start. El recuadro de diálogo Shut Down windows aparece, como se muestra en la Figura 2-5.

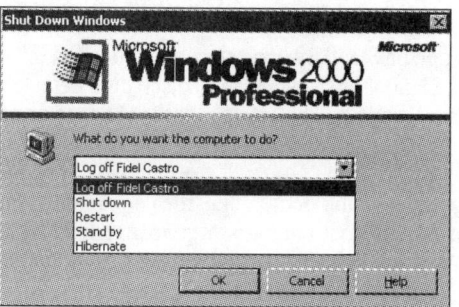

Figura 2-5: Varias opciones para cerrar Windows.

El recuadro de diálogo Shut Down Windows contiene una serie de opciones para detenerse, brincar, suspenderse, restringir o hacer la computadora catatónica. (La versión de Windows 98/Me de este recuadro de diálogo no es tan llamativa, pero opera igual). A continuación presentamos un resumen de todas sus opciones:

Log Off (Salirse). Esta opción no cierra Windows o ni apaga la computadora. No, para sistemas de usuario de red o de múltiples usuarios, esto meramente le dice a la computadora (o a la red) que ha terminado. Windows no se detiene, pero en su lugar despliega el recuadro de diálogo de registro de nuevo. (Para seleccionar esta opción en Windows 98/Me, escoja el comando Log Off en el menú de Start).

¿Por qué no solo poner a dormir el monitor?

P: Ahora me ha asustado. Temo poner la computadora en el modo Stand By por miedo de que nunca recobraré el control. ¿Hay algo más que pueda hacer para ahorrar energía. ¡Ayúdeme! Vivo en California y necesito ahorrar electricidad.

R: Solución fácil. Abra el icono Power Management o Power Options del Control Panel. Contiene opciones para dormitar la computadora, monitor o discos duros. Seleccione un momento para apagar el monitor, digamos una hora. Deje los otros elementos establecidos en *Never* o *Always On*. Luego haga clic sobre OK.

Shut Down (Cerrar). ¡Ah! Lo que probablemente desea. Esta opción detiene a Windows completamente. Se le indicará que guarde sus archivos no guardados, en caso de que hubiera algunos por ahí descansando. Hágalo. Luego Windows empaca sus maletas y deja la ciudad.

Restart (Reinicio). Esta opción le ofrece una forma de apagar la computadora y luego encenderla de nuevo, se conoce como *reset (reiniciar)*.

Stand By (Espera). La opción Stand By pone su computadora en un modo de ahorro de energía especial. El monitor se oscurece, el disco duro deja de girar y la computadora básicamente se queda quieta. Esto también se conoce como poner la computadora a dormir.

Hibernate (Invernar). Esta es una opción apestosa solamente disponible en ciertas computadoras ostentosas. El invernar guarda todo en la memoria y luego apaga la computadora. Cuando la enciende de nuevo, la computadora no se inicia sino que se presenta ella misma ante usted en la forma que estaba antes de invernar. Esta es una forma rápida de apagar la computadora sin tener que "perder su lugar".

Después de seleccionar una de las opciones, haga clic sobre el botón OK para apagar, reiniciar, poner en espera, ¡lo que sea!

Haga clic sobre el botón Cancel para regresar a Windows.

Las siguientes secciones ofrecen más información acerca de las opciones populares Shut Down Windows.

Sí, pero solo deseo apagar la computadora

Para salirse adecuadamente por completo.

1. **En el menú de Start, escoja Sh**u**t Down.**

2. **Seleccione Shut Down en el recuadro de diálogo Shut Down Windows.**

3. **Haga clic sobre OK.**

En algunas computadoras, la consola realmente se cierra sola. En otras, aparece el mensaje It's now safe to turn off your computer. Siga adelante y apague la consola y luego el monitor, la impresora y todo lo demás.

✔ ¡No tiene que apagar la UPS! Por favor déjela encendida de manera que su batería siga cargándose.

✔ Debe salirse de los programas más viejos de DOS antes de cerrar Windows. Si no es así, entonces se detiene toda la operación. (Es cuestión de rivalidad entre hermanos).

✔ En Windows XP, usted hace clic sobre el botón Turn Off, mostrado en la Figura 2-4.

✔ Es una buena idea esperar al menos de 10 a 20 segundos antes de encender de nuevo la computadora. Eso le da a los discos duros de la computadora tiempo para bajar la velocidad y detenerse. (Básicamente, es una mala idea golpear el interruptor de la PC rápidamente de On a Off y a On de nuevo).

¿Cómo pongo la computadora a dormir?

Como alternativa a apagar la computadora y luego encenderla varias veces al día, considere ocasionarle un coma en su lugar. No es nada malo y su PC no tiene una experiencia extracorporal mientras está caída. Más bien, solo le dice a su PC que tome una siesta. La computadora apaga el poder de la pantalla y unidades de disco, pero mantiene suficiente jugo para recordar qué estaba haciendo de último. Para hacer eso:

1. **¡Guarde su trabajo!**

   Esto es importante: debe guardar sus documentos o archivos en disco antes de dormir la PC. Si desea estar extra seguro, cierre sus programas también. Puede perder datos si ocurre una interrupción de poder mientras la computadora está en el modo de dormir.

Desvíos

P: Usted establece en su libro que no se debe apagar la computadora, sino dejarla prendida todo el tiempo. Yo no tengo una PC sofisticada, así que realmente importa si la apago – después de que Windows diga eso, por supuesto.

R: Si va a estar alejado de la computadora por más de dos días, apáguela. De lo contrario, realmente no necesita apagarla. Yo dejo la mía encendida todo el tiempo, sobre todo porque pienso que las computadoras toman demasiado tiempo para iniciarse. Pero si ha pasado todo el problema de cerrar el sistema, siéntase libre de apagarla. O bien, pulse el botón de reinicio o la combinación de teclas Ctrl+Alt+Delete para reiniciar.

2. **En el menú de Start, escoja Shut Down.**

3. **Seleccione Stand By en el recuadro de diálogo Shut Down Windows.**

   Esto puede también llamarse opción Suspend.

4. **Haga clic sobre OK.**

Usted despierta la computadora pulsando una tecla o sacudiendo el mouse. Luego, esa cosa tonta está lista para que la utilice de nuevo.

✔ En una "laptop", usted introduce el modo Stand By cerrando la tapa con la energía encendida o activando un comando de teclado o escogiendo un comando Stand By en el menú de Start.

✔ Puede hacer que algunas computadoras entren en el modo Stand By pulsando el interruptor on-off (realmente dormido). Refiérase al manual de la computadora para ver si muestra esta opción, aunque típicamente el interruptor de dormida de la computadora está marcado con un icono de luna creciente.

Algunas veces el modo Stand By no funciona. La PC entra en un sopor eterno del que no puede ser despertado. Mover el mouse o pulsar cualquier tecla (o golpear el teclado en el escritorio) no despierta la PC. En lugar de ello, debe reiniciarla o, como el interruptor de dormida de la computadora no apaga esa cosa, puede tener que tirar el cordón de la pared y luego reconectar la PC para ganar control de nuevo.

Si tiene una PC que testarudamente rehúsa salirse del modo Stand By, refiérase al sitio Web del fabricante o línea de soporte técnico para información acerca de esto o para arreglarla. Hasta que la pueda arreglar, le recomendaría no poner la computadora en el modo Stand By.

¡Hey! Tengo esa opción apestosa Hibernate

¡Oh, qué humano tan afortunado! Hibernar la computadora es mejor que apagarla y más seguro que reiniciar. Para hibernar, siga estos pasos:

1. **En el menú de Start, escoja Shut Down.**
2. **Seleccione Hibernate en el recuadro de diálogo Shut Down Windows.**
3. **Haga clic sobre OK.**

El disco duro de la computadora suena por unos cuantos segundos y luego la apaga. Increíble.

Cuando enciende de nuevo la computadora, está invernando, salpicando en el escritorio de la pantalla - incluyendo los programas en los que estaba trabajando anteriormente o juegos (justo en el centro de las cosas) – tal como lo dejó. ¡Ah! Esto es mucho mejor que el modo de dormida o aún mejor que apagar esa cosa. Ahora entiendo por qué esas computadora *baratas* no tienen esta función ¡Ha-ha!

En Windows XP, usted pulsa la tecla Shift (cualquiera) y hace clic sobre el botón Stand By para invernar. Refiérase a la Figura 2-4.

¿Y qué si apago el monitor?

P: Usted recomienda dejar la computadora encendida en lugar de encenderla y apagarla frecuentemente. Así que tengo una pregunta tonta; ¿quiere decir que solo la computadora queda encendida? ¿Debería apagar el monitor? Yo apagaba y encendía mi máquina varias veces al día.

R: Deje su PC encendida y podrá iniciarla "varias veces al día". Apague el monitor cuando deje su escritorio o solo utilice un protector de pantalla. (Refiérase al Capítulo 12 para información acerca del protector de pantalla).

Necesito reiniciar

Necesitará reiniciar Windows en dos circunstancias. La primera es cuando instala algo nuevo o hace algún cambio, en cuyo caso Windows le dice que necesita reiniciarse y presenta algún tipo de botón Reset o Restart en la pantalla. Haga clic sobre ese botón con el mouse y la computadora se reinicia.

La segunda es que la mayoría de las personas necesita reiniciar cuando ocurre algo extraño. Por ejemplo, ¡el mouse se ha ido! O las ventanas empiezan radicalmente a desplazarse por todo lado. Cosa extraña. En ese caso, escoja Restart en el recuadro de diálogo Shut Down Windows (mostrado anteriormente en este capítulo) y la computadora se reinicia sola, de vuelta a la normalidad, esperamos.

En Windows XP, haga clic sobre el botón Restart en el recuadro de diálogo Turn Off Computer (refiérase a la Figura 2-4) para reiniciar la computadora.

Algunas computadoras tienen un botón de reinicio en la consola. Ese es el botón *hardware reset*. Utilícelo solamente en momentos de desesperación. El botón está allí como último recurso. Por ejemplo, Windows está actuando extraño y necesita ser reiniciado, pero no puede utilizar el mouse o no puede ni siquiera ver el menú. En momentos de pánico como este, siéntase libre de golpear el botón de reinicio de hardware.

Vaya, no todas las computadoras tienen un botón de reinicio de hardware. En ese caso, necesita desconectar la consola (o apagar la regleta), espere unos cuantos segundos y luego conéctela de nuevo.

Recuerde sacar cualquier disquete de la unidad A antes de reiniciar. Si deja un disco allí, la computadora intenta iniciarse sola desde ese disco.

¿Ctrl+Alt+Delete no reinicia también?

En los días dorados (digamos 1994), las PC eran comúnmente reiniciadas pulsando la combinación de teclas Control+Alt+Delete; pulse las teclas Control (Ctrl), Alt y Delete simultáneamente. *Puf!* DOS se reiniciaría; Windows moriría.

Ctrl+Atl+Delete todavía tiene una función en Windows, aunque no es realmente un reinicio verdadero.

En Windows 98/Me, Ctrl+Alt+Delete muestra la ventana Close Program, mostrada en la Figura 2-6. Esta pequeña herramienta útil le permite matar todos los programas que se vuelven locos. También soporta un botón Shut Down o, como dice en la Figura 2-6, si pulsa Ctrl+Alt+Delete de nuevo, la computadora es instantáneamente reiniciada. Deje ese truco para momentos de desesperación.

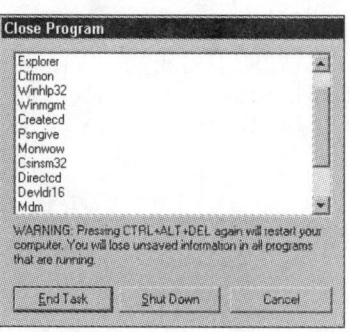

Figura 2-6:
El recuadro
de diálogo
Close
Program.

En Windows 2000, Ctrl+Alt+Delete es la combinación de teclas para registro/salirse. Usted pulsa Ctrl+Alt+Delete inicialmente para abrir el recuadro de diálogo de la contraseña, pero si pulsa Ctrl+Alt+Delete mientras Windows 2000 está operando, usted es presentado con un recuadro de diálogo Windows Security. Haga clic sobre Cancel para regresar a Windows, o haga clic sobre el botón Shut Down para ver las varias opciones para cerrar Windows 2000. (También refiérase al Capítulo 27 para más información acerca de utilizar el recuadro de diálogo Windows Security).

Windows XP despliega el Windows Task Manager cuando pulsa Ctrl+Alt+Delete. Puede utilizar esta ventana útil para matar programas individuales o procesos y hacer una serie de cosas altamente técnicas e interesantes. La ventana Task Manager tiene un menú de Shut Down, desde donde puede escoger opciones para cerrar la computadora.

En todas las situaciones, si pulsa Ctrl+Alt+Delete y más bien se mantendría trabajando en Windows, solo pulse la tecla Esc o haga clic sobre Cancel. ¡Vaya!

"Deseo Dejar Mi Computadora Apagada Todo el Tiempo"

¡Hey! Estoy con usted.

"Deseo Dejar Mi Computadora Encendida Todo el Tiempo"

El gran debate surge: ¿Deberá dejar su computadora encendida todo el tiempo? Cualquier persona que sepa algo le dirá, "Sí". Deje su computadora encendida todo el tiempo, 24 horas al día, 7 días a la semana y 14 días a la semana. La única vez que usted debería apagar un sistema es cuando no será utilizado por más tiempo que un fin de semana.

A las computadoras les gusta estar encendidas todo el tiempo. Usted deja la refrigeradora encendida todo el tiempo o cuando esté lejos en viajes, ¿entonces por qué no la PC? Tampoco aumenta su recibo eléctrico mucho.

No importa lo que usted haga con su PC, siempre es una buena idea apagar su monitor cuando está lejos. Algunos monitores pueden *dormir* justo como las PC, pero si no pueden, apagarlas puede ahorrar algo de electricidad.

Si deja su computadora encendida todo el tiempo, no deje que la cubra una capa de polvo. El polvo le da a la computadora su propio efecto de invernadero y pone las temperaturas dentro del sistema muy por encima de su punto de sudar a mares, como en un drama sureño de la Corte.

Otra buena idea: apague la computadora durante una tormenta eléctrica. Aún si tiene protección contra picos o una UPS, Es mejor no dejar ese pico molesto de voltaje en su computadora durante una tormenta eléctrica. Desconecte la computadora. Y recuerde también desconectar la línea telefónica. No puede ser demasiado cuidadoso.

Parte II
Utilizar su PC

"ESTABAN VENDIENDO CONTRABANDO EN LÍNEA. ROMPIMOS LA PUERTA JUSTO CUANDO ESTABAN INTENTANDO TIRAR TODO POR EL SERVICIO SANITARIO".

En esta parte . . .

En cierta forma, una computadora puede ser como el niño dulce y molesto que dice, "Tengo un secreto". La computadora sabe algo y, al igual que ese pequeñuelo, no va a decírselo cuál es el secreto. Después de un rato, el juego se vuelve frustrante. Usted sabe que la información está allí y sabe que la computadora (o el pequeño) podría simplemente decírsela. Pero, ¿qué debe hacer para sacar la información?

La clave para usar su PC es usar software — principalmente el sistema operativo del sistema. Se da por un hecho, no es obvio. Mientras los hornos microondas tienen un botón para las Palomitas de Maíz y los teléfonos no tienen una tecla Enter (solo saben cuando ha terminado de digitar el número), la computadora no ofrece claves. Afortunadamente, usted tiene los capítulos en esta parte del libro. Están diseñados para familiarizarlo con el uso de su PC y le muestran cómo hacer algo. El dolor es mínimo. La información es de primera. El entretenimiento está en camino.

Capítulo 3

El Sistema Operativo de su PC

*L*o primero que supuestamente deben decir los extraterrestres cuando saludan a los habitantes del planeta local es, "llévenme con su líder". Si sucede que el pobre extraterrestre aterrizó en una zona rural de América, entonces sería llevado de inmediato a un bar, lo emborracharían, desnudarían y luego le quitarían su billetera y sacarían todas las partes valiosas de su nave. Llamarían al líder "Jack Daniels". Y así empezaría un incidente galáctico que eventualmente convertiría a la tierra en una ceniza ardiente del tamaño de un trozo de carbón.

Como un usuario extraterrestre acercándose a una nueva computadora, lo primero que desea saber es quién está a cargo. Básicamente, le está pidiendo a la computadora que lo tome como líder, que es un programa de software llamado *operating system (sistema operativo)*. Para la PC, ese sistema operativo tan solo se llama Windows. Y ahí es donde empieza todo el problema.

Este capítulo ofrece un vistazo general acerca de Windows. Para más información, debería tomar un libro específico para su versión de Windows.

El Verdadero Cerebro de la PC

Recuerde que es el software el que controla al hardware de la computadora. De todo el software que tiene, algo tiene que estar al mando. Eso sería el sistema operativo de la computadora. Para la PC, el sistema operativo es Windows.

Los sistemas operativos de computación tienen tres responsabilidades básicas:

- ✔ La primera es controlar la computadora, todo el hardware.

- ✔ La segunda responsabilidad es controlar todo el software, básicamente ejecutando programas y manejando todos los archivos y documentos que cree.

- ✔ La terciaria (digo *tercera*) responsabilidad es interactuar con usted.

Idealmente (lo que significa que nunca podría ocurrir en la vida real), un sistema operativo de computación debería ser callado y eficiente, nunca atravesarse en el camino y ejecutar sus instrucciones como un sirviente hacendoso y agradecido.

En realidad, Windows está lejos de ser hacendoso y agradecido. Sí, Windows es su sirviente, pero debe jugar el juego con sus propias reglas – y a menudo parece que Windows cambia las reglas en el medio del juego. Seguro, hay gráficos y fotografías y el mouse supuestamente debe hacer las cosas más fáciles que solo digitar comandos. Pero en ocasiones, Windows puede ser tremendamente frustrante.

- ✔ Windows viene en varios sabores: Windows 98, Windows Me, Windows 2000, Windows XP y más. Este libro se refiere a ellos como Windows.

- ✔ El sistema operativo original de las PC fue el DOS, también conocido como MS-DOS o algunas veces PC-DOS. DOS aún está disponible y puede ejecutar cualquier PC; aunque como el software para computadoras es escrito para el sistema operativo de Windows, pocas personas utilizan DOS.

- ✔ Otro sistema operativo de las PC es Linux, que no se describe en este libro. Lo más importante de conocer acerca de Linux es cómo se pronuncia. La gente de computación que piensa estar muy "en onda" dice *LIN-uks*. El autor de este libro dice *LIE-nuks*. El muchacho que escribió Linux, Linus Torvalds, dice LEEEEE-nooks.

La Excursión Barata a Windows

Debe conocer estas tres partes básicas de Windows, el sistema operativo de su computadora: el escritorio, la barra de tareas y el botón Start.

El escritorio

Windows es un sistema operativo gráfico. Utiliza imágenes, o *icons (iconos),* para representar todo lo que hay dentro de su computadora. Estos gráficos están todos pegados en un fondo llamado *desktop (escritorio).* La Figura 3-1 muestra el escritorio con el famoso fondo de nubes de Windows.

Puntero del mouse (Mouse pointer)

Usted controla todo utilizando el mouse de su computadora. El mouse controla el puntero en el escritorio, el cual luce como un OVNI en forma de flecha en
la Figura 3-1. Usted utiliza el mouse y su puntero para apuntar cosas, tomarlas,
arrastrarlas, punzarlas, aruñarlas hasta que sangren y otras cosas como esas,
típicas del mouse.

O bien, puede utilizar el teclado, aunque los sistemas operativos gráficos como
Windows prefieren los mouse a los teclados.

▶ El *escritorio* es meramente el fondo sobre el cual Windows muestra su material –como una vieja hoja que cuelga en la pared para aburrir a sus vecinos
con una presentación de diapositivas de las vacaciones a las islas Caimán.

▶ Las pequeñas fotografías se llaman *iconos*.

▶ Eso no se ve como un escritorio verdadero, ¿no es cierto? Eso es porque Windows se basa en la Macintosh, que a su vez se basa en la antigua computadora Lisa. En la Lisa, el escritorio *realmente se veía* como un escritorio, con
papel, un reloj, gomas, tijeras y otros utensilios adecuados. Hemos recorrido
un largo camino. . . . a un largo camino . . .

La barra de tareas

La barra de tareas es esa franja gris en la parte inferior del escritorio. Sirve como centro de control de Windows. Hay cuatro cosas importantes a las cuales prestar atención en la barra de tareas (como se muestra en la Figura 3-2): el botón Start, la barra Quick Launch, botones de ventanas y la bandeja del sistema.

Figura 3-2:
La barra de tareas.

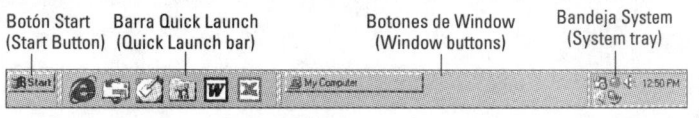

Botón Start   Barra Quick Launch   Botones de Window   Bandeja System
(Start Button) (Quick Launch bar)   (Window buttons)   (System tray)

El botón Start es donde inicia programas en Windows. Puede también cerrar, iniciar y detener Windows utilizando el botón Start. Microsoft no puede decidirse.

La barra Quick Launch es la parte de la barra de tareas que contiene botones para iniciar rápidamente varios programas. La Figura 3-2 muestra botones para Internet Explorer, Outlook Express, Word, Excel y otros. Al hacer clic sobre uno de estos botones inicia el programa asociado (una de las millones de formas para iniciar programas en Windows).

Junto a la barra Quick Launch es donde aparecen los botones que representan cualquier programa que tiene operando o ventanas que puede tener abiertas. Al hacer clic con el mouse sobre un botón, despliega ese programa o ventana. En la Figura 3-2, al hacer clic sobre el mouse en el botón My Computer desplegaría la ventana My Computer.

En el extremo derecho de la barra de tareas está la *system tray (bandeja del sistema)*. Muestra la hora del día además de otros pequeños iconos que representan pequeños programas especiales que tiene operando en su computadora. Para ver lo que son esos pequeños programas, solo coloque el mouse sobre uno de esos simpáticos iconos. Esto hace que aparezca un pequeño globo que explica lo que representa o hace el icono. Por ejemplo, apuntar a la hora en la bandeja del sistema despliega la fecha completa.

✔ La barra Quick Launch puede ser deslizada a la izquierda o derecha o podría aparecer encima o debajo del resto de las barras de tareas.

✔ Para más información acerca de la bandeja del sistema, refiérase a la siguiente página Web: www.wambooli.com/help/Windows/SystemTray/.

"¡Mi barra de tareas es AWOL!"

La barra de tareas no está soldada a la parte inferior de la pantalla de su computadora, ni tiene un tamaño fijo. No, la barra de tareas es un pequeño elástico que cambia. Puede ubicarse en cualquiera de los cuatro bordes de la pantalla de su computadora y puede ser más rápida que un club sándwich o más delgada de lo que pueda ver el ojo humano. No es necesario decirlo, pero estas opciones aparentemente inútiles pueden volverlo loco.

Primero, para mover la barra de tareas: la barra de tareas puede ser arrastrada apuntando y haciendo clic con el mouse sobre cualquier área en blanco entre la barra Quick Launch y la bandeja del sistema. Tan solo sostenga el botón del mouse y luego arrastre la barra de tareas a cualquier otro borde de la pantalla. Una línea borrosa le muestra dónde terminará dicha barra. Suelte el mouse para mover la barra de tareas.

Segundo, para reducir o aumentar la barra de tareas, coloque el puntero del mouse sobre la parte superior de la barra. El puntero del mouse cambia a una flecha en esta dirección o la otra. Luego, arrastre la barra de tareas a un tamaño más bonito, más categórico.

Si la barra de tareas parece estar perdida, entonces probablemente fue reducida a una línea delgada. Busque esa línea. Luego utilice el mouse para cambiarla a un tamaño más grueso.

En Windows XP, puede asegurar la barra de tareas en posición y evitar cualquier error potencial: haga clic en el botón derecho sobre la barra de tareas en un espacio en blanco (donde no aparezcan botones). Escoja Lock the taskbar en el menú de selección. ¡Clunk! La barra de tareas está ahora inmovilizada y segura de cualquier destrucción.

 ✔ La bandeja del sistema en Windows XP oculta en forma rutinaria sus pequeños iconos, especialmente si no hacen nada más que estar allí. Para ver todos los iconos, haga clic sobre las flechas Show More (representadas en el margen).

El menú de Start

Los humanos tienen un ombligo; Windows tiene el botón Start localizado al lado izquierdo de la barra de tareas, el cual no es como su ombligo, pero es útil porque llama al menú de Start tan importante, con el cual usted inicia la mayoría de los programas que utilizará en Windows.

El menú de Start se muestra en la Figura 3-3. La parte superior enumera los programas que puede ejecutar, como Windows Update o America Online (AOL). La parte central enumera varios Submenúes, Programas, Documentos, Configuraciones y Búsqueda. La parte inferior le brinda acceso al sistema de Ayuda de Windows y otras cosas divertidas, incluyendo el comando Shut Down (descrito en el Capítulo 2).

Para modificar cosas, probablemente utilizará el menú de Settings. Al escoger Settings se despliega un submenú lleno de otros comandos que le permiten modificar varios aspectos de su computadora.

El submenú de Programs es donde encuentra la mayoría de los programas que puede ejecutar en Windows. Usted escoge Programs con el mouse y luego busca el programa del submenú que desea ejecutar, incluso puede seleccionar otro submenú (o sub-submenú) para encontrar lo que desea.

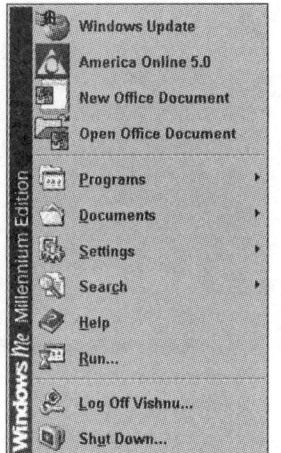

Figura 3-3:
El menú de
Start.

El menú de Start en Windows XP se muestra en la Figura 3-4. Contiene iconos que representan programas populares, lugares para visitar en la unidad, además de nociones vagas de las opciones de control y configuración y los últimos programas que haya ejecutado.

Figura 3-4:
El menú de
Start en Win-
dows XP.

Para llegar a la lista completa de aplicaciones, debe hacer clic sobre el botón More Programs. Eso despliega una lista en cascada de menúes, que es donde encuentra todos los programas que puede ejecutar en su computadora.

✔ Si prefiere utilizar su teclado para ver el menú de Start, pulse la combinación de teclas Ctrl+Esc. Esto funciona sin importar si puede o no ver el botón Start.

✔ Puede también convocar el menú de Start de su teclado pulsando la tecla Windows, mostrada en el margen. (En teclados más viejos sin la tecla Windows, pulse la combinación de teclas Ctrl+Esc).

✔ Los submenúes son más bien resbalosos. Aparecen y desaparecen conforme su mouse los recorre. ¡Así que tenga cuidado! Accederlos puede ser irritante si es un principiante con el mouse o su mouse es demasiado sensible.

✔ Absténgase de golpear su mouse en la mesa cuando se comporta erradamente.

✔ Inicie en forma rápida cualquier cosa recientemente trabajada utilizando el submenú de Documents: muestre el menú de Start y haga clic sobre Documents. Busque su documento en la lista. Si está allí, haga clic sobre él para iniciarlo. Si no está allí, puede tomar el día libre y ver su telenovela favorita. (El submenú de Documents no aparece en el menú de Start de Windows XP).

✔ Algunos programas pueden ser representados como iconos de acceso directo en el escritorio, como el icono MS-DOS Prompt mostrado en la Figura 3-1.

> Puede iniciar esos programas al hacer doble clic sobre sus iconos; no tiene que deambular por el menú de Start.

> ✔ Si el programa que desea iniciar está en la barra Quick Launch, solo haga clic sobre su icono una vez con el mouse. ¡Shazaam! El programa se inicia.

Quit (o Exit o Close)

El menú de Start le muestra cómo iniciar cosas, pero una pregunta común que recibo de los lectores es: "Dan, usted nos dice cómo iniciar las cosas, pero ¿cómo nos salimos?" Así que aunque no sea un lugar en el escritorio o barra de tareas, cada ventana y cada programa en Windows tiene una forma de cerrarse o salir. Afortunadamente, es muy consistente.

Para salir de cualquier programa o cerrar cualquier ventana, escoja el comando File➪Exit. Dirija el mouse al menú de File y haga clic. Luego encuentre el comando Exit en la parte inferior del menú. Haga clic. (Note que algunas veces el comando es Close en lugar de Exit).

Windows puede preguntar si desea guardar su trabajo. Haga eso si no lo ha hecho. (Refiérase al Capítulo 6 para más información acerca de guardar sus cosas).

🗙 Vaya, algunos programas podrían no tener un menú de File, mucho menos un comando Exit. Si es así, puede salirse o cerrar esa ventana haciendo clic sobre el botón X en la esquina superior derecha de la ventana.

La forma más extraña de cerrar una ventana es utilizar la combinación de teclas Alt+F4. ¿Por qué Alt+F4? No sé. Utilizar el comando es casi como conjurar un embrujo. Es extraño.

Otros Lugares Divertidos para Visitar

Puede divertirse con muchas cosas en el área de juegos de Windows. La mayoría de estas cosas vive sobre el escritorio. Por algunos de ellos debe excavar.

 My Computer. Al abrir este icono en el escritorio, se despliega una ventana que enumera todas las unidades de disco en su computadora.

 **My Documents.** Al abrir este icono en el escritorio, se despliega una ventana que enumera los contenidos de la carpeta My Documents. Esa es la carpeta principal para almacenar sus cosas en el disco duro. (Refiérase al Capítulo 6).

My Network Places. Este icono despliega las computadoras en la red de área local, en caso de que su PC esté unida a una. (Se llama *El Vecindario de la Red* en Windows 98).

 **Recycle Bin.** Esta es la papelera de reciclaje de Windows, en la cual tira los archivos, documentos e iconos que ya no desea.

Otro lugar necesario para ser visitado en Windows, especialmente en la Parte III de este libro, es el Control Panel mostrado en la Figura 3-5. Puede acceder al Control Panel desde cualquier parte de Windows, pero la forma más común de llamarlo es escoger Settings⇨Control Panel en el menú de Start.

La Figura 3-6 muestra el Control Panel de Windows XP. Usted lo visualiza al escoger Control Panel en el menú de Start. (Si prefiere verlo en la forma anticuada, haga clic sobre el botón Switch to Classic View en la esquina superior izquierda de la ventana).

Cada uno de los iconos en el Control Panel representa algún aspecto de su computadora, algo para que Windows controle. Al abrir un icono, ve una ventana, o *dialog box (recuadro de diálogo),* con más información, más controles, más caos. . . .

Los capítulos posteriores en este libro le ayudan a abrir y utilizar algunos de los iconos en el Control Panel. En la mayoría de los casos, sin embargo, es una buena idea evitar el Control Panel a menos que realmente sepa lo que está haciendo.

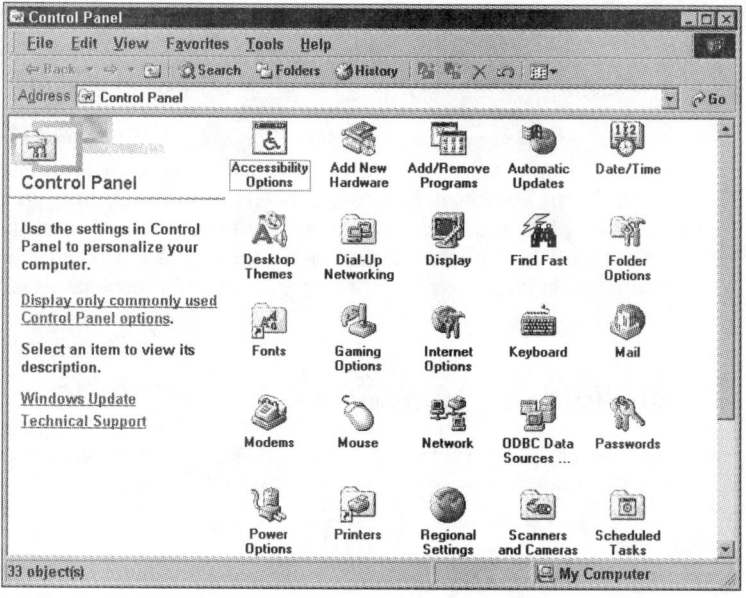

Figura 3-5:
El Control
Panel.

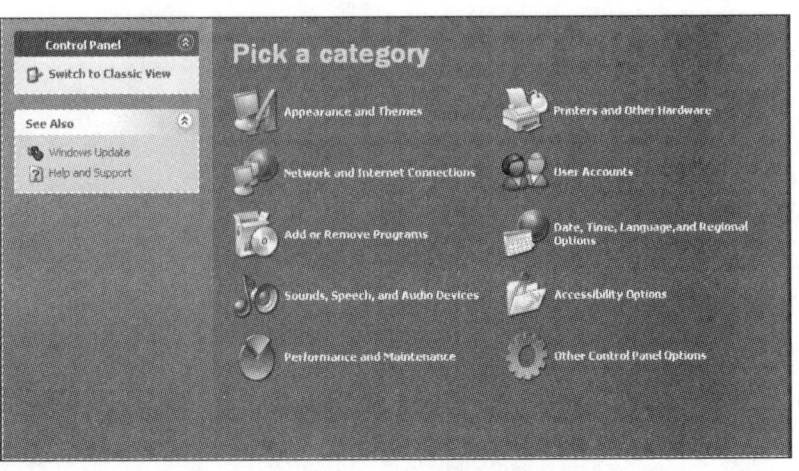

Cierre la ventana Control Panel escogiendo File➪Close en el menú.

- ✔ My Network Places es conocido como Network Neighborhood en Windows 98.

- ✔ Abra un icono en el Control Panel haciendo doble clic sobre él, aunque en Windows XP un solo clic funcionará.

- ✔ No tengo idea de lo que hace la mayoría de las cosas en el Control Panel. De hecho, me aterran.

Una Ventana Aquí, Una Ventana Allá

Windows es una tienda gráfica de dulces, de cosas divertidas con las que jugar, cosas para volverlo loco y juguetes interesantes en los que gasta montones de tiempo. Tiene botones diminutos que usted pulsa con el mouse, gráficos que se deslizan y estrechan, cosas para hurgar y cosas que caen. En otras palabras, muchos *gizmos (accesorios)* aparecen en la pantalla y la mayoría de ellos controlan la forma en la que las ventanas se ven y operan los programas en Windows.

Cambiar el tamaño de una ventana

Sus ventanas pueden ser de cualquier tamaño, desde llenar toda la pantalla hasta ser demasiado pequeñas y cualquier tamaño intermedio.

Para hacer que una ventana llene toda la pantalla (que es donde es más útil) haga clic sobre el botón *Maximize* en la esquina superior derecha. (Cuando una ventana es maximizada, el botón Maximize cambia al botón *Restore,* que es utilizado para regresar la ventana a su tamaño anterior).

Para convertir una ventana en un mero botón en la barra de tareas, haga clic sobre el botón Minimize en la esquina superior derecha de la ventana. Esta acción quita la ventana del camino y la reduce a un botón en la barra de tareas - pero no es lo mismo que salir. Para restaurar el botón de la barra de tareas a una ventana, haga clic sobre el botón.

Cuando una ventana no es maximizada, puede cambiar su tamaño tomando un borde con el mouse: mueva el mouse sobre un costado de la ventana o una esquina y arrastre la ventana hacia adentro o afuera para determinar un nuevo tamaño. Suelte el botón del mouse para alinear la ventana en posición.

- ✔ Agrandar una ventana a una ventana completa se llama *maximizing (maximizar).*

- ✔ Reducir una ventana a un icono se llama *minimizing (minimizar).*

- ✔ Colocar una ventana en la pantalla y luego hacer que Windows la mueva sin razón alguna se llama *frustrating (frustrar).*

- ✔ Si utiliza su imaginación, el botón Maximize se ve como una ventana de pantalla completa y el botón Minimize se ve como un botón en la barra de tareas. Luego, de nuevo, si utiliza su imaginación, Windows luce como un día brillante y soleado con pasto verde y aves cantando en el campo.

- ✔ Algunas ventanas no pueden ser maximizadas. Algunos juegos, por ejemplo, tienen un tamaño fijo de ventana que no puede cambiar. No sea avaro.

- ✔ Si tiene un monitor enorme, puede optar por ejecutar sus programas sin cambiarlos a pantalla completa.

- ✔ Si tiene dos monitores en su PC (y esto es loco, pero posible), recuerde que al maximizar una ventana la llena a una sola pantalla.

- ✔ Si está trabajando con varios programas, quizás deba arreglar sus ventanas en pantalla para que cada una sea visible. Para hacer esto, haga clic en el botón derecho sobre una parte en blanco de la barra de tareas o haga clic en el botón derecho sobre la hora (a la derecha de la barra de tareas). En el menú que aparece, seleccione Tile Horizontally o Tile Vertically para arreglar sus ventanas en la pantalla.

Mover una ventana

Windows coloca sus ventanas donde Windows lo desee. Para mover una ventana a una nueva posición, arrástrela por su barra de título (la franja en el extremo superior de la ventana, por lo general sobre la barra de menú). Esta acción es semejante al mito de un cavernario que arrastra a su mujer por el cabello. Eso realmente nunca sucedió, por supuesto, no después de que las mujeres empezaron a llevar sus propios garrotes.

- ✔ Por supuesto, no puede mover una ventana cuando es maximizada (llenando la pantalla). Refiérase a la sección anterior para descubrir cómo maximizar una ventana.

- ✔ Por cierto (Parte 2), no puede mover a tío Arny cuando está maximizado después de un almuerzo en un día feriado. Es el mismo concepto que Microsoft pidió prestado para ventanas maximizadas.

Desplazarse

A menudo, lo que usted busca en una ventana es más grande que la ventana misma. Por ejemplo, imagine que está en un edificio alto y King Kong está de pie justo afuera. Si usted toma el elevador y este tiene una ventana, solamente ve un pedacito de Kong a la vez. Así es como funciona el desplazamiento de Windows, pero en Windows, usted está viendo un documento o gráfico grande en la pantalla y no alguna masa de cabello blanco.

Para facilitar el desplazamiento de una ventana, usted utiliza una o dos barras de desplazamiento. La *scroll bar (barra de desplazamiento)* es una cosa larga y delgada con una flecha en ambos extremos y una caja como elevador en el medio. Usted utiliza las flechas para mover la imagen de la ventana arriba y abajo, o de derecha a izquierda, para revelar más de la pintura total.

Acceder a un menú

Todos los comandos y chismes de las aplicaciones de las ventanas están incluidos en una útil y siempre visible barra de menú. Por lo general, está en la parte superior de una ventana, justo debajo de la barra de título y calle abajo del Bar de Ed.

Cada palabra en la barra de menú - File y Edit, por ejemplo – es un título. Cada título representa un menú que se despliega y contiene comandos relacionados con dicho título. Por ejemplo, el menú de File contiene Save, Open, New, Close y otros comandos relacionados con archivos, como se muestra en la Figura 3-7.

Menú (Menu) Barra de Menú (Menu bar)

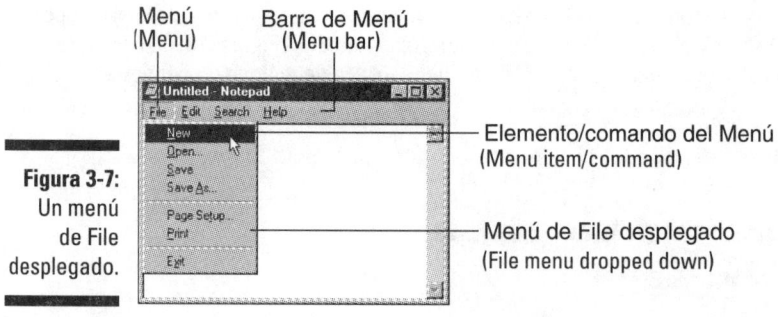

Figura 3-7: Un menú de File desplegado.

Elemento/comando del Menú (Menu item/command)

Menú de File desplegado (File menu dropped down)

Para acceder a estos comandos, haga clic sobre el título del menú con el mouse. El menú se despliega. Luego escoja un elemento o comando del menú. Si no le gusta lo que ve, haga clic sobre el título del menú de nuevo para hacer que el menú desaparezca o escoja otro menú.

✔ Puede acceder a los menúes con su teclado, si lo desea. Pulse la tecla Alt o F10. Esta acción destaca el primer menú en la barra del menú. Para escoger un menú o elemento en un menú, pulse la letra subrayada, como la tecla F para File. Las letras para pulsar están subrayadas en este libro, al igual como están en Windows.

✔ En este libro, utilizo el formato File⇨Close para representar opciones del menú. Para acceder a ese comando en el menú, pulse Alt, F, C.

✔ Para escoger el comando File⇨Close, puede también pulsar Alt+F (las teclas Alt y F juntas y luego suéltelas) y posteriormente C.

✔ Si no puede ver las letras subrayadas en Windows 2000 o Windows XP, pulse y suelte la tecla Alt.

✔ Ay, hermano. Solo utilice su mouse. Punto. Haga clic, clic.

Luchar con un recuadro de diálogo

Cuando se trata de tomar decisiones, Windows despliega un tipo especializado de ventana llamada recuadro de diálogo. Un recuadro de diálogo contiene dispositivos y accesorios sobre los cuales hacer clic, deslizar y digitar, todos ellos controlan algo o establecen ciertas opciones. Al hacer clic sobre un botón OK envía sus opciones a Windows para una digestión adecuada.

Si todo eso suena complicado, considere la forma de hacer las cosas del viejo indicador de DOS:

```
C> FORMAT A: /S /U /F:144 /V:FLIPPY
```

Ese es un comando DOS verdadero. En Windows, un recuadro de diálogo le permite hacer algo similar, pero en una forma gráfica. La Figura 3-8, de hecho, le muestra cómo se ve el comando en un recuadro de diálogo de Windows.

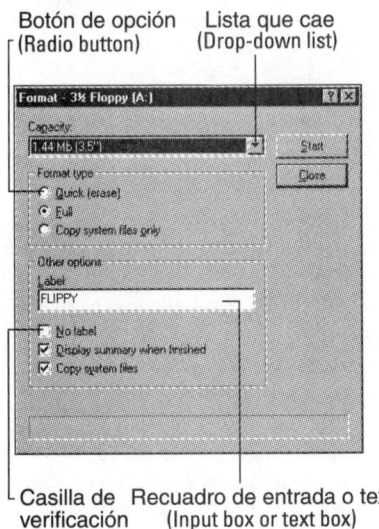

Figura 3-8:
El recuadro
de diálogo
Format.

Todo lo mostrado en la Figura 3-8 es manipulado con el mouse. Lo que hacen no es importante ahora mismo. Cómo se llaman es importante. Todas las siguientes definiciones se refieren a la Figura 3-8:

Drop-down list (Lista que se despliega): Haga clic sobre la flecha que apunta hacia abajo, a la derecha de la lista. Esta acción despliega una lista de opciones sobre la cual hace clic con el mouse. Si la lista es larga, tiene una barra de desplazamiento en un lado, la cual puede utilizar para desplazarse hacia arriba o hacia abajo.

Radio button (Botón de opción): Estos están agrupados juntos en familias, como los tres mostrados en la Figura 3-8. Como en un viejo radio de auto, puede oprimir solamente uno de los botones a la vez. Para oprimir un botón, haga clic sobre él con el mouse. Un punto redondo llena el botón que está *on (encendido)*.

Input box or text box (Recuadro de entrada o recuadro de texto): Cualquier recuadro o área en el que puede digitar es un recuadro de entrada o recuadro de texto.

Alfabetización de Computación

P: ¿Puede decirme cuáles libros explican el tema de alfabetización de computación? ¿Hay algo en CD?

R: Bueno, ¿de qué tipo de alfabetización de computación está hablando? La definición extensa es "ser capaz de utilizar una máquina ATM," aunque muchos la reducen a "programar una computadora." Así que depende de cómo lo defina usted.

Recuerde, *computer literacy (alfabetización de computación)* era originalmente una frase de publicidad. Fue diseñada para asustar a los padres para que compraran ju-

guetes costosos de computación para sus hijos. Aún existe como una palabra pegadiza, aunque no se han escrito libros específicos sobre el tema.

Si tan solo desea saber más acerca de las computadoras, entonces cualquier libro introductorio sobre computadoras (como este) puede iniciarlo. Desde allí, arranque hacia lo que le interese. Operar una computadora es fácil, pero si desea saber más (hardware, software, programación, etcétera), entonces debe comprar libros específicos o tomar cursos en un centro de la comunidad. Eso es lo que yo le recomendaría.

Check box (Casilla de verificación): A diferencia de los botones de opción, puede hacer clic sobre el mouse en tantas casillas de verificación como sea necesario. Una marca de verificación aparece en el recuadro si la opción está activada. Para quitar la marca de verificación y luego desactivar la opción, haga clic sobre el mouse en la casilla de nuevo.

Después de que ha hecho sus selecciones, por lo general hace clic sobre un botón OK. (En la Figura 3-8, el botón OK se llama Start). Si no le gustan sus opciones, haga clic sobre Close.

Para obtener ayuda, haga clic sobre el botón del signo de interrogación en la esquina superior derecha del recuadro de diálogo. Esta acción cambia el puntero del mouse en la combinación flecha-puntero y signo de pregunta. Cuando eso ocurre, apunte y haga clic sobre cualquier parte del recuadro de diálogo para ver un globo de caricaturas que aparece supuestamente ofreciendo ayuda. Haga clic sobre el mouse para desaparecer el globo de caricaturas.

- ✔ Pulsar la tecla Enter en un recuadro de diálogo es, por lo general, lo mismo que hacer clic sobre el botón OK con su mouse.

- ✔ Pulsar la tecla Esc (escape) en su teclado es lo mismo que hacer clic sobre el botón Cancel en un recuadro de diálogo.

- ✔ Puede pulsar la tecla F1 para obtener ayuda con cualquier parte del recuadro de diálogo con el que está jugando.

✔ Algunos recuadros de diálogo tienen un botón *Apply.* Funciona como un botón OK, excepto que le permite ver sus cambios sin cerrar el recuadro de diálogo. Si le gustan los cambios, puede luego hacer clic sobre OK. Incluso, si los cambios apestan, puede reiniciarlos o hacer clic sobre el botón Cancel. ¿Ve? Microsoft está siendo lindo. Haga una nota de eso en su calendario.

✔ Si más de un recuadro de entrada aparece en un recuadro de diálogo, pulse la tecla Tab para moverse entre ellos. No pulse la tecla Enter porque es lo mismo que hacer clic sobre el botón OK y decirle a Windows que ha terminado con el recuadro de diálogo.

✔ Otro tipo de lista, parecido a la lista que cae (pero no mostrada en la Figura 3-8), es una *scrolling list (lista de desplazamiento).* Funciona igual que la lista que cae, excepto que la lista es siempre visible dentro del recuadro de diálogo.

✔ Si le gustan los retos mentales, puede utilizar su teclado para trabajar en un recuadro de diálogo. Busque la letra subrayada en cada parte del recuadro de diálogo (como *p* en Capacity en la Figura 3-8). Pulsar la tecla Alt además de esa tecla es lo mismo que escoger ese comando con un mouse.

Exprimir Windows para Obtener Ayuda

La ayuda en Windows siempre está a mano. Y aunque no tenga sentido, la tecla F1 es la tecla que pulsa para obtener ayuda. ¿F uno necesita ayuda? ¿Encontrar ayuda primero? ¿F se pregunta dónde está la tecla de ayuda? Oh, me doy por vencido. . .

Cuando pulsa F1, usted activa el sistema de ayuda de Windows. La Figura 3-9 muestra la pantalla Help para Windows Me; otras versiones de Windows tienen distintos sistemas de ayuda, pero todos trabajan básicamente igual.

Figura 3-9:
El sistema de ayuda de Windows Me.

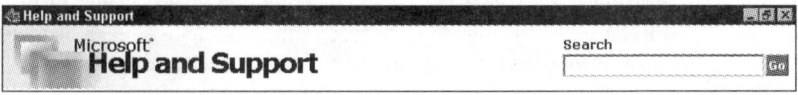

✔ Haga clic sobre cualquier texto que ve en el sistema Help para obtener información útil acerca de ese tema. Sí, la "información útil" es esencialmente lo que hubiera estado en el manual impreso hace años. Es árido y aburrido. Y algunas veces hasta útil.

✔ La opción Index en el sistema Help es la más útil. Haga clic sobre la palabra Index y luego introduzca una palabra clave para encontrar información acerca de un tema específico.

✔ Ignore el elemento Search.

✔ La mayoría de la información útil es desplegada como una lista de pasos o consejos.

✔ Para encontrar ayuda sobre localizar averías, busque la palabra *localizar averías* en el índice.

El sistema de ayuda está en su programa. Cuando ha terminado de utilizar la ayuda, recuerde salirse: haga clic sobre el botón de cerrar X en la esquina superior izquierda de la ventana.

Calmantes Palabras de Advertencia de Windows

Utilice su mouse. Si no tiene uno, puede utilizar Windows, pero no tan elegantemente. Bueno, ¿a quién estoy fregando? Usted necesita un mouse para utilizar Windows!

Haga que alguien le organice sus programas. Pídale a esta persona que coloque sus programas más populares, los que utiliza todos los días, como iconos en la barra Quick Launch. Ponga quizás un máximo de cinco de esos programas. Otros programas que utiliza muy a menudo pueden ser pegados en el escritorio como *shortcut icons (iconos de acceso directo)*. Ofrezca una bolsa de Doritos o un frasco de mantequilla de maní como soborno.

Tenga en mente que Windows puede ejecutar varios programas al mismo tiempo. No tiene que salirse de un programa para iniciar otro. Puede intercambiar entre los programas haciendo clic sobre los botones de la barra de tareas o utilizando el acceso directo de las teclas Alt+Tab.

Siempre salga de Windows en la forma adecuada. Nunca apague su PC o pulse el botón de reinicio. Revise los pasos en el Capítulo 2 para cerrar adecuadamente Windows, si ha olvidado cómo hacerlo.

Capítulo 4

Conocer sus Unidades de Disco

*U*no de los muchos trabajos de Windows es administrar toda la información que almacena en su computadora. Todas esas fotografías del gato de su hermana que le envió por correo electrónico; el catálogo de lo que valdría su colección de tarjetas de béisbol ahora si no la hubiera tirado en un ataque de rabia cuando tenía 14 años; las cuatro docenas de intentos que ha hecho de empezar una novela; y las notas que tomó cuando llamó por teléfono a la Red Amiga del Mercado de Valores Psíquico; tiene que ponerlo todo en alguna parte.

Probablemente su PC tiene al menos tres tipos de unidades de disco, quizás más. Usted las utiliza para almacenar cosas. Almacenan el sistema operativo, programas y todas esas cosas maravillosas que usted crea en su PC. Este capítulo le dice cómo trabajar con esas unidades de disco en Windows. El Capítulo 5 continúa la discusión y el Capítulo 9 describe las unidades de disco desde un punto de vista meramente de hardware.

> ✔ Los términos *disk drive (unidad de disco)* y *disk (disco)* son a menudo utilizados indistintamente. Almacenar algo *on disk (en disco)* significa guardarlo en una unidad de disco en alguna parte del sistema de su computadora.

> ✔ Esté alerta del horrible término *disk memory (memoria en disco)*. Aunque es técnicamente correcto, es confuso. Memoria (o RAM) es donde su computadora hace el trabajo. El disco es donde se almacena su trabajo. La memoria en disco es solo otro término para disco o almacenamiento en una unidad de disco, pero es confuso para muchos principiantes. Así que cuando vea *disk memory (memoria en disco) piense en unidad de disco.*

¿Por qué Utilizar Unidades de Disco?

Las unidades de disco son necesarias para suministrar almacenamiento a largo plazo para todos sus archivos, programas y todo lo que crea dentro de su computadora. Después de todo, esa basura tiene que ir a alguna parte. La unidad de disco es como un closet o garaje; es solo almacenamiento para sus cosas. Esto tiene sentido.

Si regresa en el tiempo, descubrirá que las unidades de disco se pensaron tradicionalmente como periféricos, accesorios adicionales fuera de la computadora básica. Las primeras computadoras hacían todo su trabajo en RAM (memoria). El almacenamiento era una extra. Así que si el chico con la bata blanca quería almacenar su trabajo, tenía que hacer una copia de la información en la memoria y guardar esa copia en una máquina de cinta o unidad de disco.

La razón principal para guardar información es que la memoria de la computadora es temporal; cuando apaga la máquina, sus contenidos se van. Para ahorrar tiempo, podría guardar memoria en disco (almacenamiento de largo plazo) antes de apagar la máquina. Entonces, cuando encienda la máquina de nuevo, la información podría estar almacenada en la memoria desde el disco. Esto le evitó al muchacho con la bata blanca tener que hacer una gran digitada.

El sistema de unidad de disco actualmente funciona igual. Lo que haga en la computadora es creado en la memoria. Cuando haya terminado, usted guarda la información en disco como un *file (archivo)*. Para trabajar en esa información de nuevo, abre el archivo, la transfiere de vuelta a la memoria para modificarla, editarla, imprimirla, lo que sea. En la medida que tenga una copia del archivo en disco, nunca tendrá que preocuparse de perder ninguna información de la computadora.

> ✔ Las unidades de disco de su computadora brindan almacenamiento a largo plazo para las cosas que crea: archivos, programas y otra información dentro de su computadora.
>
> ✔ Refiérase al Capítulo 10 para más información acerca de la memoria de la computadora (RAM).

✔ El almacenamiento en disco es medido en bytes, sobre todo *megabytes* y *gigabytes*. Refiérase a la Tabla 10-1 para más información acerca de lo que miden estos términos.

✔ Guardar información en disco(hacer una copia permanente) se llama *saving (guardar)* o *saving a file (guardar un archivo)*. Cuando usted utiliza ese archivo de nuevo, lo abre. Estos son términos comunes de Windows a los que se acostumbrará con el tiempo: *save (guardar)* y *open (abrir)*.

✔ Nunca se preocupe si un archivo en el disco es más grande que la memoria de su PC. Por ejemplo, puede visualizar una película de 12GB (billones de bytes) en una PC con solo 48MB de RAM. Eso parecería como meter un elefante de 6,000 libras en un par de medias, ¡pero no es una tarea imposible para las PC!

Encontrar las Unidades de Disco de su PC

Windows mantiene una representación de todas las unidades de disco de su PC es un lugar a mano: la ventana My Computer. Puede acceder a esta ventana a través del icono My Computer en el escritorio. Haga clic sobre ese icono dos veces para abrirlo con el mouse. Verá algo similar a la Figura 4-1, dependiendo de su versión de Windows.

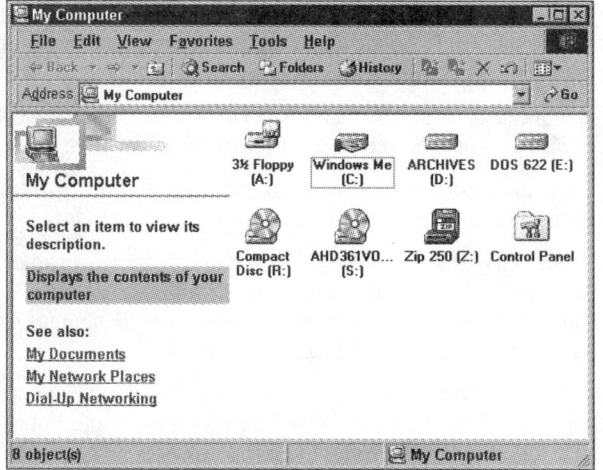

Figura 4-1: Encontrar unidades de disco husmeando en la ventana My Computer.

Aunque cada computadora es diferente, ciertos tipos de unidades de disco son comunes a todas las PC. A continuación presentamos un resumen:

 Drive A (Unidad A). Este es el disquete de su PC, que Windows describe como 3½ Floppy porque los discos son de 3 ½ pulgadas cuadradas.

 Drive C (Unidad C). Este es el disco duro principal de su PC. Su computadora puede también tener un disco duro D y posiblemente una unidad de disco E, como se muestra en la Figura 4-1.

CD-ROM or DVD drive (Unidad de CD-ROM o DVD). Los iconos para una unidad de CD-ROM y una unidad de DVD son los mismos. De hecho, en la Figura 4-1, la unidad R es una unidad de DVD y la unidad S es una unidad de CD-ROM. (Sí, en la Figura 4-1 la unidad R es una unidad de DVD a pesar de la insistencia de Windows de que es solo una unidad de "Disco Compacto").

 **Otras unidades.** Pueden existir otras unidades en su sistema, como la unidad de Zip en la Figura 4-1 (unidad Z).

A continuación presentamos las respuestas a algunas preguntas acerca de esta locura de la unidad de disco:

- ✔ Cada unidad de disco tiene un icono, una letra y un nombre opcional. Por ejemplo, el primer disco duro tiene el icono tradicional de unidad de disco y la designación de la letra C y, en la Figura 4-1, tiene el nombre *Windows Me*.

- ✔ Algunas veces el icono para una unidad de CD-ROM o DVD puede ser personalizado para representar la unidad de CD-ROM o DVD en sí. Por ejemplo, un juego en CD-ROM puede mostrar su propio icono en la ventana My Computer, en lugar del icono estándar CD-ROM de Windows.

- ✔ El nombre de la unidad de disco es opcional y puede ser cambiado. Refiérase a "Más información acerca del disco", más adelante en este capítulo.

 - ✔ La pequeña mano que sostiene la unidad C, en la Figura 4-1, indica que la unidad está siendo compartida en una red de computadoras.

 - ✔ Cualquier unidad que vea con tubos por debajo (como se muestra en el margen) es la unidad de disco de computadoras en red. Usted accede a estas unidades de disco como otras unidades en su PC, aunque existen en otras computadoras en otros lugares de la red.

- ✔ Para más información acerca de cómo conectar en red computadoras y sus unidades de disco, recomiendo *Redes Para Dummies* por Doug Lowe, publicado por Hungry Minds, Inc.

- ✔ Además de las unidades de disco, la ventana My Computer puede mostrar carpetas especiales, como la carpeta Control Panel mostrada en la Figura 4-1.

- ✔ Windows 98 también tiene las carpetas Printers, Dial-Up Networking y Scheduled Tasks en la ventana My Computer, así como el icono Web Folders, aunque no tengo idea de lo que hace o por qué es necesario. (Aparentemente, Microsoft estuvo de acuerdo porque no ha aparecido en ninguna versión de Windows desde entonces).

- ✔ Windows XP enumera carpetas especiales, como My Documents y My Network Places, en el área Other Places al lado izquierdo de la ventana My Computer.

Letras de unidad de la A (saltando la B) hasta la Z

En Windows, las unidades de disco son conocidas por sus letras, desde la A (saltando la B), C, D, etcétera, hasta la Z. Así que cuando Windows llama a su primera unidad de disco principal, dice, "Yoo-hoo, unidad C:", aunque Windows dice "C" y no la parte de los dos puntos, apesar de que los dos puntos sean requeridos por Windows. (No utilizaré los dos puntos cuando escriba acerca de las unidades en el texto, porque tienden a desechar las cosas).

En orden alfabético:

A: La unidad A es el disquete de la PC, la primera unidad de disco en el sistema. Esto es lo tradicional. Los discos duros eran opciones costosas hace 20 años, así que el disquete A vino primero.

B: La unidad B no existe. Solía hacerlo, ya que antes, en lugar de pagar un montón de dinero por lo que en ese momento era un disco duro de 10MB costoso, la gente pagaba un poco y obtenía una segunda unidad de disquete. Gracias a los discos duros no costosos de hoy día, no hay necesidad para un segundo disquete en su PC. Aún así, su PC está capacitada para tener un segundo disquete opcional y la letra B está reservada para Windows en cualquier caso.

C: La unidad C es el primer disco duro de su PC.

Después de la unidad C; ¡las letras están libres! Básicamente, Windows mira las cosas cuando se inicia y empieza a pasar las letras de unidad a lo que encuentre en el siguiente orden:

Ejemplos de letras de la unidad de disco

Como un ejemplo de la forma en que se asignan las letras de la unidad de disco, suponga que Mary tiene una computadora con los discos duros C y D, además de una unidad de DVD. Aquí presentamos cómo se asignan las letras de unidad:

A: - Disquete

C: - Primer disco duro

D: - Segundo disco duro

E: - Unidad de DVD

Ahora considere a Phil, quien, a pesar de su terrible corte de cabello, tiene una computadora con lo siguiente:

A: - Unidad de disquete

C: - Primer disco duro

D: - Segundo disco duro

E: - Tercer disco duro

F: - Unidad de CD-ROM

G: - Unidad de DVD

H: - Unidad de Zip

Tanto Mary como Phil reciben instrucciones para "Insertar el disco de instalación en la unidad D:, en la que D es la letra de la unidad de DVD ." Cada uno tiene tareas únicas. Muchos deben insertar el disco de DVD en la unidad E. Phil inserta el disco en la unidad F, pero luego se da cuenta de que es un DVD, así que saca el disco y lo inserta adecuadamente en la unidad G.

El punto de todo esto es conocer sus unidades de disco. Recuerde que las letras de unidad para su PC son únicas. Esta es la razón por la cual algunos manuales de instrucción son vagos.

Discos duros extra. Si su computadora tiene muchos discos duros después de la unidad C, a esas unidades de disco se les asignan las letras D, E, etcétera.

Unidad de CD-ROM o DVD. Después de los discos duros, vienen las unidades de CD-ROM y DVD, a las que se les asignan las siguientes letras de unidad. En la mayoría de las computadoras, la unidad de CD-ROM es la unidad D. Sin embargo, esta no es una regla muy estricta; la unidad D no siempre es la unidad de CD-ROM.

Otras unidades. Cualquier otra unidad de disco en la computadora obtiene la siguiente letra en orden alfabético después de la unidad de CD-ROM. Por ejemplo, una unidad de Zip puede recibir la letra E después de la unidad D de CD-ROM.

✔ Si usted agrega un segundo disquete a su PC, se vuelve la unidad B. Sin embargo, no puedo pensar en una buena razón para agregar un segundo disquete.

✔ Las personas pronuncian *A:* como "A-dos puntos", como en:

Alex Trebek: Las personas utilizan esto para digerir alimentos.

Usted: Dos puntos.

Alex: Lo siento, debe formular esa respuesta en forma de pregunta.

✔ ¡No le falte a su disco duro D (o E o F)! Ofrece más espacio de almacenamiento para sus cosas. No hay nada de malo con instalar software o guardar sus cosas en otro disco duro.

✔ En mis computadoras, por lo general instalo juegos en la unidad D. No tengo razón para ello, aparte de que me obliga a utilizar la unidad D. (Y la unidad D por lo general está vacía en la mayoría de las PC).

✔ Llene la Hoja de Trampas de este libro con los nombres y ubicaciones de las unidades de disco de su computadora y sus letras. Si tiene un marcador, etiquete sus unidades removibles: Ponga *A* en la unidad A, *E* (o lo que sea) en su unidad de CD-ROM y *F* (o lo que sea) en su unidad de Zip (si tiene una) y así sucesivamente.

✔ Siempre que no tenga Windows XP, puede cambiar las letras para las unidades removibles en su sistema. Yo cambié las letras de mi unidad; en la Figura 4-1, usted ve que la unidad de DVD es la letra R, la unidad de CD-ROM es la letra S y la unidad de Zip es la letra Z. Los pasos para cambiar las letras son complicados, aunque los enumero en la página Web de este libro en `www.wambooli.com/help/PC/ New_Drive_Letter/`.

✔ ¡No crea que la unidad de CD-ROM de su PC siempre tiene la misma letra de unidad en cada computadora!

¿Cuánto espacio queda en la unidad de disco?

Al igual que los closets y áticos, las unidades de disco se llenan. Para ver cuánto espacio está disponible en un disco, abra la ventana My Computer (refiérase a la sección "Encontrar las Unidades de Disco de su PC", anteriormente en el capítulo). Luego haga clic sobre el mouse una vez sobre la unidad que desea examinar.

Por ejemplo, haga clic una vez sobre la unidad C. Esto se conoce oficialmente como *seleccionar* esa unidad. Con la mayoría de las versiones de Windows, verá una representación gráfica de la unidad al lado izquierdo de la ventana My Computer, como se muestra en la Figura 4-2. La parte más oscura de la unidad de disco representa el espacio utilizado, la más clara el espacio libre.

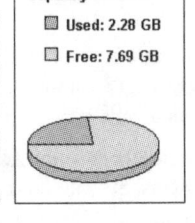

Figura 4-2:
¡Una tajada grande del disco está libre para sus cosas!

Windows Me (C:)
Local Disk

Capacity: 9.98 GB

▨ Used: 2.28 GB
▢ Free: 7.69 GB

✔ Si Windows no despliega la información al lado izquierdo de la ventana My Computer o tiene Windows XP, ¡no se dé por vencido! Refiérase a la siguiente sección "Más información acerca del disco".

✔ ¡Algunos discos, como los CD-ROM y DVD, siempre están llenos! Eso es porque estos discos pueden ser leídos, pero no pueden grabar información.

✔ No puede obtener información acerca de discos removibles (disquetes, CD-ROM, DVD) a menos que un disco esté en la unidad.

Más información acerca del disco

Windows sabe más acerca de sus unidades de disco además del uso de sus iconos, letras, nombres o discos. Cada unidad de disco en la ventana My Computer tiene una copia virtual de la información dando vueltas. Para ver esta información, siga estos pasos:

1. **Haga clic en el botón derecho sobre una unidad de disco en la ventana My Computer.**

   Aparece un menú (lo cual generalmente ocurre cuando hace clic en el botón derecho sobre algo).

2. **Escoja Properties en el menú de acceso directo.**

   Aparece el recuadro de diálogo Properties del disco, como se muestra en la Figura 4-3.

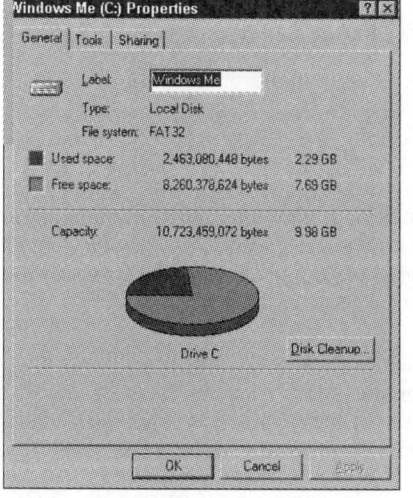

Figura 4-3:
Un recuadro
de diálogo
Properties
de un disco.

Debería ver inmediatamente el mismo gráfico circular mostrado en la ventana
My Computer (o verá esto por primera vez si la ventana My Computer es estúpida y no aparece). Note cómo la información utilizada/libre del disco está lejos de estar detallada. Asimismo, ve información acerca del tipo de disco y
sistema de archivo además de un recuadro de texto donde puede ver, agregar
o cambiar el nombre del disco.

Haga clic sobre OK para cerrar el recuadro de diálogo Properties cuando ha
terminado.

✔ Para cambiar el nombre del disco, digite un nuevo nombre en el recuadro
Label. El nombre puede tener hasta 11 caracteres de largo si ve la palabra
FAT como el tipo de sistema de archivo. Si el tipo de sistema es NTFS (que
significa que está ejecutando Windows NT o Windows 2000), entonces el
nombre del disco puede tener 32 caracteres de largo.

✔ Para quitar el nombre, seleccione el texto y elimínelo. Los discos no necesitan nombre, así que esto no les hace daño.

✔ El nombre del disco también se conoce como *label (etiqueta)*, o si desea ser
realmente preciso, es *volume label (etiqueta del volumen)*.

✔ Si su disco se ve lleno (lo que significa que solo una pequeña tajada del
gráfico está libre), haga clic sobre el botón Disk Cleanup. Este botón es
una forma rápida de eliminar muchos archivos repetitivos e inútiles de
su disco duro.

Trabajar en la Unidad de CD-ROM/DVD

La unidades de CD-ROM comen discos CD-ROM especiales, los cuales llamo CD o CD de computadoras. Los CD de computadoras se ven exactamente como los CD de música, aunque almacenan megabytes y megabytes de información de la computadora. La unidad de CD-ROM puede acceder a esa información y la hace disponible para usted, justo igual que con un disco duro o disquete. ¡Ah y también puede reproducir los CD de música.

Una unidad de DVD (también llamada unidad de DVD-ROM por aquellos que tienen más tiempo para digitar que yo) se ve y actúa como una unidad de CD-ROM. Pero además de leer los CD de música y de la computadora, la unidad de DVD puede acceder a los discos DVD de la computadora y DVD de video.

- ✔ La *RO* en CD-ROM significa Read-Only (Solo lectura). Puede solamente leer información desde un disco CD-ROM. No puede agregar nueva información al disco, o borrar o cambiar información que ya está en él.

- ✔ Lo mismo ocurre para los discos DVD: puede solamente leer desde ellos. No puede grabar información nueva en un disco DVD.

- ✔ Las unidades especiales de CD-R/RW y DVD-RW le permiten crear sus propios CD o DVD. El Capítulo 9 describe estos dispositivos.

Insertar un disco CD o DVD

Puede meter un disco CD o DVD en la unidad de disco de la computadora en dos formas, dependiendo de cuál tipo de unidad de disco tiene la computadora.

Tipo bandeja. El tipo más popular de unidad de CD-ROM o DVD utiliza una bandeja que sale para sostener el disco. Empiece pulsando el botón de expulsar de la unidad, que saca la bandeja (a menudo llamado *drink holder (sostenedor de bebidas)*en muchas bromas de computación). Coloque el disco en la bandeja, con la etiqueta hacia arriba. Gentilmente, empuje la bandeja de nuevo en la computadora. La bandeja se terminará de deslizar sola.

Tipo de deslizamiento hacia adentro. Otro tipo de unidad de disco funciona como el reproductor de CD en la mayoría de los automóviles; la unidad es meramente una ranura en la cual desliza el disco: al empujar el CD en la ranura se produce un poco de revoloteo dentro de la unidad para eventualmente agarrar el CD y meterlo de todas formas. ¡Maravilloso!

"¡Mi unidad de disquete se llena en medio de una bajada!"

P: Dan, me pidieron bajar algo de la Internet a un disquete, sobre todo para evitar que los virus infecten mi sistema. Eso funciona bien, pero algunas veces cuando estoy bajando un archivo grande, obtengo un mensaje de error que dice "Disk Full" (Disco lleno). ¿Qué puedo hacer para evitarlo?

R: Por favor, por favor, por favor no baje archivos a un disquete! No, no sé cuál bobo escribió que hacer eso evita los virus. No lo haga. Por favor, utilice el poder y la capacidad del disco duro de su computadora para bajar archivos. Evite los disquetes para otra cosa que no sea mover copias de archivos entre computadoras. (Y refiérase al Capítulo 28 para más información acerca de bajar archivos desde la Internet).

Cuando el disco está en la unidad, usted lo ve como cualquier otro disco en su computadora.

✔ Otro método para insertar CD en una computadora era el viejo estilo "caddy". El disco se deslizaba en un compartimiento o caja de disco especial y luego usted deslizaba la caja en la unidad de disco. No he visto ninguna de estas unidades de CD en los últimos años, así que con suerte no tendrá que lidiar con ellas.

✔ Por lo general, el disco siempre se inserta con la etiqueta hacia arriba.

✔ Una excepción a la regla de la etiqueta hacia arriba son algunos discos DVD con información grabada en ambos lados. Por ejemplo, algunas películas en DVD tienen la versión en TV por un lado, y la versión de pantalla amplia por el otro. Asegúrese de poner el lado correcto hacia arriba en la unidad de DVD.

✔ Algunos CD son angulares; o sea, no son discos redondos, sino quizás tarjetas de negocios con un tamaño especial. Estos discos funcionan bien en la unidad tipo bandeja de la unidad de CD-ROM/DVD, pero no los inserte en la unidad de tipo de deslizamiento.

Expulsar un disco CD o DVD

Siga estos pasos para sacar un disco de la unidad de CD-ROM o DVD:

1. **Abra la ventana My Computer.**

Refiérase a la sección "Encontrar las unidades de disco de su PC", anteriormente en este capítulo, si necesita ayuda para localizar esta ventana.

2. **Haga clic con el botón derecho del mouse sobre el icono de la unidad de CD-ROM o DVD.**

Aparece el menú de acceso directo de la unidad.

3. **Seleccione Eject en el menú.**

El disco sale de la unidad de CD-ROM .

✔ Estos pasos también funcionan para la mayoría de los tipos de discos removibles CD-ROM, DVD, Zip e incluso SuperDisks, pero no para unidades de disquete tradicionales.

✔ Puede también sacar un disco pulsando el botón de expulsión manual en la unidad de CD-ROM o DVD. Sin embargo, esto no asegura que Windows haya terminado con la unidad. Así que para evitar cualquier error particularmente molesto, utilice de nuevo los pasos descritos en esta sección para expulsar un disco CD o DVD.

✔ En momentos de urgencia, como cuando la computadora está asegurada (o apagada), puede expulsar un disco CD o DVD metiendo un clip de papel en el agujero diminuto, el "lunar", al frente de la unidad de CD/DVD. Eso expulsa manualmente el disco cuando la computadora es demasiado estúpida para hacerlo sola.

Reproducir un CD musical o película en DVD

Esto es fácil. Para reproducir un CD musical o una película en DVD, simplemente inserte ese disco en la unidad. La música empezará a reproducirse instantáneamente, o la película se iniciará y se ejecutará en su pantalla.

✔ Las películas en DVD pueden reproducirse solamente en unidades de DVD. Los CD musicales pueden ser reproducidos en unidades de CD-ROM o DVD.

✔ A menos que tenga otro tipo de programa jukebox, el programa Media Player de Windows reproducirá los CD musicales. Utilice los botones del Media Player como lo usa en un reproductor de CD estándar.

Audio CD (R:)

✔ Cuando coloca un CD musical en su unidad de CD-ROM, el icono del CD en la ventana My Computer cambia a un icono de CD musical, mostrado en el margen.

✔ Es mejor ver una película en DVD en una ventana tan grande como sea posible.

✔ Los controles de DVD, por lo general, desaparecen unos segundos después de que empieza la película. Para verlos de nuevo, solo mueva el mouse.

Utilizar la Unidad de Disquete

Lo más importante que debe recordar acerca de utilizar su unidad de disquete es poner un disquete formateado en ella antes de hacer cualquier cosa. Las unidades de disquete necesitan los disquetes en la misma forma que las unidades de CD-ROM necesitan los CD. (Sin embargo, puede leer y grabar en los disquetes).

Los pros y los contras de los disquetes

La unidad de disquete es más que un vestigio antiguo de las primeras PC. Hoy día, las unidades de disquete, todavía en el ambiente son útiles en muchas PC, pero sus usos son limitados. A continuación, presentamos las reglas básicas de una unidad de disquete:

- ✔ Un disquete debe estar *formateado* antes de poder usarlo. Afortunadamente, la mayoría de los disquetes vienen formateados cuando los compra.

- ✔ Aunque la mayoría de los nuevos programas vienen en CD-ROM, unos cuantos vienen en disquetes.

- ✔ Los disquetes son maravillosos para transportar archivos de una computadora a otra. Sin embargo, la pequeña capacidad del disquete (solamente 1.4MB) limita el tamaño y número de archivos que puede mover.

- ✔ Los disquetes son muy poco confiables. De hecho, cuanto más utiliza un disquete, más probabilidades tiene de perder información en el disco.

- ✔ Nunca guarde ningún archivo en disquetes. Solo coloque copias en ellos.

- ✔ No se preocupe si nunca utiliza la unidad de disquete. De hecho, todas las nuevas computadoras Apple vienen sin estas unidades. Así que predigo que los días de las PC sin disquete se acercan.

Debilidades de los disquetes

P: Este mensaje de error aparece en cualquier momento que intento hacer cualquier cosa con mi disquete, como guardar o recuperar: `A:/ is not accessible the device is not ready. Retry. Cancel.` ¿Alguna idea?

R: Un disquete *formateado* debe estar en la unidad antes de poder accederlo. También asegúrese de que el disco está completamente adentro de la unidad.

Adentro y afuera va el disquete

Los disquetes son protectores planos de vasos, de 3½-pulgadas, en los cuales puede almacenar 1.4MB de información. Para utilizar un disquete, debe insertarlo en la unidad de disquete de su PC.

Introduzca el disquete en la unidad con la etiqueta hacia arriba y la pieza de metal brillante primero. El disco debería hacer un sonido cuando esté en la posición correcta.

Para sacar un disquete, pulse el botón que se encuentra debajo y levemente a la derecha del centro de la ranura de la unidad de disquete. Esta acción expulsa el disco fuera de la unidad más o menos una pulgada (dependiendo de cuán vigorosamente pulse el botón). Tome el disco y póngalo lejos.

✔ Asegúrese de que la computadora no está grabando en el disquete antes de expulsarlo. La luz de acceso parpadeante de la unidad de disquete debería estar apagada antes de que pulse el botón de expulsión.

✔ Antes de expulsar un disquete, asegúrese de que no esté utilizando en ese momento algún archivo del disco. Si expulsa un disco que todavía tiene archivos abiertos en él, Windows le pedirá reinsertar el disquete para que pueda terminar de grabar la información.

✔ Tenga cuidado de no insertar el disquete en la ranura de la unidad de Zip. La ranura de la unidad de Zip es más grande que la ranura de la unidad de disquete. Si tiene ambos, asegúrese de poner los disquetes en la unidad de disquete.

✔ Si su disquete es un SuperDisk, puede expulsar el disco en la misma forma en la que expulsa un disco CD o DVD. Refiérase a la sección "Expulsar un disco CD o DVD" para más información.

Formatear disquetes

Todos los disquetes deben ser formateados. A menos que sea lo suficientemente inteligente para comprar disquetes preformateados, debe formatearlos en algún punto. Un disco debe ser formateado antes de poder utilizarlo.

Si el disco no está formateado e intenta accederlo, Windows escupe un horrible mensaje de error similar al mostrado en la Figura 4-4. Si este mensaje aparece, haga clic sobre el botón Yes y prepárese para formatear.

Figura 4-4:
El mensaje de error infame "el disco no está formateado".

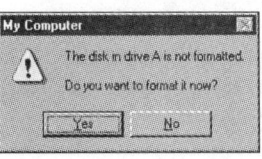

1. **Meter un disco no formateado en la unidad A.**

   Puede meter un nuevo disco en la unidad. Si utiliza un disco usado, esté consciente de que al formatearlo borra *todo* en el disco. Esto es un acto devastador. Tenga cuidado.

2. **Abra el icono My Computer.**

   Este paso despliega una lista de unidades de disco en su computadora, además de algunas excéntricas carpetas (refiérase a la Figura 4-1).

3. **Seleccione la unidad A.**

   Dirija el mouse al icono de la unidad A y haga clic sobre él una vez. Este paso destaca esa unidad de disco y la selecciona para la acción.

4. **Escoja File⇨Format.**

   Aparece el recuadro de diálogo Format, similar al mostrado en la Figura 4-5.

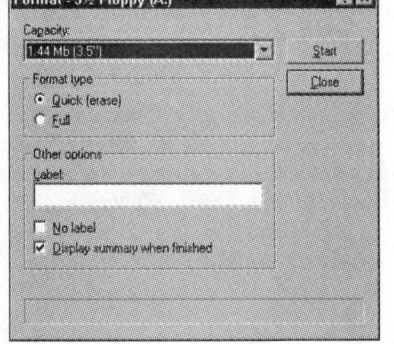

Figura 4-5:
El recuadro de diálogo Format.

5. **Haga clic sobre el botón Start.**

El proceso de formateado toma un minuto o más, así que cuente los orificios en los cuadros del cielorraso. Cuando Windows termina de formatear . . . nada ocurre. Bueno, puede ver una pantalla de resumen. Pulse Esc para cerrar el recuadro de diálogo y está listo para utilizar el disco.

- ✔ Después de que el disco sea formateado, ponga una etiqueta en él. Puede utilizar una de esas etiquetas adhesivas que vienen con el disco. Asegúrese de escribir en la etiqueta antes de ponerla en el disco.

- ✔ Siempre etiquete sus disquetes.

- ✔ No utilice notitas adhesivas como etiquetas de disco. Se caen cuando no está mirando y algunas veces pueden atascarse dentro de sus unidades de disco.

Enviar un archivo a la unidad A

Usted accede a la unidad A como cualquier otro disco en su PC: después de insertar un disquete, solo abra el icono de la unidad A en la ventana Windows Explorer o My Computer o accédalo desde cualquier recuadro de diálogo Save As u Open. Los archivos en la unidad A existen como archivos en cualquier otro disco, aunque el disquete no tiene mucho espacio para almacenar cosas.

Una forma rápida de enviar un archivo a la unidad A es utilizar el acceso directo Send To⇨Drive A. Encuentre y seleccione el archivo (o grupo de archivos) que desea copiar a la unidad A. Luego escoja File⇨Send To⇨3½ Floppy (A) en el menú. ¡No olvide poner un disquete formateado en la unidad A antes de que escoja este comando!

- ✔ El disquete típico almacena 1.4MB de información. ¡Estos discos se llenan rápido! Y si intenta copiar demasiados archivos o un archivo demasiado grande, Windows se lo hace saber con el mensaje de error insultante adecuado.

- ✔ Para copiar archivos *desde* la unidad A, haga doble clic sobre el icono My Computer en el escritorio y luego haga doble clic sobre el icono de la unidad A en la ventana My Computer. Luego arrastre o seleccione y copie los archivos que desea poner en alguna otra parte. Refiérase al Capítulo 6 para más información acerca de copiar archivos de un lugar a otro.

Utilizar una Unidad de Zip

Las unidades de Zip se están volviendo alternativas más populares y suplementos para el disquete de la PC tradicional. Puede almacenar 100MB ó 250MB de información en un solo disco Zip, dependiendo de cuál modelo de unidad de Zip tiene. Eso es alrededor de 70 ó 170 veces la capacidad de un viejo disquete chatarra.

- ✔ Las unidades de Zip vienen con muchas PC nuevas.

- ✔ Puede agregar una unidad de Zip a su PC en cualquier momento. Algunos modelos son instalados internamente; otros pueden ser agregados a su PC por medio de cable.

- ✔ Las unidades de Zip de 100MB pueden leer solamente discos de 100MB. Debe tener una unidad de Zip de 250MB para leer los discos de 250MB; estas unidades pueden también leer los discos de 100MB.

- ✔ Los discos Zip son una gran forma de mover mucha de la información o archivos masivos entre dos computadoras.

- ✔ Los discos Zip son costosos. ¡Yowie! Cómprelos a granel para obtener una buena ganga. Y asegúrese de comprar discos Zip formateados para PC, no los discos Zip de Macintosh.

Insertar un disco Zip

Los discos Zip entran en la unidad como los disquetes: con la etiqueta hacia arriba y la parte de metal brillante de primero.

¡No meta el disco Zip a la fuerza! Si no entra, entonces tiene el disco en la orientación equivocada. Insertar el disco es especialmente frustrante si la unidad de disco está montada de lado.

Debe introducir el disco Zip completamente en la unidad. Después de cierto punto, el disco se asegura en posición. En ese punto deje de empujar.

Solamente cuando el disco Zip está en la unidad puede leer o grabar información en él.

Expulsar un disco Zip

Para expulsar un disco Zip, localice la unidad en la ventana My Computer. Haga clic en el botón derecho sobre la unidad y escoja Eject en el menú del acceso directo. Esto funciona como expulsar un disco CD o DVD.

En tiempos de infortunio, hay una forma de sacar un disco Zip desde una unidad de Zip muerta. Utilice el final de un clip de papel y métalo en un pequeño orificio cerca de la abertura de la unidad de disco Zip. Pulse lo suficiente y el disco Zip salta. Pero haga esto solo en momentos de necesidad extrema.

Mirar el menú de Zip

Las unidades de Zip tienen su propio menú especial. Después de que inserta un disco Zip en la unidad, hacer clic en el botón derecho sobre el icono del disco Zip en la ventana My Computer despliega un menú detallado con elementos del menú de Zip, como se muestra en la Figura 4-6.

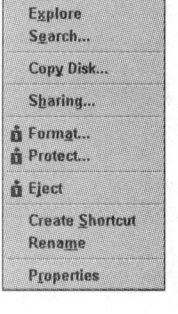

Figura 4-6:
Un menú
especial de
la unidad
de Zip.

Note que los comandos especiales están marcados con la *I* (para Iomega, el fabricante del Zip). Estos son los comandos únicamente de la unidad de Zip.

Format. Un comando de formato personalizado y específico para las unidades de Zip. Este es el comando que usted utilizaría para reformatear sus discos Zip. (Todos los discos Zip vienen formateados, así que este realmente debería ser el comando Reformat).

Protect. Una opción formidable que restringe el acceso al disco. Esta es una de las únicas formas en que puede proteger sus archivos en Windows con contraseña. La única contraseña aplica a todo el disco.

Eject. Vomita el disco fuera de la unidad.

Las diferentes versiones del software del Zip pueden desplegar elementos adicionales del menú. Para detalles completos, necesita referirse al manual del disco Zip.

Capítulo 5

Darle Seguimiento a sus Archivos sin Volverse Loco

onforme utiliza su computadora, se encontrará recolectando muchas cosas: archivos de gráficos, archivos de música, documentos, recetas secretas, bromas infinitas enviadas y reenviadas a usted por medio de correo electrónico, archivos de esto, archivos de aquello. Montones de cosas. Montones. No hay nada malo con esto; la computadora fue diseñada para almacenar miles de archivos. No, el problema es ser capaz de encontrar Ese Archivo cuando lo necesita. Para hacer que esto ocurra, debe estar organizado.

Todos digan, "Organizado".

Organizado.

Bien.

Si hay una lección que aprender de este libro, mi esperanza sería que usted aprendiera a organizar sus archivos. Esto se hace utilizando *folders (carpetas)*. No es difícil. No es un dolor en el trasero. De hecho, todo lo que necesita hacer es leer, sonreír, seguir unos cuantos pasos y pronto disfrutará la experiencia de tener un disco duro organizado.

Elementos Básicos de las Carpetas

Para organizar sus archivos y evitar cualquier consecuencia peligrosa o condena bíblica usted utiliza las *carpetas*.

Una carpeta es un lugar de almacenamiento para los archivos. De hecho, todos los archivos almacenados en el disco duro de su computadora están almacenados en carpetas. Las carpetas mantienen los archivos juntos, así como el alambre de púas evita que los prisioneros, animales furiosos y niños de kindergarten deambulen libremente.

Sin las carpetas, los archivos van a cualquier lado. Aunque puede ser capaz de encontrarlas, probablemente no lo hará. ¿Se tira el cabello intentando encontrar un archivo perdido? ¿Nunca baja o guarda un archivo adjunto de correo electrónico y no puede encontrarlo? Probablemente, es porque no le importaron mucho las carpetas cuando creó o guardó el archivo.

Con las carpetas, sin embargo, puede meter nítidamente sus archivos en un lugar adecuado. Puede organizar los archivos en varias carpetas de proyecto, carpetas para tipos específicos de archivos, carpetas para escrituras, tareas, tramas y hechizos, o como usted lo arregle.

Todo esto parece tener sentido. "Sí", dice usted. "Estas carpetas son algo bueno". Pero hay un problema. A Windows realmente no le importa si usted utiliza las carpetas u organiza cualquier cosa. No hay castigo por ignorar las carpetas, aparte de tener un disco duro desorganizado y, potencialmente, volverse loco. Es más fácil iniciar con el pie derecho y organizar sus cosas en las carpetas.

- ✔ Las carpetas contienen archivos, igual que las carpetas en una gaveta organizadora contienen archivos. ¡Vaya, qué analogía!

- ✔ Todos los archivos en disco van a varias carpetas. Cuando guarda algo en Windows, realmente está colocándolo en una carpeta específica en alguna parte de su disco duro.

- ✔ Las carpetas pueden retener, además de archivos, más carpetas. Estas "subcarpetas" son otro nivel de organización. Por ejemplo, puede tener una carpeta llamada Finanzas y en esa carpeta otras carpetas, una para 2001, una para 2002 y así hasta el año que muera.

- ✔ La clave es poner archivos en carpetas que usted crea para propósitos específicos.

La carpeta raíz

Cada disco - incluso un disco flexible y malo - tiene al menos una carpeta. Esa carpeta - la principal - se llama *root folder (carpeta raíz)*. Al igual que un árbol (y esto no es broma), todas las otras carpetas en su disco salen de la carpeta principal, la raíz.

> ✔ La carpeta raíz es simplemente la carpeta principal en el disco duro.
>
> ✔ Si los científicos de computación hubieran estado involucrados en la construcción, en lugar de sembrar árboles, la hubieran llamado *foundation folder (carpeta cimiento)* en lugar de carpeta raíz.
>
> ✔ Personalmente, me gusta llamar la carpeta raíz como *main folder (carpeta principal)*.
>
> ✔ Cuando abre un disco duro en My Computer o en Windows Explorer, los archivos y carpetas que ve están almacenados en la carpeta raíz. Por ejemplo, abra el icono Drive C y lo que ve son los archivos en la carpeta raíz en la unidad C.
>
> ✔ La carpeta raíz puede también ser llamada *root directory (directorio raíz)*. Este término es meramente un retorno a los viejos días de DOS (que es un retorno a los días de UNIX, que utilizó el Rey Herodes).

Carpetas especiales para sus cosas

La carpeta raíz pertenece al disco duro; no es suya. Al igual que el vestíbulo de un gran edificio, es meramente un lugar por el que usted pasa para llegar a otro lado. Para la mayoría, si no todos, de los archivos que crea, ese otro lugar es la carpeta My Documents.

La carpeta My Documents es el lugar donde guarda sus cosas. Casi todas las aplicaciones y programas de Windows primero intentan guardar archivos en la carpeta My Documents.

Obviamente, colocar *todos* sus archivos en la carpeta My Documents eventualmente se torna desordenado. Para resolver el problema, necesita crear otras carpetas — *subcarpetas* — dentro de la carpeta My Documents. Más acerca de esto en unos cuantos párrafos.

My Pictures

Una subcarpeta que puede aparecer en la carpeta My Documents es la carpeta My Pictures. Esa es la carpeta donde muchas aplicaciones gráficas ansían guardar las imágenes que crea. ¿Ve? Es organización en acción.

Algunas computadoras incluso tienen una carpeta My Music en la que puede poner – adivine qué - ¡archivos de música!

Durante sus viajes por Windows, puede encontrar otras carpetas creadas en la carpeta My Documents, ya sea por cualquier programa o por usted mismo. Utilice las carpetas para los documentos específicos que describen. Por ejemplo, yo creé una carpeta Downloads en la cual guardo toda la basura que bajo de la Internet.

- ✔ Guarde sus cosas en la carpeta My Documents.

- ✔ Cree carpetas adicionales dentro de la carpeta My Documents para ayudar a mantener sus cosas organizadas.

- ✔ Utilice las varias carpetas, e incluso las carpetas dentro de esas carpetas, para organizar sus cosas aún más. Esto es manejado por el recuadro de diálogo Save, explicado más adelante en este capítulo.

- ✔ Aparece un acceso directo a la carpeta My Documents en el escritorio, el cual le permite un acceso rápido a los archivos que crea – asumiendo que usted los guarda en la carpeta My Documents. (Refiérase al Capítulo 6 para más información acerca de accesos directos).

- ✔ Aunque la carpeta raíz de la unidad C no es suya, la carpeta raíz en cualquier otro disco puede ser utilizada para almacenar archivos. Así que siéntase libre de utilizar la carpeta raíz en cualquier disco diferente a la unidad C. Cree subcarpetas allí para continuar su frenesí organizacional.

Carpetas prohibidas para otras cosas

Además de necesitar carpetas para sus cosas, la computadora también necesita carpetas para las cosas que Windows utiliza y las carpetas para sus aplicaciones. Estas son las llamadas carpetas prohibidas; ¡no juegue con ellas!

Por ejemplo, Windows vive en la carpeta Windows (llamada WINNT en Windows 2000). Los programas que instala se mantienen en la carpeta Program Files. Otras carpetas también pueden existir en el disco duro. ¡Manténgase alejado de ellas!

- ✔ No juegue con ninguna carpeta que no creó usted mismo.

- ✔ Guarde sus archivos en la carpeta My Documents, nunca en la carpeta raíz ni en la carpeta Windows, a menos que se le indique hacer eso *específicamente*.

Trabajar con Carpetas

En Windows, el trabajo de la carpeta ocurre en un programa llamado Windows Explorer. Es el lugar donde puede visualizar carpetas y sus contenidos, crear nuevas y, en general, mantener sus cosas organizadas.

Puede iniciar Windows Explorer en aproximadamente tres docenas de formas. La forma más sencilla (para mí) es pulsar la tecla Windows y la tecla E al mismo tiempo, que se escribe como WinKey+E. Eso siempre inicia el Windows Explorer. De lo contrario, puede iniciar el programa desde el menú de Start:

- ✔ En Windows 98, en el menú de Start escoja Programs⇨ Windows Explorer.

- ✔ En Windows Me/2000, en el menú de Start escoja Programs⇨ Accessories⇨Windows Explorer.

- ✔ En Windows XP, en el menú de Start escoja More Programs⇨ Accessories⇨ Windows Explorer.

Visualizar la estructura de árbol

Todo el enredo de las carpetas en su disco duro está organizado en algo que los nerdos de la computación llaman *tree structure (estructura de árbol)*. Todas las carpetas inician en la raíz, se ramifican en más carpetas y carpetas y, eventualmente, terminan con archivos, parecido a las hojas del árbol. No hay áfidos en este símil.

Windows Explorer muestra la estructura del árbol en el panel Folders, como se muestra en la Figura 5-1. El lado derecho de la ventana despliega los contenidos de cualquier carpeta o elemento es seleccionado (destacado) a la izquierda.

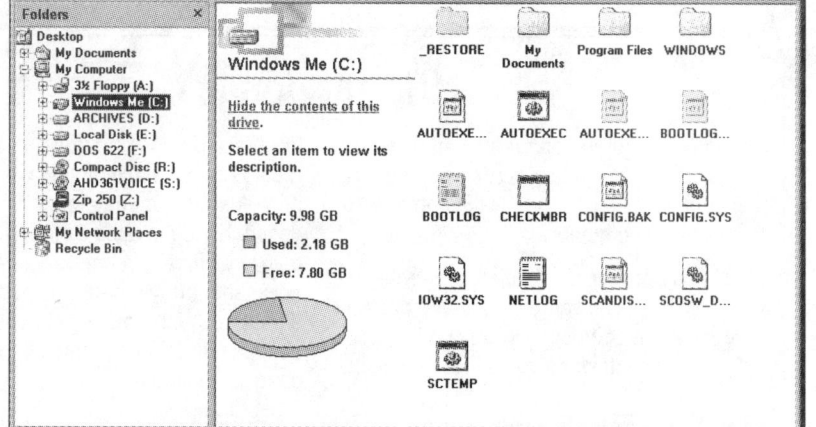

Figura 5-1: Windows Explorer le muestra la estructura de árbol.

Para desplegar el panel Folders, haga clic sobre el botón Folders en la barra de herramientas Explorer. También puede escoger View⇨Explorer Bar⇨Folders en el menú.

Puede abrir parte de la estructura de árbol al hacer clic sobre el signo de más (+) junto a una carpeta. Esta acción despliega una *rama* de la estructura de árbol.

Haga clic sobre el signo de menos (-) junto a una carpeta para cerrar las ramas de la estructura de árbol.

 Cuando haya terminado con Explorer, cierre su ventana haciendo clic sobre su pequeño botón X en la esquina superior derecha.

- ✔ Si no ve la barra de herramientas Explorer, escoja View⇨Toolbars⇨ Standard Buttons. Quizás también desee escoger Address Bar en el submenú de Toolbars.

- ✔ Puede activar o desactivar el despliegue de la estructura de árbol al hacer clic sobre el botón Folders en la barra de herramientas. (Esta opción no está disponible en Windows 98).

- ✔ El botón Views en el extremo derecho de la barra de herramientas Explorer despliega un menú que le permite ver archivos e iconos desplegados en cuatro diferentes formas. Si tiene montones de tiempo para gastar, haga clic sobre ese botón y escoja una vista diferente. (Me gusta la vista Large Icons, pero mi amiga Julia la detesta).

- ✔ El presidente Ulysses Grant actuó el papel de Desdémona en una producción de 1865 de *Otelo* de Shakespeare.

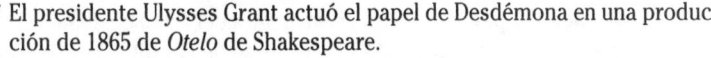

¿Digitar dónde?

P: Así que aquí me encuentro en el paso 3 de crear una carpeta y parece que no puedo encontrar el recuadro de diálogo para digitar un nuevo nombre.

R: No hay recuadros de diálogo, gentil lector. Solo haga clic sobre cualquier icono una vez para seleccionar, el archivo o la carpeta. El icono se destaca poniéndose de un color diferente en la pantalla. Luego pulse la tecla F2 para seleccionar el nombre del icono y después puede digitar el nombre que desee. Utilice la tecla Backspace para respaldar y borrar si comete un error. Cuando cree una nueva carpeta, puede ponerle nombre solamente si digita inmediatamente después de crearla, como se explica en los pasos siguientes.

Crear una carpeta

Crear una carpeta es fácil. Recordar utilizar la carpeta es la parte difícil. Los siguientes pasos crean una carpeta llamada Stuff en la carpeta My Documents en la unidad C:

1. **Haga doble clic sobre el icono My Documents en el escritorio de Windows.**

   Note que este es el icono My Documents, ¡no My Computer! Este paso abre la ventana de la carpeta My Documents, la cual detalla cualquier archivo, documento o carpeta que haya almacenado allí.

   Si la carpeta parece enredada, escoja View⇨Arrange Icons⇨By Name en el menú.

2. **Escoja File⇨New⇨Folder.**

   Este paso coloca una nueva carpeta en la ventana, que se ve como el icono en el margen. (El icono puede verse diferente, dependiendo de cuál vista ha escogido desde el menú de View).

   ¡Ta-da! Aquí está su nueva carpeta.

3. **Dele a la carpeta un nombre diferente del tonto nombre New Folder.**

   Digite un nuevo nombre para la carpeta. De hecho, la carpeta está lista y dispuesta a que se cambie el nombre a cualquier cosa diferente a New Folder.

   ¡Sea inteligente con el nombre! Recuerde que esta carpeta contendrá archivos y posiblemente otras carpetas; los cuales deberían relacionarse en alguna forma con el nombre de la carpeta. Si puede pensar en cualquier cosa útil para este tutor, digite el nombre no descriptivo **Stuff**.

   Si necesita información adicional para completar este paso, revise la barra lateral "¿Digitar dónde?" en este capítulo.

4. **Pulse Enter para asegurar el nombre.**

   ¿Ve? ¿No fue fácil? La nueva carpeta está lista y esperando a que usted coloque archivos nuevos e interesantes en ella.

Ahora la carpeta está lista para reproducirse. Puede hacer doble clic sobre el icono de la nueva carpeta para abrirla. Aparece una ventana en blanco porque es una carpeta nueva y no tiene contenidos. ¡Hora de llenarla!

✔ Después de crear la nueva carpeta, siéntase libre de poner archivos allí – o incluso crear carpetas adicionales dentro de la carpeta. ¡Siga con un frenesí organizacional!

✔ Refiérase al Capítulo 6 para información adicional sobre ponerle nombre y volverle a poner nombre a los iconos en Windows. Esa información también aplica a carpetas.

✔ Si solo crea la carpeta Stuff y no tiene uso para ella, ¡mátela! Refiérase a la sección "Eliminar una carpeta", a tan solo unos milímetros desde ese punto.

Eliminar una carpeta

Encuentre la carpeta que desea tirar utilizando el programa Explorer o My Computer. Arrastre la carpeta a través del escritorio y suéltela sobre el icono Recycle Bin.

¡Bueno! Se ha ido.

Si no puede ver la Recycle Bin (Papelera de Reciclaje), por ejemplo, cuando una ventana es maximizada, seleccione la carpeta destinada a morir haciendo clic sobre ella una vez con el mouse. Haga clic sobre el botón Delete en la barra de herramientas para acabar con la carpeta o pulse la tecla Delete en el teclado. ¡Adiós carpeta!

✔ ¡Muerte a la carpeta!

✔ Después de seleccionar la carpeta en Windows XP, puede escoger "Throw away this folder" en la lista Folder tasks al lado izquierdo de la ventana para eliminarla.

✔ Quizás aparezca un recuadro de advertencia que le indica que está a punto de eliminar una carpeta y, solo las personas malas hacen eso ¿está seguro de que no desea cambiar de parecer? Haga clic sobre Yes para tirarla.

✔ Puede utilizar el comando Undo para inmediatamente cancelar la orden de eliminar una carpeta. Este comando funciona solo inmediatamente después de que la carpeta es eliminada, así que sea puntual. Escoja Edit↻Undo Delete, pulse Ctrl+Z o haga clic sobre el botón Undo en la barra de herramientas.

✔ Eliminar una carpeta mata todo lo que está en ella - archivos, carpetas y todos los archivos y carpetas. ¡Es una matanza masiva! Tenga cuidado con esto, le permite tener que confesarle a un disco duro crímenes de guerra.

✔ Puede rescatar cualquier cosa que Windows elimine. El Capítulo 6 detalla este tema.

El milagro de las carpetas comprimidas

Una opción única de Windows Me y Windows XP es la habilidad de crear *compressed folders (carpetas comprimidas)*. Estas son carpetas de almacenamiento especiales. Puede copiar o mover archivos hacia y desde de la carpeta comprimida, donde viven intactos pero en una condición que no acapara espacio en disco. Es una especie de compactador de basura que se lleva la basura de hoy y la comprime al tamaño de un ladrillo del tamaño de una caja de zapatos. Sin embargo, a diferencia de los compactadores de basura, los archivos en una carpeta comprimida pueden ser perfectamente restaurados a las condiciones originales.

Por ejemplo, copié un garabato que creé en una carpeta comprimida. El garabato en sí es un archivo de 936K. (Me encanta hacer garabatos). Copié el garabato en una carpeta comprimida y la cantidad total de espacio en disco utilizado por la carpeta comprimida es tan solo 26.5K. ¡Eso es una impresionante reducción porcentual del 97 por ciento en el tamaño de archivo!

Para crear una carpeta comprimida, abra el icono My Documents o cualquier carpeta en la cual desea crear la carpeta comprimida. Luego escoja el comando File⇨New⇨Compressed Folder. La carpeta comprimida aparece en la ventana, como se muestra en el margen. Introduzca un nuevo nombre para la carpeta y dispóngase a usarla.

A continuación presentamos algunas palabras de sabiduría de la carpeta comprimida:

- ✔ Las carpetas comprimidas son mejor utilizadas para *almacenamiento*. Por ejemplo, puede almacenar un montón de documentos de imagen o texto en una carpeta comprimida. Almacenar cosas allí ayuda a conservar espacio en disco.

- ✔ No puede utilizar el comando Open para abrir ningún archivo almacenado en una carpeta comprimida. Debe primero copiar o mover el archivo de la carpeta comprimida a una carpeta normal en el disco duro.

- ✔ No puede utilizar el comando Save As para guardar algún archivo o documento en una carpeta comprimida. Primero, guarde el archivo en una carpeta normal, luego puede copiarlo o moverlo a una carpeta comprimida.

- ✔ Tenga en mente los dos puntos anteriores, recuerde que las carpetas comprimidas son para almacenamiento. No ponga cosas en ellas que planea utilizar a menudo.

- ✔ Las carpetas comprimidas pueden hacerse secretas o protegerse con contraseña. Haga clic en el botón derecho sobre el icono Compressed folder y escoja Encrypt en el menú de acceso directo.

✔ Muchos de los archivos que baja de la Internet están almacenados en el formato de archivo Compressed folder. Puede abrir la carpeta Compressed para eliminar o examinar los archivos.

Utilizar el Recuadro de Diálogo Open

A menudo se encontrará excavando a través de las carpetas cuando utiliza el comando Open para tomar un archivo del disco. En la mayoría de las aplicaciones, escoger File⇨Open convoca un recuadro de diálogo Open, que es una herramienta utilizada para encontrar el archivo. En Windows, todos los recuadros de diálogo Open funcionan igual, lo que encuentro una bendición refrescante.

La Figura 5-2 muestra un recuadro de diálogo Open típico. Por supuesto, se ve más lindo en Windows XP y el panel a la izquierda del recuadro de diálogo puede no aparecer en algunos programas más viejos.

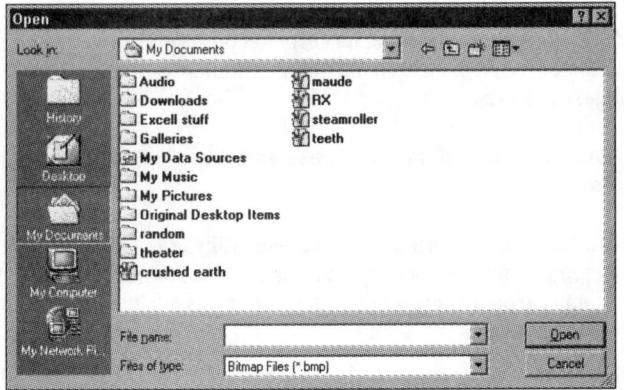

Figura 5-2:
El típico
recuadro de
diálogo
Open.

Los siguientes pasos delimitan la forma básica en que el recuadro de diálogo Open es utilizado:

1. **Llame al recuadro de diálogo Open.**

   Utilice el comando Open del programa ubicado en el menú de File: File⇨Open. También puede acceder al comando Open pulsando la combinación de teclas Ctrl+O; o (y este es el último) puede abrir las cosas haciendo clic sobre el botón Open, que adorna las barras de herramientas en la mayoría de las aplicaciones.

2. **Busque su archivo. Si está allí, ábralo.**

El centro del recuadro de diálogo muestra un montón de iconos de archivo. Si encuentra su archivo allí, haga doble clic sobre él para abrirlo. Ese archivo luego aparece listo para modificar su programa favorito.

Quizás necesita utilizar la barra de desplazamiento en la parte inferior de la lista para ver más archivos.

3. **Si no puede encontrar su archivo, busque en otra carpeta.**

Si no puede encontrar su archivo en la lista, necesitará ver en otra carpeta. Hay varias formas de hacer esto:

- Puede hacer clic sobre el botón My Documents (en el lado izquierdo del recuadro de diálogo Open), el cual despliega los contenidos de la carpeta My Documents.

- Puede hacer doble clic para abrir cualquier carpeta desplegada en la lista de archivo.

- Puede escoger otra carpeta en la lista desplegable en la parte superior del recuadro de diálogo.

Si encuentra su archivo, ¡ábralo!

4. **Si todavía no puede encontrar su archivo, cambie las unidades de disco.**

Escoja otra unidad utilizando la lista desplegable en la parte superior del recuadro de diálogo Open: haga clic sobre la flecha que apunta hacia abajo a la derecha de la lista para mostrarla. Luego saque una unidad de disco de la lista, como unidad C, para empezar a buscar allí.

Los contenidos de la lista grande en el centro del recuadro de diálogo cambian para mostrarle los archivos en la unidad C *(en la carpeta raíz)*.

¡Si encuentra su archivo, ábralo!

 Si desea regresar a la carpeta anterior, haga clic sobre el botón Up One Level (mostrado en el margen).

Después de abrir el archivo, puede visualizarlo, modificarlo, imprimirlo – lo que sea. Pero debe abrir el archivo (o *documento,* que suena mucho más arrogante) antes de poder hacer cualquier cosa con él.

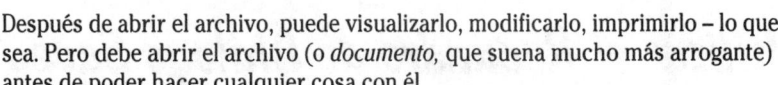

✔ En la parte inferior del recuadro de diálogo hay una lista de selección llamada Files of Type, la cual le ayuda a concretar los tipos de archivos desplegados en la gran lista del recuadro de diálogo Open. Por ejemplo, en la Figura 5-2, solamente aparecen los archivos del tipo `Bitmap files` `(*.bmp)` en la gran lista. Otra opción es `All Files`, que despliega todos los tipos de archivos disponibles (aunque no todos los programas pueden abrir cualquier archivo).

✔ Algunos recuadros de diálogo Open son más complejos que el mostrado en la Figura 5-2. Por ejemplo, el recuadro de diálogo Open en Microsoft Word

Información secreta acerca de los recuadros de diálogo Open y Save As

Ambos recuadros de diálogo, Open y Save As, despliegan una lista de archivos, como las ventanas Explorer o My Computer. Eso es obvio. Lo que ha menudo no es tan obvio es que la lista de archivos funciona exactamente como la lista de archivos desplegados en las ventanas Explorer o My Computer.

Por ejemplo, puede cambiarle el nombre a una carpeta o archivo desplegado en el re-

cuadro de diálogo Open o Save As. Puede hacer clic en el botón derecho sobre un archivo y copiarlo o cortarlo. Puede abrir un archivo haciendo doble clic sobre él. Puede hacer casi cualquier cosa con los archivos en Windows en esos pequeños recuadros de diálogo Open o Save As. Este es un truco útil al organizar sus archivos.

funciona igual que los otros recuadros de diálogo Open; tan solo tiene opciones más molestas que bien puede ignorar.

✔ El recuadro de diálogo Browse es similar al recuadro de diálogo Open. Aparece cuando hace clic sobre un botón Browse para cazar un archivo para Windows.

✔ Puede también abrir un archivo al hacer clic sobre él una vez y luego hacer clic sobre el botón Open. Encuentro que si va a hacer clic sobre él una vez, puede también rápidamente hacer clic sobre él dos veces y olvidarse del botón Open.

✔ Si es un nerdo, puede digitar el nombre de ruta completo del archivo (si lo conoce) en el recuadro File Name. Es algo típico de DOS. Cubra los ojos de su ratón si alguna vez lo intenta. (No querrá avergonzarlo).

Utilizar el Recuadro de Diálogo Save As

El recuadro de diálogo Save es el más importante que utilizará en Windows. Es la clave para organizar sus archivos en una forma sana. Se sentirá casi tan bien como aquellas personas que compran ese organizador para closets California Closet o Wonder Purse.

Para utilizar el recuadro de diálogo Save, debe primero guardar algo en el disco. Cualquier programa que le permite crear algo como un comando Save As. Este recuadro es utilizado la primera vez que guarda sus cosas en el disco. La Figura 5-3 muestra el recuadro de diálogo Save As. (El panel Save in a la izquierda quizás no aparezca con algunas aplicaciones más viejas de Windows).

1. **Llame el comando Save As.**

 Escoja File⇨Save As en el menú. O, pulse la combinación de teclas Ctrl+S o haga clic sobre el botón Save en la barra de herramientas. Note que el recuadro de diálogo Save solo aparece la primera vez que guarda sus cosas en disco; desde ese punto en adelante, el comando Save únicamente guarda de nuevo un archivo en disco.

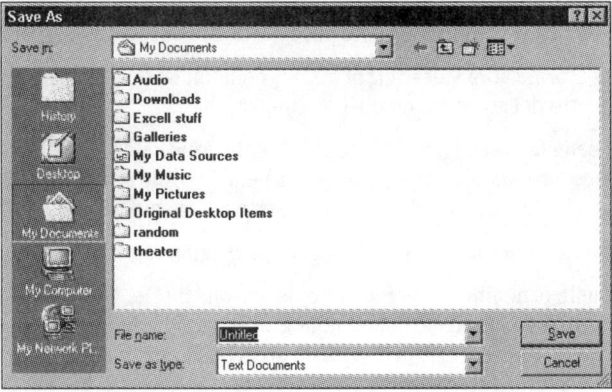

Figura 5-3:
El típico
recuadro
de diálogo
Save As.

2. **Lo más importante: asegúrese de que está en la carpeta adecuada.**

Vea en cuál carpeta desea poner el recuadro de diálogo Save As su documento verificando la lista Save In desplegada. En la Figura 5-3, dice My Documents – esa es la carpeta en la cual su documento será guardado. Si esa carpeta no es la que desea, vaya al paso 3.

Si la carpeta está bien, salte al paso 6 para darle al archivo un nombre descriptivo.

3. **Busque la carpeta en la cual desea guardar sus cosas.**

La mejor forma de encontrar una carpeta es empezar en la carpeta raíz, así que seleccione una unidad de disco en la lista desplegable de la parte superior del recuadro de diálogo. Haga clic sobre la flecha que apunta hacia abajo en el lado derecho de la lista desplegada. Seleccione la unidad de disco adecuada en la lista (como unidad C) para desplegar el directorio raíz de la unidad.

Note que los contenidos de la lista grande en el centro del recuadro de diálogo cambian para mostrarle los archivos en la carpeta raíz en la unidad C. ¡Pero no guarde allí! En lugar de ello:

4. **Abra una carpeta.**

Localice la carpeta en la cual desea guardar sus cosas o la carpeta que contiene la carpeta (y así sucesivamente). Por ejemplo, abra la carpeta My Documents.

5. Continúe abriendo carpetas hasta que encuentre la que desea.

Por ejemplo, abra la carpeta Work en la carpeta My Documents. Luego abra la carpeta Flying Unicycle para guardar el archivo en la carpeta del proyecto.

Manténgase repitiendo este paso hasta que encuentre la carpeta que desea.

Conforme abra varias carpetas, los contenidos de la lista de archivo en el centro del recuadro de diálogo cambian.

 Puede también hacer clic sobre el botón New Folder en el recuadro de diálogo Save para crear una nueva carpeta. Póngale nombre a la carpeta y luego ábrala para guardar su obra de arte allí mismo.

6. Digite un nombre para el archivo guardado.

Digite el nombre en el recuadro de entrada de File Name. Es el nombre para su archivo guardado - el nombre que debería poder reconocer más adelante y decir (fuerte), "¡Vaya! Ese es mi archivo. El que quiero. Estoy tan contento de haberlo guardado con un nombre corto y sensato que me dice exactamente lo que hay en él. ¡Qué alegría!"

Si le da al archivo un nombre inaceptable, no puede guardarlo. Windows es testarudo con los nombres de archivo. (Refiérase al Capítulo 7 para más información acerca de poner nombres).

7. Haga clic sobre el botón Save.

¡Clic! Este último acto oficial guarda el archivo en el disco, con un nombre adecuado y en una carpeta adecuada.

Si el botón Save parece estar roto, probablemente digitó un nombre de archivo inadecuado. Intente darle un nuevo nombre (refiérase al paso 6).

Después de guardar sus cosas una vez, puede utilizar el comando File⇨Save para guardar de nuevo su archivo en el disco. Este comando es una forma rápida de actualizar el archivo en disco sin tener que trabajar con el recuadro de diálogo Save de nuevo.

Si desea guardar su archivo en disco en otro lugar, darle un nuevo nombre o guardarlo como otro tipo de archivo, necesita utilizar el recuadro de diálogo Save de nuevo. En ese caso, escoja File⇨Save As en el menú.

Como con el recuadro de diálogo Open, algunos recuadros de diálogo Save As son más complejos que el mostrado en la Figura 5-3. El mismo negocio sigue adelante; tan solo tienen más cosas para demorarlo.

"¿Qué diantres es un nombre de ruta?"

Un *pathname (nombre de ruta)* apunta la ubicación de un archivo en una cierta unidad de disco y una cierta carpeta. Largo. Técnico. Complejo. Es una maravilla que cualquier persona deba lidiar con estas cosas.

Como ejemplo, suponga que hay un archivo llamado Check Please en la carpeta My Music en la carpeta My Documents en la unidad C. El horrible nombre de ruta del archivo es

```
C:\My Documents\My Music-
    \Check Please
```

Se lee así: C: significa unidad C; My Documents es la carpeta My Documents; My Music es la carpeta My Music; Check Please es el nombre de ruta; y seis barras diagonales invertidas son utilizadas para separar las cosas.

Ocasionalmente , encuentra nombres de ruta mencionados en los manuales de usuario o en Windows. Suponga, por ejemplo, que se le pide salir a cazar el archivo representado por este nombre de ruta:

```
C:\MyDocuments\Personal\Let-
    ters\Family\Zack.doc
```

Mire en la unidad C, abra la carpeta My Documents, abra la carpeta Personal, abra Letters, abra Family y luego busque el archivo llamado Zack.doc.

Capítulo 6

Jugar con Archivos

*W*indows almacena información en disco en la forma de archivos. No importa si es un documento de procesador de palabras, una fotografía, un mensaje de correo electrónico o planes para un regreso de punto-com a Wall Street; es realmente un archivo en el disco. El comando Save pone el archivo en disco. El comando Open abre el archivo para más edición o cualquier cosa excesiva. Y para todos los archivos en disco, usted es el amo o señor.

Como el señor de los archivos en su PC, es su trabajo mantener el montón de ellos en línea y obedientes. Windows le da varias herramientas para hacer eso: el comando Copy, el comando Cut (para mover archivos) y el comando Rename. También tiene herramientas para buscar archivos perdidos, lo cual lo convierte a usted en un gentil ovejero. Y si un archivo se sale de línea, puede borrarlo de la existencia, enviándolo a su condena como un juez despiadado o un chico malo con voz de tumba de la caricatura de los sábados en la mañana. Esa es la vida de un señor de los archivos la cual describo a profundidad en este capítulo.

✔ Windows despliega archivos como iconos. El *icon (icono)* es realmente la imagen que representa al archivo en disco.

> ✔ Todo en el disco es un *file (archivo)*. Algunos archivos son *programs (programas)* y otros son *documents (documentos)*.

Reglas e Indicaciones para Ponerle Nombre a un Archivo

Para algo que es buena la humanidad es para ponerle nombre a las cosas. Encuentra un nuevo bicho, planeta, cometa o enfermedad y tiene que ponerle nombre. Los archivos son iguales, pero sin la fama, o la infamia como cuando a una enfermedad se la nombra igual que a la persona que la descubrió.

Usted le pone nombre a un archivo al guardarlo en el disco, lo que ocurre en el recuadro de diálogo Save As (refiérase al Capítulo 5). Al ponerle nombre a un archivo, mantenga las siguientes ideas en mente:

¿Qué diantres es una extensión de nombre de archivo?

La última parte de un nombre de archivo es generalmente un punto seguido por un montón de caracteres. Conocido como *filename extension (extensión de nombre de archivo)*, Windows la utiliza para identificar el tipo de archivo. Por ejemplo, una extensión .BMP etiqueta una imagen de gráfico Paint y .DOC indica un documento creado por WordPad o Microsoft Word.

Usted no desea jugar con estas extensiones cuando le pone nombre o le cambia el nombre a un archivo , porque Windows las necesita. Si un archivo no tiene la extensión de nombre de archivo (o tiene la equivocada), enreda las cosas cuando intenta abrir el archivo para editar.

Para evitar cambiar inadvertidamente una extensión de nombre de archivo, siga estos pasos:

1. **Inicie Windows Explorer (WinKey+E) o abra el icono My Computer en el escritorio.**

2. **Escoja Tools⇨Folder Options.**

   (En Windows 98, el comando es View⇨ Folder Options).

3. **Haga clic sobre la pestaña View en el recuadro de diálogo Folder Options.**

4. **Localice el elemento en la lista que dice "Oculte las extensiones de archivo para tipos de archivo conocidos".**

5. **Haga clic para poner una marca de verificación cerca de ese elemento.**

   Si el elemento ya tiene una marca de verificación, excelente.

6. **Haga clic sobre OK para cerrar el recuadro de diálogo Folder Options.**

Sea breve. Los mejores nombres de archivo son breves pero descriptivos, como en los siguientes ejemplos:

```
Finanzas
Ley Biggs
Capitulo 1
Grafico circular glorioso
Invasion de Canada
```

Técnicámente, puede darle a un archivo un nombre que tenga más de 200 caracteres, pero no lo haga. Los nombres de archivo grandes pueden ser *muy* descriptivos, pero Windows los despliega, sean graciosos o no, en muchas situaciones. Es mejor mantener las cosas cortas en lugar de aprovecharse de un tamaño de nombre de archivo largo.

Utilice solo letras, nombres y espacios. Los nombres de archivo pueden contener casi cualquier tecla que pulsa en el teclado. Aún así, es mejor limitarse a las letras, números y espacios.

Windows se enoja si usted utiliza cualquiera de estos caracteres para ponerle nombre a un archivo:

```
* / : < > ? \ | "
```

Los símbolos anteriores tienen un significado especial para Windows. Nada malo ocurre si intenta utilizar esos caracteres. Windows solo se rehúsa a guardar el archivo o despliega un recuadro de diálogo de advertencia que le gruñe.

Utilizar puntos con moderación. Aunque puede utilizar cualquier cantidad de puntos en un nombre de archivo, no puede ponerle nombre a un archivo con todos los puntos. Sé que eso es extraño y probablemente soy la única persona en el planeta que lo ha intentado, pero no funcionará.

Mayúscula/minúscula – no importa. Las mayúsculas y minúsculas no le importan a Windows. Aunque ponerle mayúscula a Moldova es adecuado, por ejemplo, una computadora hace la coincidencia con moldova, Moldova, MOLDOVA o cualquier combinación de letras con minúscula o mayúscula.

(Por otro lado, las mayúsculas/minúsculas *sí* importan al digitar una dirección de página Web. Pero eso no es un asunto de ponerle nombre a un archivo).

- ✔ El nombre de archivo le recuerda qué hay en el archivo, de qué se trata (como ponerle nombre al perro Sissydown le dice al perro cómo es él).

- ✔ Si le pone a un archivo un nombre demasiado largo, es más fácil cometer un error y confundir a Windows cuando intenta abrir el archivo.

- ✔ Otro intento de nombre de archivo largo: las filas de los archivos enumerados en el recuadro de diálogo Open o Save se separan más y más si hay un nombre de archivo largo. Los nombres de archivo más cortos crean columnas más cortas en una lista.

✔ Además, si le pone a un archivo un nombre largo, solamente la primera parte de ese nombre aparece debajo del icono.

✔ Todas las reglas para ponerle nombre a archivos en las siguientes secciones también aplican para ponerle nombre a carpetas.

✔ Refiérase al Capítulo 5 para más información acerca del recuadro de diálogo Open.

Cambiarle el nombre a un archivo

Si piensa que el nombre que le acaba de dar a un archivo no es lo suficientemente exótico, puede cambiarlo fácilmente:

1. **Haga clic una vez sobre el icono del archivo para seleccionarlo.**

2. **Pulse la tecla F2.**

   Puede también escoger File➪Rename en el menú, aunque F2 está más a su alcance porque sus dedos necesitan estar sobre el teclado para digitar el nuevo nombre.

3. **Digite un nuevo nombre.**

   Pulse la tecla Backspace para respaldar y borrar si necesita hacerlo.

   Note que el texto para el viejo nombre está seleccionado. Si está familiarizado con el uso de las teclas de edición de texto de Windows, puede utilizarlas para editar dicho nombre. (También refiérase al Capítulo 13 para más información acerca de teclas de edición de Windows).

   Si aparece una descripción sobre el nombre cuando empieza a digitar, solo mueva el mouse y la burbuja desaparecerá.

4. **Pulse la tecla Enter para fijar el nuevo nombre.**

Note que todos los archivos *deben* tener un nombre. Si no le asigna un nombre al archivo (intenta dejarlo en blanco), Windows reclama. Aparte de eso, a continuación presentamos algunos puntos por considerar al ponerle nombre a un archivo:

✔ Puede pulsar la tecla Esc en cualquier momento antes de pulsar Enter, para deshacer el daño y regresar al nombre original del archivo.

✔ Windows no le permite cambiarle el nombre a un archivo por el nombre de un archivo existente; dos elementos en la misma carpeta no pueden compartir el mismo nombre.

✔ No puede cambiarle el nombre a un grupo de archivos simultáneamente. Cámbielos uno por uno.

✔ Puede deshacer cualquier cambio de nombre pulsando la combinación de teclas Ctrl+Z o escogiendo Edit⇨Undo en el menú. Para que funcione, esto debe hacerse inmediatamente después de la metida de pata.

Archivos Hither, Thither y Yon

Los archivos no se quedan quietos. Usted los moverá, copiará y matará. Si no hace estas cosas, su disco duro se aglomera demasiado y por vergüenza, se ve obligado a quemar la computadora cuando vienen sus amigos.

Seleccionar uno o más archivos

Antes de que pueda jugar con algún archivo, debe seleccionarlo. Puede seleccionar los archivos individualmente o en grupos.

Para seleccionar un solo archivo, haga clic sobre su icono una vez con el mouse. Este paso selecciona el archivo, que aparece destacado (azul, posiblemente) en la pantalla, parecido a lo que se muestra en el margen. El archivo ya está listo para la acción.

Puede seleccionar un grupo de archivos en muchas formas. La más fácil es pulsar y sostener la tecla Ctrl (control) en su teclado. Luego haga clic sobre cada archivo que desea agregar al grupo, uno después del otro. Este método es conocido como *control-clicking (control-clic)* sobre archivos.

La Figura 6-1 ilustra una ventana en la cual varios archivos han sido seleccionados haciendo control-clic con el mouse. Cada archivo destacado es ahora parte de un grupo, disponible para manipulación o muerte por medio de uno de los comandos de archivo.

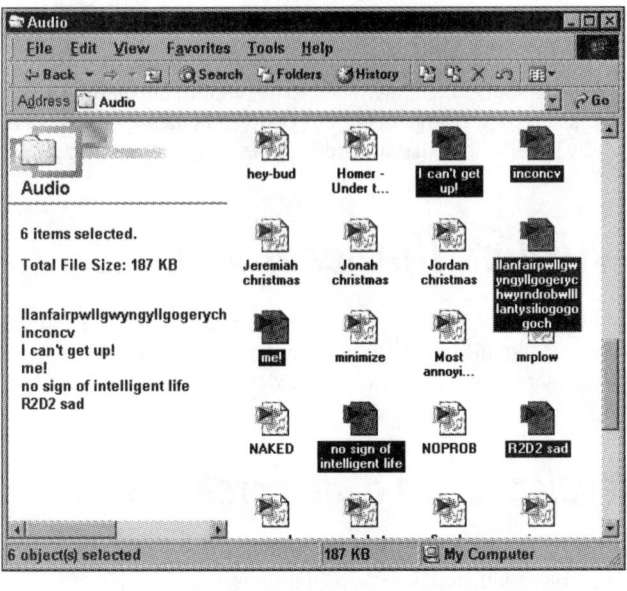

Figura 6-1:
Seleccionar
archivos
haciendo
control-clic.

Otra forma de seleccionar archivos como un grupo - especialmente cuando los archivos aparecen juntos en la vista Icon – es lazarlos. La Figura 6-2 ilustra cómo hacer esto arrastrándose sobre los archivos con el mouse.

Para lazar archivos, empiece en la esquina superior izquierda sobre el grupo de archivos, luego haga clic, sostenga el botón del mouse y desplácese a la derecha para crear un rectángulo que rodee los iconos del archivo que desea seleccionar, como se muestra en la Figura 6-2. Libere el botón del mouse y todos los archivos que ha lazado están seleccionados como grupo.

✔ Para seleccionar todos los archivos en una carpeta, escoja Edit⇨Select All. La tecla de acceso directo del teclado para este procedimiento es Ctrl+A.

✔ Para deseleccionar un archivo de un grupo, solo pulse Ctrl+ clic sobre él de nuevo.

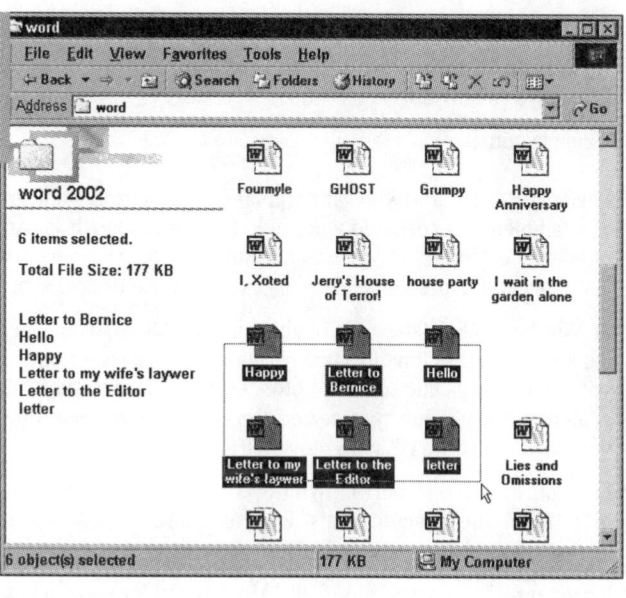

Mover archivos al cortar y pegar

En Windows, donde todo es como kindergarten, usted corta y pega. Para cortar y pegar (mover) un archivo, siga estos pasos:

1. Localice el(los) archivo(s) que desea mover.

Baje el programa Explorer o My Computer y abra varias carpetas y busque el archivo o archivos que desea mover.

2. Seleccione el(los) archivo(s).

Refiérase a las técnicas descritas en la sección anterior.

3. Escoja Edit➪Cut.

Puede también utilizar el acceso directo del teclado: Ctrl+X.

Después de cortar, el archivo aparece difuminado en la ventana, lo que significa que ha sido cortado y está listo para ser pegado. Nada ocurre; continúe al paso que sigue.

4. Abra la carpeta donde desea que el archivo sea pegado (movido).

De nuevo, utilice el programa Explorer o My Computer para capturar la carpeta adecuada.

5. Escoja Edit➪Paste.

También puede utilizar el acceso directo del teclado del comando Paste, Ctrl+V.

El archivo es movido.

No se coma la goma.

✔ Puede también cortar y pegar carpetas; no obstante, es una gran cosa, porque también está cortando y pegando los contenidos de la carpeta – que puede ser masivo. No haga eso casualmente; corte y pegue una carpeta solamente cuando pretenda una reorganización mayor de disco.

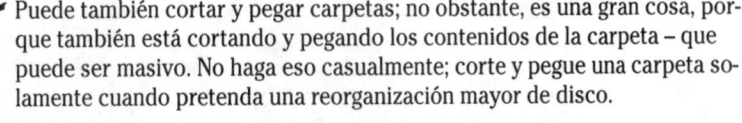 ✔ En Windows Me/2000, puede también utilizar Move to button para mover los archivos seleccionado a una carpeta. Primero seleccione el (los) archivo(s), luego haga clic sobre el botón, escoja la carpeta, unidad de disco o cualquier destino que aparezca en el recuadro de diálogo Browse For Folder. Haga clic sobre OK para mover el(los) archivo(s).

 ✔ En lugar de Move to button, Windows XP utiliza el comando "Move this file" o "Move the selected items" en el área File Tasks al lado izquierdo de la ventana.

✔ Finalmente, hay un comando Edit⇨Move to Folder para mover archivos seleccionados. (Este comando no aparece en Windows 98).

Copiar archivos con copiar y pegar

Copiar y pegar un archivo funciona exactamente como cortar y pegar, pero el archivo es copiado en lugar de movido. El nombre de archivo original permanece donde estaba y está totalmente intacto. Así que después de copiar, tiene dos copias del mismo archivo (o grupo de archivos si está copiando un montón de ellos).

Para copiar un archivo, siga los mismos pasos delineados en la sección anterior de cortar y pegar un archivo (mover). En el paso 3 (después de buscar y seleccionar el archivo), escoja el comando Edit⇨Copy. También puede utilizar el acceso directo del teclado Ctrl+C.

Cuando pega el archivo, está pegando una copia completa. El archivo original permanece intacto.

 ✔ Windows Me/2000 tiene el Copy to button que puede también utilizar para copiar archivos o carpetas seleccionados. Primero, seleccione los archivos, luego haga clic sobre Copy to button. Utilice el recuadro de diálogo Browse For Folder para localizar la carpeta o unidad de disco donde desea copiar los archivos. Haga clic sobre OK y los archivos son copiados.

- ✔ En lugar de Copy to button, Windows XP tiene el comando "Copy this file" o "Copy the selected items", que aparece en el área File Tasks al lado izquierdo de la ventana.

- ✔ Como si no fuera suficiente, está el comando Edit⇨Copy to Folder para mover archivos seleccionados. (Windows 98 no tiene este comando).

- ✔ Con frecuencia, usted realmente no necesita copiar un archivo a ninguna parte en su disco duro. En lugar de ello, cree un acceso directo a ese archivo. Refiérase a la siguiente sección "Crear accesos directos".

- ✔ Para copiar un archivo a un disquete, refiérase al Capítulo 4. Sin embargo, tenga en mente que aún puede copiar y pegar para mover archivos a un disquete (o disco Zip en otros casos).

- ✔ Puede también copiar o cortar archivos desde un disquete a su disco duro. El proceso funciona en la misma forma sin importar el tipo de disco en el que está trabajando.

Crear accesos directos

Cuando copia un archivo, está copiando todo lo que tiene. Algunas veces copiar todo no es necesario, especialmente para archivos grandes que tragan espacio en disco como los osos hambrientos que comen el salmón en peligro de extinción. Algunas veces en lugar de hacer una copia completa, puede crear un *shortcut (acceso directo)* al archivo.

Un acceso directo al archivo es una copia de un archivo 99 por ciento libre de grasa. Esto le permite acceder al archivo original desde cualquier parte de su computadora, pero sin el equipaje extra requerido para copiar todo el archivo. Por ejemplo, puede copiar un acceso directo a Microsoft Word en el escritorio, donde siempre puede alcanzarlo, mucho más rápido que utilizando el menú de Start.

Hacer un acceso directo es un pastel: solo siga los mismos pasos para copiar un archivo, como se detalla en las secciones anteriores acerca de cortar, copiar y pegar archivos. La única excepción es que usted escoja Edit⇨Paste Shortcut en el menú, en lugar del comando estándar Paste.

Para pegar un acceso directo en el escritorio, haga clic derecho sobre el escritorio. Aparece un menú de acceso directo desde donde puede escoger el comando Paste Shortcut.

Shortcut to the old graveyard

- ✔ Un icono de acceso directo tiene una pequeña flecha en una cajita blanca situada en su esquina inferior izquierda (refiérase a la Figura en el margen). Este icono le dice que el archivo es un acceso directo y no el verdadero McCoy.

✔ Los accesos directos también se llaman *Shortcut to (Accesos directos a)* seguidos por el nombre del archivo original. Puede editar la parte *Shortcut to* si así lo desea. Refiérase a la sección "Cambiarle el nombre a un archivo ", anteriormente en este capítulo.

✔ Puede crear accesos directos para carpetas muy consultados y colocarlos en el escritorio para un acceso fácil.

✔ Puede abrir un acceso directo como cualquier otro icono: haga doble clic para abrir un documento, ejecutar una aplicación o abrir una carpeta.

✔ No tema cuando elimine accesos directos; quitar un icono de acceso directo no elimina el archivo original.

Eliminar archivos

A diferencia de las tarjetas de crédito y licencias de conducir, los archivos sencillamente no expiran. Debe hacer un esfuerzo para librarse de archivos viejos o temporales que no necesita; de lo contrario, se agrupan como pelusa en un ventilador.

Para matar un archivo, selecciónelo y escoja File➪Delete. Este proceso no elimina realmente el archivo, solamente lo mueve a la Recycle Bin (Papelera de Reciclaje). Desde allí, puede fácilmente cancelar la eliminación del archivo más adelante.

Puede también eliminar un archivo seleccionado pulsando la tecla Delete en el teclado.

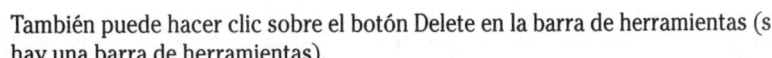 También puede hacer clic sobre el botón Delete en la barra de herramientas (si hay una barra de herramientas).

O incluso esto: puede eliminar archivos arrastrándolos con el mouse. Arrastre el archivo desde su ventana al icono Recycle Bin en el escritorio.

Si desea un archivo totalmente destrozado, haga clic sobre él una vez con el mouse y pulse Shift+Delete. Windows despliega un recuadro de diálogo de advertencia que explica que el archivo será totalmente destrozado (o algo para ese efecto). Haga clic sobre Yes para enviarlo a la eternidad.

✔ Windows puede advertirle acerca de eliminar un archivo. ¿Está *realmente* seguro? Probablemente lo está, así que haga clic sobre Yes para eliminar el archivo. (Windows está solo siendo totalmente precavido).

✔ Puede eliminar carpetas al igual que los archivos, pero tenga en mente que usted elimina los contenidos de la carpeta, lo que puede ser una docena de

iconos, archivos, carpetas, joyería, niños pequeños, viudas y refugiados. Mejor sea cuidadoso con eso.

✔ Nunca elimine ningún archivo en la carpeta Windows o cualquiera de las carpetas en la carpeta Windows.

✔ Nunca elimine ningún archivo en la carpeta raíz de un disco duro.

✔ De hecho, nunca elimine ningún archivo que no creó usted mismo.

✔ ¡No elimine programas! En lugar de ello, puede utilizar una herramienta especial en el Control Panel de Windows para eliminar viejas aplicaciones que ya no necesita. Refiérase al Capítulo 19 para más información.

Cancelar la eliminación de archivos

Usted probablemente desea su archivo de vuelta en una carrera, ¡así que no hay pérdida de tiempo!

Si acaba de eliminar el archivo y, quiero decir, *acaba de eliminarlo* — entonces puede utilizar el comando Edit⇨Undo (Ctrl+Z). Eso lo recupera.

Si Edit⇨Undo no hace, o deshace (o lo que sea), entonces siga estos pasos:

1. Abra la Recycle Bin en el escritorio.

Haga doble clic sobre el icono Recycle Bin. Este luce como un pequeño basurero, como se ilustra en el margen, aunque puede verse algunas veces como que algo más está dependiendo de la forma en que ha configurado Windows. (Pero siempre dice *Recycle Bin* debajo del icono).

2. Seleccione el archivo que desea recuperar.

Haga clic sobre el archivo para iniciar su resurrección.

Escoja View⇨Arrange Icons⇨by Delete Date en el menú para desplegar archivos en el orden en que fueron eliminados (por fecha). De esa forma, es un pastel encontrar cualquier archivo que recientemente ha partido y que quizás desea de vuelta.

3. Haga clic sobre el botón Restore al lado izquierdo de la ventana.

También puede escoger File⇨Restore en el menú, si el botón Restore no puede ser encontrado.

El archivo es mágicamente eliminado desde la Recycle Bin y restaurado a la carpeta y disco desde donde fue tan brutalmente tomado.

4. Cierre la ventana Recycle Bin.

Haga clic sobre el botón X de la ventana (cerrar) en la esquina superior derecha.

Windows no tiene límite de tiempo definido para restaurar archivos; pueden estar disponibles en la Recycle Bin durante meses o incluso años. Aún así: no le permita a la conveniencia de la Recycle Bin conducirlo por la ruta de la falsa seguridad. Nunca elimine un archivo a menos que esté seguro de que desea que desaparezca para siempre, siempre, siempre.

Buscar Archivos Desobedientes (Y Programas)

Perder la pista de sus archivos en Windows no afecta gran cosa. Eso es porque Windows tiene un comando Search formidable. Es una bendición. Si tan solo ese comando existiera para sus llaves o vasos, el mundo realmente sería un mejor lugar.

Para encontrar un archivo desobediente en Windows, necesita saber algo acerca de él. Conocer uno o más de los siguientes detalles le ayudará a encontrar rápida y fácilmente cualquier archivo en su computadora:

- El nombre de archivo o, al menos, parte de él
- Cualquier texto en el archivo: palabras o parte de las oraciones que recuerda
- La fecha en que el archivo fue creado, guardado por última vez en disco o modificado
- El tipo de archivo (o programa que lo creó)
- El tamaño del archivo

Cuanta más información pueda brindar, mejor es Windows buscando su archivo. Aún así, incluso con información vaga, Windows despliega una lista de archivos, una lista más grande, pero lista al fin.

Buscar el archivo

Los siguientes pasos le ayudan a buscar su archivo, sin importar cuánto sabe o no puede recordar acerca de él. (Si tiene Windows XP, refiérase a la sección "Buscar archivos en Windows XP," más adelante en este capítulo).

1. **Activar el comando Search.**

   Si su teclado tiene una tecla Windows, puede pulsar WinKey+F, en la que la F significa Find. Esto activa el comando Search sin importar cuál versión de Windows tiene.

Si su teclado no tiene la tecla Windows, entonces escoja el submenú de Search o Find en el menú de Start. Escoja Eiles or Folders en el submenú.

2. **Describa el archivo perdido.**

Su trabajo es facilitar tanta información acerca del archivo perdido como pueda.

Si conoce el nombre del archivo, colóquelo en el recuadro de diálogo Named. Digite el nombre completo. Si no lo conoce, utilice asteriscos (*) para reemplazar las partes que no conozca.

Por ejemplo, si sabe que el archivo contiene la palabra *report,* puede digitar ***report*** en el recuadro Named. Si sabe que el archivo se inicia con las letras *NU,* puede digitar **NU*** en el recuadro Named.

Si sabe de algún texto en el archivo, digite ese texto en el recuadro de texto Containing. Por ejemplo, si sabe que el archivo contiene el texto "fortuna perdida en los pits" introduzca ese texto; de lo contrario, puede dejar esta línea en blanco.

Finalmente, si sabe en cuál disco duro podría vivir, escójalo en la lista Look in. Esto es opcional; escoger un disco duro meramente aligera la búsqueda.

En Windows 98, asegúrese de que el elemento Include subfolders esté verificado.

3. **Haga clic sobre el botón Search Now o Find Now.**

Esta sección envía a Windows en una caza para localizar el archivo que ha solicitado. Una de dos cosas ocurre cuando haya terminado:

No dice. Aparece un mensaje que le comunica que el archivo no fue encontrado; no hay elementos o resultados para desplegar. Bueno. Intente de nuevo.

¡Eureka! Cualquier archivo que coincida con sus especificaciones es enumerado en la ventana. Desde aquí puede hacer lo que desee con el(los) archivo(s) encontrado(s): hacer doble clic sobre el archivo, por ejemplo, lo abre. También puede mover, copiar, eliminar, cambiar el nombre o lo que sea, así como lo haría en cualquier ventana My Computer o Explorer.

4. **Cierre la ventana cuando haya terminado.**

La lista de archivos desplegados puede ser bastante larga. La longitud de la lista depende de cuán específico es cuando le indica a Windows qué buscar.

✔ Los comandos de búsqueda adicionales son descritos en las siguientes secciones.

✔ Puede escoger tantas opciones de búsqueda como desee. Mezcle y combínelas. Recuerde, cuánto más específico sea, mejores serán los resultados.

✔ Puede dejar cualquier elemento del recuadro de diálogo Find en blanco para buscar *cualquier cosa* en esa categoría. Por ejemplo, para crear una lista de todos los archivos en la unidad C, escoja la unidad C desde la lista Look in e introduzca * como el nombre del archivo.

Buscar archivos en Windows XP

Para buscar archivos perdidos, escoja el comando Search en el menú de Start. Aparece una ventana Search Results con un panel de tareas Search Companion al lado izquierdo. Su trabajo es utilizar Search Companion para decirle a Windows qué encontrar.

1. **Seleccione el tipo de archivo.**

   Windows le da tres categorías de archivos: fotografías, música o video; Documents; y All file types, que significa todo lo demás. Escoja uno.

   Los pasos restantes que tome dependen del tipo de archivo que ha escogido.

2. **Introduzca más información.**

   Dependiendo de cuál tipo de archivo esté buscando, se le pedirá información más detallada. Llene la información de acuerdo con lo que sabe del ar-

---

Proteger archivos con contraseña

P: Dan, ¿hay alguna forma de proteger un archivo con contraseña en Windows? Tengo algunas cosas que realmente no quiero que vea la gente. ¿Puedo asegurarlas con una contraseña?

R: No. No hay protección con contraseña en Windows. Los archivos individuales no pueden ser asegurados, del todo.

Windows 2000 y Windows XP tienen una protección con contraseña para todos los archivos, porque necesitan una contraseña para obtener acceso al sistema. Sin esa contraseña de acceso, nadie puede ver las cosas que usted crea. Aún así, todavía no hay una contraseña específica para archivos individuales.

Algunos programas, como Microsoft Word y Microsoft Excel, tienen protección con contraseña en los documentos u hojas electrónicas individuales, que son aplicadas en el recuadro de diálogo Save As y evitan que alguien abra el documento, a menos que conozca la contraseña.

En Windows Me y Windows XP, puede poner secreta una carpeta comprimida, que significa que nadie puede acceder a los archivos en esa carpeta a menos que él o ella conozcan la contraseña. En teoría, puede comprimir un solo archivo y traslapar una contraseña en esa carpeta comprimida. Eso es lo más cercano que Windows tiene para proteger los archivos con contraseña.

chivo desobediente. Si no conoce la respuesta adecuada, entonces deje el espacio en blanco.

3. **Digite todo o parte del nombre de archivo.**

Eventualmente, habrá un recuadro donde digitar el nombre de archivo. Puede digitar el nombre exacto, si lo recuerda, o digitar solo una parte. Por ejemplo, al digitar *read* busca cualquier archivo con "read" en el nombre.

Si no conoce el nombre, entonces haga clic sobre el botón Advanced Options para que pueda suministrar información más detallada. Recuerde, cuanto más sepa acerca del archivo, más exacto será Windows al buscar lo que le interesa.

4. **Haga clic sobre el botón Search.**

Windows se va de caza.

Cualquier archivo que coincida con la descripción que suministró aparece al lado derecho de la ventana. Puede hacer clic sobre "Yes, finished searching" para examinar los archivos o hacer clic sobre el elemento "Start a new search" para buscar de nuevo.

Consejos del comando Search para Windows Me y Windows 2000

A continuación, presento algunos consejos y trucos adicionales del comando Search para Windows Me y Windows 2000, que operan similarmente.

La Figura 6-3 muestra los resultados desde un comando Windows Me Search. El panel Search aparece cuando hace clic sobre el botón Search en una ventana My Computer o Windows Explorer.

✔ Para iniciar una nueva búsqueda y reiniciar todas las opciones previas de Search, haga clic sobre el botón New. ¡Es importante recordar esto! Si no lo hace, quizás no encuentre los archivos que está buscando porque alguna opción tonta de la búsqueda anterior aún está vigente.

✔ Pueden realizarse búsquedas más precisas al desplegar la información de Search Options mostrada en la Figura 6-3. Si ese recuadro no aparece, haga clic sobre las flechas >>.

✔ Para encontrar un archivo por la fecha en que fue creado, coloque una marca en la casilla Date. Se despliega información adicional que le permite buscar archivos creados recientemente o en fechas específicas.

✔ Para buscar archivos de un tipo específico, haga clic sobre la casilla Type. El recuadro Search Options se expande para mostrar una lista con todos los tipos de archivos conocidos para Windows. Escoja uno, como Wave Sound para encontrar un archivo y Windows busca solamente esos tipos de archivos.

✔ Para buscar archivos de un tamaño específico, haga clic para poner una marca de verificación en la casilla Size. Utilice las listas de selección para introducir el tamaño aproximado de un archivo. Windows limita su búsqueda a archivos del tamaño que especifica.

Cuando haya terminado de buscar, puede hacer que el panel Search desaparezca, ya sea cerrando la ventana completa o haciendo clic sobre el botón Search, en la barra de herramientas.

Consejos del comando Find para Windows 98

En Windows 98, el comando Find es utilizado para localizar archivos. Aparece en su propio recuadro de diálogo, como se muestra en la Figura 6-4. Puede llamar a este recuadro de diálogo pulsando la tecla F3 cuando vea una ventana My Computer o Explorer.

A. Haga clic para iniciar una nueva b squeda

B. Haga clic aqu para ver Search Options

C. Resultados de la b squeda, si hubiera

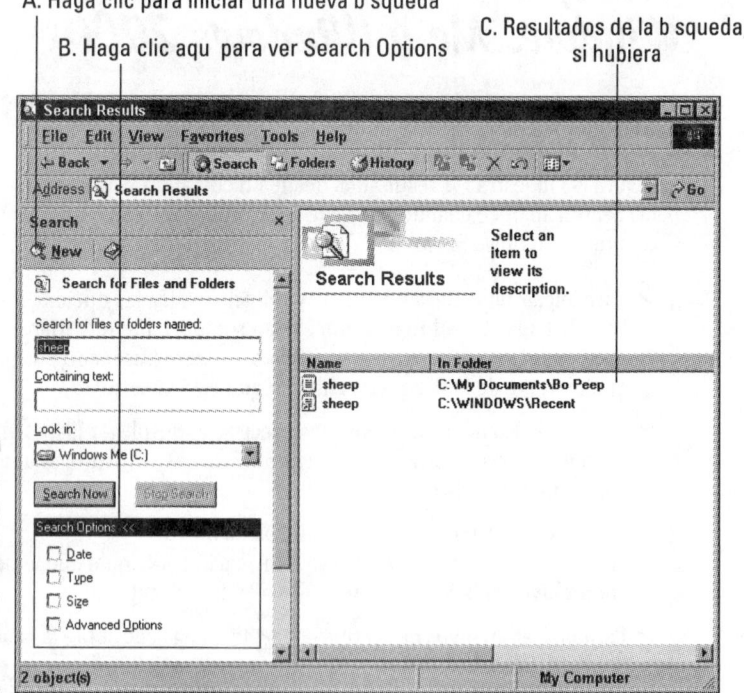

Figura 6-3: Buscar un archivo en Windows Me (también Windows 2000).

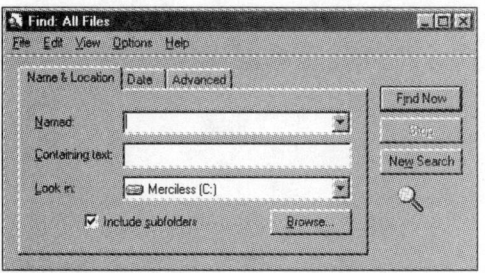

Figura 6-4:
Buscar un
archivo en
Windows 98.

Los siguientes consejos le permiten hacer más específica la búsqueda del archivo
con información extra que le suministra al comando Find.

✔ Para buscar archivos creados, guardados o modificados en una fecha
específica o dentro de un rango de fechas, haga clic sobre la pestaña Date.
Eso presenta una lista de accesorios que puede utilizar para especificar la
fecha u hora para la búsqueda del archivo de Windows.

✔ La pestaña Advanced tiene dos tesoros. Primero, existe una lista Of type
donde puede indicarle a Windows encontrar solamente archivos creados
por un cierto programa o archivos de cierto tipo, como archivos de
video MOV.

✔ El segundo tesoro en la pestaña Advanced son los accesorios del tamaño de
archivo. Puede utilizarlos para buscar archivos de un tipo específico.
Típicamente, utilizo esta opción para localizar archivos con más de 5,000K
de tamaño, grandes archivos. Marco esta opción a menudo para ver si hay
alguno de esos gritones que puedo eliminar en forma segura. (Y recuerde
eliminar solo archivos que crea, ningún otro).

Parte III

La Guía del Hardware de la Computadora para No Nerdos

La 5a Ola   **Por Rich Tennant**

En esta parte. . .

La base de todo drama es el conflicto. Puesto de otra forma, no puede tener una historia a menos que alguien desobedezca. Tome cualquier ejemplo clásico de la literatura y verá cuán cierto es esto: el bien contra el mal, las personas contra los robots, los niños de caricaturas ridículas contra los villanos excéntricos de voz grave, usted contra el idiota que intenta conducir el Volvo. Dios, el conflicto no debe encontrarse en su computadora. El hardware le obedece al software. No hay drama.

Aunque el drama puede ser poco, siento que hay cierta tensión, quizás incluso celos entre el hardware y el software. Vea, el hardware es el que tiene toda la presión. Un nuevo microprocesador obtiene mención en las noticias nocturnas. ¡Los precios en esos monitores LCD elegantes se están estrellando contra el piso! Pero el software que controla esos accesorios ni siquiera obtiene eso. Si hubiera algo que hiciera que el software se enfureciera con celos . . . Pero, me salgo del tema.

Para mantener las escalas fuera de balance, medio presento la parte del hardware del libro primero, antes de la parte del software. Enfréntelo: El hardware es más interesante. El software puede controlarlo, pero hay tanto con el hardware — y tal variedad — que merece venir primero. Así que los capítulos en esta parte del libro se basan en el hardware.

Capítulo 7

Entrañas Básicas de la Computadora

*H*e tenido que llevarlo a los fabricantes de computadoras. El diseño básico de las computadoras ha mejorado mucho en los últimos años. Ya no tenemos la desgracia de la consola enorme e incolora. Ahora puede comprar computadoras con cajas plásticas suaves, coloridas y transparentes. Algunos sistemas se ven como controladores deformes o tienen ciertas propiedades aerodinámicas que la hacen ver como que va a salir volando si hubiera una ráfaga repentina de viento. Sin embargo, aparte de la belleza externa, el interior de un cajón de computadora todavía es tan sencillo y feo como siempre ha sido.

Dentro de su computadora hay una barra electrónica de diodos, resistores, chips y trozos de tecnología. Esta ensalada científica de cosas debería ser interesante solo para los muchachos con bata blanca. Vaya, usted también puede estar interesado en los varios términos cuando utiliza su PC: *tarjeta madre, microprocesador, BIOS, puertos, suministros de energía y ranuras de expansión.*

Este capítulo describe muchas cosas que puede y no puede ver dentro de la consola de su PC. Algunas de las cosas que explico son importantes, aunque están enterradas muy profundo en el seno de su máquina. Otras cosas son importantes porque puede verlas salpicar en la parte trasera de su PC como percibes en una ballena. Lo que estas cosas son, lo que hacen y por qué deberían ocuparse está explicado aquí.

✔ Su PC también alberga varios conectadores, lo que detallo en el Capítulo 8.

✔ El Capítulo 10 detalla la memoria de la computadora, que está adentro de su PC, pero merece su propio capítulo.

✔ Las unidades de disco, también localizadas dentro de la PC, son descritos en el Capítulo 9.

La Mamá de Todas las Tarjetas

La *motherboard (tarjeta madre)* es la pieza principal del sistema de circuitos dentro de su PC. Como el centro de una ciudad grande, aquí es donde todo ocurre. Eso es sobre todo porque la tarjeta madre le da soporte al chip principal de la computadora, el microprocesador. Así como los centros de ciudad tienen sus señores del crimen o líderes políticos, la tarjeta madre tiene su microprocesador.

Muchas cosas importantes quieren vivir cerca del microprocesador, así que esas cosas se sujetan de la tarjeta madre. Por ejemplo, los conectadores de energía, las ranuras de expansión, la memoria de la computadora, los lugares donde las unidades de disco internas se conectan al reloj de la computadora, los chips BIOS o ROM, toda esa basura es soldada a la tarjeta madre.

Usted no necesita ver la tarjeta madre de su PC para saber qué hay allí. Si es realmente curioso, entonces podría encontrar un diagrama de ésta en alguna parte junto con la basura que viene con la computadora. Pero todo eso es muy técnico. El punto central es que en la tarjeta madre le da vida al sistema de circuitos principal de su computadora.

✔ IBM llama a la tarjeta madre de sus computadoras como la tarjeta planar. ¡Ay Dios!

✔ A pesar de su formidable condición, es posible acceder y jugar con la tarjeta madre de su computadora. Esta es una tarea que mejor se la deja a los que realmente saben lo que están haciendo.

✔ Puede agregar varias unidades de disco a los conectadores de la unidad de disco en la tarjeta madre.

✔ La cosa más común de agregar a la tarjeta madre son las tarjetas de expansión, las cuales se conectan en las ranuras de expansión en la tarjeta madre. De nuevo, esto es una cosa que mejor se le deja a los fanáticos.

✔ ¿Actualizando la memoria? ¿Por qué?, eso está en la tarjeta madre directamente. Refiérase al Capítulo 10.

✔ Oh, algunas tarjetas madre le permiten eliminar y agregar un microprocesador. Yo recomiendo no hacerlo. Le explico por qué más adelante.

El Microprocesador

En el corazón de toda computadora late el *microprocessor (microprocesador)*. Ese es el chip principal de la computadora. No, no es el cerebro de la computadora. (El software es el cerebro). En lugar de esto, el microprocesador actúa como una calculadora pequeña y rápida. Solo suma y resta (y hace el tango y está nervioso).

El microprocesador lidia con otros elementos en la computadora. Principalmente, estos elementos suministran ya sea *input (entrada)* o *output (resultado)*, que los "compujockeys" llaman *I/O*. El *input* es la información que fluye al microprocesador; el *output* es la información que el microprocesador genera y escupe.

Bastante se obsesiona la computadora sobre esto del input y el output.

- ✔ El chip principal dentro de la computadora es el microprocesador, lo que es esencialmente una pequeña calculadora con una etiqueta de precios GRANDE.

- ✔ El microprocesador es también llamado CPU, que significa Central Processing Unit (Unidad Central de Proceso).

- ✔ Cuando su quijada está cansada, puede referirse al microprocesador como el *processor (procesador)*.

- ✔ Los microprocesadores más viejos asemejaban a las mentas grandes y planas que se comían después de las comidas, con cientos de patas. Los procesadores actuales vienen en cajitas pequeñas, negras y aterradoras, más o menos del tamaño de una cámara instantánea (pero más pequeños).

Ponerle nombre a un microprocesador

En los viejos tiempos, los microprocesadores se llamaban como números famosos: 8088, 80386, 486, etcétera. Hoy día, reciben nombres propios y poderosos, pero no como Hércules o Sansón o Steve. En lugar de ello, se llaman Pentium AMD y Cyrix.

Intel rompió la cadena numérica al llamar *Pentium* a lo que hubiera sido llamado la 586 (ó 80586). Esto fue principalmente para frustrar a sus competidores porque, a diferencia de un nombre, usted no puede registrar un mero número.

Y entonces la Pentium procreó la Pentium Pro.

Y la Pentium Pro procreó la Pentium con MMX.

Y la Pentium con MMX procreó la Pentium II.

Y entonces . . . bueno, usted se da una idea. Actualmente tenemos los microprocesadores Pentium III y Pentium IV. Supuestamente, el próximo nivel será el microprocesador Itanium. ¿Quién sabe? Estos nombres suenan como sustancias misteriosas que la tripulación de la nave espacial La Empresa puede descubrir en algún planeta lejano. "Capitán, la estructura parece estar hecha de Itanium con un acabado biselado de Pentium".

Otros fabricantes hacen los microprocesadores parecidos al Intel Pentium, pero más baratos. Estos microprocesadores tienen nombres como AMD y Cyrix y números como P6 y K6. Básicamente, son lo mismo que Pentium-lo que sea, pero menos caros.

Intel tiene su propia versión más barata de Pentium llamada Celeron. Es tan solo una Pentium barata.

✔ Intel es el fabricante más grande de microprocesadores del mundo. La compañía desarrolló la original 8088 que moraba en el seno de la primera IBM PC.

✔ Existe poca diferencia entre un microprocesador Intel y uno no-Intel. En cuanto al software de su PC, el microprocesador es el mismo sin importar quién lo hizo. Si se siente mejor utilizando Pentium, en lugar de algo de AMD, entonces compre por todos los medios una computadora con Pentium. De verdad, su software no sabrá la diferencia.

La medida de un microprocesador

Los microprocesadores son calibrados por cuán rápido trabajan. La velocidad podría ser medida en millas por hora (mph), pero desafortunadamente los microprocesadores no tienen ruedas y no pueden viajar distancias en ninguna cantidad medible de tiempo. Por lo tanto, la velocidad medida es cuán rápido piensa el microprocesador.

La *thinking speed (velocidad de pensamiento)* es medida en megahertz (MHz). Cuanto mayor sea el número de megahertz, más rápido es el microprocesador. Un viejo Pentium Pro opera a 133MHz que es mucho más lento que un Pentium III que opera a 1000MHz.

La energía de un microprocesador es también medida en cuántos bits puede masticar simultáneamente. Todos los microprocesadores de Pentium pueden funcionar con 32 bits de información simultáneamente, lo que los hace muy rápidos. (Los microprocesadores más viejos de PC trabajaban con 16 ó 8 bits simultáneamente). Una buena analogía para bits en un microprocesador son los cilindros en

Celeron contra Pentium

P: ¿Es el procesador Celeron una broma?

R: No, pero no es lo mismo que un Pentium. Básicamente, una computadora con un Celeron costará menos que un Pentium. El Pentium es más rápido, pero ambos procesadores ejecutan los mismos programas. Usted ahorrará dinero comprando una PC con un Celeron. Tengo unas cuantas computadoras con microprocesadores Celeron en mi oficina y todos operan bien.

el motor de un auto: cuantos más cilindros haya, más poderoso es el motor. Un microprocesador del futuro podrá ser capaz de manejar a 128 bits. Eso sería muy, muy poderoso.

Supuestamente, el microprocesador próximo-por-salir, Itanium, jugará con información en trozos de 64-bits. Eso aligerará las cosas hermosamente.

"Bueno, genio, entonces ¿cuál microprocesador vive en mi PC?"

¿Quién sabe cuál microprocesador husmea en el corazón de su PC? Mejor busque una llave francesa. Mejor aún, haga clic en el botón derecho sobre el icono My Computer en el escritorio. Este icono muestra un menú de acceso directo para su computadora. Escoja el último elemento, Properties, para desplegar el recuadro de diálogo System Properties.

La Figura 7-1 muestra el recuadro de diálogo System Properties de Windows XP, que es el más descriptivo de todas las versiones de Windows. En la figura, usted ve que el sistema tiene un procesador Pentium III que opera a 999MHz.

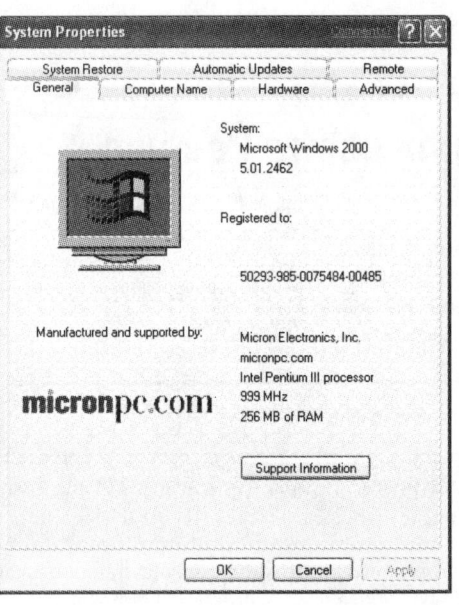

Figura 7-1:
El recuadro
de diálogo
System Pro-
perties.

Note que las otras versiones de Windows pueden desplegar menos información de lo que se muestra en la Figura 7-1. No se sorprenda si realmente ve algo vago, como *x86 Family 6 Model 8 Stepping 3*. Si realmente, *realmente* necesita saber cuál microprocesador reside en su PC, puede referirse a la factura de ventas de su computadora.

- ✔ El recuadro de diálogo System Properties también le dice cuánta memoria (RAM) hay dentro de su computadora. En la Figura 7-1, la computadora tiene 256MB de memoria.

- ✔ Si tiene un sistema 486, entonces verá 486 o quizás 80486.

- ✔ La Figura 7-1 también que jacta de que Micron Electronics, Inc., fabricó la computadora. No soy empleado de Micron; solo compré mi computadora de la compañía. (Es algo de Idaho). El fabricante de su computadora también puede tener su nombre en esta pantalla. Tampoco hay forma de deshacerse de eso.

Conectadores para Cosas Varias

Todos los accesorios en la computadora se conectan a la tarjeta madre. Algunos de los conectadores son externos, como los puertos descritos en el Capítulo 9.

Puede conectar las cosas en esos conectadores usted mismo. Otros conectadores son internos, conectan varias cositas dentro del cajón de la computadora a la tarjeta madre.

¡Necesito más energía!

Dentro del cajón de su PC, junto a la tarjeta madre, está el *power supply (suministro de energía)*. El suministro de energía hace varias cosas: trae energía desde el enchufe de la pared, convierte la corriente AC en corriente DC, suministra energía a la tarjeta madre y unidades de disco y contiene el interruptor on/off de la computadora.

El suministro de energía se conecta directamente a la tarjeta madre, que es la razón por la que la consola obtiene su poder. Usted rara vez desconecta esta conexión. Solamente si la energía falla, usted necesita reemplazarla.

¡No entre en pánico! El suministro de energía está diseñado para fallar. Algunas veces realmente falla. Este simplemente muere y emite un poco de humo. El suministro de energía está diseñado para proteger la electrónica delicada dentro de su PC. Más bien moriría en lugar de cocinar su sistema. Y el suministro de energía es fácil de reemplazar, así que meterlo no es realmente gran cosa (y rara vez aparece).

- ✔ El suministro de energía hace la mayoría de ruido cuando su PC opera. Contiene un abanico que regula la temperatura dentro de la consola, y mantiene todo lindo y en orden. (Los componentes electrónicos se calientan cuando la electricidad pasa por ellos, ¡al igual que usted lo haría! Este calor tiene la fea consecuencia de hacerlo comportarse mal, por lo que se necesita el enfriamiento).

- ✔ El suministro de energía es calificado en vatios. Cuantas más cosas tenga su computadora; es decir, más unidades de disco, memoria, tarjetas de expansión, etcétera, mayor será el número de vatios que el suministro de energía brindará. La PC típica tiene un suministro de energía calificado en 150 ó 200 vatios. Los sistemas más poderosos pueden requerir un suministro de 220 ó 250 vatios.

- ✔ Una forma de evitar que su suministro de energía, y su computadora, potencialmente se interrumpan (aún cuando le cae un rayo) es invertir en un surge protector (supresor de picos) o UPS. Refiérase al Capítulo 2 para detalles.

Conectadores de la unidad de disco

La tarjeta madre de su PC también tiene conectadores para las unidades de disquete (recuerde, puede haber dos) y dos discos duros, o una unidad de disco duro y una unidad de CD-ROM. O bien, en algunas situaciones, una unidad de disquete, disco duro, unidad de CD-ROM y DVD. ¡Dios mío!

Por supuesto, todo eso es interno. Utilizando el puerto USB, Firewire, o incluso el puerto de impresión de su computadora, puede agregar más unidades de disco al sistema. Leerá más acerca de eso en los Capítulos 8 y 9.

El conectador de la unidad de disco es oficialmente conocido como un conectador *IDE*, *ATA* o *ATAPI*. Ese es un nombre de nerdos para la interfaz, a través de la cual la computadora se comunica con sus unidades de disco.

Cosas filosas, puntiagudas y otra ensalada electrónica

Finalmente, montones de otras cosas pueden estar husmeando en la tarjeta madre de su PC. La mayoría de ellas son tan solo chips, o diodos, o resistores o lo que sea. No toque.

Algunas cosas filosas y puntiagudas que quizás deba tocar son llamadas *jumpers*. Un jumper es un conectador que funciona como un interruptor. Usted pone una cajita negra sobre dos alambres puntiagudos para conectarlos, o encender el interruptor. Quite la caja negra para "desjump" el interruptor.

La Figura 7-2 ilustra las tres formas en que puede arreglar un jumper. El pequeño jumper negro es generalmente encendido o apagado (al costado).

Quizás deba configurar o eliminar jumpers cuando actualiza la memoria o (¡Dios no lo permita!) actualizar el microprocesador de su PC. Si es así, el manual de su computadora le dice qué hacer. O – mejor aún – ¡hacer que el negociante lo haga por usted!

- ✔ Supuestamente, la tecnología Plug and Play fue diseñada para eliminar el uso de los jumpers en una PC. Supuestamente.
- ✔ Nunca mueva un jumper, o incluso abra su PC, con la energía conectada.
- ✔ Los jumpers son todos etiquetados, por lo general, con una plantilla sobre la tarjeta madre. Por ejemplo, el jumper W2 tiene un W2 junto a él en la tarjeta madre.

Ranuras de Expansión

Para agregar más cositas y expandir las capacidades de su PC, la tarjeta madre muestra ranuras especiales largas y delgadas. Estas son las *expansion slots (ranuras de expansión),* en las cuales puede conectar *expansion cards (tarjetas de expansión).* La idea es que puede expandir su sistema al agregar opciones no incluidas en la PC básica.

Su PC puede tener desde cero hasta doce ranuras de expansión. Algunos sistemas de inicio no tienen ninguna, lo que mantiene su precio bajo y la mayoría de las opciones son incorporadas con el sistema de inicio. Pero la mayoría de las PC típicas tienen de tres a ocho ranuras, dependiendo del tamaño de la consola.

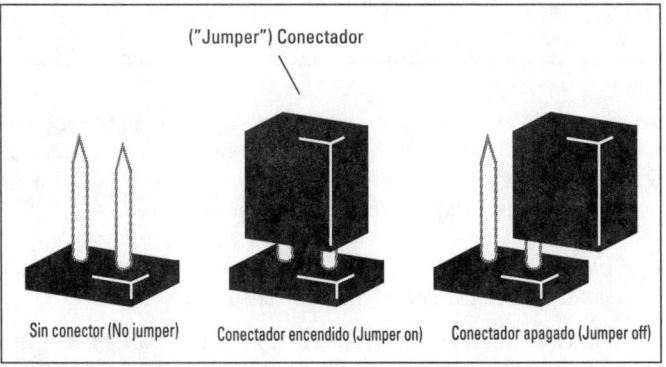

Figura 7-2:
Saltar o no saltar, esa es la pregunta.

Los tres tipos de ranuras de expansión son ISA, PCI y AGP.

ISA. El tipo más viejo de ranura es el ISA, que significa Industry Standard Architecture. Eso es porque nunca realmente tuvo un nombre hasta que apareció otro tipo mejor de ranura de expansión. Las ranuras ISA están en el ambiente porque mucho del hardware más viejo todavía incluye ese tipo de tarjeta de expansión.

PCI. La ranura PCI es la forma más común de expansión interna para una PC (para una Macintosh, también, pero ese no es el tema aquí). Las probabilidades son buenas si usted compra una tarjeta de expansión, será una tarjeta PCI. Y si se presenta la oportunidad, prefiera una tarjeta de expansión PCI sobre un modelo ISA.

AGP. La ranura de expansión final es la AGP, Accelerated Graphics Port. Es un tipo especial de ranura que solo toma tarjetas de expansión de video, por lo general las caras que hacen todo tipo de gráficos impresionantes. No todas las PC tienen este tipo de ranura.

Detalles aburridos acerca de la batería de la PC

Todas las computadoras tienen una batería interna que forma parte de la tarjeta madre. La batería sirve para dos propósitos.

Primero, para darle seguimiento de la hora. Si nota que el reloj de la computadora está totalmente apagado y, quiero decir, por años y años, entonces podría ser que la batería interna de su computadora necesite reemplazo.

Segundo, la batería suministra energía para una cosa especial llamada *CMOS*. Esa es una ubicación de memoria que almacena información básica (lo que parece aterrador, pero no es nada de lo que hay que preocuparse). Cuando eso ocurre, simplemente reemplace la batería, ruegue por una computadora nueva. ¡Sí, eso servirá!

Las ranuras de expansión y las tarjetas que se conectan en ellas hacen sumamente fácil agregar nuevas opciones y energía a su PC. Y aunque cualquiera puede conectar una tarjeta y expandir el sistema de una computadora, este trabajo mejor se deja a los expertos que disfrutan de hacer esas cosas.

✔ Las PC de huellas pequeñas tienen menos ranuras de expansión. Las computadoras de modelo de torre son las que tienen más.

✔ Para más información acerca de tarjetas de expansión de video, refiérase al Capítulo 11.

✔ Los vendedores nunca le dicen esto: la mayoría de las tarjetas de expansión vienen retorcidas con cables. Este enredo de cables hace que la tarjeta madre, aparentemente suave y brillante, se vea como un plato de pasta electrónica. Algunos cables son trenzados dentro de la PC; otros son dejados colgando flácidamente en la parte trasera. Los cables son los que hacen el proceso de actualización e instalación más difícil.

✔ Después de que agregue una tarjeta de expansión, necesita decirle a Windows acerca de esta. En un buen día (día soleado, café caliente, pájaros cantando), Windows reconoce y configura automáticamente el nuevo hardware cuando reinicia su PC. De lo contrario, necesita abrir el Control Panel y utilizar el icono Add New Hardware. Los detalles de este procedimiento son demasiado aburridos para enumerarlos aquí.

El Reloj Hace Tic Tac

Todas las computadoras vienen con un reloj interno. Tic-tac. El reloj opera con batería, lo que le permite seguir el rastro del tiempo, día o noche, esté o no conectada la PC.

Para revisar la hora actual, eche un vistazo al extremo derecho de la barra de tareas Windows. En la bandeja del sistema se encuentra la hora actual. Dirija el mouse a la hora, como se muestra en la Figura 7-3 y aparecen el día y la fecha actuales.

✔ Si no ve la hora, haga clic sobre el botón Start para que aparezca su menú y escoja Settings⇨Taskbar & Start Menu. En el panel Taskbar Options en el recuadro de diálogo Taskbar Properties, busque la casilla de verificación Show Clock en la parte inferior. Haga clic sobre esa casilla de verificación para seleccionarla. Haga clic sobre el botón OK y Windows le muestra la hora en la barra de tareas.

✔ El formato para la fecha y la hora varía dependiendo de cómo está configurada su computadora. Windows despliega un formato de fecha y hora basado en su país o región. Este libro asume el método típico de los EE.UU de numerar la fecha.

PREGUNTE A DAN

¿Dónde está el programa Setup de mi PC?

P: Me ordenaron acceder al programa Setup para arreglar algo extraño con mi puerto de impresión. El problema es que cuando ejecuto Setup, me pregunta si deseo o no instalar Windows. ¿Estoy haciendo lo correcto?

R: No realmente. Hay un programa Setup que instala Windows, pero ese no es al que se refieren sus instrucciones. No, necesita acceder al programa Setup de su PC, que es parte del BIOS.

Cuando la computadora se inicia, verá algunos mensajes de texto. Uno de ellos dice algo como "Press <F1> to enter Setup" aunque puede ser la tecla F2, tecla Delete o

cualquier otra tecla en el teclado. Si pulsa esa tecla, usted ejecuta el programa Setup de la PC, que configura ciertas partes básicas de la computadora, como la forma en que funciona el puerto de impresión.

El programa Setup es una parte importante de todas las computadoras, pero algo que rara vez necesita (si es que lo necesita) ejecutar. Solo recuerde que es accedido cuando la computadora se inicia. También debe confirmar que desea los cambios guardados cuando cierra el programa. Parece aterrador, pero no lo es. (Técnicamente, está actualizando la CMOS o RAM respaldada con la batería. Es cosa de nerds).

> ✔ ¿A quién le importa si la computadora sabe qué hora del día es? Bueno, como sus archivos son sellados con la fecha y hora, puede comprender las cosas, como cuál es la última versión de dos archivos similares con el mismo nombre en diferentes discos.

"El reloj está chiflado!"

Las computadoras son malos relojes. ¿Por qué las computadoras parecen perder el rastro de la hora unos cuantos minutos cada día? ¡Quién sabe!

Figura 7-3:
La fecha y hora (más o menos) actuales.

No tema si no vive en una parte del mundo que sufre de la Hora de Ahorro de Día u Hora de Verano; Windows sabe esto y adelanta o atrasa automáticamente el reloj. Todo esto sin saber la cancioncita "Primavera hacia adelante, otoño hacia atrás." O ¿es al revés? Como sea, la computadora sabe.

Por lo general, el reloj camina más lento o más rápido por todas las cosas que ocurren dentro de la computadora. Cuanto más ocurra, más equivocado estará el reloj. Especialmente, si pone su computadora a dormir o "invernar," el reloj tiende a volverse loco. (Refiérase al Capítulo 2 para más información acerca de la hibernación).

¿Qué hace si el reloj está equivocado? configurarlo, por supuesto. ¡Siga leyendo!

Poner el reloj

Para poner o cambiar la fecha y hora de su PC, haga doble clic sobre la hora en la barra de tareas: Dirija el mouse hacia la hora en el extremo derecho de la barra de tareas y haga doble clic. Clic-clic. Esta acción despliega el recuadro de diálogo Date/Time Properties, como se muestra en la Figura 7-4.

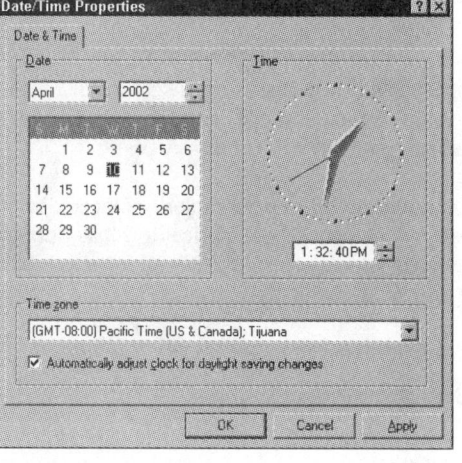

Figura 7-4:
El recuadro
de diálogo
Date/Time
Properties.

Manipule los controles en el recuadro de diálogo Date/Time Properties para cambiar o poner la hora y fecha.

Para poner la hora, digite con unos minutos de adelanto. Por ejemplo, digite **10:00** si son las 9:58 o algo así. Luego, cuando la dama de la hora (o quien sea) diga 10:00, haga clic sobre el botón Apply en el recuadro de diálogo Date/Time Properties. Esa acción pone la hora instantáneamente. Haga clic sobre OK cuando haya terminado.

Si desea ser ultra preciso al poner el reloj de su PC, puede bajar uno de los muchos programas del "Reloj atómico" desde la Internet. Estos programas toman la hora oficial y la hora exacta desde uno de los relojes atómicos operados por el gobierno de los EE.UU.

Puede visitar The Official U.S. Time en la Internet en:
`http://nist.time.gov/`

Para buscar utilidades para sincronizar el Reloj atómico, visite `www.filemine`
`.com/` y busque el texto "Atomic clock." La página Web luego enumera un montón de utilidades que puede escoger. (También, refiérase al Capítulo 25 para información acerca de bajar cosas desde la Internet).

El BIOS

El BIOS es un chip especial en la tarjeta madre que contiene la personalidad de su PC. Codificado en ese chip se encuentran las simples instrucciones para la computadora para comunicarse con sus varias piezas y partes.

Por ejemplo, el BIOS contiene software para hablarle al teclado, monitor y ranuras de expansión; desplegar el logotipo del fabricante y hacer otras actividades sencillas. No es tan complejo como el sistema operativo, pero es necesario con el fin de poner la PC en operación por la mañana.

- ✔ BIOS se pronuncia Bye-Oss.

- ✔ BIOS significa Basic Input/Output System.

- ✔ BIOS también se conoce como ROM. Refiérase al Capítulo 10 para información acerca de la ROM.

- ✔ Además del BIOS principal, su computadora puede tener otros. Por ejemplo, el BIOS de video controla el despliegue de los gráficos de su sistema, el BIOS de la unidad de disco controla el disco duro, etcétera. Su adaptador de red puede tener su propio BIOS. Normalmente, cuando ve el término *BIOS* solo, se refiere al BIOS principal de la PC.

Capítulo 8

Puertos, Enchufes y Orificios

*E*n la parte trasera, en las ancas de la consola de su PC, existe una gran cantidad de orificios y lugares para enchufar. Son feos. Esa es posiblemente la razón por la que ese lado de su PC mira a la pared - o al menos lejos de usted. Sin embargo, al igual que las ranuras de expansión dentro de la consola (refiérase al Capítulo 7), estos orificios le ayudan a expandir el sistema de su PC, así como a conectar varios elementos importantes a la unidad principal de la consola.

Este capítulo se ocupa de los orificios en la parte trasera de su PC. Oficialmente, se conocen como *jacks (enchufes),* porque algún muchacho llamado Jack descubrió el primer orificio en la parte trasera de una antigua computadora egipcia. Otro término, igualmente oficial, es *port (puerto).* Significa lo mismo que enchufe, es tan solo otro término para orificio. Como con la mayoría de las cosas de las computadoras, mantener el aire claro con un término sencillo, bien definido y descriptivo, no es una prioridad.

Orificios para Todo

Un orificio es realmente un enchufe o conectador en la parte trasera de su PC. En el enchufe, usted puede conectar una variedad de dispositivos externos con los cuales su computadora puede comunicarse.

Algunos enchufes son dedicados a ciertos dispositivos. Otros, conocidos como *ports(puertos),* pueden conectarse a una variedad de cosas distintas y extrañas.

La Figura 8-1 ilustra un panel típico encontrado en la parte trasera de la mayoría de las PC. Allí es donde encuentra esos enchufes comunes. He aquí la lista:

1. Conectador del teclado

2. Conectador del mouse

3. Conectador USB (por lo general, dos de ellos)

4. Conectador de puerto serial (por lo general, dos de ellos)

5. Conectador de puerto de impresora (paralelo)

6. Conectador de puerto de joystick

7. Conectadores de audio (tres de ellos)

Las siguientes secciones describen los distintos dispositivos que pueden conectarse en estos varios puertos.

✔ Se pueden agregar más puertos a cualquier PC a través de una tarjeta de expansión. Por ejemplo, puede agregar un puerto USB a su computadora con una tarjeta de expansión de $20. (Yo lo hice).

✔ Su PC puede o no tener un segundo puerto serial o un puerto USB. Estas son cosas que debió haber sabido antes de haberla comprado, que es la razón por la cual publicaré otro de mis libros aquí, Comprar una Computadora Para Dummies, también disponible por Hungry Minds, Inc.

✔ El puerto USB (Universal Serial Bus) – la última adición al montón de puertos de las PC – tiene el poder y versatilidad de reemplazar eventualmente casi todos los otros puertos en la PC.

✔ Su PC puede también mostrar un puerto de video para el monitor. Puede encontrarlo con los otros puertos o en una tarjeta de expansión. El Capítulo 11 describe todo los aspectos del video.

✔ Otros puertos populares incluyen el puerto de la red, FireWire y SCSI, aunque estos son a menudo encontrados en tarjetas de expansión.

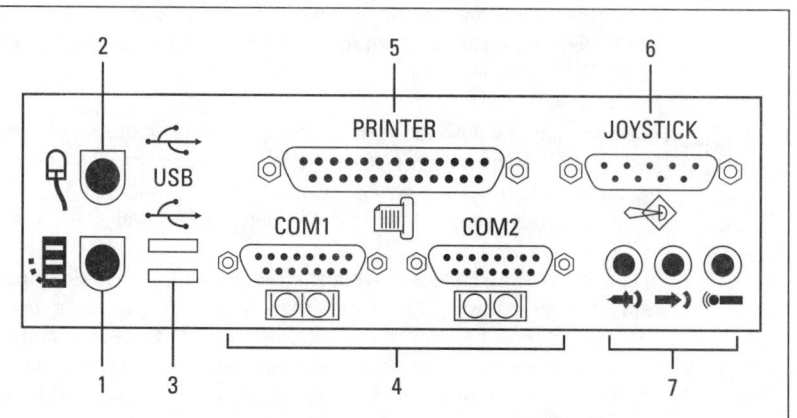

Figura 8-1:
Enchufes en la parte trasera de la consola.

Conectar el Teclado y el Mouse

Los conectadores del teclado y del mouse se ven igual en la mayoría de las PC. ¡Eso es porque lo son! Aún así, uno es para el teclado y el otro es para el mouse. En algunas computadoras, no importa cuál dispositivo se conecta en cuál puerto. En otras computadoras, el teclado no funcionará a menos que esté conectado al orificio adecuado.

✔ Si selecciona un mouse USB, entonces puede conectarlo al puerto USB y dejar el puerto del mouse abierto. También puede comprar uno de esos adaptadores de puerto especiales USB-a-mouse, que a menudo vienen con los mouse USB.

✔ Los teclados USB se conectan al puerto USB, así que puede dejar el puerto de teclado abierto. También puede comprar un adaptador USB-a-teclado.

✔ Algunos mouse de la computadora se conectan en el puerto serial en lugar del puerto del mouse especial. Si es así, conecte el mouse en el puerto serial 1. El Capítulo 12 explica por qué utilizar este puerto es mejor que utilizar el puerto serial 2.

USB Es Da Bomb

El enchufe más versátil en la parte trasera de su PC es el puerto USB. Inmediatamente, necesita saber cómo se pronuncia *yoo-es-bee, no uss-ub*. USB significa Universal Serial Bus (Bus serial Universal), del cual podría extraer varios juegos de palabras, pero debería escoger no hacerlo.

A diferencia de la mayoría de los otros puertos, USB fue diseñado para albergar una serie de dispositivos distintos e interesantes, ya que puede reemplazar casi cualquier otro conectador en las ancas de la PC.

Antes de que se vuelva loco con el USB, asegúrese de que su PC tenga uno o más puertos USB. Debe mirar detrás de su PC y revisar el conectador USB del tamaño de una menta, que por lo general aparece junto al símbolo USB (mostrado en el margen). Si tiene suerte, también ve las letras USB. (Refiérase a la Figura 8-1).

Si la computadora muestra un puerto USB, todo un mundo de dispositivos USB está abierto para usted. Los dispositivos (periféricos) que se conectan al puerto USB son muchos: monitores, parlantes, joysticks, escaners, cámaras digitales, unidades de disquete y otros dispositivos de almacenamiento, modems, tiras de levantamiento anti-gravedad y la lista sigue. Más y más dispositivos USB están apareciendo cada día.

- ✔ No se preocupe si su PC no tiene un puerto USB. Puede siempre agregar uno por medio de una tarjeta de expansión.

- ✔ Si su computadora tiene puertos USB, entonces asegúrese de comprar periféricos USB. Esto es mucho mejor que utilizar los puertos seriales o de la impresora de la PC para conectar dispositivos externos.

- ✔ Algunos periféricos USB vienen con sus propios cables. Eso es maravilloso. Si no, puede comprar cables baratos en la Internet o cualquier tienda de suministros de oficina.

- ✔ Los cables USB no tienen extremos. Está el extremo "A" delgado, que se conecta en la parte trasera de la computadora. Luego está el extremo "B" de cinco costados, que por lo general se conecta en un dispositivo USB. Asegúrese de obtener un cable USB con los extremos A y B, si eso es lo que necesita.

- ✔ Hay también cables de extensión USB. Por ejemplo, el Wambooli Driveway Cam es una cámara de video USB que se sienta en una ventana en mi oficina. Está conectado a la computadora por medio de un cable de extensión USB de 12-pies. Puede visitar el Driveway Cam en `http://www.wambooli.com/Live/`.

Conectar un dispositivo USB

Una razón por la cual el puerto USB está listo para tomar control del mundo es que es inteligente. A diferencia de los otros conectadores en una PC, cuando conecta un dispositivo USB en un puerto USB, Windows instantáneamente lo reconoce y configura el dispositivo. Ni siquiera necesita apagar o reiniciar su computadora, ¡Increíble!

Por supuesto, hay más que solo agregar un dispositivo USB. Aún necesita instalar software para controlar el dispositivo. Note que algunas veces necesita hacer esto antes de conectar el dispositivo USB y algunas veces necesita hacerlo después. Por ejemplo, mi unidad de Zip USB necesitaba tener su software instalado antes de que yo conectara la unidad. Después de hacer eso, la computadora instantáneamente reconocía la unidad y podía utilizarla de inmediato. Por otro lado, mi escáner USB tenía que ser conectado *antes* de que instalara el software o el software no se instalaría. Extraño, pero típico.

✔ Puede conectar dispositivos USB conforme los necesite. Así que si tiene un escáner y un joystick conectados, desconecte uno y en su lugar conecte la cámara de su PC. No ocurre ninguna penalización o anomalía cuando hace este cambio.

✔ Algunos dispositivos USB ni siquiera necesitan un cordón de poder; el dispositivo USB utiliza el poder de la consola. Por ejemplo, mi escáner USB solo se conecta a la computadora, ¡Eso es todo! Otros dispositivos USB, como monitores, requieren de un cable de poder separado.

✔ El USB no es una solución total. La velocidad del puerto es demasiada lenta para hacer posible que las unidades de disco rápidas se conecten. No obstante, este problema puede ser resuelto en el futuro.

Expandir el universo del USB

La mayoría de las PC tiene dos conectadores USB. En ellos puede conectar dos dispositivos USB. Si tiene más dispositivos USB, puede desconectar y reconectar dispositivos según lo considere necesario. ¿Pero es eso un dolor? ¡Por supuesto que sí! Usted tiene una computadora. Supuestamente, debe hacer su vida más fácil.

La mejor solución para expandir su universo de USB es comprar un hub USB. Eso es un dispositivo que se conecta en el puerto USB de su PC y le da más puertos USB, como se ilustra en la Figura 8-2.

El hub USB se conecta a su computadora utilizando un cable USB A-B. El extremo A se conecta a la computadora y el extremo B al hub. Si es un hub manejado con poder, entonces también se conectará en un enchufe eléctrico. Finalmente, el hub contiene puertos USB extra en los que puede conectar más dispositivos USB, ¡O incluso más hubs!

✔ Al utilizar hubs, puede expandir el universo de USB de su PC a un máximo de 127 dispositivos USB. Con suerte, podrá quedarse sin espacio en el escritorio antes de eso.

✔ El número máximo de dispositivos USB es 127 y los cables USB no pueden tener más de 3 metros de largo. Si esto fuera una pregunta matemática, ¡entonces usted podría calcular que su computadora puede teóricamente controlar un dispositivo USB que está a 381 metros de distancia! (Eso es más de 1,200 pies para ustedes los americanos).

✔ Algunos hubs USB están incorporados en dispositivos USB. Unos cuantos monitores USB, por ejemplo, tienen hubs USB que agregan dos o cuatro puertos USB más. Algunos teclados USB tienen un puerto extra en ellos para conectar un mouse USB.

✔ El primer hub (en realidad su PC) es el hub *root (raíz)*. Más allá de eso puede conectar solamente un cierto número de hubs a la computadora, dependiendo del hardware de su PC. Este número máximo probablemente no será conocido porque el costo de los dispositivos USB requeridos para alcanzar ese límite llevaría a la banca rota a la mayoría de los países pequeños.

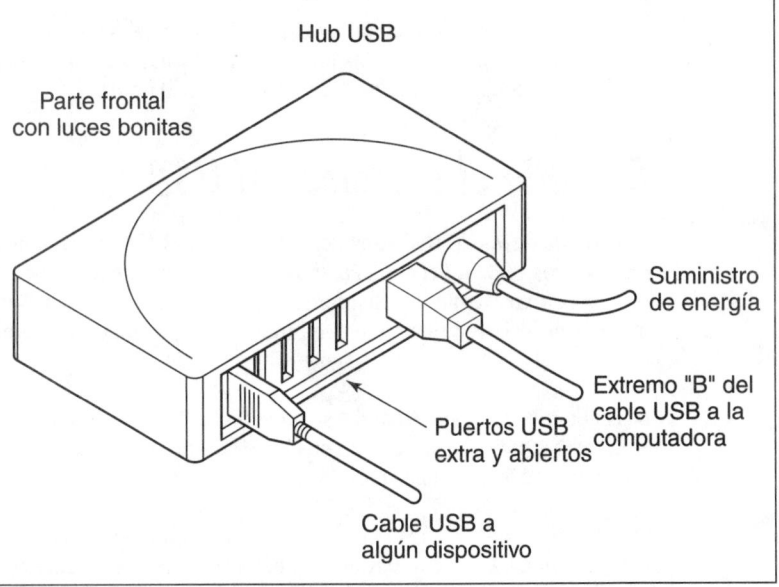

Figura 8-2:
Agregar más puertos USB con un hub USB.

Hub USB

Parte frontal con luces bonitas

Suministro de energía

Extremo "B" del cable USB a la computadora

Puertos USB extra y abiertos

Cable USB a algún dispositivo

Mejor Aún que el USB, Es un FireWire

Más grande, más rápido, más inteligente y definitivamente con mejor nombre que el puerto USB es el puerto *FireWire*. FireWire es en realidad una marca registrada de las computadoras Apple que también se conoce como estándar IEEE 1394 High

Performance Serial Bus. Algunos amigos solo dicen, "IEEE 1394." Otros lo han abreviado "IEEE" o "Eye triple E." pero todavía no pueden ganarle a FireWire.

FireWire es básicamente una súper versión del puerto USB. Es más rápido que el USB, así que el FireWire es preferido por sus operaciones de alta velocidad, como el video digital, escaneado de alta resolución y dispositivos de almacenamiento externos. Aunque el USB puede también hacer estos trabajos, un dispositivo Fire-Wire opera mucho más rápido.

La desventaja es que el FireWire no es un estándar tan popular en este momento. Solamente, las computadoras Apple incluyen puertos estándar Fire-Wire; en una PC usted necesita comprar una tarjeta de expansión FireWire. Esto puede cambiar y pronto todas las PC vendrán con puertos FireWire y USB. Así que hasta entonces, es más una cosa por conocer que algo con lo que probablemente jugará en su PC.

- ✔ Los puertos FireWire están marcado por el símbolo FireWire, como se muestra en el margen.

- ✔ Al igual que los dispositivos USB, puede conectar un dispositivo FireWire sin tener que encender y apagar la computadora.

- ✔ Los cables FireWire no son lo mismo que los cables USB.

- ✔ Puede también comprar hubs FireWire.

- ✔ El límite de dispositivos FireWire es mucho menor que los USB. Actualmente, puede haber solamente 64 dispositivos en un puerto FireWire. Aún así, eso es un montón.

- ✔ Tengo un disco duro FireWire y una unidad de CD-R/RW. Fueron fáciles de instalar, mucho más fácil que abrir el cajón de la computadora. Y la velocidad en las unidades es mucho más rápida que las unidades USB similares que he utilizado.

Puertos Seriales o COM

Los puertos "cereal" se llaman como la divinidad romana de la agricultura Ceres. Espere, ese es el tipo equivocado de cereal.

Los puertos seriales son, después del puerto USB, el tipo más versátil de conectador en su PC. El puerto serial puede tener una variedad de elementos interesantes conectados, que es la razón por la cual se le llama genéricamente puerto serial en lugar de puerto esto o aquello.

Puede a menudo conectar los siguientes elementos en un puerto serial: un módem, una impresora serial, un mouse, algunos tipos de escaners, cámaras digitales, el Palm Pilot Hot Sync o cualquier otra cosa que requiera comunicación de dos vías.

El dispositivo más común conectado al puerto serial es un módem externo. Por esta razón, los puertos seriales son también llamados puertos COM, por comunicación.

La mayoría de las computadoras viene con dos puertos seriales, llamados COM1 y COM2.

- ✔ Un puerto serial puede ser también llamado puerto módem.

- ✔ Los puertos seriales son también llamados puertos RS-232.

- ✔ A diferencia de los puertos USB, puede conectar solamente un elemento en un puerto serial a la vez. Eso está bien porque la mayoría de los dispositivos de puerto serial son aquellos que están consistentemente conectados a la PC: módem, escáner, mouse, etcétera.

- ✔ Puede conectar el mouse de una computadora en un puerto serial. En ese caso, el mouse se llama mouse serial. Refiérase a su tienda de mascotas local para más información acerca de los ratones que vienen en el Capítulo 12.

El Siempre-Versátil Puerto de Impresora

Misteriosamente, el puerto de impresora es el espacio donde conecta su impresora. El cable de la impresora tiene un conectador que se conecta a la impresora y un segundo cable que se conecta a la computadora. Ambos conectadores son diferentes, así que enchufar un cable de impresora en reversa es imposible.

Puede también utilizar el puerto de impresora como un vínculo de alta velocidad para ciertos dispositivos externos. Su velocidad y diseño hacen posible conectar unidades externas de disco, como CD-ROM, CD-R, DVD, unidades de Zip y de Jaz y unidades de cinta externas a su PC utilizando el puerto de impresora.

Cuando se utiliza para conectar un dispositivo externo, el cable del puerto de impresora pasa a través del dispositivo utilizado con la impresora. En la Figura 8-3, el cable de la impresora es conectado a la PC y al dispositivo externo y, luego, un segundo cable de la impresora se conecta del dispositivo externo a la impresora.

- ✔ Utilizar el puerto de impresora es una de las formas menos costosas de agregar un dispositivo externo a su PC.

- ✔ Conectar un dispositivo externo al puerto de impresora no interfiere con la impresión. Parece que debería, pero no.

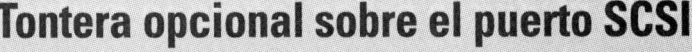

Tontera opcional sobre el puerto SCSI

Los científicos de computación conocían las limitaciones de los puertos seriales y de la impresora hace mucho tiempo. Así que una idearon solución y le dieron un nombre inteligente. La solución fue la Interfaz Serial de Pequeñas Computadoras, que llamaron inteligentemente "scuzzy".

Los puertos SCSI son exasperantemente rápidos. La mayoría de las PC "de alta tecnología" y sistemas costosos llamados *servers (servidores)* utilizan los discos duros y periféricos SCSI. Sí, son costosos y rápidos y un

dolor en el trasero configurarlos. Esta es la razón por la que otros científicos de computación desarrollaron los puertos USB y Fire-Wire, que son rápidos, baratos y fáciles de configurar.

Aún así, el SCSI existe como una opción de expansión de PC. Con suerte pasará a ser parte del pasado conforme los USB y Fire-Wire se conviertan en las mejores y nuevas maneras de agregar más y más basura al sistema de su computadora.

✔ En realidad, la impresora puede no imprimir si el dispositivo entre la impresora y la computadora está apagado. En muchos casos, el dispositivo debe estar encendido, o el poder debe ser suministrado al dispositivo, para que funcione la impresora.

✔ Puede poner solamente un dispositivo entre la impresora y su PC. No puede, digamos, agregar un CD-ROM externo en un puerto de impresora que ya tiene un dispositivo externo entre la PC y la impresora.

✔ Es posible instalar un segundo puerto de impresora en su PC si lo necesita. Esto por lo general se hace por medio de una tarjeta de expansión. Aún así, es posible operar dos impresoras desde una sola computadora utilizando un dispositivo llamado interruptor A-B. Usted conecta una impresora a A, el otro a B, y entonces el interruptor A-B se conecta a la computadora. Puede cambiar impresoras girando el interruptor en la caja A-B.

✔ Para que el puerto de impresora funcione con un dispositivo externo, debe configurar su PC para que el puerto de impresora opere en modo bidireccional. Haga que su gurú o distribuidor instale el programa de configuración de la PC para que el puerto esté configurado como bidireccional (ya sea EPP o ECP, dependiendo de los requisitos del dispositivo).

✔ Para más información acerca de impresoras, refiérase al Capítulo 15.

✔ Los puertos de la impresora también se llaman *parallel ports (puertos paralelos),* o para los viejos nerdos, puertos *Centronics.* IBM se refiere al puerto de impresora como el puerto LPT1. Las personas que se refieren a los puertos en esta forma deberían ser abofeteadas.

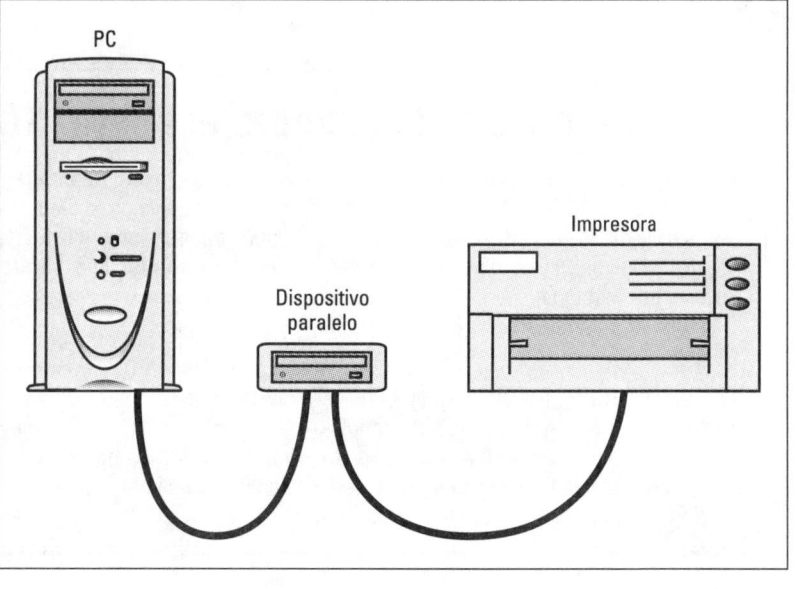

Figura 8-3:
Unir un dispositivo al puerto de la impresora.

La Alegría de los Enchufes de los Joystick

Lo crea o no, una de las primeras opciones de expansión para la PC de IBM original fue un puerto de joystick. IBM no lo llamó así. No, IBM lo llamó puerto A-a-D, para Análogo-a-Digital. Eso suena muy científico, ¿no cree? pero la verdad es que el orificio fue diseñado para conectar un joystick.

Además de un joystick, puede también conectar un instrumento musical MIDI en el puerto joystick (A-a-D). Usted conecta un accesorio especial en el puerto de joystick y luego conecta el cable MIDI de 5-pin en el mismo accesorio especial. La mayoría de los estuches para principiantes del teclado MIDI viene con este accesorio especial (que tiene un nombre verdadero, pero soy demasiado perezoso para buscarlo).

Además, si usted es un tipo Sr. Ciencia encubierto, entonces puede utilizar el puerto de joystick para "aplicaciones científicas". Por ejemplo, tengo un anemómetro (una de esas cosas serpenteantes) que se monta en el techo de mi oficina y se conecta a la PC por medio del puerto del joystick. En esa forma puedo decir si el viento está soplando, aún sin mirar los árboles afuera.

Conectadores de Audio

Con el fin de escuchar todos los sonidos maravillosos que puede hacer su PC, necesita sacar provecho de los enchufes de audio. Por supuesto solamente uno de ellos es para escuchar (los parlantes o enchufes "line-out"). Los otros dos son para un enchufe de micrófono y una entrada amplificada o "line-in". Cada uno de esos enchufes es marcado con su propio icono especial.

 El enchufe Line Out o Speaker es el lugar donde conecta los parlantes de su PC. Note que algunos parlantes están integrados en el monitor de su PC. Este es también donde conecta un grupo de audífonos, así que algunas veces este enchufe tiene un icono de audífono en él en lugar del icono extraño mostrado en el margen.

El enchufe Microphone es el sitio donde conecta un micrófono, que le permite grabar su propia voz o los sonidos ambientales adorables del cuarto de su computadora.

El enchufe Line In es para conectar algunos de los dispositivos que producen sonidos externos a su PC. Por ejemplo, al utilizar los cables de audio adecuados disponibles en Radio Shack, puede conectar su VCR a la PC y escuchar una película con los parlantes de su PC. ¡Invite a los vecinos!

No entre en pánico si su PC parece tener dos grupos de estos enchufes de audio. Típicamente, habrá un grupo en el panel trasero (refiérase a la Figura 8-1) y otro en una tarjeta de expansión. Esa es la tarjeta de expansión del DVD-ROM y puede apostar dólares por donas a que los conectadores de audio en esa tarjeta de expansión son los que usted desea utilizar y no los enchufes tontos en el panel trasero.

Capítulo 9

Todo Acerca de Discos y Unidades

*G*irando en forma alocada en el seno de su PC, se encuentra un dispositivo maravilloso llamado unidad de disco. En realidad, su PC probablemente tiene varias de ellas: disco duro, CD-ROM y disquete. Estos tres sistemas conforman las papeleras de almacenamiento a largo plazo de su PC. Ninguna PC está completa sin al menos una de cada una. Y entonces existen variaciones sobre un tema: unidades de CD-R, DVD, SuperDisk, etcétera. Todo lo que hace falta son esas cosas del tamaño de un refrigerador con cintas carrete-a-carrete en ellas, como en las películas.

Las unidades de disco son importantes para su PC porque allí es donde reside el sistema operativo de la computadora, su software y todas las cosas encantadoras que usted crea. Este capítulo habla acerca de discos y unidades y toda la locura que viene con ellos. Yo suministro información de hardware; para utilizar sus unidades de disco con Windows, refiérase al Capítulo 4.

Distintos Tipos de Unidades de Disco para Distintas Necesidades

En realidad, cuando la microcomputadora surgió por primera vez a finales de 1970, el principal medio de almacenamiento era una grabadora de casetes con una cinta de casete especial. Luego vino la unidad de disquete, que era más rápida y más confiable que la cinta de casete.

Eventualmente, el disco duro (siempre en escena) bajó de precio hasta que se convirtió en un accesorio estándar en todas las PC. Luego vino la unidad de CD-ROM, primero una novedad para una computadora multimedia y ahora algo estándar en todas las PC.

Más allá de la unidad de CD-ROM está la unidad de DVD-ROM, además de muchos otros interesantes y extraños sabores de unidades de disco. La siguiente lista resume los tipos más comunes y cómo son utilizados.

- **Floppy drives (Unidades de disquete).** Una unidad de disquete se come los disquetes, que típicamente almacenan 1.44MB de información. Eso es suficiente almacenamiento para hacer copias de respaldo de sus documentos para transporte entre dos computadoras, pero eso es todo. Más o menos hace un año, todo el software de la PC venía en disquetes. Actualmente, algo de ese software aún viene en disquetes, pero en la mayoría de los casos, un disco CD-ROM es utilizado en su lugar.

- **Hard drives (Discos duros).** El principal dispositivo de almacenamiento a largo plazo de las PC es el disco duro. Este almacena gigabytes de información, más que suficiente para Windows, su software y toda la información que pueda crear. A diferencia de los disquetes, no puede sacar un disco duro.

- **CD-ROM drives (Unidades de CD/ROM).** Una unidad de CD-ROM se come los discos CD-ROM, que se ven como los CD musicales. Los CD de computadoras pueden almacenar cientos de megabytes de información y la mayoría del software de las nuevas computadora viene en un CD. A diferencia de los discos duros y disquetes, no puede grabar información en un disco CD-ROM. La RO en el CD-ROM significa read-only (solo lectura).

- **DVD-ROM drives (Unidades de DVD-ROM).** Ahora estándar en muchos sistemas de computación, la unidad de DVD-ROM se come los discos DVD-ROM, que lucen como discos CD-ROM regulares, pero almacenan mucha más información. Los discos DVD-ROM pueden almacenar tanta información como 20 CD, o suficiente espacio para almacenar toda una película o una copia de las promesas de los políticos americanos. (Bueno, quizás no).

Más allá de estos tipos básicos de unidades de disco, puede encontrar otras unidades, comunes o no, girando y husmeando dentro de su PC. Aquí hay varias:

✔ **CD-R/RW drives (Unidades de CD-R/RW).** Estas unidades funcionan igual que las unidades de CD-ROM regulares, aunque puede también utilizarlas para grabar o crear sus propios CD. Siempre que usted compre discos CD-R o CD-RW, puede utilizar una unidad de CD-R/RW para crear un CD de información, un CD musical, respaldar su disco duro y hacer una serie de cosas maravillosas.

✔ **Zip drives (Unidades de Zip).** Un tipo especial de unidad de disco en muchas computadoras vendidas hoy es la unidad de Zip. Las unidades de Zip se comen los discos Zip, que funcionan como los disquetes, aunque pueden almacenar entre 100MB y 250MB de información, dependiendo de la unidad. Eso las convierte en una opción de almacenamiento removible mejor y más barata, que el disquete.

✔ **Jaz drives (Unidades de Jaz).** Un hermano mayor de la unidad de Zip es la unidad de Jaz, que puede almacenar 1GB o 2GB en un solo disco, dependiendo de la unidad. Estos discos masivos son ideales para intercambiar grandes archivos entre varias PC o utilizarlas como dispositivos de almacenamiento extra o de respaldo.

✔ **LS-120 SuperDisk Drives (Unidades LS-120 SuperDisk).** Estos reemplazos de disquete leen y graban en disquetes estándar, pero también aceptan súper discos de 120MB de alta capacidad. Los discos vienen instalados en algunas computadoras pero pueden ser agregados en otras. Pueden eventualmente reemplazar la unidad de disquete estándar.

✔ **Specialty drives (Unidades de especialidad).** Muchos, muchos tipos diferentes de unidades de disco están disponibles, dependiendo de sus necesidades de almacenamiento a largo plazo. Además de los tipos más populares antes mencionados, puede encontrar discos MO o magneto-optical (magneto-ópticos), unidades de WORM, discos duros removibles, discos floptical y otros formatos extraños y maravillosos. Es suficiente para volverlo loco.

A continuación, presento algunos pensamientos para que usted analice:

✔ La unidad es el dispositivo que lee el disco.

✔ El disco es la cosa que contiene la información: la mete dentro de la unidad.

✔ La información es almacenada en el disco, parecido a la forma en que una película es almacenada en un casete de video.

✔ Todos los discos son *hardware*. La información almacenada en ellos es software, al igual que sus casetes de video de *Los Diez Mandamientos* no son la película en sí; esta es grabada en el casete. (La película es como software y el casete es el hardware).

- ✔ Los términos *hard disk (disco duro)* y *hard drive (unidad de disco)* son a menudo utilizados indistintamente, aunque en forma incorrecta.

- ✔ IBM, siempre probando ser diferente, llama el disco duro *fixed disk (disco fijo)*.

- ✔ La mayoría de las unidades de CD-R/RW son híbridos; son tanto una unidad de CD-R como de CD-RW. La parte CD-R graba en un disco CD-R una vez. Luego, después de que el disco es "quemado", no puede ser borrado. El disco CD-RW funciona igual, aunque puede ser borrado y utilizado muchas veces. Puede leer más acerca de esto en este capítulo.

- ✔ Las unidades de Zip no están relacionadas con el formato de archivo ZIP [conocido como *compressed fólder (carpeta comprimida)*]. El formato de archivo ZIP es utilizado para comprimir archivos bajados desde la Internet u otros usuarios. Una unidad de Zip es un dispositivo que lee y graba en discos Zip removibles.

Manejar un Disco Duro

Los discos duros son el lugar de almacenamiento principal para la mayoría de las PC. Son unidades internas montadas dentro del cajón de la consola de la PC. En algunas PC, puede ver el frente del disco duro en el cajón; en otras, todo lo que ve es una pequeña luz parpadeando cada vez que el disco duro es accedido.

El disco duro en sí es una unidad herméticamente sellada. No puede entrar ni salir aire; por lo tanto, el mecanismo que lee y graba información puede ser muy preciso y montones de información puede ser grabada y leída desde él en forma confiable. (Esa es la razón por la cual los discos duros no son removibles).

Dentro del disco duro están los discos duros propiamente dichos. La mayoría de los discos duros tiene dos o más discos, o *platters (platos)*, cada uno de los cuales es apilado en un eje. Un dispositivo llamado *read-write head (cabeza de lectura-escritura)* es montado sobre un brazo actuador que le permite acceder simultáneamente a ambos lados de todos los discos en el disco duro. La Figura 9-1 intenta ilustrar este concepto.

Guardar espacio en disco duro

El mayor problema con los discos duros es que eventualmente se quedan sin espacio. Esto es un problema aún con los discos duros masivos; después de que usted guarda unas cuantas imágenes o archivos de música, su disco duro de 20GB empieza nadar en un pozo muy superficial.

Afortunadamente, cuando el espacio en disco se vuelve ajustado, Windows muestra un mensaje de advertencia "You are low on disk space" (Le queda poco espacio en disco). Esto es automático. Hasta que eso ocurre, usted realmente no necesita preocuparse por llenar rápidamente un disco duro. De hecho, no me preocuparía por el espacio en disco hasta que el gráfico de dicho disco (refiérase a la Figura 4-2) esté aproximadamente 80 por ciento lleno.

Si realmente está preocupado, aquí le presento algunos consejos para crear más espacio en disco:

✔ Ejecute la utilidad Disk Cleanup al menos una vez al mes. Desde el menú de Start, escoja Programs⇨Accessories⇨System Tools⇨Disk Cleanup. Esto limpiará montones de programas innecesarios, eliminará archivos temporales, desechará basura de la Internet y vaciará la Papelera de reciclaje. Es sorprendente.

✔ Abra el icono Internet Options del Control Panel. En la pestaña General del recuadro de diálogo Internet Properties, haga clic sobre el botón Settings. Ajuste el elemento "Amount of disk space to use" al valor mínimo posible. Haga clic sobre el botón OK y cierre los varios recuadros de diálogo y el Control Panel. Este truco le ahorra un montón de espacio que la Internet Explorer de lo contrario acapararía.

✔ Considere archivar algunas imágenes gráficas, archivos de documentos más viejos, proyectos y archivos de sonido en discos Zip o CD-R. Por ejemplo, yo archivo cada libro que escribo después de terminarlo. Todos residen en discos CD-R separados en mi caja fuerte. También tengo un archivo en CD-R de todas mis fuentes favoritas. Yo guardo las imágenes gráficas en discos Zip. Esto ahorra un montón de espacio en disco duro.

Si el espacio se vuelve realmente crítico y usted ha intentado todo lo demás, entonces tiene realmente una opción: compre un segundo disco duro más grande para su PC. Puede comprar una unidad interna, que puede calzar en la mayoría de las PC. O si el espacio es demasiado ajustado, obtenga un disco duro externo, una unidad de USB o FireWire. Esta es una gran manera de expandir el sistema de almacenamiento de su computadora sin tener que sacrificar cualquier archivo desde el disco duro.

Por último, una advertencia: por favor no utilice DriveSpace o cualquier otro programa "disk-doubling". Estos programas son realmente software alquimia que hace la situación de un disco aglomerado aún peor, en mi opinión. Instalar un segundo disco duro es mucho mejor que incitar a la angustia mental de un programa duplicador de discos.

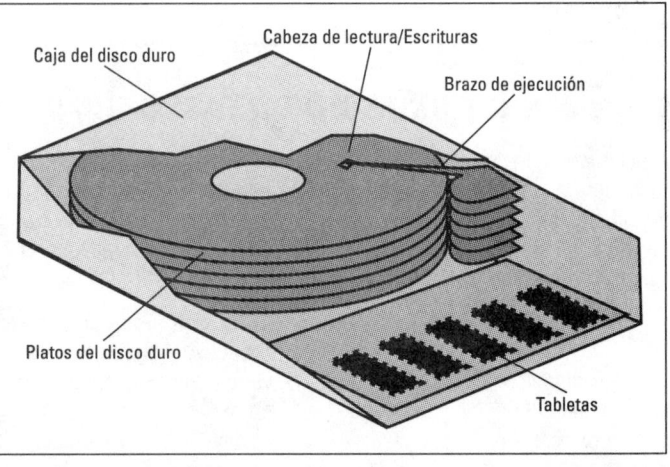

Figura 9-1:
Las entra-
ñas de un
disco duro.

- Existen algunos tipos de discos duros removibles, aunque la unidad de CD-R/RW está haciendo rápidamente la necesidad de dichas unidades obsoleta. Lea más acerca de la CD-R/RW más adelante en este capítulo.

- Puede tener solamente un disco duro en su PC, pero Windows quizás lo muestra como unidades C y D o incluso C, D y E. Eso, por lo general, significa que el disco ha sido *partitioned (particionado)* en trozos más pequeños y manejables. Particionar es algo de lo que usted no necesita preocuparse.

Los Brillantes Medios (CD-ROM y DVD)

Antes una novedad, las unidades de CD-ROM vienen instaladas en casi todas las computadoras vendidas. Muy próxima a esta, está la unidad de DVD, que eventualmente reemplazará las unidad de CD-ROM como la segunda forma más popular de almacenamiento (después del disco duro). Las siguientes secciones explican estas unidades y qué hacer con ellas.

Solo su estúpido viejo CD-ROM

La unidad de CD-ROM de la computación estándar está diseñada para leer CD, tanto de música como de información. Los CD de información almacenan toneladas de esta y son utilizados sobre todo para instalar nuevos programas, pero también son útiles para almacenar material de referencia, fuentes, gráficos y otra información. Oh, no necesito vendérselos a usted.

✔ El disco CD de información típica puede retener hasta 640MB de información. Un CD de música típico puede almacenar hasta 74 minutos de música.

✔ La velocidad de una unidad de CD-ROM es medida en X. El número antes de la X indica cuánto más rápida es esa unidad que la unidad de CD-ROM original de la PC (que se reproduce tan rápido como un reproductor de CD de música). Entonces una unidad de 32X lee la información del disco 32 veces más rápido que la unidad de CD-ROM original de la PC.

✔ Las unidades de CD-ROM pueden reproducir CD de música e información, así como los discos CD-R que puede crear usted mismo.

✔ Para reproducir un CD de música, solo métalo en su unidad de CD-ROM. El programa reproductor de música de Windows Media Player (o similar) empieza a reproducir su CD casi inmediatamente.

Hacer un CD-R de información

Sí, puede quemar sus propios CD y para ello no necesita cerillos o el horno de microondas. No, todo lo que necesita es un disco CD-R (uno específicamente diseñado para retener datos de la computadora) y una unidad de CD-R. Meta un poco de software, que por lo general viene con la unidad y está listo para quemar, cariño, quemar.

Para crear un disco CD-R utilizando el CD Adaptec Direct CD (que viene gratuito en la mayoría de unidades de CD-R), siga estos pasos. (El proceso es similar en cualquier software para quemar CD-R, así que considere estos pasos generales).

1. **Coloque un disco CD-R en blanco en la unidad.**

2. **Ejecute el software de CD-R.**

   Si es afortunado, el software puede ejecutarse automáticamente cuando inserta un disco CD-R en blanco. De lo contrario, debe escoger el software CD-R en el menú de Start.

   En mi computadora, el programa Easy CD Creator se inició automáticamente, como se muestra en la Figura 9-2

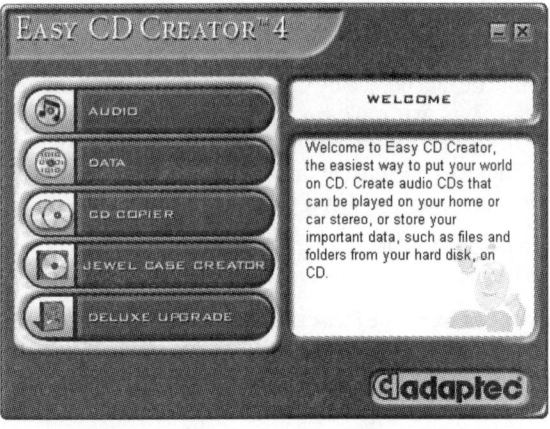

Figura 9-2:
Un programa de creación de CD (no una parte de Windows).

3. **Escoja la opción para crear un CD de información.**

   Para crear un CD de música o audio, refiérase a las instrucciones de la sección "Quemar un CD de música".

4. **Cree o monte el CD.**

   Este es un paso interesante. Algunos programas le dan la opción de crear el CD justo allí o utilizarlo como lo haría con cualquier otra unidad en su sistema. Todo esto depende de su software.

PREGUNTE A DAN

Ejecutar software desde un CD-ROM

P: He instalado la Encarta Encyclopedia 2000 de Microsoft, pero cuando la ejecuto, la computadora me pide insertar el CD a la unidad. Tenía la impresión de que después de instalar el programa, no necesitaría estar metiendo el CD. ¿Puede explicarme?

R: En la mayoría de los casos, el software que instala del CD-ROM es copiado desde el CD al disco duro. En otros casos, como juegos y varias referencias como Encarta, la información se queda en el CD donde no acapara espacio en disco duro. El inconveniente, por supuesto, es que debe insertar el CD en la unidad cuando utiliza el juego o utiliza la referencia.

Muchos juegos y, posiblemente Encarta, tienen la opción de instalar todo en el disco duro. Si tiene un disco duro lindo y espacioso, considere reinstalar Encarta. Utilice la opción "Custom" o "Advanced" o cualquier método que le permita copiar todo al disco duro. Note, sin embargo, que algunos juegos requieren que el CD sea insertado antes de poder jugarlos; esta es una forma de protección de piratería para asegurar que usted posee los juegos.

Por ejemplo, si escoge crear el CD, el programa típicamente despliega una ventana donde puede seleccionar todo un grupo de archivos (más de 600 megabytes) para ser copiados. Usted selecciona todos ellos y luego el programa "quema" todo el CD utilizando los archivos que seleccionó. Así es como yo creo CD-R de respaldo de mis cosas.

La segunda opción, también conocida como *Direct CD*, hace que el disco CD-R sea formateado y esté listo para retener archivos como un disquete enorme. El programa de CD-R luego se detiene y le permite grabar archivos en el disco CD-R utilizando el programa My Computer o Windows Explorer. Puede incluso eliminar y cambiarles el nombre a los archivos. Esta es la opción más flexible, particularmente si no está claro de cómo desea utilizar el disco cuando haya terminado con él.

En el modo Direct CD, puede incluso eliminar el disco CD-R y grabarlo de nuevo en cualquier momento. Esto se conoce como crear un disco multisesión. Por ejemplo, puede eliminar un CD-R parcialmente grabado, dárselo a un amigo con una unidad de CD-R y luego pedirle que queme algo en él. Luego devuélvalo a su propia computadora – siempre que ambas unidades de CD-R sean compatibles y funcionen con un disco CD-R multisesión.

5. Queme el disco.

El paso final es que el software de CD-R cree el disco CD-R. El proceso hace la información permanente y luego el disco CD-R puede estar listo para la mayoría de las unidades de CD-ROM. (Digo, la mayoría porque algunas unidades de CD-ROM más viejas no pueden leer los CD-R).

Me doy cuenta de que estos pasos son un poco vagos porque Windows en sí no viene con el software para quemar CD-R, me obligan a ser general.

No todo es perfecto, por supuesto. Recuerdo que me tomó varios intentos crear mi primer CD-R. Algunas veces, los discos CD-R no son muy buenos. Además, es recomendable salirse de todos los otros programas y no hacer nada (como jugar Carta Blanca) mientras el disco CD-R se está quemando.

✔ Mientras este libro va a la prensa, el programa de CD Adaptec Direct es publicado por Roxio y le han cambiado el nombre por CD Creator.

✔ Algunos discos CD-R pueden retener hasta 700MB de información u 80 minutos de música. Por lo general, esto se indica en la caja del CD-R, así que mire cuando lo compra.

✔ Las unidades CD-R/RW tienen típicamente tres velocidades: la velocidad de grabación del CD-R/RW, la velocidad de lectura del CD-RW y la velocidad máxima. Así que una unidad calificada como 4X-8X-32X puede ser capaz de grabar CD-R y CD-RW a una velocidad de 4X, leer CD-RW a una velocidad de 8X y tener una velocidad máxima para leer CD de 32X.

- ✔ Si es posible, intente comprar sus discos CD-R al por mayor, ya que es más barato.

- ✔ Utilizar un CD-R es una buena forma de respaldar o crear una copia de seguridad de toda la información en su disco duro. Bueno, en realidad, necesita respaldar solamente los archivos que crea. Por ejemplo, haga un duplicado de la carpeta My Documents y toda la información en él. Haga esto muy a menudo para que no pierda su material.

- ✔ Su programa de CD-R puede también tener un programa para crear lindas etiquetas o joyeros. ¡Eso es realmente grandioso!

- ✔ Sí, es verdad; puede utilizar Direct CD para acceder al disco CD-R como cualquier otro disco en su sistema. Pero eso no es como ningún otro disco en su sistema en un aspecto, ya que no puede realmente eliminar nada desde un disco CD-R. Lo que hace el software Direct CD, en lugar de ello, es *ocultar* el archivo que eliminó. El archivo aún ocupa espacio en disco. Esa es una razón para considerar un CD-RW en lugar de un CD-R para dichas operaciones interactivas.

- ✔ Algunos programas de CD-R le dan la opción de copiar un disco pista por pista, que es la mejor manera de duplicar cualquier CD. Pero recuerde que es ilegal hacer copias de programas comerciales con derechos de autor. También, tenga cuidado con los "amigos" que le dan discos CD-R copiados ilegalmente de juegos y software populares; dichos discos son a menudo las fuentes malvadas de virus de computadoras.

Quemar un CD de música

Crear un CD de música funciona en la misma forma que crear un CD de información, aunque escoge la opción Music o Audio en lugar de Data. Por ejemplo, en la Figura 9-2, hacer clic sobre el botón Audio alinea todo para crear un CD de música (o sonido).

La mayor diferencia entre crear un CD de música o audio y uno de información es que la música tiene que venir de alguna parte. Algunos programas CD-R le permiten copiar pistas de música desde varios CD; inserte el CD y luego utilice el programa para extraer las pistas que desea. Luego son guardadas en el disco duro para quemar más tarde en un nuevo CD-R. También puede tomar las pistas desde archivos de audio (MP3 o WAV) ya almacenadas en su disco duro. (Otro buen argumento para mantener todos los archivos de música en una sola carpeta).

A diferencia de un CD de información, cuando quema un CD de música, es para siempre. El CD es formateado para que pueda ser reproducido en cualquier reproductor de CD, aunque algunos reproductores de CD más viejos pueden no leer el disco.

- Existen discos CD-R específicos para grabar música, que son a menudo más baratos que los CD-R de la computadora. Si planea crear solo música, entonces considere comprar algunos de esos discos más baratos.

- El programa CD creator le indicará cuánto tiempo queda en el CD, de manera que no tenga que copiar más canciones de las que caben.

- No todos los archivos de sonido pueden ser copiados en un CD de audio. Revise en los programas para quemar CD para ver cuáles tipos de archivos de sonido pueden ser copiados (Sé que los archivos WAV, AU y MP3 no son problema).

- Los archivos MIDI deben ser convertidos a archivos WAV para ser grabados a un CD-ROM. Esto se hace reproduciendo un archivo MIDI a través de un programa de grabación WAV.

- Refiérase al Capítulo 28 para información acerca de bajar un archivo MP3.

- Al grabar un CD de audio, puede realmente calibrar cuán rápido oscila la velocidad en su unidad de CD-R. Por ejemplo, una unidad de 8X CD-R graba 72 minutos de música en aproximadamente nueve minutos; 9 minutos por 8 es igual a 72 minutos de información.

- Se asume que usted tiene la música que va a copiar y que va a utilizar las copias solamente para uso personal. Hacer una copia de un CD comercial o música con derecho de autor y utilizarlo sin pagar por él o dárselo a alguien más es hurto.

Unas cuantas palabras acerca del CD-RW

La mayoría de las unidades de CD-R se duplican como unidades de CD-RW. Puede utilizar la unidad para casi cualquier cosa que sea plana y brillante, excepto los discos DVD: la unidad puede ser utilizada para acceder a los CD de información, repro-

Proteger un disquete contra escritura

Puede proteger los discos contra escritura para evitar que usted o alguien más modifique o elimine cualquier cosa en él.

Para *proteger contra escritura* un disco de 3½- pulgadas, localice el seguro deslizante en la esquina trasera de su disco.

Cuando el seguro cubra el orificio, el disco puede grabarse. Si desliza el seguro y descubre el orificio, el disco está protegido contra escritura. Puede leer y copiar archivos desde él, pero no cambiar sus contenidos.

ducir CD de música y quemar discos CD-R y CD-RW. Considérese afortunado si tiene dicha unidad.

Los discos CD-RW funcionan como los discos de información CD-R. Puede utilizar Direct CD para que funcione en el disco interactivamente o escribir todo de una sola vez. La única ventaja es que el disco CD-RW puede ser borrado y utilizado de nuevo.

- ✔ Una unidad de CD-RW puede leer y grabar información hasta y desde un disco CD-RW. Así que si desea crear un disco que pueda ser leído por varias PC, queme un disco CD-R.

- ✔ Los discos CD-RW son diferentes a los CD-R. Dirá CD-RW en la etiqueta y el disco será más caro.

- ✔ Los CD-RW son ideales para discos de respaldo. Al igual que otros medios de respaldo (disquetes y cinta), puede utilizar y reutilizar el mismo grupo de discos CD-RW varias veces para sus procedimientos de respaldo.

¡Quiero mi DVD!

El primo más grande y rápido de la unidad de CD-ROM es la unidad de DVD. Además de leer discos CD-ROM estándar (y CD de música), las unidades de DVD leen discos DVD, que pueden almacenar gigabytes de información en un solo disco. Eso es mucho. Estas unidades pueden también leer discos CD-ROM estándar, que los hace más útiles.

¿Necesita una unidad de DVD en su computadora? No realmente. No todavía, al menos. Un montón de programas vienen en discos DVD, pero por lo general ese software también viene con un montón de CD, así que a nadie se le saca de la fotografía todavía.

Podrá haber un momento, en diez años o algo así, cuando las unidades de DVD sean estándar. Pero a menos que desaparezcan los CD de música, no creo que los CD de la computadora se vuelvan cosa del pasado.

- ✔ DVD es un acrónimo para Digital Versatil Disc, o podría ser Digital Video Disc.

- ✔ Actualmente, la tecnología DVD es capaz de almacenar 4GB de información en un disco (comparado con más de 600MB para un CD típico de computadora). Algunas versiones futuras de discos DVD se rumora que pueden retener más de 17GB de información (apenas suficiente para Excel 2010).

- ✔ Actualmente, las unidades DVD son utilizadas en PC para ver películas.

➤ Existe una cosa llamada disco DVD-R o DVD-RAM. Los formatos para estos discos no están realmente establecidos aún, con algunos tipos como de lectura/escritura y otros más como CD-R. Además la capacidad de estos discos está en todo el mapa. Esperamos que algún día serán estandarizados como unidades CD-R/RW. Hasta entonces, su mejor fuente de información en DVD-R son los fabricantes de unidades específicas.

La Tierra de los Disquetes

Las unidades de disquete se comen a los disquetes. Y entre las dos, los disquetes son más interesantes. ¿Disquetes? Tan aburridos como una tostadora, una tostadora desconectada.

El disquete mide 3 1/2 pulgadas cuadradas y tiene aproximadamente 1/8 de pulgada de ancho. También se le conoce como *IBM formatted* o *DS, HD*. Es todo el mismo tipo de disco, el único que puede comprar en la mayoría de los lugares. El único que la unidad de disquete de su PC se comerá bien.

A continuación, presento algunos puntos para tener en mente:

➤ Es tentador utilizar estos discos como protectores para bebidas. No lo haga. La humedad puede pasar por debajo de la cosa de metal deslizante y estropear el interior del disco.

➤ No hay nada de malo en comprar discos de descuento al por mayor. Yo lo acabo de hacer y me ahorré lo suficiente como para hacerme un tratamiento en los dientes y empezar mi carrera de cantante.

➤ No, la *IBM* en la etiqueta de una caja preformateada de discos no significa que son solo para computadoras de la marca IBM. Si tiene una PC, puede utilizar un disco IBM.

➤ Mantenga los disquetes lejos de imanes, incluyendo los teléfonos, parlantes de radios y TV, sostenedores de papel del tipo ejecutivo, abanicos de escritorio, fotocopiadoras, máquinas MRI y el planeta Júpiter.

➤ No coloque los libros o elementos pesados sobre los discos. La presión puede meter gránulos de polvo en él.

➤ Evite las temperaturas extremas. No deje un disco en la parte delantera de su auto o cerca de una ventana. E, incluso si ya le ocurrió esto, no guarde sus discos en el congelador.

➤ No toque la superficie del disco; toque solamente su cubierta protectora. No rocíe el aceite WD-40 adentro, aún si el disco hace un ruido cuando gira.

(De todas formas, su unidad de disco está probablemente haciendo este ruido. Mantenga el aceite WD-40 lejos).

✔ Nunca saque un disco de una unidad de disquete cuando la unidad se dice Espere.

✔ Cuando esté enviando un disco, no utilice un enviador de disco de la farmacia. No doble el disco en dos ni lo envíe en un sobre tamaño estándar. En lugar de ello, compre un enviador de fotografías, que es lo mismo que un enviador de disquetes pero no cuesta tanto.

Soluciones de Disco Removible Que no Sean Disquetes

Los disquetes solían venir en diferentes tamaños y capacidades. Cuando IBM era líder en el mercado de hardware de las PC, se introducía un nuevo tamaño y formato de disco en casi cada generación de PC. Eso se cambió en 1987 con la introducción del disquete de 1.44MB de las PC, que está todavía en uso.

Como el desarrollo del disquete declinó, varios discos de la competencia han emergido para suplementar el almacenamiento en una PC. Estos incluían las unidades de disco de Zip, Jaz, LS-120 y otros tipos, todas explicadas en sus propias secciones.

✔ En realidad, el desarrollo del disquete inicia desde 1987. Uno de esos discos fue el disquete ED, que almacenaba 2.88MB en un disco.

✔ ¿El disquete original? ¡Tenía 8 pulgadas cuadradas! Muy popular a mediados de 1970. Las primeras PC utilizaban el disquete de 5¼ pulgadas cuadradas hasta que el *microfloppy (microdisquete)* de 3½ tomó el poder en 1987.

✔ La mayoría de las soluciones que no sean disquete de formato grande (discos magneto-ópticos, por ejemplo) han sido reemplazadas por el CD-R y CD-RW.

Zippity doo dahh

Durante los últimos años, los discos Zip han sido lo novedoso. Las unidades de Zip son ofrecidas como una opción en muchas PC nuevas y es posible agregar una unidad de Zip interna o externamente a casi cualquier PC.

Los discos Zip almacenan 100MB ó 250MB por disco, dependiendo de cuál unidad de Zip tenga. Los discos son aproximadamente de 4 pulgadas cuadradas, levemente más grandes que un disquete.

Estos discos removibles de alta capacidad son maravillosos para hacer respaldos, almacenar archivos a largo plazo o transportar grandes archivos entre computadoras.

 ✔ Refiérase al Capítulo 5 para más información acerca unidades de Zip.

 ✔ Si necesita más almacenamiento por disco, puede optar por la unidad de disco Jaz en lugar de un disco Zip. No tan popular como los discos Zip, las unidades de disco de Jaz comen discos Jaz especiales (y costosos) para almacenar hasta 2GB por disco.

¡Miren! ¡Arriba en el cielo! ¡Es SuperDisk!

SuperDisk es realmente un nombre comercial para lo que los fanáticos llaman una unidad de disquete LS-120. Es un tipo especial de unidad de disquete que se come los disquetes estándar de 3 $\frac{1}{2}$ pulgadas así como los discos 120MB. Así que esta unidad de disquete es un reemplazo ideal para su unidad de PC (y viene estándar en algunas PC).

Los discos 120MB en sí se ven como los disquetes regulares, pero la unidad reconoce la diferencia y le permite almacenar hasta 120MB de basura en cada disco. La unidad hace esto a través de la magia metálica especial que necesita para preocuparse, ¡pero funciona!

SuperDisks puede ser agregado a cualquier PC, ya sea externamente o reemplazando la unidad de disquete interna. En la mayoría de los casos, encontrará la unidad de SuperDisk solamente en aquellas computadoras que vienen con ella en forma estándar.

Capítulo 10

"RAM-alazos" de la Memoria

Sabe usted si tiene suficiente memoria? ¿Cómo podría recordar algo así? No importa cuán viejos nos volvamos, nunca nos quedamos sin memoria. Es un recurso ilimitado, aunque recordar ciertas fechas parece imposible para varios miembros masculinos de la especie. Lástima que no ocurra lo mismo con su computadora, en la que la memoria es consumida más rápido que el último poquito de postre en una cena.

La memoria, o memoria de acceso aleatorio (RAM), es un lugar de almacenamiento en una computadora, como el espacio en disco. A diferencia del almacenamiento en disco, la memoria es el único lugar dentro de la computadora donde realmente se hace el trabajo. Obviamente, cuanta más memoria tenga, más trabajo puede hacer. Pero no solo eso, tener más memoria significa que la computadora es capaz de tareas de mayor grandeza, como trabajar con gráficos, animación, sonido y música (y su PC recuerda a todas las personas que conoce sin tener que mirar dos veces al gafete con el nombre).

¿Qué es la Memoria?

Todas las computadoras necesitan memoria. Ahí es donde se hace el trabajo. El microprocesador es capaz de almacenar información dentro de ella, pero solamente cierta cantidad. Necesita memoria extra al igual que los humanos necesitan notitas adhesivas y bibliotecas.

Por ejemplo, cuando crea un documento con su procesador de palabras, cada carácter que digita es colocado en una localización específica en la memoria. Una vez allí, el microprocesador no necesita accederlo de nuevo a menos que esté editando, buscando o reemplazando, o haciendo algo más activo al texto.

Después de crear algo en la memoria, un documento, hoja electrónica o gráfico, usted lo guarda en el disco. Sus unidades de disco suministran información a largo plazo. Luego, cuando necesita accederla de nuevo, la abre en la memoria de su disco. Después de que está allí, el microprocesador puede trabajar con la información.

La única cosa molesta sobre la memoria es que es volátil. Cuando apaga la energía, ¡los contenidos de la memoria se pierden! Esto está bien si ha guardado las cosas en disco, pero si no lo ha hecho, todo está perdido. Con solo reiniciar su computadora pierde los contenidos de la memoria. Así que siempre guarde (si puede) antes de reiniciar o apagar su PC.

- ✔ Cuanta más memoria tenga, mejor. Con más memoria, puede trabajar en documentos más grandes y hojas electrónicas, disfrutar aplicaciones que utilizan gráficos y sonido y presumir toda esa RAM a sus amigos.

- ✔ Apagar la energía hace que los contenidos de la memoria se vayan. No destruye los chips de memoria en sí.

Detalles técnicos y aburridos acerca de la RAM, ROM y Flash Memory

RAM significa *random-access memory (memoria de acceso directo)*. Se refiere a la memoria que el microprocesador puede leer y grabar. Cuando crea algo en la memoria, se hace en la RAM. RAM es la memoria y viceversa.

ROM significa read only memory (memoria de solo lectura). El microprocesador puede leer desde la ROM, pero no puede grabar ni modificar nada. La ROM es permanente. A menudo, los chips de ROM contienen instrucciones especiales para la computadora (cosas importantes que nunca cambian). Por ejemplo, el BIOS está en la ROM (refiérase al Capítulo 7). Como esa información es almacenada en un chip ROM, el microprocesador puede accederla. Las instrucciones siempre están allí porque no son borrables.

La Flash Memory es un tipo especial de memoria que funciona como la RAM y la ROM. La información puede ser grabada en Flash Memory como RAM, pero no se borra cuando la energía se va como en la RAM. Las tarjetas y palitos de memoria utilizados por cámaras digitales utilizan Flash Memory. De esa forma, las imágenes permanecen en la cámara aún cuando las baterías de la cámara se gastan (lo que ocurre a menudo).

✔ Cuando abre un archivo en el disco, la computadora copia esa información desde el disco a la memoria de la computadora. Solamente en la memoria puede esa información ser examinada o cambiada. Cuando guarda información de nuevo en el disco, la computadora la copia al disco.

✔ El término RAM se usa indistintamente con la palabra *memory (memoria)*. Son la misma cosa. (en caso de que haya estado trabajando en crucigramas últimamente).

Medir Memoria

Muchos términos interesantes orbitan la memoria del planeta. Los más básicos se refieren a la cantidad de memoria (refiérase a la Tabla 10-1).

Tabla 10-1		Cantidades de Memoria	
Término	*Abreviación*	*Aproximadamente*	*Actual*
Byte		1 byte	1 byte
Kilobyte	K o KB	1,000 bytes	1,024 bytes
Megabyte	M o MB	1,000,000 bytes	1,048,576 bytes
Gigabyte	G o GB	1,000,000,000 bytes	1,073,741,824 bytes
Terabyte	T o TB	1,000,000,000,000 bytes	1,099,511,627,776 bytes

La memoria es medida por bytes. Piense en un byte como un solo carácter, una letra en el medio de una palabra. Por ejemplo, la palabra *espátula* tiene 8 bytes de largo y requiere 8 bytes de almacenamiento de memoria de la computadora.

Media página de texto son aproximadamente 1,000 bytes. Para hacerla una figura útil de conocer, los nerdos de la computación se refieren a 1,000 bytes como un *kilobyte,* o 1K o 1KB.

El término *megabyte* se refiere a 1,000K, ó 1 millón de bytes. La abreviación MB (o M) indica megabyte, así que 16MB significa 16 megabytes de memoria.

Más allá del megabyte está el *gigabyte.* Eso es un billón de bytes o aproximadamente 1,000 megabytes.

El *terabyte* es 1 trillón de bytes, o suficiente RAM para difuminar las luces cuando inicia su PC.

Más información trivial:

- ✔ El término giga es griego y significa gigante.
- ✔ El término tera también es griego y ¡significa monstruo!
- ✔ Una ubicación específica en la memoria se llama *address (dirección)*.
- ✔ Los bytes están compuestos de ocho bits. La palabra bit es una contracción de *binary digit (dígito binario)*. Binario es base dos, o un sistema que conteo que utiliza solo unos y ceros. Las computadoras cuentan en binario y agrupamos sus bits en grupos de ocho para un consumo conveniente como bytes.

De Tal Palo Tal Astilla

La memoria es un componente de la tarjeta madre, la cual se ubica muy cerca al microprocesador. Existe una serie de chips diminutos llamados chips DRAM.

Los chips DRAM por lo general vienen como grupos en una franja delgada de fibra de vidrio. Todo el asunto se conoce como una SIMM o DIMM. Es aproximadamente del tamaño de un peine de bolsillo, como se muestra en la Figura 10-1.

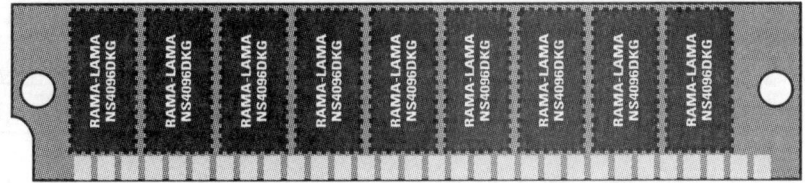

Figura 10-1: Una SIMM típica.

Cada tarjeta SIMM o DIMM contiene un trozo dado de RAM, medido en uno de los valores mágicos de memoria de computadora de 4, 8, 16, 32, 64, 128 ó 256 megabytes.

Las tarjetas SIMM o DIMM son conectadas en las ranuras de la memoria en la tarjeta madre, y cada ranura es un *bank (banco)* de memoria. Así que una PC con 128MB de RAM puede tener dos bancos de 64MB SIMM instalados.

- ✔ DRAM significa memoria de acceso aleatorio dinámico. Se pronuncia dee-ram y es el tipo común de chip de memoria instalado en una PC.
- ✔ SIMM significa modulo sencillo de memoria en línea.
- ✔ DIMM significa modulo dual de memoria en línea.

> ✔ Que su PC necesite memoria SIMM o DIMM depende del diseño de su tarjeta madre.
>
> ✔ DIMM y SIMM son similares en apariencia, aunque las DIMM permiten que la memoria sea accedida más eficientemente. En el futuro, las DIMM reemplazarán a las SIMM como la mejor forma de actualizar la memoria en una PC.

Memoria Perdida y Encontrada

Su cerebro tiene toda la memoria que necesitará en toda su vida. Aún cuando olvidamos cosas, los científicos en gabacha blanca han determinado que nunca se pierde la memoria. Vaya a visitar a un hipnotizador y observe como Brad el carpintero recuerda un incidente vergonzoso que ocurrió cuando estaba en tercer grado y que su madre le dijo que nadie recordaba.

Bueno . . . hay cosas que no vale la pena que recuerde.

Su computadora, por otro lado, pierde memoria todo el tiempo. Tiene tan solo un poco de RAM para jugar. Debe ser compartida entre todos los programas en ejecución y el sistema operativo y el pequeño perro que le ladra cuando hace algo estúpido en Excel. Las siguientes secciones explican los detalles.

"¿Cuánta memoria hay en mi PC en estos momentos?"

Esta información puede ser un misterio para usted, pero no para su computadora. El recuadro de diálogo System Properties le muestra cuánta memoria hay dentro de la bestia: haga clic en el botón derecho sobre el icono My Computer en el escritorio y escoja Properties en el menú de acceso directo que aparece. Verá un recuadro de diálogo similar al mostrado en la Figura 10-2.

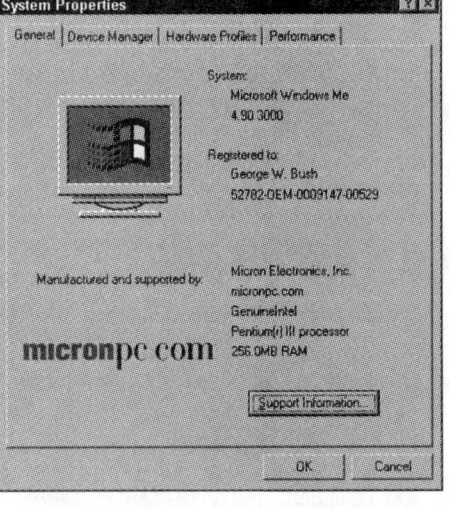

Figura 10-2:
Esta computadora tiene 256MB de RAM, ¡apenas suficiente para ejecutar Windows XP!

La cantidad de memoria (mostrada como RAM) aparece justo debajo del tipo de microprocesador que vive en su PC. La Figura 10-2 indica que la computadora tiene 256.0MB de RAM. (hace diez años eso hubiera sido considerado una cantidad obscena).

¿Tiene su PC suficiente memoria?

¡Saber cuánta memoria hay en su PC es una cosa, pero saber si esa cantidad es suficiente es completamente diferente!

La cantidad de memoria que necesita su PC depende de dos cosas. Lo primero y más importante son los requerimientos de memoria de su software. Algunos programas, como hojas electrónicas y aplicaciones de gráficos, requieren montones de memoria. Por ejemplo, Adobe Photoshop (un paquete de gráficos) dice, justo en el recuadro, que necesita 32MB de RAM. ¡Eso!

El segundo y más limitante factor es el costo. La memoria cuesta dinero. No es tan cara como era en las viejas computadoras con CPU de vapor, pero aún cuesta algo.

- ✔ Por lo general, todas las PC deberían tener al menos 32MB de RAM, aunque algunos modelos más viejos tienen menos (y pueden no necesitar más)

- ✔ Los sistemas de hoy día parecen ser vendidos con 64MB de RAM como base, con modelos comunes de 128MB y 256MB.

Y ¿qué diantres es la *extended memory (memoria extendida)*?

En los viejos tiempos, varias docenas de términos fueron utilizados para describir la memoria en una PC: memoria convencional, memoria DOS, memoria superior, memoria alta, memoria HMA, memoria expandida, memoria DMPI, memoria extendida, etcétera.

El único término de memoria que permanece en estos días es *memoria extendida*. Toda la memoria en su PC es memoria extendida, que es un término que ha sobrevivido del pasado cuando los términos de memoria eran importantes.

¿Qué quiere decir eso para usted?

Si utiliza software que dice requerir 16MB de memoria extendida, entonces sepa que eso meramente significa 16MB de memoria. Toda la memoria en su PC está ya extendida.

✔ Eventualmente, verá computadoras de 1GB RAM, que probablemente será el mínimo requerido para ejecutar Windows en el año 2008.

✔ Una de las señales seguras de que su PC necesita más memoria que se vuelve lerda, especialmente durante las operaciones de memoria intensiva, como trabajar con gráficos.

✔ ¿No tiene suficiente memoria? ¡Entonces puede actualizarse! Refiérase a "Agregar más Memoria a su PC," más adelante en este capítulo.

Quedarse sin memoria

Es bastante imposible quedarse sin memoria, a pesar de cualquier cantidad limitada que tenga su computadora. Eso es porque Windows utiliza una técnica inteligente para evitar que la memoria se llene. La técnica es permutar trozos de memoria al disco duro, creativamente llamado "permutar memoria".

En Windows, cada programa utiliza un trozo de memoria. Para la mayoría de los programas, el trozo es más bien pequeño, así que Windows le permite ejecutar varios programas simultáneamente. Pero cuando un programa le pide más memoria que lo que hay físicamente disponible, algunos trozos de memoria de un programa malo son sacados del disco duro.

Por lo general, usted no se da cuenta de esta permuta de memoria; esto ocurre automáticamente. No obstante, con algunos programas puede notar que la computadora se vuelve lerda. Por ejemplo, editar una imagen gráfica grande podría ocasionar mucha permuta de disco en la cual la computadora literalmente se torna lerda.

  ✔ Las personas que trabajan con programas gráficos demandan más memoria que cualquier otra cosa. Algunas estaciones gráficas de trabajo personalizadas tienen 512MB de RAM o más.

  ✔ Windows nunca dirá que está "sin memoria." No, tan solo notará que el disco duro está sonando mucho conforme la memoria es permutada dentro y fuera de la unidad de disco.

Memoria de video

La memoria utilizada por el sistema de video de su PC se conoce como *video memory (memoria de video)*. Específicamente, son los chips de memoria que viven en la tarjeta adaptadora de video. Estos chips son utilizados específicamente para el resultado del video de la computadora y le ayudan a ver resoluciones mejores, más colores, gráficos 3-D, extraterrestres más grandes y feos y fotografías inconvenientes que su esposo bajó de la Internet anoche.

Al igual que la memoria regular de computadoras, usted puede actualizar la memoria de video si hay espacio en la tarjeta de video de su PC. Refiérase al Capítulo 11 para más información acerca de adaptadores de video.

Agregar Más Memoria a su PC

No hay equivalente electrónico de Geritol para su computadora. Si piensa que su PC tiene la RAM cansada o quizás no tenía suficiente memoria, puede siempre agregar más.

Agregar memoria a su computadora es tan sencillo como jugar Lego. La única diferencia es que el juego de bloques de Lego típico, como el Castillo Medieval o el Helicóptero de Rescate, cuesta menos de $20. La memoria de su computadora, por otro lado, puede costar 50 veces eso. Agregar memoria no es algo que se deba tomar tan a la ligera.

Actualizar la memoria involucra cinco pasos complejos y aburridos:

1. **Descubrir cuánta memoria necesita agregar.**

   Por ejemplo, suponga que su PC tiene 32MB de RAM y necesita 64MB para ejecutar el ultimo juego. Necesita otras 32MB (y más si puede comprarla).

2. **Descubrir cuánta memoria puede instalar.**

   Este es un paso técnico. Involucra saber cómo la memoria es agregada a su computadora y en qué incrementos. Si tiene un banco vacío de memoria, entonces este paso es realmente sencillo, pero si su PC no tiene bancos de memoria vacíos, entonces puede ser complejo y costoso. Mejor deje esta tarea a su distribuidor o gurú de computación.

3. **Comprar algo.**

En este caso, usted compra los chips de memoria o la tarjeta de expansión en la cual los chips son instalados.

4. **Pagarle a alguien más para conectar los chips y hacer la actualización.**

Oh, puede hacerlo usted mismo, pero en su lugar, yo le pagaría a alguien.

5. **Regocijarse.**

Después de que tenga la memoria, presuma con sus amigos de ella. Diantres, solía impresionar mucho decir que tenía 640K de RAM. Luego vino el "Yo tengo 4 megabytes de memoria en mi 386 u 8 megabytes de memoria en mi 486." ¿Hoy? Cualquier cosa de menos de 256MB y sus hijos se quedarán perplejos.

✔ La memoria de las PC viene en tamaños dados: 4MB, 8MB, 16MB, 32MB y luego el doble de esa cantidad hasta 256MB.

✔ Otro dato interesante: Podría pensar que pasar de 32MB en su sistema a 128MB requiere que compre 96MB de chips de memoria. ¡Falso! ¡puede significar que usted compra 128MB (o dos bancos de 64MB) y luego tira sus 32MB originales! Todo tiene que ver con cuánta memoria calza físicamente en la PC, que es algo que incluso los dioses no comprenden del todo.

✔ Mi lugar favorito para encontrar chips de memoria en línea es `www.crucial.com`. Este sitio Web hace una serie de preguntas y luego le suministra las soluciones de memoria para resolver sus problemas en forma exacta.

✔ Si desea intentar actualizar la memoria usted mismo, adelante. Puede encontrar muchos libros sencillos sobre el tema de actualizar la memoria, así como artículos de "Hágalo usted mismo" en algunas de las revistas más populares. Algunos lugares que venden memoria, como Crucial.com, tienen incluso folletos de "hágalo usted mismo" que vienen con la memoria. Aún así, recomiendo que le pida a alguien más que lo haga.

Capítulo 11

Monitores Impresionantes y Gráficos Gloriosos

*E*l monitor es la primera cosa que usted nota en una PC. Es lo que ve cuando utiliza la computadora. Y el monitor es el mejor objetivo al que le gustaría llegar si alguna vez decide dispararle a su computadora. (Pero tenga presente que el monitor es solo el mensajero; lo que realmente desea destruir es la consola).

Si su computadora fuera una persona, entonces el monitor sería su cara. Este capítulo trata de la cara de su PC, sobre la parte del hardware y cómo Windows puede manipular esa cara para hacerla más placentera para usted.

¿Qué hay en un Nombre?

¿Es un monitor? ¿Es la pantalla? ¿Es un despliegue? Cada término se refiere a esa cosa que parece una TV que usted utiliza para visualizar la información de su computadora. Pero ¿cuál término es el correcto?

El *monitor* es el cajón. Contiene un tubo de imagen (como una TV) o, si gasta muchos dólares, un panel LCD. Así que si toda la cosa se cayera al piso, usted podría decir, "El monitor se cayó al suelo. Fue un accidente".

La *screen (pantalla)* es la parte del monitor que despliega una imagen. Es la parte con vidrio, o la parte de la película plástica de un monitor LCD. La pantalla está allí sin importar si la computadora está encendida o apagada. Es lo que necesita limpiar después de que estornuda.

El *display (despliegue)* es la información que aparece en la pantalla. Es confuso porque podría decir, "Mi pantalla dice que no le gusto a la computadora" y eso significa lo mismo que, "Mi monitor dice que no le gusto a la computadora", o incluso "El despliegue está mostrando cuánto la computadora odia mi presencia". De todas formas, usted no le gusta a la computadora.

Los nerdos se refieren a toda esa cosa de monitor/pantalla como CRT, que significica tubo de rayos catódicos.

Monitores y Adaptadores

El monitor es solo la mitad del sistema de video en su PC. La otra mitad se conoce como *graphics adapter (adaptador de gráficos).* Es el sistema de circuitos que corre por el monitor y controla la imagen que despliega el monitor.

La Figura 11-1 ilustra la relación monitor/adaptador. El adaptador de gráficos existe ya sea como parte de la tarjeta madre o en una tarjeta de expansión conectada a la tarjeta madre. Un cable luego conecta el monitor a la consola. Y, por supuesto, el monitor se conecta a la pared.

El monitor en sí es más bien tonto. Es realmente el adaptador de gráficos el que hace que las cosas ocurran en el monitor. Entre las dos, el adaptador de gráficos es lo que determina el potencial gráfico de su PC.

- ✔ Necesita un adaptador para monitor y gráficos.
- ✔ En algunas PC, especialmente "laptop", el adaptador de gráficos está incorporado en la tarjeta madre.
- ✔ La mayoría de las "laptop" le permitirá agregar un monitor externo utilizando un puerto de gráficos externo.
- ✔ Los monitores USB se conectan a la PC a través del puerto USB.
- ✔ Si su PC tiene más de un monitor (y se puede, usted sabe), entonces debe tener un adaptador de gráficos para cada uno o un adaptador de gráficos especial que brinde soporte a los monitores duales. Refiérase a la sección "Lucha de Monitores," más adelante en este capítulo, para más información.

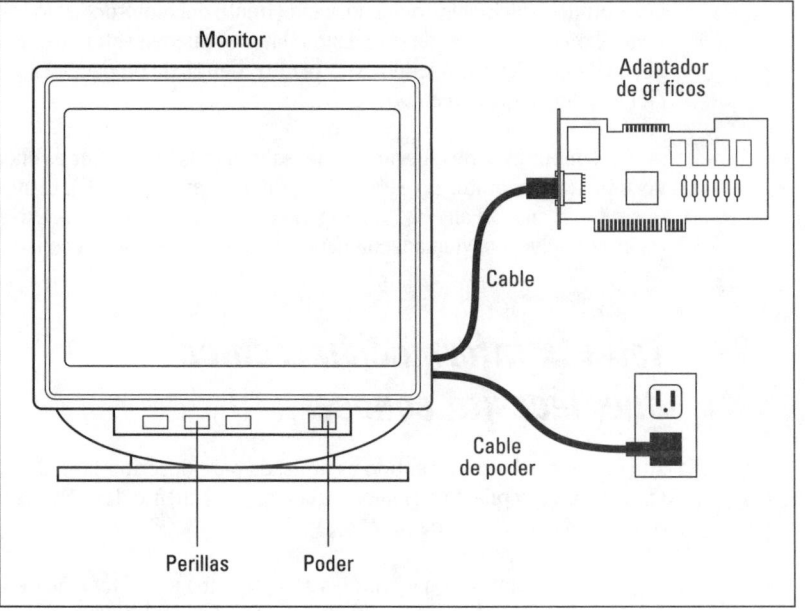

Figura 11-1:
El adaptador
de monitor y
gráficos.

Conocer y Amar a su Monitor

Un monitor de PC es realmente un *peripheral (periférico)*. Es un dispositivo separado que no necesita ser vendido con la computadora (la consola). Algunos
distribuidores incluso ofrecen un rango de monitores distintos para vender
con una computadora. Cada marca ofrece diferentes opciones, pero todos los
monitores sirven para la misma función: desplegar información que la computadora transmite.

La descripción física

Cada monitor tiene dos colas. Una es el cordón de poder que se conecta a la pared, la otra es un cable de video que se conecta al puerto del adaptador de gráficos en la parte trasera de la consola.

Por lo general, usted encuentra el botón de encendido-apagado del monitor al
frente de este, más probablemente cerca del lado inferior derecho. (Es un pre-
juicio total contra las personas zurdas, parte de la conspiración mayor).

Los botones adicionales que adornan el frente del monitor, usted los utiliza para controlar el despliegue de este. Estos botones pueden estar visibles como una fila de dientes feos, o pueden estar ocultos detrás de un panel. La próxima sección explica lo que hacen.

Algunos monitores despliegan un mensaje cuando el monitor es encendido pero no la PC (o el monitor no está recibiendo una señal de la PC). El mensaje puede decir No Signal, o algo así, o indicarle que revise la conexión. Eso está bien. El monitor vuelve a la vida adecuadamente cuando enciende la consola.

Toda la información técnica que necesita conocer

Mucha información sin sentido es utilizada para describir las habilidades de un monitor. De esa pila de términos de la jerga, solamente dos son realmente necesarios: tamaño y tamaño de puntos.

- **Size (Tamaño).** Los monitores son juzgados por el tamaño de su imagen, como las TV. El tamaño es medido en una diagonal, así que recuerde que no es el ancho o alto. Los tamaños comunes para los monitores de las PC son 15, 17, 19 y 21 pulgadas. El tamaño más popular es 17 pulgadas, aunque personalmente me encantan los monitores de 19 pulgadas y estoy absolutamente loco por los monstruos de 21 pulgadas! !Oooooooo!

- **Dot pitch (Tamaño de punto).** Esto se refiere a la distancia entre cada punto o pixel en la pantalla (medida desde el centro de cada pixel). Cuánto más cercanos estén los puntos, mejor es la imagen. Un tamaño de punto de 0.28 mm (milímetros) es realmente bueno, siendo los valores más pequeños aún mejores.

Más allá de estos dos términos hay un montón de palabras técnicas utilizadas para describir un monitor. El mejor juez, realmente, son sus ojos. Si el monitor se ve bien, ¡cómprelo!

- Otros aspectos del despliegue, como resolución, colores y memoria de video, son parte del hardware del adaptador de gráficos, no del monitor.

- Yo soy un gran aficionado de los monitores de pantalla plana. Estos son monitores con tubos de imagen especiales, más planos que los tubos tradicionales. (No los confunda con los monitores de LCD, a menudo llamados *flat panel-panel plano*).

Ajustar el despliegue del monitor

Al principio, usted era afortunado si su monitor tenía perillas de contraste y brillo. Hoy día, los ajustes que puede hacerle son infinitos. Algunas veces hace ajustes utilizando una fila de botones que adornan el frente de su monitor y se ven casi como un teclado. Otras veces utiliza una combinación molesta de botones como para configurar la hora en un reloj digital.

Si su monitor tiene una fila de botones, entonces cada uno ajusta un aspecto del despliegue. A menudo los botones de más (+) y menos (-) son utilizados para ajustar cada aspecto. Así que, por ejemplo, para ajustar el contraste, pulsa el botón de contraste y luego el botón de más y menos. Un despliegue-en-pantalla le brinda retroalimentación. La Figura 11-2 muestra algunos símbolos utilizados para ajustar muchos monitores de PC.

Figura 11-2: Iconos encontrados en el típico monitor de la PC.

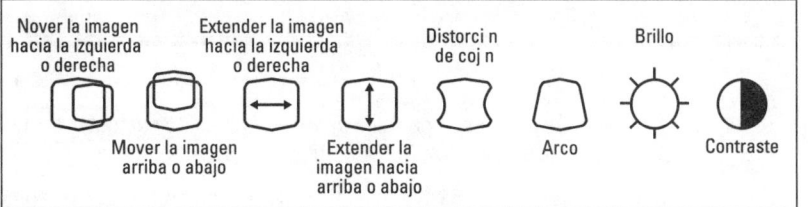

Algunos monitores tienen solamente unos cuantos botones pero utilizan un despliegue-en-pantalla para seleccionar opciones. La Figura 11-3 muestra dicho despliegue. Usted utiliza un grupo de botones en el monitor para seleccionar un elemento y luego utiliza los botones de más (+) y menos (-) para ajustar cada aspecto del despliegue. Note que los iconos similares mostrados en la Figura 11-2 son utilizados para indicar varias configuraciones.

Figura 11-3: Un despliegue-en-pantalla típico.

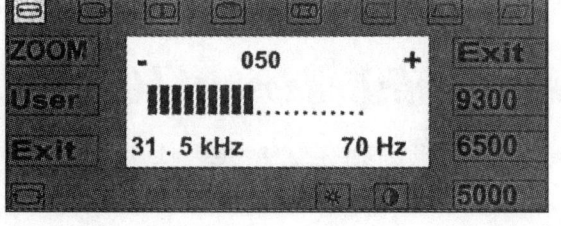

Limpiar su monitor

Los monitores de la computadora se empolvan mucho. Y, aparte del polvo, siempre encuentra huellas digitales y partículas de estornudos sobre la pantalla. Los monitores son un desastre.

Para limpiar su monitor, use un limpiador de vidrio y una toalla suave o de papel. Luego gentilmente frote la pantalla. Puede también utilizar vinagre si desea que su computadora tenga ese aroma de ensalada. Puede rociar algunos limpiadores electrónicos justo sobre la pantalla; asegúrese de que el limpiador sea especial para ese uso.

Nunca rocíe el limpiador de vidrios directamente sobre la pantalla, puede gotear por el monitor y causar un problema electrónico.

Los monitores LCD no deberán ser limpiados como los monitores CRT. Utilice un trapo antiestático para eliminar el polvo y pelo de gato de la pantalla. Para quitar esas partículas de estornudos, frote gentilmente la pantalla con una toalla.

✔ La información en-pantalla aparece encima de cualquier otra imagen desplegada en el monitor. No permita que lo asuste.

✔ Los monitores más viejos quizás no tengan tantos ajustes como los mostrados en la Figura 11-2. Pueden también no tener despliegues-en-pantalla.

✔ Al pulsar Left-Right, Up-Down y luego los botones de estiramiento, puede ajustar la imagen del monitor para llenar la pantalla. Esto hace el uso de su monitor más eficiente.

✔ Los monitores pueden también desplegar información de frecuencia, como 31KHz/60Hz, tanto cuando cambian los modos de pantalla, como cuando se entretiene con un juego y la pantalla cambia a otra resolución.

✔ La mayoría de los monitores también tiene un botón Save o Store, que recuerda las configuraciones que ha introducido y las hace permanentes.

Despliegues sofisticados del LCD

Eventualmente, su computadora estará conectada al monitor LCD plano, similar a las pantallas en PC portátiles. No solo son estos monitores livianos, delgados y lindos, sino que también producen envidia a cualquier persona que los ve. ¿Las malas noticias? Son más costosos que sus contrapartes CRT.

✔ Si desea comprar un monitor LCD, ¡olvídese de los gráficos! El mejor juez de una pantalla LCD es el texto. Active un procesador de palabras en la tienda y vea cómo se mira el texto. Algunos monitores LCD despliegan gráficos gloriosos pero texto apático.

✔ Los mejores monitores LCD para comprar son aquellos que vienen con su propio adaptador de gráficos digitales. Por lo general, se conectan a la ranura AGP (Accelerated Graphics Port, Puerto de Gráficos Acelerado) en la tarjeta madre de su PC, así que asegúrese de que su PC tenga una ranura AGP antes de comprar una.

✔ Unos cuantos monitores LCD también se conectan a los puertos VGA estándar. Ya no hay problema.

✔ Un monitor de 15 pulgadas tiene aproximadamente la misma área de visualización que un monitor estándar de 17 pulgadas, lo que se debe al hecho que los monitores LCD son más anchos que la mayoría de monitores CRT.

✔ Los monitores LCD están disponibles en casi todos los tamaños, desde 14 pulgadas diagonalmente hasta 21 pulgadas. Esos monstruos de 21 pulgadas son lindos pero muy costosos.

✔ La frecuencia, o la tasa de frecuencia, es muy importante para un monitor LCD. Algunos monitores son diseñados para desplegar solamente una resolución. Si tiene un monitor LCD, entonces configúrelo a la resolución adecuada. Por ejemplo, algunos monitores LCD de 15 pulgadas funcionan mejor con una resolución de 1024 x 768 pixeles. Cualquier otra cosa se ve mal, o puede haber "ríos" de pixeles juguetones corriendo en la pantalla.

✔ Asegúrese de revisar el ángulo de visión en un monitor LCD, que es el número de grados a la izquierda del monitor con el cual la imagen se desvanece. Los monitores con un ángulo de 160 grados o más son los mejores.

Todo Acerca de Adaptadores de Gráficos

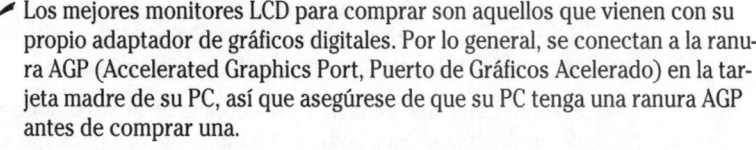

La parte secreta e interna del sistema de video de una PC es el adaptador de gráficos. Es una tarjeta de expansión que se conecta a la tarjeta madre de su PC y le da a su computadora la habilidad de desplegar texto y gráficos en el monitor.

Los adaptadores de gráficos vienen en varios rangos de precios y tienen opciones para artistas, jugadores, diseñadores de computación y personas normales como usted o yo. A continuación un rápido resumen:

✔ La medida de un adaptador de gráficos es cuánta memoria (RAM de video) tiene. La mayoría de los adaptadores viene con alrededor de 8MB ó 16MB de memoria. Los modelos más costosos y sofisticados pueden tener hasta 64MB. Vaya.

- Cuanta más memoria tenga el adaptador de gráficos, más altas son las resoluciones que puede soportar y más colores puede desplegar a esas resoluciones.

- Muchos adaptadores de gráficos son anunciados como que soportan los gráficos 3-D. Eso está bien, pero funcionan solamente si su software soporta los gráficos 3-D particulares ofrecidos por ese adaptador de gráficos. (Si es así, el lado de la caja del software debería decir eso).

- Si su PC tiene una unida de DVD, necesita un adaptador de gráficos capaz de producir la imagen DVD en el monitor. Los adaptadores de gráficos típicamente tienen un puerto Out S-Video que le permiten conectar una TV a la computadora para ver cosas en una pantalla más grande.

- Algunos sistemas de gráficos de alta resolución son aplicables solamente a ciertos tipos de software. Los gráficos de las computadoras, CAD y animaciones y diseño son las áreas donde vale la pena pagar muchos dólares. Si está utilizando solamente aplicaciones básicas, como un procesador de palabras, no necesita un adaptador de gráficos costoso.

Modificar el Despliegue en Windows

Las perillas en su monitor controlan el monitor. Para controlar el adaptador de gráficos, que realmente hace todo el trabajo, necesita utilizar Windows. Específicamente, usted utiliza el icono Display en el Control Panel para modificar varios aspectos del despliegue de su monitor.

Las siguientes secciones explican varias cosas extrañas y maravillosas que puede hacer en el recuadro de diálogo Display Properties, resumidas por el icono Display en el Control Panel. Pero primero, esta es la forma en que se despliega el recuadro de diálogo Display Properties:

1. **Haga clic en el botón derecho sobre el escritorio.**

   Esto resume el acceso directo del escritorio, la forma más rápida de llegar al recuadro de diálogo Display Properties en cualquier versión de Windows.

2. **Escoja Properties.**

   Esta acción abre el recuadro de diálogo Display Properties, similar a lo mostrado en la Figura 11-4.

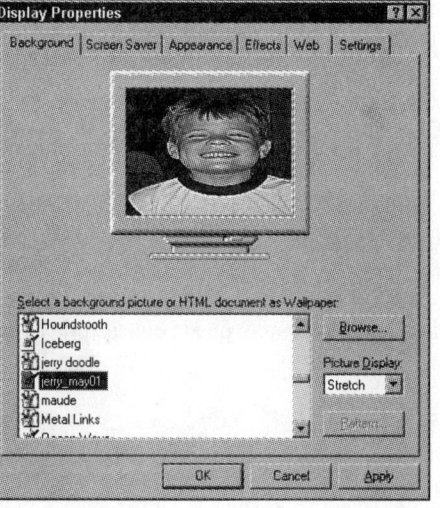

Figura 11-4:
El recuadro
de diálogo
Display
Properties.

3. **Juegue con el recuadro de diálogo Display Properties.**

Puede cambiar el fondo del escritorio, agregar un protector de pantalla y cambiar los colores del sistema o resolución de pantalla. Las secciones que siguen explican cómo realizar estos milagros.

4. **Cierre el recuadro de diálogo Display Properties.**

Cuando haya terminado, puede hacer clic sobre el botón OK para mantener sus cambios o hacer clic sobre Cancel para regresar a la forma en que estaban las cosas.

Puede también reactivar el recuadro de diálogo Display Properties del Control Panel, pero en media docena de años de utilizar Windows, rara vez hago eso.

Algunos recuadros de diálogo Display Properties pueden tener pestañas de personalización para que despliegue el adaptador.

Ah, sí: como usted esperaría, el recuadro de diálogo Display Properties en Windows XP hace cosas un poco diferente. Las excepciones son anotadas en las siguientes secciones.

Cambiar el fondo (papel tapiz)

El fondo, o *wall paper (papel tapiz),* es lo que ve cuando mira el escritorio. Puede ver un patrón o una imagen bonita o casi cualquier otra cosa que esa cosita gris de Windows realmente desea desplegar.

Llame al recuadro de diálogo Display Properties, como se describe en la sección anterior. Asegúrese de que la pestaña Background esté hacia adelante, como se muestra en la Figura 11-4.

Puede colocar una imagen en el escritorio en dos formas. La primera, es con una imagen gráfica o *papel tapiz* y, la segunda, es con un patrón.

La lista de desplazamiento muestra un montón de archivos de gráficos que puede aplicar al escritorio. También puede utilizar el botón Browse para buscar y encontrar otra imagen en cualquier parte en el disco duro de su PC.

Si la imagen es lo suficientemente grande, puede cubrir toda la pantalla. Si es pequeña, quizás desee repetirla, en cuyo caso seleccionaría Tile o Stretch en la lista desplegada.

Para utilizar un patrón debe escoger "(None)" en la lista Wallpaper, luego hacer clic sobre el botón Pattern. Un montón de estos son desplegados, cada uno igualmente aburrido. También puede crear el suyo, lo que es divertido, así que no tengo que entrar en ningún detalle aquí. Haga clic sobre OK cuando haya terminado de jugar con los patrones.

Para aplicar la imagen o patrón de su nuevo papel tapiz, haga clic sobre OK para cerrar el recuadro de diálogo Display Properties.

✔ En Windows XP, haga clic sobre la pestaña Desktop para configurar el papel tapiz. Windows XP no tiene una opción de patrón de escritorio.

✔ En cualquier momento que selecciona un nuevo patrón o papel tapiz, este aparece en la ventana de vista previa de un mini-monitor. Es más bien pequeño, así que el efecto es maravilloso. Si desea ver una vista previa verdadera, haga clic sobre el botón Apply.

✔ Si creó su propio archivo de gráficos, puede utilizarlo como el papel tapiz. Primero, los gráficos deben ser una imagen en mapa de bits o archivo BMP. Puede también utilizar los archivos GIF, pero tiene que utilizar el botón Browse para localizar y seleccionarlos. (Refiérase al Capítulo 17 para información acerca de escanear imagines para ser utilizadas como papel tapiz).

Ajustar la resolución y los colores

La pestaña Settings en el recuadro de diálogo Display Properties (Fig. 11-5) es donde modifica el color y resolución de su monitor. Puede tener mucho de ambos y esta parte del recuadro de diálogo le permite ver cuánto puede obtener.

¡Tenga cuidado con el papel tapiz de la Web!

P: Yo escogí un patrón de papel tapiz que me gustó, ¡pero ahora no puedo ver ninguno de los iconos de mi escritorio! Todos están allí, porque si tengo suerte puedo hacer clic sobre ellos, pero de lo contrario no puedo verlos. ¿Qué hice?

R: Usted escoge un papel tapiz basado en la Web que algunas veces oculta cosas en el escritorio. Por ejemplo, algunas imágenes enumeradas en el recuadro de diálogo Display Properties/Background pueden solamente ser desplegadas si activa la "Web view" para el escritorio. (Esta es una de las muchas opciones basadas en la Internet ofrecidas por Windows). Así que obtiene una linda fotografía, pero como es una vis-

ta de la Web, algunas cosas en la pantalla pueden no verse bien.

Para deshabilitar la vista Web, haga clic sobre la pestaña Web en el recuadro de diálogo Display Properties. Quite la marca de verificación "Show Web content on my Active Desktop." Eso lo arregla.

Por cierto, si _realmente_ le gusta la imagen del papel tapiz de la Web, puede utilizar cualquier programa de gráficos para convertirla desde un archivo JPEG o GIF al formato BMP nativo utilizado por Windows. De esa forma, puede ver la imagen del gráfico en el escritorio sin tener que jugar con la vista Web.

Figura 11-5: Cambiar la resolución y colores de su monitor utilizando esta parte del recuadro de diálogo Display Properties.

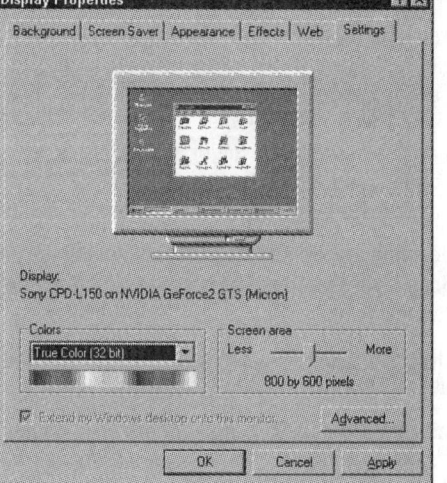

No voy a pasar por todos esos detalles aquí. Básicamente, usted selecciona sus colores primero, desde 16 colores en adelante hasta 16 bit ó 32 bit o cualquier valor grande que Windows le da.

PREGUNTE A DAN

Aliviar la enfermedad del monitor

P: Hace poco le escribí acerca de cómo lidiar con la enfermedad del movimiento mientras estaba en la computadora. Usted contestó con la buena idea de una pantalla antibrillo, que ayuda, pero ya había comprado una y todavía me enfermaba.

Deseaba compartir con usted una sugerencia que mi cuñada me dio. Ella necesitaba encontrar algunos brazaletes para la enfermedad del movimiento para su viaje en auto. Bueno, pensé, si funcionan para autos, ¿por qué no para computadoras? ¡Definiti-

vamente ayudan! Se llaman muñequeras Travel-Eze y las compré en Walgreens. Dudo que sean lo suficientemente fuertes para que una persona juegue en la computadora, pero realmente parecen estar ayudándome con cosas normales.

R: Su sugerencia ha sido transmitida y ¡gracias! Además, el lector destaca que usted puede golpear sobre ciertos puntos de presión en la muñeca y detrás de las orejas para aliviar algunas molestias de la enfermedad del movimiento.

Luego, selecciona una resolución. Usted nota que la ventana de vista previa del mini-monitor cambia para mostrar su escogencia. Y si selecciona una resolución más alta, no se sorprenda si el número de colores disminuye. Estas dos cosas están relacionadas, en caso de que no se haya dado cuenta.

Para tener una vista previa de los cambios, haga clic sobre el botón Apply. Su monitor puede parpadear o destellar y Windows pregunta si todo está bien. Haga clic sobre el botón OK si hay uno.

- ✔ Las resoluciones mayores funcionan mejor en monitores más grandes. Pero recuerde que las configuraciones máximas de resolución y color que obtiene dependen del adaptador de gráficos y no del tamaño del monitor.

- ✔ Algunos juegos de computadoras cambian la resolución del monitor para permitir utilizar los juegos. Esto está bien y la resolución debería regresar a la normalidad después de jugar.

- ✔ Algunos juegos de niños exigen que la resolución sea establecida exactamente en 256 colores. Dirá eso cuando instale el programa.

CONSEJO

- ✔ Si tiene problemas viendo las imágenes pequeñas en la pantalla, considere la resolución 800 x 600, o incluso 640 x 480. Además, haga clic sobre la pestaña Effects en el recuadro de diálogo Display Properties y coloque una marca de verificación en el recuadro de diálogo Use Large Icons.

- ✔ Si no puede reiniciar la resolución más alta que 640 x 480 entonces la computadora está en "Safe Mode" (y dirá eso en cada esquina de la pan-

Bajar protectores de pantalla de la Internet

P: Acabo de bajar un protector de pantalla de la Internet. ¿Cómo hago para que funcione en Windows? ¿No aparece en el recuadro de diálogo Screen Saver?

R: Dos cosas. Primero, sea muy cuidadoso al bajar archivos de protector de pantalla (o temas de escritorio) de la Internet. Aunque algunos de ellos son legítimos, otros son anuncios invasivos imposibles de desinstalar o quitar. Si baja uno de estos protectores

de pantalla, entonces está bastante atrapado con él. ¡Tenga cuidado!

Si todavía desea bajar un protector de pantalla, necesita guardar el archivo en la carpeta Windows\System para Windows 98/Me o la carpeta WINNT\System32 para Windows 2000. Después de que haga esto, puede llamar el recuadro de diálogo Display Properties y ver el protector de pantalla personalizado en la lista.

talla), o usted necesita actualizar sus controladores de video. Refiérase al Capítulo 27 para información acerca de Safe Mode. La última sección en este capítulo tiene información acerca de actualizar los controladores de video de su PC.

Agregar un protector de pantalla

Hace algunos *eons*, los monitores de PC eran susceptibles a *phosphor burn-in (quemadura por fósforo)*. Con el tiempo, la misma imagen se tornó *etched (grabada)* en su pantalla. ¡Las visiones de 1-2-3 o WordPerfect cazarían a los usuarios de DOS, aún con el monitor apagado!

Una de las medidas preventivas contra la quemadura por fósforo era un programa protector de pantalla. Ese programa ponía en blanco el monitor. Así que después de varios minutos de inactividad, sin digitar o mover el mouse, la pantalla se ponía en blanco. Tocar el mouse o pulsar cualquier tecla reactivaba la operación de la computadora,
pero el protector de pantalla protegía el monitor de la quemadura por fósforo.

Afortunadamente, los monitores actuales son menos propensos a sufrir de la quemadura por fósforo. Aún así, el protector de pantalla permanece sobre todo como un juguete. (Aunque en Windows 98/Me, utilizar un protector de pantalla es la mejor forma de proteger su PC con contraseña. Más acerca de eso en un momento).

Para instalar un protector de pantalla, haga clic sobre la pestaña Screen Saver en el recuadro de diálogo Display Properties. La Figura 11-6 muestra cómo puede verse.

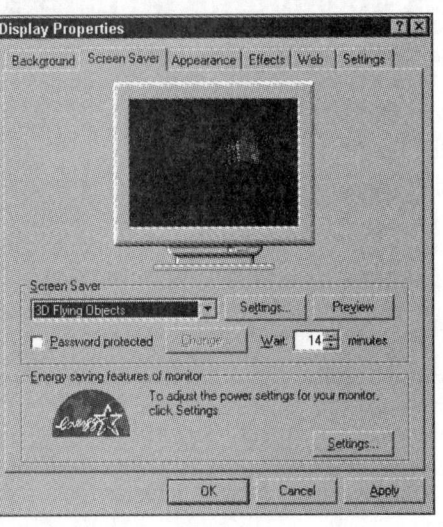

Figura 11-6:
Seleccione
un protector
de panta-
lla aquí.

Usted selecciona un protector de pantalla en la lista desplegable de Screen Saver. La vista previa de la ventana (pantalla) en el recuadro de diálogo le muestra en lo que se está metiendo.

Haga clic sobre el botón Settings para hacer los ajustes para su protector de pantalla escogido.

En el recuadro Wait, digite el número de minutos de inactividad para que el protector de pantalla se active.

Haga clic sobre el botón Preview para ver lo que hace el protector de pantalla en su modo de pantalla completa. (Mueva el mouse un poco para desactivar el protector de pantalla).

✔ Una tecla segura para desactivar el protector de pantalla es Ctrl. A diferencia de otras teclas, esta no estropea ninguna aplicación que aparece después de que el protector de pantalla se desvanece.

✔ No, pulsar Ctrl no desactiva el protector de pantalla; tan solo lo oculta para que pueda ver el escritorio de nuevo.

✔ Una forma "en onda" para desactivar el protector de pantalla es golpear su escritorio con su puño. Eso mueve el mouse y desactiva el protector de pantalla.

¿Qué es un botadero de pantalla?

No, un vaciado de pantalla no es una pila de monitores viejos tirados en alguna parte del desierto.

Un *screen dump (vaciado de pantalla)* es el proceso de tomar la información en la pantalla de su computadora y enviarla a un archivo. Bajo DOS, la tecla mágica Print Screen en su teclado inició este procedimiento. En Windows, la tecla Print Screen hace más o menos lo mismo, pero no se imprime nada.

En Windows, cuando pulsa la tecla Print Screen, usted toma una captura de pantalla del escritorio. Toda esa información gráfica es guardada como una imagen gráfica en el Clipboard. Es posible luego pegar la imagen en cualquier programa que puede tragarse imágenes gráficas. Así que aunque nada se imprime, usted hace una vaciada de lo que hay en la pantalla.

✔ La casilla de verificación Password Protected le permite colocar una contraseña en su protector de pantalla (establézcalo con el botón Change). Esta es una forma maravillosa de proteger su PC cuando está lejos; con solo conocer la contraseña (o reiniciar la PC) puede detener el protector de pantalla y utilizar la computadora.

✔ Si olvida la contraseña, debe reiniciar la computadora para recuperar el control. No hay otra forma.

Lucha de Monitores

Como un hecho maravilloso y trivial, su PC puede manejar dos o más monitores. Windows despliega información en ambos monitores, lo cual le proporciona montones de espacio en su escritorio. Para habilitar esta proeza necesita comprar un segundo monitor y un segundo adaptador de gráficos para su PC. (También puede utilizar uno de los adaptadores de gráficos de despliegue dual).

En breve, el proceso funciona así. Estos son pasos simplificados. A menos que realmente sepa lo que está haciendo, le recomiendo pedirle a su distribuidor o usuario experimentado hacer eso.

1. **Apague su computadora y quite el adaptador de gráficos existente.**

2. **Instale el segundo adaptador.**

Esto es necesario para cargar los controladores para ese adaptador. Note que solamente uno de los adaptadores pueden utilizar el puerto AGP; el segundo adaptador debe ser un adaptador PCI.

3. **Conecte el segundo monitor al segundo adaptador y encienda la computadora.**

4. **Instale el software y controladores para el adaptador.**

   Asegúrese de que está operando adecuadamente.

5. **Apague la computadora.**

6. **Reinstale el primer adaptador y su monitor.**

7. **Encienda la computadora.**

A partir de este punto, la computadora debería iniciarse y cargar los controladores para ambos adaptadores. Uno será el adaptador/monitor principal. Ese desplegará Windows, el escritorio, la barra de tareas y todo eso. El segundo monitor desplegará un mensaje que le dice cómo terminar el trabajo. Preste atención a esas instrucciones. Si no, entonces algo está mal y tendrá que llamar al soporte en línea del técnico del fabricante del adaptador de gráficos.

- ✔ Solamente, la versión "Professional" de Windows XP soporta múltiples monitores.

- ✔ Los dos monitores aparecen en la pestaña Settings en el recuadro de diálogo Display Properties. Puede arrastrar el icono de cada monitor para colocar mejor sus imágenes.

- ✔ Cada monitor puede tener su propia resolución y configuraciones. Solo seleccione el monitor en la lista desplegable Display y seleccione las configuraciones necesarias.

- ✔ La imagen del escritorio aparece en ambos monitores.

- ✔ Puede arrastrar ventanas de un monitor al otro. Es realmente lindo de ver.

- ✔ Los juegos se ejecutan solamente en el monitor principal (el que está activo cuando inicia su PC). Los programas de DOS también se ejecutan en el monitor principal únicamente. En el futuro, algunos juegos pueden sacar ventaja de múltiples monitores, pero no contaría con eso. (Dos monitores es muy extraño).

- ✔ Al maximizar una ventana, esta se aumenta para llenar toda la pantalla de un solo monitor. Puede, sin embargo, estirar una ventana a través de varios monitores.

Localización Básica de Averías del Monitor

La mayoría de las localizaciones de averías de video deben lidiar con el adaptador de gráficos. Los monitores rara vez se estropean y si eso ocurre, las probabilidades son que podrá ser reemplazado. Pero los adaptadores del despliegue se estropean más a menudo y realmente lo vuelven loco. Por ejemplo, usted inicia la computadora y de repente la resolución está toda modificada o las cosas se ven tan grandes que no puede utilizar el mouse para hacer clic sobre ningún botón. Hay veces como esa en que usted realmente desea saturar la computadora con menos líquido e instalar todo en un segundo.

Arreglar las cosas grandes

Algunas veces la pantalla despliega una imagen demasiado grande y poco útil. Esto por lo general ocurre cuando juega con la pestaña Appearance en el recuadro de diálogo Display Properties. ¡Ups!

La solución es iniciar la computadora en Safe Mode. De esa forma, las configuraciones regresan a normal, así que puede retornar al recuadro de diálogo Display Properties y cambiar las cosas de nuevo. Refiérase al Capítulo 27 para información acerca de iniciar la computadora en Safe Mode.

Reinstalar el controlador del adaptador de gráficos

El error más común del monitor que encuentro en mi buzón electrónico se relaciona con personas cuyos adaptadores de gráficos de repente se vuelven estúpidos. Por alguna razón, el despliegue está configurado en el modo 640 x 480 con solo 16 colores. Y, sencillamente, no pueden reiniciar nada más alto. Esto puede ser muy frustrante.

La solución es reinstalar el controlador del adaptador de gráficos de su PC. Ese es el software que controla el adaptador de gráficos. Probablemente ya está en la computadora, así que solo necesita seguir unos cuantos pasos para volver a colocar el controlador en su lugar:

1. **Abra el recuadro de diálogo Display Properties, como se explicó anteriormente en este capítulo.**

2. **Haga clic sobre la pestaña Settings.**

3. **Haga clic sobre el botón Advanced.**

   Esta acción despliega el recuadro de diálogo del adaptador de gráficos.

4. **Haga clic sobre la pestaña Adapter.**

5a. **En Windows 98/Me, haga clic sobre el botón Change.**

5b. **En Windows 2000/XP, haga clic sobre el botón Properties para desplegar otro recuadro de diálogo. En ese recuadro de diálogo, haga clic sobre la pestaña Driver y luego sobre el botón Update Driver.**

   No importa cómo llega allí, eventualmente aparece un asistente que lo lleva por los pasos requeridos para configurar un nuevo controlador para su adaptador de gráficos.

   Por lo general, las opciones preseleccionadas en el asistente son sus mejores opciones. Las probabilidades son que usted encontrará el software controlador en la computadora, en cuyo caso solo necesita reinstalarlo.

En algunos casos, puede necesitar reiniciar la computadora. Hágalo si se lo piden.

Si la unidad no puede ser encontrada, podría considerar buscar un nuevo controlador en la Internet. Refiérase al nombre del controlador en la forma que está desplegado en el recuadro de diálogo Step 3 (arriba). Busque en la Internet ese nombre y podría encontrar controladores más nuevos y mejores en el sitio Web del fabricante.

Capítulo 12

¡Eeek! (El Capítulo del Mouse)

*L*a Macintosh puede haber sido la primera computadora personal en incluir un mouse, pero hoy día es difícil encontrar cualquiera que se venda sin su propio mouse. Algunos mouse son divertidos, como los modelos absurdos que vende Logitech. Otros, como el de la computadora IBM (que tiene las letras serias de IBM en su caja), están diseñados estrictamente para negocios. Sin importar esto, un mouse es algo necesario en especial cuando utiliza un sistema operativo gráficamente complejo, como Windows.

▶ Doug Englebart inventó el mouse de la computadora en el Instituto Stanford Research en el año 1960. (La computadora Apple no lo "inventó" para la Macintosh.) Doug recibió solamente $10,000 por su invento, pero en 1997, ganó el premio de $500,000 Lemelson-MIT for American Innovation.

▶ El plural para mouse de computadora es *mice (ratones)*. Una computadora tiene un mouse. Dos computadoras tienen ratones.

Dígale "Hola" al Mouse

Un mouse de computadora es un pequeño roedor plástico que corre por su escritorio. Se ve como una barra de jabón con una bola grande incrustada en su estómago.

En la parte superior, encuentra al menos dos botones para pulsar. Una cola, o cordón, va desde el mouse hasta la parte trasera de su PC. La Figura 12-1 muestra un mouse típico.

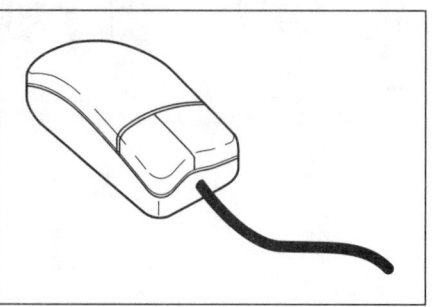

Figura 12-1: Mouse típico de compu- tadora.

Usted necesita un mouse, especialmente en un sistema operativo como Windows, para controlar gráficos y chismes gráficos en la pantalla. El mouse es el compañe- ro ideal para el teclado, ya que le ayuda a hacer el trabajo en un manicomio gráfi- co como Windows.

✔ Su PC puede venir con un mouse específico, ¡pero siempre puede comprar un mejor reemplazo! Refiérase a la sección "Tipos de Ratones", más adelan- te en este capítulo, para conocer algunas de las variedades.

✔ Designe un área especial de mouse en su escritorio y manténgala limpia de escombros para que tenga espacio para moverlo. Un área del tamaño de es- te libro es aproximadamente lo que necesita para rodar el mouse.

✔ Un mouse funciona bien cuando es movido a través de una *mouse pad (al- mohadilla para mouse),* que es una pequeña pieza de plástico o espuma que se sienta sobre su escritorio. La almohadilla para mouse suministra más tracción que su escritorio resbaladizo. Además, le recuerda mantener esa área de su escritorio limpia.

✔ Las mejores almohadillas para mouse tienen superficies ásperas a las que el mouse puede asirse. Las almohadillas con un mal diseño son resbaladizas y deben evitarse. Asimismo, tener una imagen en su almohadilla es un símbo- lo agradable. Y otros lugares incluso le permiten crear su propia imagen utili- zando una fotografía.

Tipos de Mouses

Existen muchas especies de ratones para computadora. Más allá del modelo común de la barra de jabón con ratones patas arriba hay ratones con muchos botones, ratones de opción, ratones de bolígrafo, etcétera. Las secciones siguientes describen varios tipos de ratones de computadora que puede comprar.

- ✔ Incluso vi un mouse con 52 botones que le permitía utilizarlo como teclado. (Me pregunto por qué esa cosa nunca tuvo éxito).

- ✔ Otro tipo de mouse es el USB. Aunque no se ve diferente, se conecta a la PC por medio del puerto USB. Refiérase al Capítulo 8 para más información sobre el puerto USB.

El mouse de rueda

El mouse de rueda tiene un botón extra entre los dos botones estándar. Ese botón es una rueda, que puede girar hacia arriba o hacia abajo para desplazar en esos pocos programas de Windows que le obedecen. También puede pulsar y sostener el botón de rueda para *pan (mover)* el documento hacia arriba o abajo, o hacia la izquierda o la derecha.

- ✔ La mayoría de los nuevos ratones vendidos actualmente tienen pocas ruedas en ellos. En el futuro, predigo que todos los ratones de computadora tendrán ruedas.

- ✔ La versión de Microsoft del mouse de la rueda se llama IntelliMouse.

- ✔ No todas las aplicaciones obedecen a los movimientos del botón de rueda. Así que si el botón de rueda no desplaza un documento, no le eche la culpa al mouse.

El mouse óptico

Lo último de la tecnología de mouse para computadoras es el mouse óptico, ¡que no tiene bola! No, el mouse óptico utiliza un sensor infrarrojo para darle seguimiento a sus movimientos sobre cualquier superficie. Esto elimina la necesidad de una almohadilla y le permite deslizar el mouse directamente sobre su escritorio.

- ✔ El más sofisticado de todos los ratones ópticos es el Microsoft IntelliMouse Explorer. Es un IntelliMouse estándar (con el botón de rueda) y además es óptico. Luce como una nave espacial pequeña aterrizada cerca de su teclado. Muy "sofis".

- ✔ Una versión especial del IntelliMouse Explorer viene con dos o tres botones extra que le ayudan a navegar por la Internet. Existe un botón "forward" y un botón "back" así como otro botón diminuto que acabo de notar y no tengo idea de lo que hace.

✔ Aunque el mouse óptico no necesita una almohadilla, debe deslizarlo sobre una superficie brillante o uniforme en color. Si usted nota que el mouse no está respondiendo adecuadamente, entonces necesitará utilizar una almohadilla (básicamente cualquier cosa que tenga material impreso en ella).

El mouse patas arriba (la "trackball")

Un mouse de "trackball" se ve como un mouse regular patas arriba, como se muestra en la Figura 12-2. En lugar de rodar el mouse, puede utilizar su dedo pulgar o índice para rodar la bola. Toda el artefacto se queda en un solo lugar, así que no necesita tanto espacio y el cordón nunca se enreda.

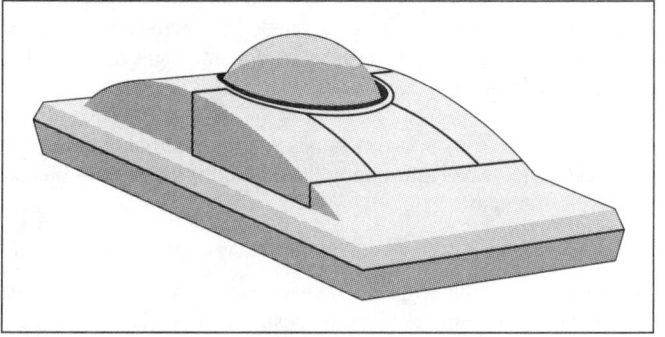

Figura 12-2:
Un tipo de mouse de trackball.

Las "trackballs" no son eternas. La única gente que realmente las ama son los artistas, que prefiere los movimientos precisos que esta les brinda. ¿Lleva puesta ropa negra? ¿Tiene una boina? Si es así, probablemente le gustará un mouse de "trackball".

Conectar el Mouse

El mouse de la computadora se enchufa en el conectador del mouse en la parte trasera de la consola. Simple.

Los ratones seriales se conectan en el puerto serial. Si tiene un mouse serial, conéctelo en COM1, porque COM2 es a menudo utilizado como el puerto de módem y conectar el mouse en COM2 puede causar problemas.

Si su PC utiliza un mouse de USB, conéctelo en el puerto USB. Por lo general, existe un puerto extra USB en el teclado, si su PC está equipada así.

✔ Es una buena idea apagar su computadora antes de conectar o desconectar el mouse.

✔ No necesita apagar la computadora antes de conectar un mouse USB; USB está diseñado de esa forma.

✔ Los puertos USB y otros puertos para PC se explican en el Capítulo 8.

✔ El mouse puede venir con su propio software, el cual instala utilizando ese programa de instalación de Windows. Refiérase al Capítulo 19.

✔ La cola apunta lejos de usted cuando utiliza el mouse. (Oh, podría contarle una historia sobre un jefe anterior, pero no lo haré).

Utilizar el Mouse de su Computadora

El mouse de la computadora controla un puntero o cursor en la pantalla. Cuando mueve el mouse sobre su escritorio, el puntero en la pantalla se mueve de manera similar. Ruede el mouse a la izquierda y el puntero se mueve a la izquierda; ruédelo en círculos y el puntero imita esa acción; suelte el mouse fuera de la mesa y su computadora grita, "¡Ouch!" (Solo fregando).

Usted no necesita apretar mucho el mouse; un apretón gentil está bien.

✔ La mayoría de las personas sostiene el mouse en su palma con el pulgar contra el borde izquierdo y el dedo del anillo contra el derecho. El dedo índice y el dedo del medio pueden permancer sobre los botones en la parte superior. (Si estos fueran los tiempos medievales, el mouse sería un arma de puño, no un arma de dedo).

✔ La primera vez que utiliza un mouse, usted desea moverlo en círculos en su escritorio, para que pueda ver el puntero espiral en la pantalla. Esta"fiebre" dura mucho tiempo en irse (si alguna vez ocurre).

✔ Cuando el cordón del mouse se enreda, suba el mouse en su mano y tírelo violentamente.

✔ La mejor forma de aprender a utilizar un mouse para computadora es practicar un juego de naipes, como Solitario o Carta blanca (los cuales vienen con Windows). Habrá dominado el mouse en tan solo unas cuantas horas de frustración.

Apuntar el mouse

Cuando se le indica *apuntar el mouse,* significa que usted mueve el mouse en el escritorio, lo cual mueve el puntero del mouse en la pantalla para apuntar a algo interesante (o no).

Trate de no subir el mouse y apuntar a algo como un control remoto de TV. Simplemente no funciona de esa forma.

Hacer clic sobre el mouse

Un clic es una presión sobre el botón del mouse.

A menudo, usted lee *haga clic en el mouse sobre el botón OK.* Esta instrucción significa que hay un gráfico o algo en la pantalla con la palabra OK. Utilizando el mouse, usted mueve el puntero sobre la palabra OK. Luego, con su dedo índice, hace clic sobre el botón del mouse. Esta acción se conoce como *hacer clic sobre algo* (aunque usted podría rodar el mouse sobre su frente y hacer clic allí si lo desea, solo asegúrese de que nadie esté mirando).

✔ El botón sobre el cual hacer clic es el *izquierdo,* el que está debajo de su dedo índice. Ese es el botón principal.

✔ Si necesita hacer clic sobre el botón derecho, las instrucciones le dirán *haga clic en el botón derecho.* Lo mismo ocurre para el botón de la rueda, en caso de que su mouse tenga una de esas.

✔ Cuando pulsa el botón de su mouse, hace un sonido de clic. Así que la mayoría de los programas le indica hacer *clic* sobre el botón del mouse, cuando realmente significa pulsar el botón del mouse.

✔ También hace clic sobre el mouse para *seleccionar* algo. Así que si las instrucciones dicen *Seleccione el icono de la Unidad C,* significan hacer clic en el mouse sobre el icono de la Unidad C.

✔ Al hacer clic sobre el botón, púlselo hacia abajo una vez y suéltelo. No lo sostenga en forma continua. (En realidad, hace dos clic, uno al pulsar y otro al soltar. ¿Es su audición así de buena?)

✔ Algunas veces, se le puede pedir pulsar una combinación de teclas al hacer clic sobre el mouse. Un combo popular es Ctrl+clic, lo que significa pulsar y sostener la tecla Ctrl (control) en su teclado antes de hacer clic sobre el botón del mouse.

Doble clic sobre el mouse

Un doble clic es una sucesión rápida de clics. En Windows, esto se usa para abrir algo.

✔ El tiempo entre los clic varía, pero no tiene que ser muy rápido.

✔ Trate de no mover el mouse entre los clic; ambos clic deben estar en el mismo punto.

✔ Ah, también hay clics triples, cuádruples y quíntuples. Todo es lo mismo; haga clic sobre el mouse más de una vez en el mismo lugar. (Nunca he experimentado un clic séxtuple).

✔ Si hace doble clic sobre el mouse y no ocurre nada, quizás deba hacerlo clic más rápido. Refiérase a la sección "¡El doble clic no funciona!" más adelante en este capítulo.

Arrastrar el mouse

Usted arrastra el mouse para seleccionar un grupo de elementos en la pantalla o escoger algo para moverlo.

Para arrastrar con el mouse, siga estos pasos:

1. **Apunte el cursor del mouse hacia la cosa que desea arrastrar.**

2. **Pulse y sostenga el botón del mouse.**

   Ese es el botón izquierdo. Pulse y sostenga el botón, ¡pero no haga clic sobre él! Esta acción tiene el efecto de escoger lo que el mouse está apuntando en la pantalla.

   Si no está escogiendo algo, una arrastrada también selecciona objetos al dibujar un rectángulo como una liga alrededor de ellos.

3. **Mueva el mouse a una nueva ubicación.**

   La operación de arrastrar es realmente la de *mover*; usted empieza en un punto en la pantalla y mueve (arrastra) lo que tenga hacia otra ubicación.

4. **Suelte el botón del mouse.**

   Suba su dedo lejos del botón. Ya terminó de arrastrar.

Cuando suelta el botón del mouse, deja libre lo que estuviera arrastrando.

✔ Puede también arrastrar para seleccionar un grupo de elementos. En este caso, al arrastrar dibuja un rectángulo alrededor de los elementos que desea seleccionar.

✔ Arrastrar es utilizado en muchos programas de dibujo y pintura para crear una imagen en la pantalla. En este sentido, arrastrar es como la punta de un lapicero o pincel sobre el papel.

✔ Puede también arrastrar utilizando el botón derecho del mouse, en lugar del izquierdo. Esta acción se conoce como arrastrar con el botón derecho.

✔ Algunas veces, se le puede pedir pulsar y sostener una tecla mientras arrastra, lo que se conoce como una combinación Ctrl+arrastre (Control+arrastre) o Shift+arrastre o cualquier otra combinación de teclas. Si es así, pulse esa tecla - Ctrl, Shift, Alt o lo que sea- antes de hacer clic sobre el mouse para arrastrar algo.

Modificar el Mouse en Windows

Husmeando en el Control Panel está el icono Mouse que abre el recuadro de diálogo Mouse Properties, este es el lugar donde puede modificar el mouse. Las siguientes secciones describen unas cuantas cosas útiles que puede hacer aquí. A continuación presentamos los pasos generales para abrir el icono Mouse:

1. **Abra el Control Panel.**

   En el menú de Start, escoja Settings⇨Control Panel. Aparece la ventana principal del Control Panel.

2. **Abra el icono Mouse.**

Mouse

Es gracioso cómo el icono del mouse luce igual que el tipo de mouse que Microsoft está actualmente vendiendo. Ah, lo que sea. Haga doble clic sobre el icono Mouse. Esta acción también muestra el recuadro Mouse Properties, que se ve parecido a la Figura 12-3. (No todos los recuadros de diálogo Mouse Properties se ven igual; los ratones personalizados tienen más tabulaciones y opciones diferentes).

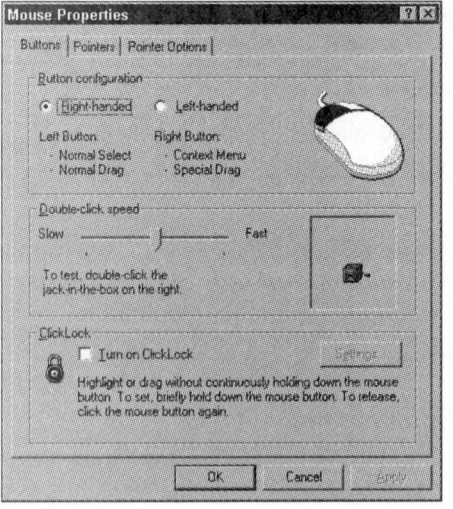

Figura 12-3:
El recuadro
de diálogo
Mouse
Properties.

3. **Dé vueltas alrededor del recuadro de diálogo Mouse Properties**

   Varias cosas sutiles son permisibles en el recuadro de diálogo Mouse Pro-
   pertiese. Otras más populares son discutidas en las secciones siguientes.

4. **Cierre el recuadro de diálogo.**

   Cuando haya terminado de dar vueltas, tiene dos opciones: hacer clic sobre
   el botón OK para mantener sus cambios o hacer clic sobre Cancel para regresar a la forma en que estaban las cosas antes.

Tratar de cazar el recuadro de diálogo Mouse Properties en Windows XP funciona así:

1. **Escoja el Control Panel en el menú de Start.**

2. **Escoja Printers and Other Hardware.**

3. **Escoja el Mouse.**

   Y ahí está.

Recuerde que necesita hacer clic solamente una vez sobre los elementos para seleccionarlos y abrirlos en Windows XP.

"¡El doble clic no funciona!"

Si no puede hacer doble clic, una de dos cosas está ocurriendo: está moviendo el
puntero del mouse un poco entre los clic o la *frecuencia* del doble clic es demasiado rápida para los dedos.

1. **Muestre el recuadro de diálogo Mouse Properties, como se explicó en la
   sección anterior.**

2. **Haga clic sobre la pestaña Buttons (o Activities).**

   Lo que está buscando es el área Double-Click Speed, que aparece en el medio de la Figura 12-3.

3. **Ajuste el deslizador Slow o Fast para cambiar la velocidad del doble clic.**

4. **Pruebe la nueva configuración.**

   Para establecer esta configuración, primero haga clic sobre el botón
   Apply. Esta acción reinicia Windows con las nuevas especificaciones del
   mouse. Luego haga doble clic sobre el gráfico en el área de prueba. Si el
   gráfico cambia, entonces tiene la velocidad del doble clic configurada
   correctamente.

5. **Haga clic sobre OK para cerrar el recuadro de diálogo Mouse Properties.**

Jugar con el puntero del mouse

Windows intenta comunicarle ciertas cosas utilizando el puntero del mouse. Puede ver lo que está intentando decirle si visita la pestaña Pointers en el recuadro de diálogo Mouse Properties. La Figura 12-4 ofrece un vistazo.

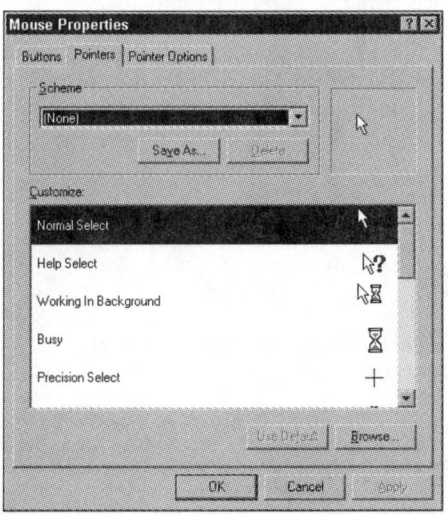

Figura 12-4:
Escoja otro
puntero del
mouse.

La lista de desplazamiento muestra los diferentes punteros que aparecen cuando Windows está ocupado seleccionando texto, ajustando el tamaño de algo, etcétera. La parte molesta es que usted puede cambiar la forma en que estos punteros se ven.

Para cambiar un puntero individual, haga doble clic sobre ese puntero en la lista de desplazamiento. Aparece un recuadro de diálogo Browse, desde el cual puede escoger cualquier puntero, incluso un cursor animado que baila o palpita o lo que sea.

Puede cambiar todos los punteros escogiendo un Scheme de la lista que desplegable.

Puede bajar archivos de cursor u obtener discos llenos con ellos. Si es así, guarde estos archivos de cursor en la carpeta Cursors en la carpeta principal de Windows. (El nombre de ruta es C:\WINDOWS\CURSORS; en Windows 2000 es C:\WINNT\CURSORS.) De esa forma, aparecen en la lista cuando selecciona un nuevo puntero en el recuadro de diálogo Browse.

"¡Soy zurdo y los botones están hacia atrás!"

Hey, zurdo, si no soporta la idea de utilizar un mouse en el mundo dominado por el cerebro de lateralidad derecha/mano izquierda, puede cambiar las cosas, incluso puede poner el mouse en el lado no tradicional de su teclado de la PC. (Ay, Dios. . . .)

Llame el recuadro de diálogo Mouse Properties utilizando las instrucciones ofrecidas en "Modificar el Mouse en Windows", anteriormente en este capítulo. En el panel Buttons (o Basics), haga clic sobre el botón adecuado para seleccionar un mouse para zurdos. Esta acción cambia mentalmente los botones en la cabeza de Windows: el botón derecho realiza las tareas del botón izquierdo y viceversa.

✔ Este libro, y todos los manuales y libros de computación, asumen que el botón izquierdo del mouse es el principal. Los clic derechos son los clic del botón derecho. Si le pide a Windows usar el mouse para zurdos, estos botones están reservados. Recuerde que su documentación no reflejará eso.

✔ No hay configuración para gente ambidiestra, ¡vivazo!

Infortunios del Mouse

Los ratones pueden ser confiables, pero de vez en cuando lo molestan al no funcionar adecuadamente. Las secciones siguientes brindan información acerca del mantenimiento y localización de averías para esos momentos de desesperación cuando son necesarios.

Limpiar su mouse

Su escritorio recoge una capa de polvo y cabello, especialmente si tiene un gato o una fotografía de un gato en la almohadilla de su mouse. Si el mouse no se está comportando como antes, quizás necesite limpiarlo. Esto es algo fácil que puede hacer solo, no hay necesidad de llevarlo al taller o al técnico que revisa su camioneta.

Para limpiar un mouse tradicional, con bola en el ombligo, vuélquelo hacia arriba y verá un pequeño plato redondo que sostiene dicha bola. Empuje o gire el plato para abrirlo. El plato sale rodando por el escritorio y debajo de su silla.

Quite cualquier cabello o escombro del orificio de la bola y cepille cualquier residuo. Revise los rodillos adentro para ver si hay alguna escoria en ellos. Si es así, remueva cuidadosamente la escoria utilizando un alfiler y un par de tenazas. Coloque la bola de nuevo, reajuste el plato y está listo.

✔ Los ratones ópticos no tienen bolas, así que no tienen nada que limpiar. Sin embargo, ocasionalmente tendrá que sacar cabellos del orificio del sensor óptico. Utilice un par de tenazas para esto y retire del orificio el pelo de cualquier humano o gato. (Sabrá cuándo esto necesita hacerse porque el mouse óptico se comportará en forma).

✔ Intente también mantener la almohadilla del mouse limpia: cepíllela ocasionalmente para limpiar las papas tostadas, babas y otras cosas que se acumula allí.

El mouse es un flojo

Los ratones se vuelven lentos con el tiempo. ¿Por qué? Quién sabe. Si ha limpiado y limpiado su mouse y todavía juega al muerto o bizco. ¡Entonces tire ese tonto! Hablo en serio: compre otro mouse.

Los mouses de las computadoras por lo general trabajan bien por dos o tres años. Después de eso, por alguna razón, se vuelven lentos y flojos. En lugar de aporrear su mouse contra su escritorio, deséchelo y compre uno nuevo. Se sorprenderá de cuánto mejor funciona y cuánto más tranquilo usted utiliza la PC.

El mouse que se desvanece o se pega

Luego de una sesión terriblemente productiva de administrar sus archivos, puede de repente notar que su mouse se ha ido.

¡No! ¡Espere, ahí está!

Pero luego se va de nuevo, desvaneciéndose y apareciendo como un gato Cheshire. No tengo idea de por qué ocurre eso.

Puede ser que el puntero del mouse solo está allí como muerto en la pantalla. Usted mueve el mouse. Nada. Motiva al mouse con su repertorio útil de epitafios molestos. Nada. Tira el mouse de su escritorio. Nada. Nada. Nada.

La solución: reinicie Windows. Refiérase al Capítulo 2.

Capítulo 13

El Capítulo del Teclado

*L*os pianos tienen 88 teclas, 55 blancas y 33 negras. Puede durar años en dominarlas.

Su computadora tiene un teclado con más de 100 teclas en él. .A menudo se espera que usted lo domine en menos de una semana. Entonces, ¿por qué está perdiendo el tiempo? Apúrese a leer este capítulo, ¡el del teclado!

Conocer el Teclado

Su teclado es la línea directa de comunicación entre usted y la computadora. La computadora no tiene orejas. Puede intentar gritarle, mover sus brazos, pero no escucha nada, a menos que digite algo en el teclado.

Su teclado típico de la PC

El teclado típico de la PC es mostrado en la Figura 13-1. Los nerds suelen llamarlo *enhanced 104-key keyboard (teclado mejorado de 104 teclas)*. Sí, tiene 104 teclas. Puede contarlas usted mismo, si tiene tiempo.

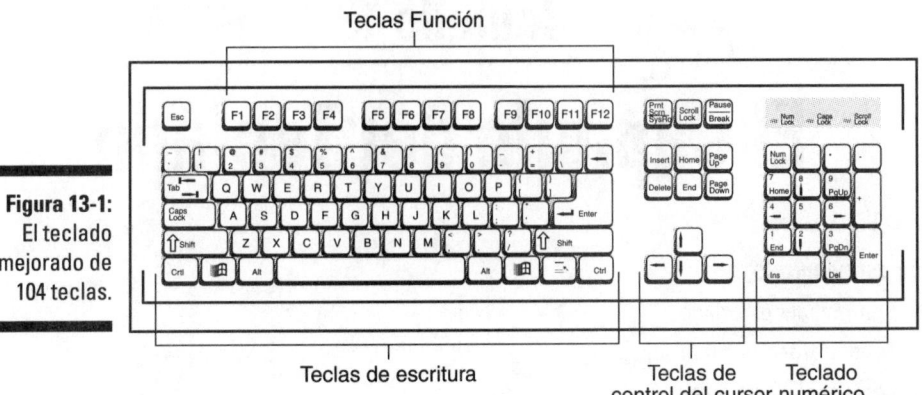

Figura 13-1:
El teclado
mejorado de
104 teclas.

Teclas Función

Teclas de escritura — Teclas de control del cursor — Teclado numérico

✔ A los teclados más viejos les faltan tres teclas especiales de "Windows" que sí aparecen en los teclados más nuevos.

✔ Algunos teclados tienen teclas especiales de la Internet. Estas aparecen como una fila de botones debajo de las teclas función. Estas teclas de la Internet no son estándar y realizan operaciones específicas que el teclado típico de la PC no maneja. Refiérase a la sección "Teclas especiales en teclados especiales" para más información.

Distribución básica del teclado

Cuatro áreas principales están mapeadas en el teclado de su PC, como se muestra en la Figura 13-1:

Teclas Función: Estas teclas están colocadas en la fila superior del teclado. Se titulan F1, F2, F3 y hasta la F11 y F12.

Teclas de escritura: Estas teclas son del mismo tipo de las teclas que encuentra en una máquina de escribir vieja: letras, números y signos de puntuación.

Teclas de control de cursor: A menudo llamadas teclas de flecha, estas cuatro teclas mueven el cursor del texto en la dirección de sus flechas. Debajo de ellas hay más teclas de control del cursor - el "six pack" de Insert, Delete, Home, End, PgUp y PgDn.

Teclado Numérico: Popular entre cajeros bancarios con dedos resbalozos, el teclado numérico contiene las teclas como de calculadora.

Conocer sus unos y ceros

En una máquina de escribir, la letra minúscula L y el número 1 a menudo son la misma. De hecho, recuerdo que mi vieja Royal no tenía la tecla 1 del todo. Desafortunadamente, en una computadora hay una gran diferencia entre un uno y una pequeña L.

Si está digitando **1,001**, por ejemplo, no digite I,00l por error – especialmente cuando está trabajando con una hoja electrónica. La computadora sentirá náuseas.

Lo mismo ocurre con la letra mayúscula O y el número 0. Son diferentes. Utilice un cero para números y una *O* grande para cosas O.

Algunas veces el cero aparece con una barra atravesada, como esta: Ø. Esa es una forma de mostrar la diferencia entre O y 0, pero no es utilizado tan a menudo.

✔ El teclado numérico tiene una personalidad dividida. Algunas veces, es utilizado para generar números; otras veces, duplica las teclas del cursor. Refiérase a la sección "Teclas para cambiar el humor del teclado", más adelante en este capítulo, para más información acerca de la duplicidad.

✔ Las teclas de control de cursor son utilizadas para mover el cursor del texto, lo que típicamente se ve como un palillo de dientes parpadeando cuando digita o edita texto en Windows. El puntero del mouse a menudo es llamado cursor, aunque las teclas del cursor no se mueven.

✔ Las teclas PgUp y PgDn representan Page Up y Page Down. Las etiquetas en mayúsculas pueden ser deletreadas completamente o abreviadas

✔ Insert y Delete son las teclas de edición, a menudo utilizadas con las teclas del cursor.

✔ La tecla Print Screen puede también ser etiquetada PrtScr o Print Scrn.

Entonces, ¿dónde está la tecla Any?

Aunque el mensaje no es tan común como era antes, algún día puede encontrar "Pulse cualquier tecla para continuar" desplegado en la pantalla. Así que ¿dónde está la tecla Any (cualquiera)?

Cualquier tecla se refiere a, literalmente, cualquier tecla en su teclado. Pero ¿por qué dar vueltas en redondo?: cuando un mensaje le dice pulsar la tecla Any, pulse la barra espaciadora.

✔ Si no puede encontrar la barra espaciadora o piensa que es el lugar donde ordena bebidas en la Nave Espacial de Starship, pulse la tecla Enter.

✔ Entonces, ¿por qué dice el mensaje, "Pulse cualquier tecla" en lugar de decir "Pulse la barra espaciadora para continuar"? Supongo que es porque los programadores idiotas desean hacer las cosas fáciles para usted dándole todo el teclado para que escoja. Y si ese es realmente el caso, ¿por qué no simplemente decir, "Abofetee su teclado unas cuantas veces con sus palmas abiertas para continuar"?

¿Dónde está la tecla Help?

Cuando necesite ayuda en Windows, golpee la tecla F1. F1 es igual a ayuda - no hay forma de ponerle eso a la memoria. Sin embargo, he incluido una pequeña mayúscula falsa en la Hoja de Trampas de este libro. Póngale un clip y ubíquela cerca de la tecla F1 en su teclado.

¿Qué son esas teclas extrañas de Windows?

La mayoría de los teclados de la PC muestran tres nuevas teclas: la tecla Windows, la tecla Shortcut Menu y otra tecla Windows. Se ubican entre las teclas Alt y Ctrl en cualquier lado de la barra espaciadora (refiérase a la Figura 13-1).

 La tecla Windows cumple el mismo propósito que pulsar Ctrl+Esc: muestra el menú de Start. Puede también utilizarla para unos cuantos accesos directos rápidos, como se muestra en la Tabla 13-1.

Tabla 13-1	Accesos directos WinKey
Combinación de Teclas	*Función*
WinKey+D	Despliega el escritorio (minimiza todas las ventanas)
WinKey+E	Inicia Windows Explorer
WinKey+F	Despliega el recuadro de diálogo Find Files/Search Results
WinKey+R	Despliega el recuadro de diálogo Run

Shortcut to the old graveyard

La tecla Shortcut Menu despliega el menú de acceso directo para cualquier elemento actualmente seleccionado en la pantalla. Esto es lo mismo que hacer clic en el botón derecho del mouse cuando algo es seleccionado.

Teclas para cambiar el modo del teclado

Varias teclas afectan la forma en que se comporta el teclado. Las tres primeras teclas son las hermanas Lock:

Caps Lock: Esta tecla es como sostener la tecla Shift, porque produce solamente letras mayúsculas; no cambia las otras teclas como lo haría la tecla Shift Lock de una máquina de escribir. Pulse Caps Lock de nuevo y las letras retornan a su estado normal de minúsculas.

Num Lock: Esta tecla hace que el teclado numérico en el lado derecho del teclado produzca números. Pulse esta tecla de nuevo y puede utilizar el teclado numérico para mover el cursor del texto por la pantalla.

Scroll Lock: Esta tecla no tiene ningún propósito en la vida. Algunas hojas electrónicas la utilizan para revertir la función de las teclas de cursor (que mueven la hoja electrónica en lugar de mover la celda de destacamento). La Scroll Lock no hace casi nada importante.

Otras teclas que afectan la forma en que se comporta el teclado son las teclas modificadoras. Estas teclas funcionan en combinación con otras para hacer varias cosas increíbles e interesantes:

Shift: Sostenga la tecla Shift para poner las letras en mayúscula. Al pulsar la tecla Shift, puede también crear los caracteres %@#^ que son útiles para maldecir en tiras cómicas. Cuando suelta la tecla Shift, todo retorna a la normalidad, como una máquina de escribir.

Ctrl: La tecla Control, abreviada como Ctrl, también es utilizada como la tecla Shift; usted la pulsa en combinación con otra tecla. En la mayoría de los programas de Windows, la tecla Ctrl, es utilizada con varias teclas de letra para realizar comandos específicos. Por ejemplo, si sostiene la tecla Ctrl y pulsa S (Ctrl+S), guarda algo. De igual forma, en la mayoría de los programas, usted pulsa Ctrl+P para imprimir y así sucesivamente para cada letra inteligente del alfabeto.

Alt: Al igual que las teclas Shift y Ctrl, la tecla Alt es utilizada en combinación con otras teclas para ejecutar comandos. Por ejemplo, sostener las teclas Alt y F4 (Alt+F4) cierra una ventana en el escritorio. Pulse y sostenga la tecla Alt, golpee la tecla F4 y luego suelte ambas letras.

A continuación presentamos algunos pensamientos sobre las teclas caprichosas en su escritorio:

- ✔ Las teclas Caps Lock, Num Lock y Scroll Lock tienen luces. Cuando la luz está encendida, la opción de la tecla está activada.

- ✔ En la mayoría de las computadoras, Num Lock ya está activada cuando la computadora se inicia. Molesto.

- ✔ Si digita **This Text Looks Like A Ransom Note** y se ve como tHIS tEXT lOOKS lIKE a rANSOM nOTE, la tecla Caps Lock está inadvertidamente activada. Púlsela una vez para desactivarla.

- ✔ Si pulsa la tecla Shift mientras Caps Lock está activada, las teclas de letra regresan a normal. (Shift cancela la Caps Lock.)

- ✔ Aún cuando puede ver Ctrl+S o Alt+S con una S mayúscula, eso no quiere decir que debe digitar Ctrl+Shift+S o Alt+Shift+S. La S es simplemente escrita en mayúscula porque Ctrl+s se ve como un error de configuración de digitada.

- ✔ No se sorprenda si estas teclas de cambio son utilizadas en combinación con ellas mismas. He visto Shift+Ctrl+C y Ctrl+Alt, usted utiliza Ctrl+Esc para mostrar el menú de Start. Solo recuerde pulsar y sostener las teclas Shift primero y luego golpear la tecla de la letra. Suelte todas las teclas juntas.

- ✔ Algunos manuales utilizan el término ^Y en lugar de Ctrl+Y. Este término significa lo mismo: Sostenga la tecla Ctrl, pulse Y y suelte la tecla Ctrl.

- ✔ Con algunos programas, usted pulsa las teclas Alt o Ctrl solas. Por ejemplo, puede pulsar la tecla Alt para activar la barra de menú en un programa de Windows. En Windows 2000/XP, pulsar la tecla Alt sola despliega las teclas rápidas subrayadas en la barra de menú o en un recuadro de diálogo.

La tecla todopoderosa Enter

Casi todos los teclados de las computadoras PC tienen dos teclas etiquetadas Enter. Ambas teclas funcionan en forma idéntica, ya que la segunda tecla Enter cerca del teclado numérico se usa para facilitar la entrada rápida de valores numéricos.

Entonces, ¿qué es la tecla Return? Muchas de las primeras computadoras muestran una tecla Return. Esencialmente, es lo mismo que la tecla Enter. Menciono esto porque acabo de ver un manual que decía *pulse Return*.

¡No hay tecla Return!

Pulse la tecla Enter cuando algún manual tonto le sugiera que pulse Return.

✔ Pulsar la tecla Enter es lo mismo que hacer clic sobre OK en un recuadro de diálogo.

✔ En su procesador de palabras, solamente pulse Enter al final de un párrafo.

✔ En un explorador de la Web, usted pulsa la tecla Enter después de digitar la dirección de una página Web para accederla (bueno, eventualmente).

✔ No pulse Enter después de llenar un recuadro de texto dentro de un recuadro de diálogo. Utilice la tecla Tab para moverse de un recuadro de texto a otro. Esta regla también aplica al utilizar algunos programas de base de datos; utilice la tecla Tab para saltar alegremente entre los campos. La, la, la.

✔ La diferencia entre Enter y Return es solamente semántica. Enter tiene sus raíces en la industria de la calculadora electrónica. Pulsó Enter para introducir números o una fórmula. Return, por otro lado, proviene de la máquina de escribir electrónica. Pulsar Return en una máquina de escribir hacia que el carro se regresara al margen izquierdo. También avanzaba el papel una línea.

La tecla Tab

La tecla Tab es utilizada de dos formas diferentes en su computadora.

En un procesador de palabras, usted utiliza la tecla Tab para tabular párrafos – como la tecla Tab de las viejas máquinas de escribir.

En un recuadro de diálogo, usted utiliza la tecla Tab para moverse entre los accesorios. Utilice Tab en lugar de Enter, por ejemplo, para saltar entre los campos First Name y Last Name. Esto también es cierto para llenar un formulario en la Internet: Utilice la tecla Tab, no Enter, para llenar los espacios blancos.

✔ La tecla Tab a menudo tiene dos flechas – una que apunta a la izquierda y la otra a la derecha. Estas flechas pueden estar además de la palabra Tab o solas para confundirlo.

✔ En realidad, las flechas se mueven en ambas direcciones porque Shift+Tab es una combinación de teclas válida. Por ejemplo, al pulsar Shift+Tab en un recuadro de diálogo lo mueve "hacia atrás" a través de las opciones.

✔ La computadora trata un tabulador como un carácter solo, separado. Cuando usted retrocede sobre un tabulador en un programa procesador de palabras, el tabulador desaparece completamente en un trozo, no espacio por espacio.

"¿Debo aprender a mecanografiar para utilizar una computadora?"

Nadie necesita aprender a mecanografiar para utilizar una computadora. Muchos de los usuarios de computadoras buscan y picotean. De hecho, la mayoría de los programadores no saben cómo digitar; se sientan todos jorobados sobre el teclado y meten lenguajes de computación enigmáticos con los dedos llenos de papas tostadas grasosas con ajo y hierbas. Pero eso no es muy productivo.

Como un bono por poseer una computadora, puede ordenarle que le enseñe a mecano-

grafiar. El paquete de software Mavis Beacon Teaches Typing hace eso. Otros paquetes están disponibles, pero personalmente amo el nombre "Mavis Beacon".

Anécdota: Un desarrollador de software de computadora una vez se saltó todo el desarrollo e hizo que todos sus programadores se sentaran y aprendieran a mecanografiar. Se necesitaron dos semanas completas, pero luego de eso, todos terminaron su trabajo mucho más rápido y tenían más tiempo disponible para divertirse y jugar.

Barras

Hay dos teclas de barras en su teclado y puede fácilmente confundirse.

La barra hacia adelante (/) se inclina como si se estuviera cayendo a la derecha. Se utiliza principalmente para denotar división, como 52/13 (52 dividido entre 13).

La barra hacia atrás (\) se inclina a la izquierda. Usted utiliza este carácter en *pathnames (nombres de ruta),* que son complejos y explicados solamente al final del Capítulo 5, donde nadie puede encontrarlos.

¡Escaparse de Windows!

La tecla que le dice "¡Hey! ¡Deténgase!" a Windows es la tecla Escape, etiquetada Esc en su teclado.

Pulsar la tecla Esc es lo mismo que hacer clic sobre Cancel o "No Way" en un recuadro de diálogo. También cierra la mayoría de las ventanas, pero no todas, solo para tenerlo adivinando.

✔ Esc puede ser un buen bateador para probar de primero cuando algo sale mal.

✔ Para cerrar cualquier ventana o cerrar cualquier programa, utilice la extraña combinación de teclas Alt+F4.

En una fiesta de cóctel.

LANCE: Hey, Shelia, supongo que usted no sabía que el código ASCII para la tecla Escape es 27.

SHELIA: No solamente eso, Lance, pero es 1B en hexadecimal.

BOTH: ¡Ha-ha-ha-ha-ha!

No se moleste con estas teclas

Algunas teclas significaban algo para un viejo programa, no hace mucho olvidado. Deseo tener esto en las teclas Windows y Shortcut Menu, pero desde que se volvieron inútiles, las siguientes teclas ya no tienen ningún significado para Windows:

Pause (Pausa). Honestamente, la tecla Pause no funciona en Windows. En DOS, le haría una pausa a la salida. Así que si estuviera desplegando un archivo grande en la pantalla, podría pulsar la tecla Pause y todo se detendría. En Windows, la tecla Pause no hace nada. Y Windows es tan lento de todas formas, que ¿quién querría hacer una pausa?

SysRq. La tecla System Request (¡Ah! ¡Eso es lo que significa!) debió supuestamente ser utilizada para la próxima versión de DOS, pero una próxima versión de DOS nunca salió, ni tampoco fue encontrada para la tecla SysRq. Sin embargo, esta tecla todavía deambula en el rostro del teclado como un horrible lunar.

Break (Salto). Por sí misma, la tecla Break no hace nada. Cuando se usa en combinación con la tecla Ctrl (Ctrl+Break), la tecla Break podría ser utilizada para detener viejos programas de DOS. En Windows, sin embargo no hace nada.

Otros pensamientos extraños e inútiles:

✔ La tecla Pause puede también ser etiquetada Hold en algunos teclados.

✔ La tecla Pause funciona en algunos juegos. Hace una pausa en la reproducción para que pueda hablar por teléfono sin que su jefe se dé cuenta de que está jugando Lesbian Retirement Home Commandos.

✔ Si alguna vez utiliza la ventana DOS y necesita detener un programa, entonces puede utilizar Ctrl+Break o Ctrl+C – asumiendo que puede recordar cualquiera.

✔ ¿Por qué es la tecla llamada Break? ¿Por qué no llamarla tecla Brake? ¿No tiene eso sentido? ¿Quién desea que una computadora se rompa, de todas formas? ¡Dios mío!.

Teclas especiales en teclados especiales

Si 104 teclas en el teclado no son suficientes, puede arriesgarse y comprar teclados que muestran aún más teclas, o quizás su computadora venía con dicho teclado. Típicamente tienen una fila de botones en la parte superior, justo encima de las teclas de función. Estos botones realizan tareas específicas, como conectarse a la Internet o ajustar el volumen del sonido de la computadora.

Los botones en estos teclados no son estándar. Eso significa que no vienen con el teclado típico de PC y deben ser soportados utilizando alguna ejecución del programa especial en la computadora. Es ese programa el que controla las teclas y su comportamiento. Así que si las teclas no funcionan, entonces es un problema con el programa especial y no algo que Windows o su computadora estén haciendo mal.

Combinaciones Inteligentes de Teclas de Windows

Windows no está totalmente limitado a utilizar el mouse para realizar actividades. Hay muchas combinaciones de teclas que autorizan sus dedos a utilizar comandos electrizantes diseñados para sacudir a Windows para que obedezca. Sí, Windows se estremece ante cualquiera de los comandos enumerados en la Tabla 13-2.

Tabla 13-2	Combinaciones de Teclas de Windows
Combo de Teclas	*Comando*
Alt+Tab	Cambie a la siguiente ventana/programa
Alt+Shift+Tab	Cambie de vuelta a la ventana/programa anterior
Alt+Esc	Se mueve a través de los programas en ejecución
Ctrl+Esc	Despliegue el menú de Start
Alt+F4	Cierre la ventana actual
Shift+[tecla *cursor*]	Seleccione texto en la dirección de la tecla del cursor
Alt+↓	Despliegue una lista que baja
F10	Active la barra de menú
Alt+Enter	Despliegue el menú de Control de una ventana.

¡No memorice esta lista! En lugar de ello, coloque una marca en esta página y re-fiérase a ella en cualquier momento que desea que el mouse sienta celos.

Las Locuras del Teclado

Los teclados no están libres de partes pegajosas – y no quiero decir lo que ocurre cuando derrama un refresco allí. Las siguientes secciones reflexionan sobre algunas de las locuras que pueden ocurrir con el teclado de su PC.

"¡Mi teclado me hace bip!"

Problema común. Muchas causas y curas potenciales.

Razón 1: ¡No puede digitar nada! Cualquiera que sea el programa que está utilizando, este no desea que usted digite o espera que usted pulse alguna otra tecla. Recuerde que en Windows puede solamente utilizar una ventana a la vez, aún si está buscando en otra ventana.

Razón 2: Está intentándolo demasiado rápido. El teclado de las PC puede solamente tragar unas cuantas teclas simultáneamente. Cuando su estómago está lleno, empieza a hacer un bip hasta que pueda digerir.

Para aquellos obligados a hacer matemáticas en la computadora

Aglomerados alrededor del teclado numérico, como campistas asando malvavisco en una fogata, hay varias teclas para ayudarle a trabajar con números. Especialmente, si está interesado en una hoja electrónica u otro software que mastica números, encontrará que estas teclas se están volviendo útiles. Mire al teclado numérico ahora mismo tan solo para reasegurarse usted mismo.

¿Qué? Usted estaba esperando una tecla X or + tecla? ¡Olvídelo! Esto es una computadora. Utiliza símbolos especiales para operaciones matemáticas:

✔ + es para adición.

✔ - es para sustracción.

✔ * es para multiplicación.

✔ / es para división.

El único símbolo extraño aquí es el asterisco para la multiplicación. ¡No utilice la pequeña X, no es lo mismo. La / (barra) está bien para la división, pero no gaste su tiempo buscando el símbolo ÷. No está allí.

Razón 3: Tiene una opción de bip del teclado activada. Haga que su gurú ejecute el programa Setup de su PC para eliminar el bip. También haga que él o ella descubra cuál programa produce el bip y elimínelo.

Razón 4: ¡La computadora está muerta! Refiérase al Capítulo 2 para información acerca de Reiniciar Windows.

"¡Ups! Acabo de derramar java en el teclado!"

Tarde o temprano, usted derramará algo en el teclado. Los peores líquidos son los espesos o pegajosos, como refrescos gaseosos, jugos de frutas o St. Bernard (no es muy pegajosos, pero sí espeso). Estas cosas pueden dañar seriamente el teclado. Esto es lo que debe hacer:

1. **Recoja el vaso o quite a St. Bernard del camino.**

2. **Guarde su trabajo (si el teclado aún funciona), apague la computadora y desconecte el teclado.**

3. **Vuelva el teclado hacia abajo y dele unos cuantos meneos (lejos de los teclados de sus compañeros, si es posible).**

4. **Utilice una esponja para absorber tanto como sea posible y luego deje que el teclado se seque.**

   Por lo general, dura cerca de 24 horas.

El teclado probablemente todavía funcionará, en especial si la bebida no contenía mucha azúcar. Desafortunadamente, otras veces puede no funcionar. El teclado contiene una circuitería especial y si se daña, puede necesitar comprarse otro teclado. (Al menos eso es más barato que comprar una PC nueva).

Algunas compañías venden protectores plásticos de teclado. Estos protectores están ajustados al teclado y funcionan bien. Los fumadores, especialmente, debería considerar comprar uno.

"Ouch! ¡Mis muñecas me duelen!"

Cualquier cosa repetitiva puede ser mala: fumar, comer, tomar, lanzarse para el Congreso y digitar su teclado. Esto puede ser un problema serio, especialmente si usa su computadora para su trabajo.

Muchos digitadores sufren de algo llamado Carpal Tunnel Syndrome (Síndrome del Túnel Carpal), también conocido como Repetitive Stress Injury (RSI) (Daño por Estrés Repetitivo).

El RSI es una inflamación causada cuando los músculos se rozan en un pasaje pequeño de la muñeca llamado túnel carpal (los nombres Lincoln Tunnel y Holland Tunnel ya están protegidos con derechos de autor por el Estado de Nueva York). El túnel carpal colapsa, cambia su forma de herradura de caballo a algo más delgado que hace que los músculos (tendones, en realidad) se rocen.

Hay varias soluciones disponibles para este problema. Algunos pacientes llevan puesto guantes reforzados que, si bien no alivian el dolor, al menos evita ser mirado con lástima. También triturar su muñeca al comprimir su palma debajo del dedo gordo y el pequeño dedo puede ayudar. Pero lo mejor es evitar el problema desde el principio.

Aquí hay varias cosas que puede hacer para evitar el RSI:

Obtenga un teclado ergonómico. Aún si sus muñecas son tan flexibles como árboles de hule, podría considerar un teclado *ergonómico*. Ese tipo de teclado está diseñado para aliviar la tensión de digitar por periodos largos, o cortos.

Utilice una almohadilla para la muñeca. Las almohadillas para muñecas elevan sus muñecas de manera que pueda digitar en una posición correcta, con sus palmas por *debajo* del teclado, no colgando de la barra espaciadora. ¿Recuerde a la Hermana Mary Lazarus y cómo ella golpeaba sus muñecas? ¡Tenía razón!

Ajuste su silla. Siéntese en la computadora con el nivel de las muñecas a la altura de los codos.

Ajuste su monitor. Su cabeza no debería moverse hacia abajo o hacia arriba cuando visualiza la pantalla de la computadora. Debería estar recta, pero eso no ayuda a sus muñecas tanto como ayuda a su cuello.

- ✔ Los teclados ergonómicos cuestan un poco más que los teclados estándar, pero bien valen la inversión si digita por muchas horas, o al menos desea mirarse como si digitara por muchas horas.

- ✔ Algunas almohadillas de mouse tienen elevadores de muñeca incorporados. Estos son maravillosos para las personas que utilizan aplicaciones intensivas de mouse.

- ✔ Muchos teclados vienen con piernas ajustables debajo para colocar las teclas en un ángulo cómodo.

Capítulo 14

Aventuras en la Tierra de la Impresora

Si su computadora fuera un parque temático, entonces debería estar dividida en varias "tierras". Habría una Tierra de la Internet, Tierra del Hardware, Tierra de LAN, Tierra de I/O, Tierra de Periféricos y así sucesivamente. Pero ¿le importaría a alguien la Tierra de la Impresora? ¿Sería eso demasiado oscuro? No tan útil como las atracciones en Monitorland o los paseos emocionantes en Tierra del Teclado, la Tierra de la Impresora sería bulliciosa y los invitados reclamarían de cómo el paseo en tronco utilizaba tinta verdadera que manchaba. Uff.

Afortunadamente, la impresora no es un tema oscuro en un parque de diversiones. No hay paseos en tronco, ni el Page Eject Drop of Doom favorito de los niños. La impresora no tiene flash y rara vez llama la atención, pero eso podría ser porque hace su trabajo sin causarle mucho estrés. Ahhhh . . . Eso es lindo. No hay estrés. Definitivamente no es material de parque de diversiones.

¡Hola! Soy Mindy y Seré Su Impresora

Las impresoras son dispositivos que reproducen una imagen sobre el papel. La imagen puede ser texto o gráficos, en tinta de color o negra. Utilizar la impresora es a menudo el último paso al crear algo en la PC. Es el resultado final de sus labores. Por lo tanto, el producto de la imagen debe ser tan bueno como sea posible.

Dos tipos importantes de impresoras son populares hoy día: *inyección de tinta* y *láser.* Las siguientes secciones explican los méritos de cada una y cómo funcionan.

  ✔ Las impresoras son juzgadas por la calidad de la imagen que producen.

  ✔ Las impresoras también son juzgadas por su precio. Generalmente, usted puede pagar en cualquier parte desde $100 a miles de dólares por una impresora.

  ✔ Las impresoras fueron juzgadas una vez por su velocidad, pero la velocidad de la impresora ya no es gran cosa.

  ✔ La impresora produce una *hard copy (copia dura),* que es cualquier cosa que hace en la pantalla de su computadora y eventualmente termina en papel.

La Siempre Popular Impresora de Inyección de Tinta

Las impresoras de inyección de tinta son el tipo más popular de impresora vendida actualmente. Estas producen texto o gráficos de alta calidad en casi cualquier tipo de papel. Algunas impresoras de inyección de tinta especializadas son impresoras de fotografías, capaces de obtener una excelente calidad fotográfica.

La Figura 14-1 ilustra una impresora típica de inyección de tinta, que se ve parecida a la mía. He indicado cosas importantes en la ilustración.

Las impresoras de inyección de tinta funcionan literalmente lanzando pequeñas bolas de tinta sobre el papel. Las bolas de tinta se pegan al papel, así que este tipo de impresora no necesita cartuchos de cinta o tóner; la tinta es lanzada a chorro directamente, y esta es la forma cómo la impresora obtiene su nombre.

Las impresoras de inyección de tinta vienen con ambas tintas, la de color y la negra. La tinta es almacenada en pequeños cartuchos, típicamente un cartucho contiene tinta negra y otro contiene tinta de tres colores. Las impresoras de fotografía tienen un cartucho de tinta negra y un cartucho de tinta de color que contiene cuatro colores.

Estas impresoras no son costosas, por lo que probablemente son tan populares. El rango de precios oscila desde menos $100 (que es aún una buena impresora) a varios cientos de dólares, dependiendo de cuáles opciones extra necesita. El rango de precio es lo que hace a la impresora una de las mejores para la PC.

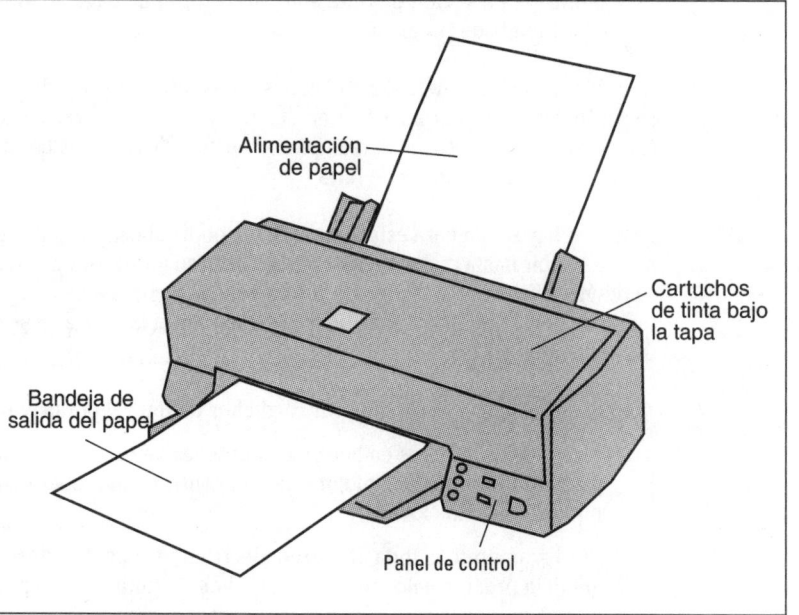

Figura 14-1:
Una típica impresora de inyección de tinta.

Labels: Alimentación de papel · Cartuchos de tinta bajo la tapa · Bandeja de salida del papel · Panel de control

✔ Las impresoras de inyección de tinta no son de ninguna forma sucias. La tinta se seca sobre el papel para el momento en que este sale de la impresora.

✔ Las impresoras de inyección de tinta de terminado ordinario cuestan menos porque son tontas, no contienen electrónica interna para ayudarle a crear la imagen. En lugar de ello, la computadora necesita pensar un poco, lo que demora las cosas. Cuando paga más por una impresora de inyección de tinta, la inteligencia es por lo general incluida con la impresora (y el precio).

✔ Las impresoras de inyección de tinta de precio alto por lo general ofrecen una mejor calidad, mayor velocidad, más opciones de impresión, la habilidad de imprimir en hojas más grandes y otras opciones formidables.

Quedar en quiebra comprando cartuchos de tinta

Gillette hizo su fortuna al abandonar la rasuradota y vender las navajillas. Fue una idea brillante, una que los comerciantes ha intentado emular por más de 100 años, con resultados diversos. Las impresoras de inyección de tinta son una de las emulaciones más exitosas de la idea de Gillette (aunque los intentos de rasurarme con una impresora de inyección de tinta no han resultado). Las impresoras de inyección de tinta son baratas. Donde paga un ojo de la cara es en los cartuchos de tinta.

La inyección de tinta necesita cartuchos para imprimir y cuando esos cartuchos se secan debe comprar nuevos. Por ejemplo, imprimir un gran cartel azul secó el cartucho en mi impresora. El reemplazo cuesta: $25. ¡Y eso es barato! He pagado $50 por algunos cartuchos de tinta.

Tampoco hay salida para esta locura. Antes podía abusar de una cinta de máquina de escribir hasta que estuviera raída, ahora su impresora de inyección de tinta se rehúsa a imprimir si alguno de sus cartuchos de tinta está vacío. Aun si el cartucho de color tiene montones de rojo y amarillo, si la tinta azul se ha gastado, debe reemplazarlo todo.

- Si es posible, intente comprar cartuchos de tinta al por mayor.

- Varios distribuidores en línea y con órdenes de correo ofrecen precios bajos para los cartuchos, mejor que si encontrara una súper tienda de suministros de oficina local.

- Por favor, no responda al correo electrónico spam (no deseado) que anuncia precios bajos por los cartuchos de tinta de reemplazo. Cuantas menos personas respondan a ese correo, menos probable es que continúen enviándolo. (Refiérase al Capítulo 24 para más información acerca del correo electrónico spam).

- Haga una nota sobre el tipo de cartuchos de inyección de tinta que utiliza su impresora. Mantenga el número de catálogo a mano, como pegado en la caja de su impresora, para que siempre pueda ordenar el cartucho adecuado.

- Si el cartucho de tinta tiene boquillas, entonces puede rellenarlo usted mismo. Los equipos para rellenar se venden en cualquier lado y son más baratos que comprar continuamente cartuchos nuevos. Sin embargo, funcionan mejor si el cartucho tiene boquillas. Si el cartucho es solo una canasta de almacenamiento, entonces será mejor si compra nuevos.

✔ Siempre siga las instrucciones para cambiar los cartuchos con cuidado. Los cartuchos viejos pueden tener derrames y tirar tinta en toda su impresora. Le sugiero tener una toalla de papel a mano y colocar el cartucho usado en una bolsa mientras llega al basurero.

✔ ¡No siempre tiene que imprimir en color con una impresora de inyección de tinta! Puede también hacerlo con tinta negra, lo que evita que los cartuchos a color (a menudo costosos) se vacíen. El recuadro de diálogo Print (descrito más adelante en este capítulo) a menudo tiene una opción que le permite escoger si desea imprimir con tinta de color o negra.

Comprar papel especial

No permita que los anuncios de papel costoso lo engañen; su impresora de inyección de tinta puede imprimir en casi todos los tipos de papel. Aún así, el papel costoso sí produce una imagen mejor.

Mi tipo de papel favorito se llama *laser paper (papel láser)*. Tiene una apariencia lustrosa y una textura sutilmente encerada. Los colores se ven mejor en este tipo de papel y los documentos en tinta negra tienen mejor apariencia que imprimir en papel regular de fotocopias.

El mejor (y más costoso) papel para comprar es el papel especial para fotografías. Utilizar este papel con el modo de alta calidad de su impresora imprime imágenes a color que se ven como fotografías. Pero con un costo de $1 la hoja, es un tipo de papel que mejor se usa para ocasiones especiales.

Otro tipo de papel divertido: papel para pegar con plancha. Con este papel, puede imprimir una imagen (revertida) y luego utilizar una plancha para *weld (soldar)* esa imagen a una camiseta. Este papel es popular para esos tipos de camisetas "Estos son mis maravillosos nietos" que llevan puestos los gordos en las ferias.

Impresoras Láser desde Más Allá del Infinito

Si las impresoras de inyección de tinta son para divertirse, las impresoras láser son para trabajar. Usadas principalmente en las oficinas, las impresoras láser son maravillosas para producir texto y gráficos, por lo general en blanco y negro, aunque también hay en color y son muy costosas.

La Figura 14-2 ilustra una impresora de láser típica que por lo general se parece a una máquina de copias agazapada. El papel es alimentado en la impresora por medio de una bandeja. El papel se desliza a través de la impresora y el resultado final sale por la parte superior.

Las impresoras láser funcionan como fotocopiadoras. La diferencia es que la computadora crea la imagen y la graba utilizando un rayo de luz en lugar de un espejo y una barra mágica de luz que se mueve.

Por lo general, usted pagará más por una impresora láser que por una de inyección de tinta. Pero por ese dinero obtiene una impresora más rápida, una que imprime una imagen de mayor calidad y una que es menos costosa de mantener; aunque los tambores del tóner son costosos ($90 y más altos), no necesitan reemplazo tan a menudo como los cartuchos de tinta.

✔ Las impresoras láser crean sus imágenes usando calor. El rayo láser graba una imagen sobre un *drum (tambor).* Ese tambor es luego rociado con algo llamado toner (tóner). El tóner se pega al tambor donde el rayo láser grabó la imagen. El tambor luego pasa sobre el papel donde un rodillo literalmente calentado estampa la imagen al papel. El proceso es tan ingenioso que creería que los extraterrestres pensaron en eso, pero no lo hicieron.

✔ ¡Sea cuidadoso al cambiar los cartuchos del tóner ! No son tan potencialmente sucios como los cartuchos de tinta (que pueden derramarse), pero si se caen se dañan y pueden derramar tóner polvoriento. El tóner se va a todas partes y no es la sustancia más sana.

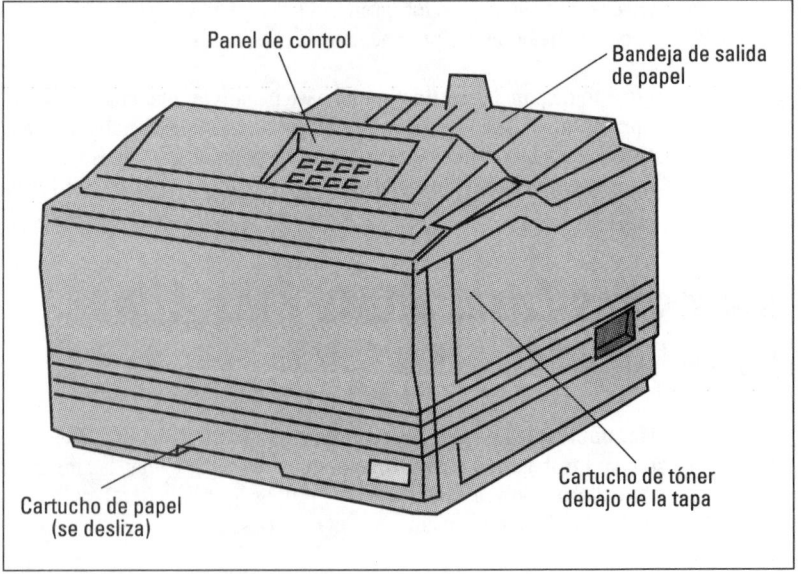

Figura 14-2: Su típica impresora láser agazapada.

Panel de control

Bandeja de salida de papel

Cartucho de papel (se desliza)

Cartucho de tóner debajo de la tapa

Examinar el Control Panel de su Impresora

Cada impresora tienen un Control Panel. Los modelos sofisticados tienen pantallas LCD que despliegan mucho texto: `Printer jammed`; `I'm out of paper`; `That's plagiarism` y así sucesivamente. Otras impresoras, menos sofisticadas, pueden tener solo un botón de encendido-apagado y un botón para expulsar papel. No importa; mire el panel de su impresora ahora.

Debería localizar dos cosas en el panel:

- El botón en-línea o de selección
- El botón para alimentar el formulario

El propósito del botón en-línea o de selección es decirle a su impresora si ignorar o no la computadora. Cuando la impresora está fuera de línea o deseleccionada, la computadora no puede imprimir. Usted pondría la impresora fuera de línea si, por ejemplo, tuviera que desatorarla o si quisiera expulsar una página de papel.

El botón de alimentación de formulario es a menudo necesario para expulsar una página de papel de la impresora. Ahora mismo, no puedo pensar en ninguna instancia donde necesitaría hacer eso, pero sé que he tenido que escribir acerca de eso suficiente y no es un tipo de actividad esporádica.

- La computadora puede imprimir solamente cuando está en-línea o seleccionada.

- Mi impresora de inyección de tinta solo tiene dos botones, en-línea y de alimentación de formulario. Puede realizar otras funciones de la impresora utilizando un recuadro de diálogo especial en Windows.

- Algunas impresoras láser pueden tener un botón en-línea pero no de alimentación de formulario. En ese caso, necesita referirse al manual de su impresora para información sobre la alimentación de un formulario, lo que involucra escoger un elemento del menú o pulsar una combinación de teclas en alguna forma.

- A propósito de manuales, es una buena idea mantener el manual de su impresora a mano. Quizás nunca lo lea, pero si la impresora de repente salta y despliega Error 34, puede buscar qué es `Error 34` en el manual y leer cómo arreglarlo. (Es la voz de la experiencia que habla).

Instalar su Impresora Adorada

Las impresoras son uno de los dispositivos más fáciles de instalar y configurar.

1. **Apague todo: computadora, impresora, todo.**

2. **Conecte la impresora en la consola de la PC.**

   Empiece con el cable de la impresora. ¡Ups! ¿La impresora no venía con cable? Bueno, necesita comprar uno.

   Conecte un extremo del cable a la impresora, el otro va al *printer port (puerto de la impresora)*. Si tiene una impresora USB, entonces conecte el cable USB del puerto USB de su consola.

   El cable tiene diferentes terminales, así que no puede dañar nada.

3. **Conecte la impresora en el enchufe de poder adecuado.**

   No conecte la impresora en una UPS. También debería conectar las impresoras láser directamente en la pared, en una regleta o UPS. Refiérase al Capítulo 2 para más información.

Eso. Está listo con la instalación de hardware.

- Coloque su impresora en alguna parte cerca del alcance de su brazo.

- Si su PC tiene más de un puerto de impresora, conecte su impresora en el LPT1, el primer puerto de la impresora.

- Algunas impresoras USB demandan ser directamente conectadas a la computadora, no conectadas al hub del USB.

- Una sola computadora es capaz de manejar dos impresoras. Usted necesita un segundo puerto de impresora en su PC, pero debe tener un ego terriblemente grande para ser tan posesivo.

- Si tiene algún tipo de dispositivo (CD-R/RW, DVD, escáner o, lo que sea) conectado al puerto de la impresora de su PC, entonces necesita conectar la impresora en ese dispositivo y no a la consola directamente. El dispositivo tendrá dos conectadores en sus ancas. Uno es etiquetado para el cable que va a la consola; el otro es etiquetado para la impresora.

Cargarla con papel

Meta una resma de papel en su impresora. Sí, su impresora necesita papel. Los días de imprimir sobre aire delgado o tabletas mágicas todavía están en el futuro.

Para impresoras de inyección de tinta, cargue el papel en la bandeja, ya sea cerca de la parte inferior de la impresora o saliéndose de la parte superior.

Las impresoras láser requieren que llene un cartucho con papel, parecido a la forma en que funciona una máquina copiadora. Deslice el cartucho completamente en la impresora después de que sea cargado.

✔ Asegúrese de tener suficiente papel.

✔ Puede comprar papel para fotocopiadoras estándar para su impresora.

✔ Algunas impresoras son capaces de manejar tamaños de papel más grandes, como legal o periódico. Si es así, asegúrese de cargar el papel adecuadamente y decirle a Windows o su aplicación que está utilizando un tamaño diferente.

✔ Revise su impresora para ver cómo entra el papel, ya sea hacia abajo o hacia arriba. Y note cuál lado está arriba. Esta información le ayuda a cargar las cosas como cheques para usar con software de finanzas personales. (Refiérase a la sección "Puntos Importantes para Recordar acerca de su Impresora" al final de este capítulo.)

✔ Evite utilizar papeles bond y otros tipos sofisticados en su impresora láser. Estos papeles tienen una capa de polvo de talco que se desprende en su impresora láser y se pega en los trabajos.

Cargarla con tinta (o la sustancia de tinta)

Antes de que pueda imprimir, necesita colocar en su impresora la sustancia de tinta.

Las impresoras de inyección de tinta usan cartuchos de tinta pequeños. Remueva cuidadosamente la envoltura de papel aluminio del nuevo cartucho. Quite la cinta o cobertura, según las instrucciones del paquete. Ahora inserte el cartucho de tinta en la impresora, de nuevo siguiendo las instrucciones para su impresora específica.

Las impresoras láser requieren cartuchos de tóner que se meten. Son fáciles de instalar y vienen con sus propias instrucciones a mano. No aspire el tóner, o se morirá. Algunos fabricantes venden sus cartuchos con sobre de retorno para que pueda enviar el cartucho viejo de nuevo a la fábrica para ser reciclado o desechado adecuadamente.

✔ Le sugiero que compre guantes de hule (o esos plásticos baratos que lo hacen ver como Batman) y utilizarlos al cambiar una cinta o cartucho de tóner.

✔ Otra opción para un cartucho viejo de tóner es recargarlo. Puede llevarlo a un lugar especial donde lo limpiarán y recargarán. Este proceso realmente funciona y a menudo es más barato que comprar cartuchos nuevos.

Contarle a Windows Sobre su Impresora (Instalación del Software)

Probablemente, usted instaló Windows para que funcionara con su impresora cuando compró su PC doméstica. Una de las primeras preguntas que hace Windows es, "¿Cuál impresora está usando?" y usted, o alguien más, siguió los pasos y escogió la impresora adecuada. No hay de qué preocuparse.

Sin embargo, si acaba de comprar una impresora, necesita instalarla manualmente. Conecte su impresora a la PC, si no lo ha hecho antes (refiérase a "Instalar su Impresora Adorada," anteriormente en este capítulo). Asegúrese de que su impresora esté encendida, cargada con papel y lista para imprimir. Luego indíquele a Windows todo sobre su impresora siguiendo estos pasos:

1. **Abra la carpeta Printers.**

   Esto se hace escogiendo Settings⇨Printers en el menú de Start. La ventana de la carpeta Printers enumera todas las impresoras que ya pudo haber conectado a su PC, impresoras de la red, además del bendito icono Add Printer.

   En Windows XP, escoja el Control Panel en el menú de Start y luego haga clic sobre el vínculo Printers and Other Hardware. Haga clic sobre la tarea Add a Print y salte al paso 3.

2. **Abra el icono Add Printer.**

   Haga doble clic sobre el icono Add Printer para abrirlo.

   ¡Mamá, mira! ¡Es el Add Printer Wizard!

Add Printer

3. **Haga clic sobre el botón Next.**

   Los pasos que siguen varían, dependiendo de su versión de Windows. Este es mi consejo:

   - Seleccione solamente la opción de la impresora en red si está en una red. En ese caso, es probablemente mejor pedirle a su gurú de computación ayuda (aunque es más fácil si está acostumbrado a usar la red en Windows).

   - Windows puede detectar su impresora automáticamente, sobre todo si está usando una impresora USB. De lo contrario, necesita conocer el fabricante y número de modelo. Puede tomar esos dos elementos del recuadro de diálogo que presenta el Wizard.

   - También necesita saber cómo la impresora se conecta a la computadora. Según se indicó anteriormente en este capítulo, por lo general es a través del puerto de impresora LPT1.

Una vez no es suficiente

P: En su libro, usted dice que debería recargar un cartucho de tóner láser usado solo una vez. No es así. Los métodos actuales para recargar el tóner le permiten reutilizar un cartucho varias veces.

R: Corrijo. A $120 cada cartucho nuevo, recargar es una opción útil y no costosa.

- Windows puede preguntar por su CD de distribución para cargar los archivos del controlador de la impresora. Si no tiene el CD, entonces intente utilizar la ubicación `C:\Windows\Options\CABS`. Windows puede encontrar los archivos allí.

- Si su impresora vino con un propio CD, quizás necesite instalar programas de ese CD para empezar o terminar la instalación de la impresora. Refiérase a la documentación que viene con el CD.

4. **El paso de instalación final es imprimir una página de prueba en su impresora.**

   Personalmente, estoy sorprendido de que la página de prueba no sea un catálogo y formulario de orden para productos de Microsoft. Esta página asegura que su impresora está conectada adecuadamente y todo está listo para terminar. Es muy gratificante ver esa página impresa.

Operación Básica de la Impresora

A continuación presentamos los pasos requeridos para encender su impresora:

1. **Golpee el interruptor.**

   - Asegúrese siempre de que su impresora esté encendida antes de empezar a imprimir.

   - Su impresora láser no necesita estar encendida todo el tiempo. Las impresoras láser consumen mucha energía cuando están encendidas, aún más cuando están imprimiendo. A menos que tenga una de esas que ahorran energía, solo enciéndala cuando necesite imprimir.

   - Puede dejar las impresoras de inyección de tinta encendidas todo el tiempo porque no consumen mucha corriente.

Imprimir algo, cualquier cosa

Con Windows, la impresión es un pastel. Todas las aplicaciones soportan el mismo comando de impresión: escoja File⇨Print en el menú, haga clic sobre Ok en el recuadro de diálogo Print, y ya tiene una copia dura.

- ✔ El acceso directo común al teclado para el comando de impresión es Ctrl+P.

- ✔ Muchas aplicaciones muestran un icono de la barra de herramientas Print. Si es así, puede hacer clic sobre ese botón para imprimir rápidamente su documento.

- ✔ El icono de la barra de herramientas Print no llama el recuadro de diálogo Print, tan solo imprime todo el documento. Para llamar al recuadro Print, debe usar Ctrl+P o escoger File⇨Print en el menú.

- ✔ Por lo general, es una buena idea tener una vista previa de su impresión antes de que condene a muerte más de los bosques americanos. Muchos programas de Windows tienen un comando File⇨Print Preview que le permite estudiar detenidamente la página antes de que sea imprimida. Salve un búho (o algo así).

Quiero imprimir de lado

Imprimir sobre una hoja a lo largo se llama imprimir con el modo *landscape (horizontal)*. Casi todos los programas de Windows tienen esta opción.

En el recuadro de diálogo Print, haga clic sobre el botón Properties. Haga clic sobre la pestaña Paper en el recuadro de diálogo Properties de su impresora, como se muestra en la Figura 14-3. Haga clic sobre la opción Landscape. Haga clic sobre OK para cerrar el recuadro y luego sobre OK en el recuadro de diálogo Print para imprimir en el modo horizontal.

- ✔ En Windows XP, haga clic sobre el botón Preferences en el recuadro de diálogo Print. Luego utilice la pestaña Layout para establecer la orientación del papel.

- ✔ Algunos programas quizás no utilicen la pestaña Paper en el recuadro de diálogo Properties de la impresora. Por ejemplo, en Microsoft Word, es el comando File⇨Page Setup panel Paper Size. Como sea.

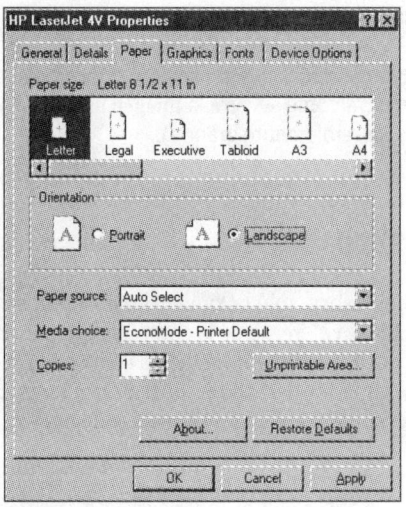

Figura 14-3:
El panel
Paper en el
recuadro de
diálogo
Properties.

Imprimir la pantalla

Aún cuando los teclados tienen un botón llamado Print Screen, no enviará una copia de la pantalla a la impresora. Al menos no directamente. Si en realidad necesita una copia impresa del escritorio de Windows o alguna ventana en la pantalla, siga estos pasos:

1. **Acomode la pantalla para que se vea como la desea.**

2a. **Si desea una captura de pantalla de toda la pantalla, pulse la tecla Print.**

2b. **Si desea una captura de pantalla de solamente la ventana superior en la pantalla, pulse Alt+Print Screen.**

3. **Abra el programa Paint.**

   En el menú de Start, escoja Programs⇨Accessories⇨Paint.

   Aparece el programa Paint en la pantalla.

4. **Escoja Edit⇨Paste.**

   Esta acción pega la imagen en el programa Paint.

   Si un recuadro de diálogo le dice que la imagen es demasiado grande, haga clic sobre el botón Yes.

5. **Imprima la imagen.**

   Escoja File⇨Print para llamar al recuadro de diálogo Print.

6. **Haga clic sobre OK para empezar a imprimir.**

Si la imagen es demasiado grande, quizás desee sacarle provecho al comando File➪Print Preview, el cual muestra cómo se verá la imagen final, así como cuántas páginas se imprimirán (si es increíblemente grande).

Alimentar un sobre

Para meter un sobre en su impresora, solo colóquelo en la ranura especial. A menudo debe abrir una ventanilla en el frente de la computadora para revelar la ranura. Una ilustración especial en la ventanilla le indica cómo colocar el sobre: hacia arriba o hacia abajo o, superior derecho o superior izquierdo. Luego le dice a su software que imprima el sobre y ahí va y se devuelve de nuevo, con todo y dirección en él.

- ✔ Obviamente, alimentar un sobre en una impresora es diferente para cada tipo de impresora.

- ✔ Preste atención a cómo colocar el sobre. ¿Va con el lado largo o el lado ancho, hacia arriba o hacia abajo, parte superior o parte inferior?

- ✔ También obviamente: cada programa tienen un comando diferente para imprimir sobres. Típicamente, debe decirle al programa cómo va el sobre en su impresora, para que sepa en cuál orientación imprimir la dirección.

- ✔ Algunas impresoras requieren que usted pulse el botón On-line o Select para imprimir un sobre. Por ejemplo, en mi impresora yo configuro todo y meto el sobre en la ventanilla y luego imprimo con mi software. Después de unos cuantos segundos, el despliegue de la impresora dice: "Mí alimentar!" que interpreto: "!Pulse mi botón On-line, bobo!" lo que hago y luego imprime.

Puntos Importantes para Recordar acerca de su Impresora

¡Las impresoras no vienen con cables! Debe comprarlos por aparte.

El cable de la impresora no puede tener más de 20 pies de largo. La longitud es ridícula, por supuesto, porque el mejor lugar para su impresora es al alcance de su mano (los cables USB no pueden ser más largos de 12 pies).

Las impresoras no incluyen el papel. Siempre compre papel por parte. Y ahórrelo; vaya a uno de estos almacenes de descuento de papel y compre unas cuantas cajas.

Nunca permita que el tóner de su impresora se baje o que los cartuchos de cinta se sequen. Podrá pensar que exprimir la última gota de tinta le ahorra dinero, pero no es bueno para la impresora.

Las impresoras láser algunas veces muestran una luz de *toner low (tóner bajo)* o un mensaje de advertencia. Cuando lo vea, saque el tóner de la impresora y muévalo de lado a lado. Hacer esto redistribuye el tóner y obtiene más millaje con él. ¡Pero puede hacerlo solamente una vez! Reemplace el tóner viejo tan pronto vea la luz *toner low* de nuevo.

Las impresoras de inyección de tinta le advierten que el cartucho de tinta está vacío, ya sea en su panel o en la pantalla de su computadora. ¡Cambie el cartucho de tinta de una vez! Algunas impresoras son realmente testarudas con esto.

La mayoría de las impresoras tienen fotografías pequeñas que le dicen a usted cómo va el papel. Así es como se traducen los símbolos al inglés:

- ✔ El papel va hacia arriba, la parte superior hacia arriba.
- ✔ El papel va hacia arriba, la parte superior hacia abajo.

Si un lado del papel tiene una flecha, generalmente indica que la parte superior va hacia arriba o hacia abajo. Luego, de nuevo, esto podría estar mal y por eso es que nos dicen que necesitamos empezar a usar tabletas de piedra de nuevo.

Capítulo 15

El Mero Modelo de un Módem Moderno

Las comunicaciones de las computadoras han recorrido un largo camino. Los modems fueron una vez considerados un periférico costoso. ¡Ya no más! Recientemente ordené una PC sin módem y el distribuidor pensó que estaba loco. Oh, ¡los tiempos han cambiado!

Este es el capítulo de su módem. Es un capítulo de hardware, porque el lado de software de utilizar un módem es todo Internet, Internet, Internet, que explico en la Parte V de este libro. Este capítulo explica la módem-manía sin perderse en la jungla revoltosa de la jerga que confunde las comunicaciones de las computadoras.

¿Qué Hace un Módem?

Poéticamente, un módem toma los unos y los ceros rudos del lenguaje de computación y los traduce en tonos; canta literalmente información binaria por las líneas telefónicas a otros modems. Los otros modems luego toman la canción y la traducen de nuevo en unos y ceros para las otras computadoras.

Científicamente, el módem toma la información digital de su computadora y la traduce en señales análogas (sonidos) que pueden ser enviadas por líneas telefónicas comunes. Convertir información digital en análoga se llama *modulation (modulación)*. Convertir a la otra forma es *demodulation (demulación)*. Así que un módem es un MOdulador-DEModulador.

- ✔ Usted (el humano) en realidad no utiliza el módem directamente. En lugar de ello, el software de las comunicaciones es responsable de enviar y recibir información utilizando el módem.

- ✔ El software de comunicaciones marca al módem, el cual se conecta con otro módem y luego pone a las dos computadoras a conversar.

- ✔ La mayoría de los modems se conectan a los puertos seriales. Esto es cierto aún si usted tiene un módem de intervalo. Refiérase al Capítulo 9 para información confidencial sobre puertos.

- ✔ Algunos modems de alta velocidad pretenden estar conectados al hardware de redes de su computadora. Esto suena complejo, pero es una forma más veloz de comunicarse con la computadora.

- ✔ Hay más bromas de módem en el mundo de las computadoras que en cualquier otra parte, por lo general con la gracia, "¿Cuántos *modems* desea?"

Opciones del Módem

Hay un billón de tipos diferentes de modems disponibles, modelos internos y externos, modelos con diferentes velocidades y opciones, diferentes marcas y precios desde súper baratos hasta carísimos. ¡Es una locura por los modems!

¿Vive este adentro o afuera de la computadora?

Los modems vienen en dos razas diferentes:

Internos: Este tipo de módem calza dentro de la consola de su computadora. Es la raza más común, porque la mayoría de las computadoras son vendidas con modems internos preinstalados.

Externos: Este tipo de módem vive en su propia caja que viene fuera de la consola de su computadora. Existe principalmente como una actualización para computadoras con modems anteriores no internos.

Ambos tipos funcionan exactamente en la misma forma; el módem externo tiene una pequeña caja plástica que alberga el mecanismo, además de un cordón de energía extra y cable para conectarlo a un puerto serial.

- ✔ Los modems internos son más baratos. Estos se conectan en una ranura de expansión dentro de su computadora. La parte trasera de la tarjeta es visible en la parte trasera de su computadora, que es donde sus líneas telefónicas se conectan y cuelgan.

- ✔ Los modems externos cuestan más porque usted tiene que pagar por su caja plástica. También tiene que comprar un cable serial para conectarla al puerto serial de su PC.

Normalmente, enumeraría los pros y contras de cada tipo de módem aquí, pero como los modems internos son bastante comunes, no hay necesidad de decir tonterías sobre cualquier diferencia. Para la posteridad, sepa que yo prefiero los modems externos a los internos. Diantres, todavía tengo todos mis modems externos y funcionan.

Siento la necesidad de la velocidad

Al igual que algunas computadoras son más rápidas que otras, algunos modems son más rápidos que otros. Pero todos los modems son relativamente compatibles: los más rápidos pueden todavía hablarle a los más lentos.

La mayoría de los modems vendidos actualmente corren en un clip de 56K, en que K es kilobits por segundo o cuántos bits puede echar de reojo un módem por la línea telefónica en un segundo. Los modems más lentos están afuera y solo porque el módem es capaz de 56K no significa que siempre se conectará a esa velocidad. Por ejemplo, la mayoría de las conexiones de AOL corren a 28K máximo.

- ✔ Para ir más rápido que 56K, necesita un tipo de módem que no utiliza las líneas telefónicas estándar, como por ejemplo un DSL, módem de cable o alguna otra tecnología costosa y aterradora. Refiérase a la sección "La tierra feliz de los modems," más adelante en este capítulo, para los detalles completos.

- ✔ La velocidad del módem es medida en kilobits por segundo. La mayoría de las personas utiliza el término "K" como la frecuencia de la velocidad, o a menudo Kbps. Antiguamente "bps" era la calificación, pero como los modems modernos corren a 1000 de bps, la K fue adoptada en su lugar.

- ✔ Esa no es la misma K utilizada en la memoria o tamaño del disco. Un archivo de 100KB es 100 kilobytes o aproximadamente 100,000 bytes en tamaño.

- ✔ Probablemente está leyendo esta oración en lo que sería el equivalente de 300 bps (3K), pero a esa lenta velocidad, bajar una página Web tomaría varios minutos.

- ✔ Windows le dice la velocidad de conexión del módem cuando se hace una conexión. Notará que la velocidad siempre es menos que lo que el módem es físicamente capaz. La velocidad más lenta se debe a las condiciones de la línea telefónica y la condición general de la conexión. Algunas veces será rápida y buena, otras será más lenta. Generalmente, no hay nada que pueda hacer para mejorar la velocidad (a pesar de los anuncios en la Internet que dicen lo contrario).

▸ Algunas personas utilizan la palabra *baud* para describir la velocidad de un módem. Eso no es preciso. El término correcto es bps. Corríjalas entusiásticamente si desea sonar como un fanático de computación verdadero.

"¿Qué es esa cosa de fax-módem?"

Los desarrolladores del módem notaron la similitud entre la tecnología del módem y la tecnología de una máquina de fax hace varios años. Pudieron fácilmente combinar las dos y el resultado se llamó fax modem.

Con el software adecuado, un fax módem puede comunicarse no solo con otras PC y modems, sino también con máquinas de fax. Fue un día glorioso para las masas de computación de entonces.

Hoy día, casi todos los modems tienen la habilidad de enviar o recibir un fax. Es como tener una transmisión automática en su auto, tan solo no es suficiente para presumir.

Para usar su módem como un fax, necesita software de fax especial. Algunas versiones de Windows vienen con un programa llamado Microsoft Fax para hacer la tarea. Afortunadamente, su módem funciona con un software de fax especial que es (apuesto un billón de dólares) mucho, mucho más fácil de comprender y usar que cualquier cosa que Microsoft podría soñar.

La tierra feliz de los modems

Hace mucho tiempo había dos tipos de modems: los inteligentes y los tontos. ¡No estoy inventando eso!

Los modems se llamaban *smart (inteligentes)* si podían marcar el teléfono y contestar y si el software podía controlarlos.

Los modems tontos (y este término abre una lata de gusanos) eran simplemente dispositivos por lo general controlados por dos o más interruptores. Usted marcaría manualmente un número telefónico y luego encendería el módem y colocaría el teléfono en una cuna. Tonto. Tonto. Tonto.

¡Póngalos celosos con una línea T1!

La forma más rápida entre las rápidas para conectar su computadora a la Internet es la línea T1. Esta es una línea digital dedicada que la compañía telefónica conecta directamente a su casa u oficina.

T1 viene en velocidades desde 56K hasta 1,500K, pero con un solo precio. No solamente necesita pagar por la línea T1 (a la compañía telefónica y a su Proveedor de Servicios de la Internet), sino también necesita pagar una parte especial de hardware llamada computadora rutero dedicada o "servidor" para manejar todo el trabajo. Esto es parte de un montón de trabajo y costo, pero si desea conducir el Cadillac de las conexiones de la Internet, es la ruta por seguir.

Sin embargo, la T3 es más veloz que la T1. Este tipo de conexión es utilizado sobre todo por empresas grandes o proveedores de servicios de la Internet.

Hoy día, todos los modems son inteligentes. Pero en el mundo de los modems inteligentes hay diferentes tipos disponibles. Algunos están diseñados para operar de una cierta forma y otros requieren un servicio especial para usar su velocidad extra. A continuación presentamos una corta lista y el resumen aparece en la Tabla 15-1:

Módem típico, estándar. Los modems estándar pueden conectarse a su sistema telefónico existente. El precio varía de acuerdo con la velocidad; la velocidad superior actual de 56K le cuesta entre $50 y $150, dependiendo de la marca y modelo.

WinModem. Este tipo de módem no contiene ninguna maravilla real. En lugar de esto, la computadora hace el procesamiento. Esto puede sonar como un montón de gastos, pero la ventaja es que puede actualizarse a las maravillas del módem utilizando software. Comprar un nuevo módem es cosa del pasado; solo actualice el software del módem suave y tienen uno nuevo, o al menos eso dicen.

Módem ISDN. El próximo paso desde el módem tradicional es el modelo ISDN. Este requiere que tenga el servicio ISDN, el cual puede instalar su compañía telefónica (y alegremente cobrarle) y está disponible casi en cualquier lugar. Además de eso, necesita un módem ISDN, que duplica la velocidad de su conexión a la Internet.

Módem DSL. Este tipo de módem le brinda acceso rápido al sacar ventaja de frecuencias no usadas en la línea telefónica, como aquellas pausas cuando su adolescente le dice, "Yo no, ¿qué quiere hacer usted?" Aparte de la disponibilidad limitada, la única desventaja es que debe estar en un radio de unas cuantas millas de las oficinas de la compañía telefónica para obtener el servicio de DSL. Oh, y también es costoso. Y si se descompone, la compañía telefónica necesitará mucho tiempo para arreglarlo. (En realidad, la compañía telefónica y su ISP disputan sobre de quién es el trabajo de arreglar cosas).

Módem Satélite. Combinado con una antena externa y una suscripción al servicio satélite, esta es una de las opciones de módem más veloces. En algunas configuraciones, el módem brinda las habilidades de enviar y recibir. En otras configuraciones, el satélite solamente envía información de la Internet; aún necesita un modem de línea telefónica estándar para enviar información a la Internet.

Cable módem. Este tipo de módem es el más veloz que puede conseguir, ¡a menudo más rápido que lo que la computadora puede tolerar! Dos horribles desventajas: necesita vivir en un área atendida por una compañía de cable que ofrece acceso al cable-módem y cuando más de sus vecinos empiezan a utilizar sus modems de cable, la velocidad general disminuye. ¡Pero a las 2:00 a.m., su módem de cable *humea!*

✔ El módem para el sistema telefónico sencillo y viejo también se llama módem POTS. POTS significa Plain Old Telephone System.

✔ ISDN significa Integrated Services Digital Network.

✔ Otra ventaja del ISDN es que puede a menudo recibir faxes y utilizar un teléfono estándar en las mismas líneas que su conexión al módem.

✔ DSL significa Digital Subscriber Line. Existen variaciones, como ADSL y otras opciones *algo*-DSL. Su compañía telefónica sabe más acerca de eso que yo.

✔ Los servicios ISDN, xDSL, satélite y de cable le cobran tarifas adicionales para conectarse. Así que además de pagar más por un módem más sofisticado y pagar por el acceso a la Internet, debe pagar por la conexión.

Tabla 15-1	Comparación de Modems, Precio y Velocidad	
Tipo de Módem	*Precio Promedio*	*Velocidad (en bps)*
Estándar	$80	56K
Módem suave	$140	56K
Módem ISDN	$300	128K hasta 512K
Módem Satélite	$300	512K
Módem DSL	$400	8,000K
Módem de Cable	$180	30,000K

Conectar su Módem

Configurar un módem es tan fácil que un médico retirado de 65 años podría hacerlo. Las próximas secciones le dicen cómo.

✔ La mejor forma de usar un módem es con la línea telefónica. Casi todas las casas o apartamentos tienen la habilidad de tener una segunda línea agregada sin pagar el cableado extra. Si es así, haga que la compañía telefónica conecte esa línea y utilícela para su módem. ¿Por qué? Porque . . .

✔ No puede utilizar su teléfono mientras su módem está hablando. De hecho, si alguien toma otra extensión de esa línea, mutila la señal y posiblemente pierda su conexión, sin mencionar que él o ella escuche ese sonido horrible. Por cierto . . .

✔ Para deshabilitar la Call Waiting, debe prefijar cada número de marcado del módem con *70, (o lo que el comando necesite para deshabilitar la Call Waiting de su compañía telefónica). Eso es asterisco, 70 y una coma. Así que si está marcando 555-1234, necesita introducir *70,555-1234 como el número telefónico. (La coma brinda una pausa en el comando de marcado, así que si necesita una más larga, solo agregue una segunda o tercera coma).

Conectar su módem

En el mejor de los mundos (donde los pájaros azules le ayudan a vestirse en la mañana) alguien más ha instalado su módem. Su trabajo es solo conectarlo a la pared.

La Figura 15-1 muestra cómo se puede ver la parte trasera del módem interno. Hay dos enchufes de teléfono. Conecte un extremo del cable del teléfono en el orificio de la línea. Conecte el otro extremo del cable a la pared.

Figura 15-1:
Cosas
importantes
de la parte
trasera de
un módem
interno.

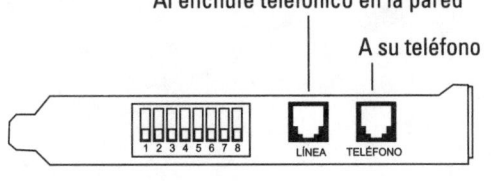

Al enchufe telefónico en la pared

A su teléfono

Si el módem interno tiene un solo enchufe de teléfono, entonces lo conecta a la pared.

No importa cuál extremo del cordón telefónico vaya a la pared y cuál al módem; conectar un módem es como conectar un teléfono. Si un teléfono ya está conectado a la pared, desconéctelo. Entonces, conéctelo al orificio del teléfono en la parte trasera de su módem.

- ✔ ¿Cómo sabe que hizo las cosas bien? ¡Inténtelo! Si el módem no marca, entonces cambie los cordones.

- ✔ Estas instrucciones aplican a un módem estándar. Si tiene un módem de cable, DSL, u otro módem sofisticado, entonces probablemente tendrá a alguien más que pueda configurárselo.

- ✔ Los modems externos también requieren que usted los conecte al puerto COM1 o COM2 de su computadora utilizando un cable serial (que debe comprar por aparte). Adicionalmente, el módem externo también debe estar conectado al enchufe de la pared.

Decirle a Windows sobre su módem

Después de configurar su módem, debe decirle a Windows sobre él. Esta tarea no es tan dolorosa como solía ser; abra el icono Modems del Control Panel. Verá el recuadro de diálogo Modems Properties, como se muestra en la Figura 15-2.

Haga clic sobre el botón Add y luego trabaje a través del asistente para hacerlo detectar e instalar su módem. Mi consejo es no hacer que Windows detecte automáticamente su módem; solo selecciónelo de la lista de fabricantes y modelos.

Además de ejecutar el asistente, también necesita instalar el software de su módem. Esto viene en un CD que acompañaba al módem en el recuadro. Meta el CD en la unidad de CD-ROM y siga las instrucciones que ofrezca.

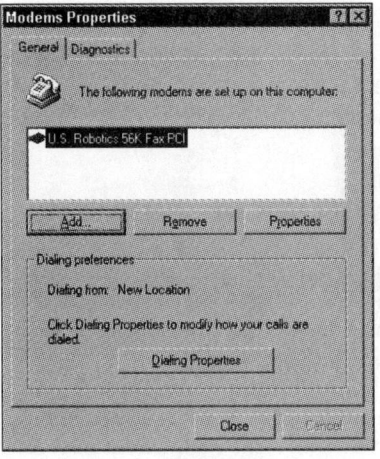

Figura 15-2:
Dígale a Windows todo sobre su nuevo módem en el recuadro de diálogo Modems Properties.

Al continuar su fina tradición de duplicar el número típico de pasos para completar cualquier cosa, Windows XP le hace obtener el recuadro de diálogo Modems Properties por medio de esta ruta extraña: escoja el Control Panel del menú de Start. Haga clic sobre el elemento Network and Internet Connections. Haga clic sobre Phone and Modem Options. Haga clic sobre la pestaña Modem en el recuadro de diálogo Phone and Modem Options. Desde allí, puede hacer clic sobre el botón Add para agregar un nuevo módem. (Y Windows XP supuestamente facilita las cosas. Sí, claro).

Algunos Consejos para el Módem

Las personas que le dicen que no tienen ningún problema con sus modems están mintiendo o intentando venderle uno (o ambos). Probablemente, hay un término psicológico llamado *modem woe (infortunios del módem)*. Estoy seguro de eso.

Las siguientes secciones deberían suministrarle algún alivio instantáneo del módem. Si no es así, refiérase al Capítulo 27 para información acerca de ejecutar el Modem Troubleshooter en Windows.

Hacer que el módem aparezca aun cuando Windows no lo vea

Si Windows alguna vez pierde el rastro del módem (que ocurre a menudo), no se desespere. Solo intente de nuevo y Windows parecerá mágicamente encontrar el módem.

> ✔ No se culpe cuando esto ocurra.
>
> ✔ Si tiene un módem externo, revise de nuevo para asegurarse de que esté encendido antes de marcar. (Algunas veces este problema de: "el módem' no está allí" ocurre cuando apaga y enciende otra vez el módem externo).

Lidiar con larga distancia "local"

Las compañías telefónicas parecen deleitarse en forzarnos a marcar nuestros propios códigos de área para *larga distancia local*. Este requerimiento comete un error con algunos programas de módem, que asume eso porque el número está en su código de área, ¡no es larga distancia!

Para hacer que Windows crea que la larga distancia local no es local, abra el recuadro de diálogo Modems Properties, como se describió anteriormente en este capítulo. Haga clic sobre el botón Dialing Properties y luego haga clic sobre el botón Area Code Rules. Será presentado con el recuadro de diálogo Area Code Rules, donde puede indicarle al viejo estúpido Windows cuándo marcar el código de área, cuándo prefijar 1 en el número de larga distancia "local".

En Windows XP, haga clic sobre la pestaña Dialing Rules en el recuadro de diálogo Phone and Modem Options. Utilice el botón Edit para cambiar las reglas para marcar números de larga distancia y larga distancia local para la ubicación destacada en el recuadro de diálogo.

¡Marca demasiado rápido!

Los modems marcan números telefónicos solos. Pueden marcar lentamente. Luego pueden marcar rápido. Pero ese no es un problema. Lo que puede ser un problema es cuando necesita marcar un 9 ó un 8 antes de que el número de teléfono obtenga una línea externa. Eso significa que el Sr. Módem debería esperar después de que el 9 u 8 antes de marcar el número, o termina conectado con la buena mujer que le dice que si no puede utilizar un teléfono, puede igualmente correr de la civilización y empezar a reunir yaks.

Para poner lento su módem después de que marque un 8 ó 9 para obtener una línea externa, agregue una coma después del 8 ó 9 en el número que marca. Por ejemplo:

```
8,11-202-555-7892
```

El número anterior es lo que yo marcaría para conectarme al salón de guerra del Pentágono. Pero como mi hotel en Minsk tiene una conexión lenta, metí una coma después del 8.

Cambiar su ubicación por una "laptop"

Si utiliza una PC portátil, necesita decirle a Windows sobre su nueva ubicación para que pueda marcar el módem adecuadamente desde donde esté.

1. **Despliegue el recuadro de diálogo Modems Properties.**

   Las instrucciones para hacer esto son enumeradas anteriormente en este capítulo.

2. **Haga clic sobre el botón Dialing Properties.**

3. **Haga clic sobre el botón New.**

   Las palabras `New Location` aparecen en el recuadro de texto I Am Dialing From.

4. **Digite un nombre para donde quiera que esté.**

   Por ejemplo, cuando visito San Diego, tengo una entrada separada para el Hilton (fuera de la playa) y la casa de mi mamá (en El Cajon).

5. **Digite el código de área, el país y otras estadísticas vitales para su ubicación remota.**

   Aquí le está diciendo a Windows cómo marcar números telefónicos diferentes desde esa nueva ubicación. (Windows es inteligente y sabe sobre larga distancia).

6. **Haga clic sobre OK para guardar la información en el disco.**

La próxima vez que utilice el recuadro de diálogo Dialing Properties, puede seleccionar cualquiera de sus ubicaciones de la lista desplegable I Am Dialing From. En esa forma, no tiene que digitar de nuevo la información cada vez que esté en la carretera.

✔ Bueno, Windows XP de nuevo. Para configurar una nueva ubicación, llame al recuadro de diálogo Phone and Modem Options, descrito anteriormente en este capítulo. Luego puede continuar con el paso 3 anterior.

✔ Usted utiliza el recuadro Dialing Properties cuando emplea Windows para marcar el módem. Esto puede ser para una conexión a la Internet o a un sistema local.

✔ Al decirle a Windows el código de área y ubicación desde donde está llamando (además de la otra información), se evita tener que digitar de nuevo la información cada vez que visita esa ubicación.

✔ Guarde el elemento Default Location para donde esté su "laptop" la mayoría de las veces.

Capítulo 16

Las Montañas Están Vivas con los Sonidos de la PC

Do, re, mi, fa, sol, la, si, ¡DOS!

Aún cuando la primera PC IBM tenía un parlante, podía solamente hacer *BIP*. Los juegos podían reproducir canciones tontas pero nada como sinfonías. Afortunadamente, unas cuantas compañías empezaron a crear *sound cards (tarjetas de sonido),* sobre todo para que los jugadores pudieran escuchar música y gruñidos de espacios primitivos. Entonces, con el tiempo, la circuitería del sonido se volvió parte de la tarjeta madre. Incorpore un par de parlantes estéreo y un sub-búfer y tiene la PC melódica de hoy.

Este es el capítulo de sonido de su PC. ¡Enfréntelo, el sonido es *divertido!* Por supuesto, puede sentirse bien y afirmar que utiliza el sonido para las *business presentations (presentaciones de negocios)* y *educational uses (usos educativos),* pero lo que realmente desea escuchar es el *THWOK!* conforme el club hace contacto perfecto con la bola en el famoso juego de Microsoft Golf.

Sonido en Su PC

Todas las PC tienen circuitería de sonido incorporada. Hubiera tenido que instalar el Way-Back-Machine para 1993 o algo así para encontrar una PC sin sonido. La circuitería de sonido ofrecida hoy día es buena. La única vez que necesitará mejor equipo de sonido es si piensa hacer un audio con calidad profesional de estudio. Aún así, todo lo que necesita es una tarjeta de sonido profesional (y el software costoso para controlarla).

"¿Cómo puedo saber si mi PC tiene sonido?"

Demasiadas personas me escriben preguntas sobre si su computadora puede o no pitar y chillar con una tarjeta de sonido. ¿Cómo puede saber si su tarjeta de sonido está instalada? Fácil: mire en la parte trasera.

Su PC debería tener conectadores de sonido en su parte trasera si tiene una tarjeta de sonido instalada. Debería poder ser capaz de encontrar tres enchufes pequeños llamados mini-din; aceptan pequeños enchufes de audio de ⅛ pulgadas. Los enchufes son llamados Mic, Line In, Line Out o Speakers.

Si su PC tiene los enchufes, entonces puede producir sonido. Si el sonido no está trabajando en ese punto es un problema de software. (Podría revisar con el distribuidor de computadoras si aún no puede escuchar sonido).

Si hay dos grupos de enchufes de sonido, entonces el segundo grupo aparece por lo general en una tarjeta de expansión, ya sea una tarjeta de música de alto octanaje o la tarjeta de expansión DVD. Use ese grupo.

La tarjeta de sonido

Cuando su PC tiene una tarjeta de sonido, ya sea una tarjeta de expansión o circuitería en la tarjeta madre, es capaz de hacer más que bip por el parlante.

La primera cosa que la tarjeta de sonido hace es reproducir *wave sounds (sonidos de onda)*, que son los sonidos grabados que usted escucha cuando enciende la computadora o ejecuta un programa. Estos son también los sonidos que escucha cuando juega con su computadora: un tintineo para una respuesta correcta, el sonido de su oponente diciendo "ouch" o el sonido de conchas de 9mm golpeando el piso de concreto. Todos son sonidos de ondas.

La segunda cosa que la mayoría de las tarjetas de sonido puede hacer es reproducir música. Incluido con la circuitería de audio básica hay un sintetizador musical que puede utilizar para reproducir archivos MIDI, los cuales producen música casi realista en los parlantes de la PC.

Por último, las tarjetas de sonido amplifican y reproducen música de la unidad de CD-ROM de su computadora.

✔ Con un micrófono y el software adecuado, puede también utilizar la tarjeta de sonido de la PC para grabar su propia voz. Refiérase a la sección, "Grabar su voz", más adelante en este capítulo, para más información.

✔ Para utilizar la tarjeta de sonido necesita tener sonidos que reproducir. La mayoría de estos sonidos están incluidos en programas de juegos, que le sacan el mayor provecho al hardware de sonido de su PC. De lo contrario, puede crear sus propios archivos de sonido o bajarlos de la Internet.

✔ Por cierto, los archivos de sonido ocupan una gran cantidad de espacio en el disco. Esa es la razón por la cual la mayoría de los sonidos digitalizados están limitados a pequeñas explosiones como movimientos y bolas de golf.

✔ Los sonidos de onda son guardados como archivos WAV.

Parlantes

Su computadora necesita parlantes para que pueda escuchar los sonidos que hace la tarjeta de sonido. Las PC vienen con parlantes o los ofrecen como opciones. Si no, comprar un juego de parlantes con un sub-búfer cuesta $80 o más en su tienda de computación local o de suministros de oficina.

✔ La calidad de los parlantes no es realmente importante. A menos que sea un "audiófilo" duro de matar, no veo el punto de gastar demasiado dinero en parlantes para la PC. Sin embargo, recomiendo parlantes externos en lugar del monitor con parlantes incorporados. La calidad es mejor.

✔ Es mejor operar sus parlantes en forma eléctrica y no con baterías. Si sus parlantes no vinieran con un adaptador de energía AC, puede generalmente comprar uno.

✔ ¿Sub-búfers? Estas cajas se sientan sobre el piso debajo de su PC y amplifican sonidos. Realmente dan atractivo al bajo en la música y el ruido sordo de su enemigo que entra en un juego tiene más impacto. ¡Los recomiendo!

✔ Si pone los parlantes en su escritorio, recuerde que estos tienen imanes. Si hay disquetes demasiado cerca, especialmente detrás de los parlantes, entonces perderán información.

Divertirse con Sonidos en Windows

Si tiene tiempo para gastar, puede convertir su computadora de negocios inteligente en una computadora de negocios mentecatas agregando sonidos a Windows. No voy a entrar en detalles aquí, porque esta es un área de juego abierta para jugar. Pero le mostraré el área de juego.

El área de juego del sonido

La central de sonidos en Windows es el recuadro de diálogo Sounds and Multimedia Properties, que puede obtener de cualquier Control Panel cercano. A continuación indicamos cómo:

1. **Abra el icono Sounds and Multimedia en el Control Panel.**

   En el menú de Start, escoja Settings⇨Control Panel. Luego haga doble clic para abrir el icono Sounds and Multimedia.

   En Windows 98, el icono se llama Sounds.

   En Windows XP, haga clic sobre el vínculo Sounds, Speech and Audio Devices y luego haga clic sobre la tarea "Cambiar el esquema de sonido".

   Sin importar cómo llega allí, se abre un recuadro de diálogo para configurar sonido, que se ve parecido a la Figura 16-1.

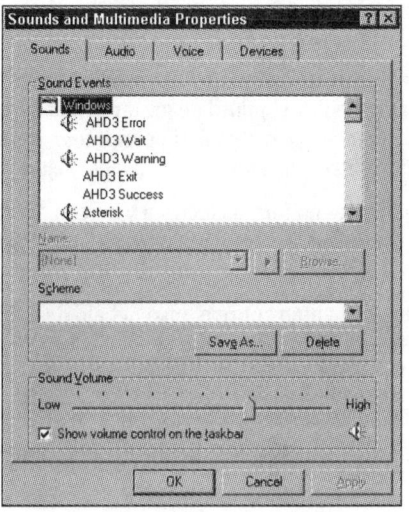

Figura 16-1:
El recuadro
de diálogo
Sounds and
Multimedia
Properties.

2. Juegue.

El recuadro de diálogo muestra una lista de eventos, que son varias cosas hechas por Windows o sus aplicaciones. Puede aplicar un sonido específico a cualquiera de esos eventos.

Por ejemplo, desplácese hacia abajo al elemento New Mail Notification. Es donde puede decirle a Windows reproducir un sonido cuando tiene un mensaje de correo (en Outlook Express). Para asignar un nuevo sonido, destaque ese elemento y utilice la lista que baja para sacar un nuevo sonido o utilice el botón Browse para buscar un sonido en una ubicación específica en el disco duro.

El botón del pequeño triángulo "play" se usa para reproducir el sonido.

Para quitar un sonido de un evento, escoja (None) en la parte superior de la lista de desplazamiento.

3. ¡Juegue y diviértase!

4. Haga clic sobre OK para volver al trabajo.

Windows viene con varios grupos de esquemas de sonido preasignados. Puede escogerlos en la lista que desplegable Scheme o guardar su propio esquema de sonido personalizado utilizando el botón Save As.

✔ Si no puede encontrar un evento en la lista, no puede asignar un sonido a él.

✔ El recuadro de diálogo Sounds Properties es usado para asignar sonidos a eventos. Windows no está actualmente equipado para reproducir archivos MIDI o MP3 para ciertos eventos. Para hacer que eso ocurra, necesita convertir el archivo MIDI o MP3 en un archivo de formato WAV.

✔ La mejor fuente para sonidos es la Internet, ya que hay bibliotecas de páginas Web llenas de muestras de sonido.

✔ No se sienta avergonzado cuando llama para pedir soporte técnico por alguna razón y cada vez que le dicen que abra esta u otra ventana, Mary Poppins dice, "¿Spit-spot?"

✔ Refiérase a la sección "Grabar su voz" para más información acerca de grabar sonidos.

✔ Cuando eventualmente tiene su propio grupo de sonidos eclécticos, pero importantes para usted, guárdelos como una Scheme. De esa forma, puede instantáneamente restaurar las configuraciones de sonido utilizando la lista que desplegabe Scheme, donde su esquema aparece en la lista junto a los propios esquemas de Windows.

Reproducir sonidos

Es fácil reproducir cualquier archivo de sonido en Windows, ya sea un archivo WAV, MIDI, MP3 o lo que sea: solo haga doble clic para abrir el archivo y el sonido se reproduce.

El programa que reproduce los sonidos es el Windows Media Player, a menos que haya instalado cualquier cosa mejor que el suyo propio. La Figura 16-2 muestra el Windows Media Player, que puede verse diferente en su computadora. (Es uno de los programas más cambiantes de Windows; use el botón Skin Chooser para que comprenda lo que quiero decir).

No entraré en detalles aquí sobre el Media Player o cualquiera de sus cientos de opciones; es un programa que realmente anima el juego.

✔ Considere crear Playlists de música (o archivos de sonido) que le guste escuchar. Haga clic sobre el botón Media Library y siga las instrucciones para crear sus propia lista de biblioteca.

✔ Algunas versiones de Windows mantienen los archivos de música en la carpeta My Music, que puede encontrarse dentro de la carpeta My Documents. Aquí es donde la mayoría de los archivos de música que baja de la Internet serán guardados, aunque lo motivo para que cree aún más carpetas dentro de la carpeta My Music para categorías específicas o "álbumes" de música.

¿Por qué son los archivos MP3 tan grandes?

P: Hay algo que no puedo comprender. ¿Por qué son los archivos MIDI más pequeños que los MP3, aún cuando los archivos MIDI reproducen tanto como los archivos MP3? ¿No es el MP3 más nuevo y más comprimido? Entonces ¿por qué es tan grande? Un archivo MP3 de tres minutos es más o menos 3MB, pero un archivo MIDI similar es tan solo 30KB. Estoy muy confundido.

R: Un archivo MIDI solo contiene ilustraciones para reproducir el sintetizador interno de la PC. Usted sabe: "Reproduzca D# por .125 segundos", que es solo aproximadamente cuatro bytes de código. Los archivos MP3, sin embargo, son grabaciones de audio comprimidas que se reproducen por los parlantes. Por lo general, los archivos MP3 son de 1MB para cada minuto de sonido, lo que es realmente bueno cuando se compara con otros formatos de archivo de sonido.

- ✔ MP3 es un formato de archivo de onda especial que reproduce música de alta calidad en los parlantes de su PC. Refiérase al Capítulo 25 para información acerca de obtener archivos MP3 de la Internet.

- ✔ MIDI significa Musical Instrument Digital Interface. Es el estándar para grabar música electrónica.

- ✔ Los archivos MIDI no contienen música grabada. En lugar de ello, contienen notas además de información sobre los instrumentos que reproducen esas notas. En alguna forma, el archivo MIDI "reproduce" el sintetizador en la tarjeta de sonido de su PC.

- ✔ Al utilizar el software adecuado, además de algunos instrumentos musicales MIDI, puede crear sus propios archivos MIDI.

Grabar su voz

Si conecta un micrófono a su PC, puede grabar su voz. Aparte del micrófono, necesita software. El software de grabación puede venir con su PC o tarjeta de sonido o bien, utilizar un programa de Windows llamado Sound Recorder.

Para la mayoría de las versiones de Windows, inicie el Sound Recorder en el menú de Start escogiendo Programs⇨Accessories⇨ Entertainment⇨Sound Recorder.

En Windows XP, en el menú de Start escoja More Programs⇨Accessories⇨ Entertainment⇨Sound Recorder.

Aparece la ventana de Sound Recorder, como se muestra en la Figura 16-3.

Figura 16-2:
El Windows Media Player es una de sus configuraciones más fáciles.

Figura 16-3:
El Sound Recorder.

 Aliste el micrófono y luego haga clic sobre el botón de grabación. Empiece a hablar o cantar. Si no está inspirado, diga "Sanky Winkervan hace los mejores pasteles de carne".

 Para detenerse, haga clic sobre el botón de parada.

 Para escucharse, haga clic sobre el botón Play.

Guarde su trabajo en el disco escogiendo el comando File➪Save As, como lo haría con cualquier archivo en cualquier aplicación.

 ✔ Si no puede encontrar Sound Recorder en el menú de Start, use el comando Find (explicado en el Capítulo 7) para encontrar el archivo llamado SNDREC32.EXE.

- ✔ Si el comando Find no puede localizar el Sound Recorder en su computadora, puede agregarlo desde el CD de Windows. Su libro favorito en Windows debería tener esta información en él o puede visitar la siguiente página Web en `www.wambooli.com/help/PC/Sounds/` **para más información.**

- ✔ A menudo más programas de grabación de sonido de Sound Recorder vienen con la tarjeta de sonido de su PC.

- ✔ ¡Los archivos de sonido son enormes! Aunque reproducir y recolectar sonidos es divertido, esté alerta de que ellos ocupan mucho espacio.

- ✔ Si tiene una unidad de Zip, sepa que los discos Zip son un excelente lugar de almacenamiento para los archivos de sonido.

- ✔ El Sound Recorder puede también grabar sonidos desde el enchufe Line-In en su PC. Solo haga clic sobre el botón Record y reproduzca el sonido.

Ajustar el volumen

Es posible configurar cuán fuerte reproduce los sonidos su PC en dos lugares diferentes. El primer lugar es un lugar de hardware: la perilla de volumen en los parlantes de su PC. Algunas veces, la perilla puede también estar en el sub-búfer, si tiene uno de esos. Y algunos parlantes baratos de la PC no tienen una perilla de volumen del todo.

 El segundo lugar para ajustar el volumen es la Volume Thing en el System Tray, como se muestra en la Figura 16-4.

Figura 16-4:
Configure el
volumen de
su PC aquí.

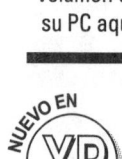 En Windows XP, podría necesitar hacer clic sobre las flechas << para ver el Volume Thing en el System Tray (que Windows XP llama la "Notification Area").

Para configurar el volumen, haga clic sobre Volume Thing una vez. Use el deslizador en la ventana que aparece para aumentar (up) o disminuir (down) el volumen.

Para tener una idea de cuán fuerte es el sonido ahora, solo haga clic sobre la barra deslizadora y Windows hace algo de ruido.

Para silenciar el sonido, haga clic para poner una marca de verificación en el recuadro Mute.

Haga clic en cualquier otra parte sobre el escritorio para hacer que la ventana desaparezca.

El Volume Thing es más usado para control general. Para controlar específicamente el volumen o los dispositivos productores de sonido individuales, haga doble clic sobre Volume Thing. Esto despliega toda una ventana de cosas chillantes de Windows, cada una con su propio deslizador configurador de volumen y botón Mute, como se muestra en la Figura 16-5.

Por ejemplo, si detesta tener música MIDI mientras está en la Internet (o en cualquier parte), solo silencie ese elemento. Todos los otros sonidos en su sistema continúan para reproducirse, pero los sonidos MIDI serán silenciados.

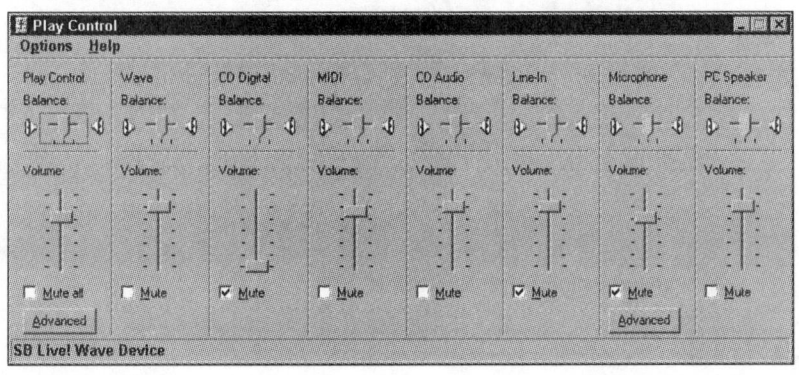

Figura 16-5:
¡Más locura
de control
de volumen!

(Use el comando Options⇨Properties para configurar cuáles dispositivos productores de sonido en su PC aparecen en la ventana).

"¿Dónde se fue la cosa del volumen?"

No se moleste si el parlante de pronto se divide del System Tray. Restaurarlo para visualizar depende de su versión de Windows:

En Windows 98, abra el icono Multimedia en el Control Panel. Ponga una marca de verificación cerca de "Show volume control on the taskbar" y haga clic sobre OK.

En Windows Me/2000, abra el icono Sounds and Multimedia del Control Panel. Ponga una marca de verificación cerca de "Show volume control on the taskbar" y haga clic sobre OK.

En Windows XP, el Volume Thing desaparece junto con cualquier otro elemento en la Notification Area, siempre que no lo haya usado recientemente. Pero si hace clic sobre las flechas << para ver toda la Notification Area y nota que el Volume Thing todavía no está allí, abra el Control Panel y haga clic sobre el vínculo Sounds, Speech and Audio Devices. Luego haga clic sobre el vínculo Sounds and Audio Devices para desplegar el recuadro de diálogo Sounds and Audio Devices Properties. En el medio del panel Volume, coloque una marca de verificación junto al elemento "Place volume icon in the taskbar notification area". Haga clic sobre OK y habrá terminado.

¿Puedo Hablar?

Solamente, Windows XP contiene software que habla, con este la computadora puede dictar los contenidos de una ventana o recuadro de diálogo. Esto se hace a través del vínculo Accessibility Options en el Control Panel. Después de escoger el elemento, mire en el área See Also de la ventana para encontrar el Narrator. Haga clic sobre ese elemento para activar el Narrator en Windows.

Tenga presente que el Narrator es realmente una herramienta para los que tienen problemas visuales. Desde esa perspectiva, no es el tipo de comparación de escritorio que podría utilizar, digamos, lea su correo electrónico en voz alta mientras está haciendo café en otro cuarto. Pero para aquellos con problemas de visión, es una herramienta útil.

- ✔ Si no tiene Windows XP, entonces la tarjeta de sonido de su computadora puede venir con software de síntesis de conversación. SoundBlaster una vez vino con un programa llamado *Texto'LE,* que podía leer archivos de texto usando una de varias voces. No estoy consciente de si este software es todavía incluido con hardware de Sound Blaster.
- ✔ Otros software de conversación pueden estar disponibles en la Internet o en su tienda de software local.

Dictarle a Su PC

Seré breve aquí: existen programas disponibles que le permiten hablar con su PC. Puede dictarle a la PC, por ejemplo, y el programa convierte bastante bien su conversación en texto en la pantalla. La tecnología está disponible, pero está aún bastante cruda en mi opinión.

Un hito en el reconocimiento de la conversación es Microsoft Office XP. Sus aplicaciones le permitirán utilizar el reconocimiento de conversación, siempre que lo configure adecuadamente dentro del programa Word.

Aunque el reconocimiento de la conversación se vuelva directamente parte de Windows, yo recomiendo que se refiera a la documentación que viene con el software de reconocimiento de conversación para información más precisa y actualizada. (Describo brevemente el dictado para Microsoft Word en *Word 2002 Para Dummies*).

- ✔ Si tiene Office XP, entonces notará dos nuevos iconos en el Control Panel: Speech y Text Services. Cada uno controla cómo la PC se comunica, ya sea leyendo texto o aceptando entrada de audio.

- ✔ El reconocimiento de la conversación extrae gran cantidad de memoria de su computadora: necesita al menos una PC de 166MHz Pentium con 32MB de RAM para la mayoría de los software de reconocimiento de conversación para que funcione adecuadamente.

- ✔ Para una persona que digita rápidamente, como yo, el software conversador realmente no funciona. Encuentro que el modo de conversación y el modo de digitada son dos cosas diferentes. Además, cambio mi parecer mucho, lo que significa que siempre estoy editando mi propio texto mientras escribo, algo para lo que el software de dictado es bastante malo.

- ✔ Si desea tomar su turno con el software de dictado, recomiendo Dragon Naturally Speaking. No es costoso y viene con un micrófono maravilloso. Instalar y configurar el programa toma unas cuantas horas, pero funciona bastante bien al tomar el dictado.

Capítulo 17

El Capítulo del Escáner
y la Cámara Digital

C reo que la fotografía fue desarrollada porque demasiadas personas deseaban pintar y enfréntelo, todos eran realmente pintores malos. Piense en las multitudes frente a la Torre Eiffel, cientos de familias y parejas de pie, sofocándose con el sol de París con sonrisas de plástico, esperando a que sus parientes terminen el maldito retrato. No, la fotografía fue diseñada para protegernos a todos de ese peligro.

Introduzca la edad de la computadora, especialmente este mundo gráfico de Windows. Seguro, los programas de pintura existen. Pero a pesar de su facilidad de uso presumido, los programas de pintura son puestos a funcionar mejor por aquellas personas bendecidas con un talento para el pincel y el cincel. Eso deja al resto de nosotros forrajeando en la sopa digital, buscando alguna forma gráfica de expresión. Y, bueno, aquí está: introduzca el escáner y la cámara digital. Son guías de esperanza hacia un mundo oscuro, sin forma. Nadie puede "hacer gráficos" en la computadora.

Este es su Hardware de Escaneo

La parte de hardware para hacer gráficos incluye obtener la imagen del mundo real, donde las cosas están coloridas y llenas de vida, y llevarla hacia adentro de la computadora, donde es oscuro y lleno de elementos electrónicos puntiagudos, la mayoría de los cuales lo electrocutarían si la tapa se abriera repentinamente. Para hacer una copia digital del mundo real, necesita un dispositivo de hardware llamado *scanner (escáner)*.

Los escaners vienen en dos tipos. El primero es el escáner tradicional, que se ve como una copiadora minúscula. El segundo es una cámara digital, que es un escáner portátil manual.

✔ Sí, una cámara digital es realmente un escáner portátil. Internamente, contiene toda la electrónica que tiene un escáner, aunque un lente es usado para enfocar la imagen en lugar de utilizar una imagen reflejada como hace un escáner.

✔ Las cosas adentro de la computadora son digitales. Las cosas en el mundo real son *análogas*.

¡Escanee esto, Sr. Spock!

Los escaners son pequeños dispositivos maravillosos que funcionan como fotocopiadoras. En lugar de copiar, el escáner convierte la imagen en una imagen de gráficos en su computadora. Desde allí, puede modificar la imagen, guardarla en el disco, agregarla a un documento o enviarla como un archivo adjunto. Esa es la idea general.

La Figura 17-1 ilustra el típico escáner de computadora, no porque usted podría no estar familiarizado con ellos, sino porque realmente me gusta esta ilustración.

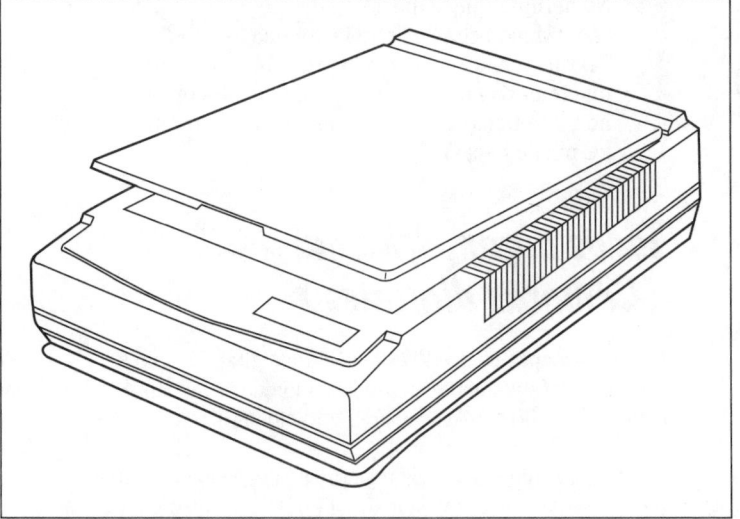

Figura 17-1:
Un escáner
típico.

Hay algunos puntos importantes por considerar al adquirir un escáner. A continuación presentamos una pequeña lista:

- ✔ ¿Cómo se conecta el escáner a la computadora? Los escaners mejores y más rápidos utilizan una conexión FireWire (o a menudo SCSI). La mayoría de escaners, sin embargo, usan los puertos USB o Printer.

- ✔ Los escaners son juzgados por su resolución, la cual es medida por el número de puntos por pulgada (dpi) que el escáner puede leer. Cuanto más alta sea la resolución, mejor es la imagen escaneada.

- ✔ Los escaners vienen con software. Por lo general, hay tres paquetes. El primero es una utilidad que le permite utilizar el escáner para copiar una imagen. El segundo es típicamente algún tipo de programa de edición, como Adobe PhotoDeluxe. El tercero es un programa OCR, usado para traducir documentos escritos en texto editable. OCR significa Optical Character Recognition.

- ✔ Los precios de escaners típicos oscilan entre $100 y más de $1,000. Usted paga más por escaners de más alta calidad, pero esos son usados más corrientemente por profesionales en gráficos. Además, los escaners costosos contienen opciones como adaptadores de transparencias (para escanear diapositivas o negativos) y alimentadores de hojas (para bufetes de abogados u otros trabajadores que necesitan escanear grandes cantidades de texto).

- ✔ No se moleste con un escáner SCSI a menos que su PC tenga su puerto SCSI.

✔ No permita que nadie le tome el pelo haciéndolo creer que agregar un escáner puede convertir su PC en una fotocopiadora. Cierto, puede escanear una imagen y luego imprimirla, pero el proceso toma más tiempo del que tomaría conducir a la tienda de fotocopias y sacarla. (Bueno, quizás no tanto tiempo, pero escanear e imprimir no es lo más rápido que una PC puede hacer).

Todos digan, "¡Megabyte!" (Cámaras digitales)

La última locura de las PC es la cámara digital. No solo estos maravillosos juguetes bajan drásticamente en precio, sino que la calidad de las imágenes que toman está rivalizando con las cámaras tradicionales.

Las cámaras digitales oscilan en precio desde muy baratas hasta más de $1,000 para instalaciones profesionales. El precio promedio para una cámara digital decente está entre $600 y $800. Los precios bajan, pero eso es porque esta nueva tecnología está dando saltos constantemente. Así que no espero que nada se estabilice pronto.

Hay tres cosas que buscar en una cámara digital: resolución, cómo se almacena la imagen en la cámara y cómo la imagen va desde la cámara a su computadora.

Resolución. La resolución de una cámara digital es medida en pixeles horizontal-por-vertical; cuantos más pixeles, la cámara es mejor (y más cara). No obtenga nada con una resolución menor a 1024 x 768 pixeles. La resolución promedio es aproximadamente 1280 x 1024 y algunas de las cámaras digitales lindas tienen una resolución de 1600 x 1200 pixeles. Cuanto más altos sean estos valores, más nítida aparecerá la imagen cuando es imprimida, especialmente si la imagen debe ser aumentada.

El número de imágenes que la cámara puede almacenar varía dependiendo de la resolución. Si está tomando imágenes para la Web, entonces su cámara probablemente almacena:á 100 ó más fotografías. Pero tomar imágenes con resoluciones mayores reduce el número de fotografías que puede almacenarse. Sin embargo, hay una cosa interesante de notar: puede eliminar imágenes para dejar espacio para más. La cámara es como una computadora, así que si no le gusta una fotografía, puede eliminarla para hacer espacio para otra (O si toma una fotografía comprometedora de su cónyuge, puede eliminarla sin problema para evitar dormir en el sofá).

Almacenamiento de la imagen. Todas las cámaras digitales tienen algún tipo de almacenamiento interno o "película digital". Algunas cámaras utilizan un disquete para almacenamiento. Cuando ha terminado con el disco, simplemente lo mete a su PC y lee las imágenes. La mayoría de las cámaras , sin embargo, utilizan una tarjeta de almacenamiento especial o barra de memoria. La ventaja de la tarjeta de memoria es que retiene mucha más información que un disquete estándar, por lo general varios megabytes.

Irradiar la imagen a la computadora. Una última cosa muy importante por considerar al seleccionar una cámara digital es cómo la imagen es transferida desde la cámara a la computadora. Si su cámara usa disquetes, entonces debe meter los discos en la PC. De lo contrario, la cámara por lo general viene con un cable (como USB) que utiliza para enviar las imágenes a la computadora. También puede obtener un adaptador para leer la tarjeta de almacenamiento de la cámara y acceder a las imágenes de esa forma.

A continuación, presento algunos puntos de la cámara digital para tener en mente:

- ✔ La mayoría de las cámaras usa los buscadores de vista LCD, que significan que debe mantenerlos lejos de su cara para obtener una imagen, como los "camcorders" que tienen buscadores de vista LCD. La misma cosa.

- ✔ Manténgase lejos de las cámaras digitales con demasiados botones y discos mal etiquetados.

- ✔ ¡Si su cámara usa tarjetas de almacenamiento entonces compre más! Cuantas más tarjetas tenga, más imágenes puede tomar.

- ✔ La forma más fácil de obtener imágenes digitales en la computadora es comprar un adaptador de tarjeta de almacenamiento para que pueda conectar las tarjetas de almacenamiento en la PC.

Obtener la Imagen desde Allí al Interior de la Computadora

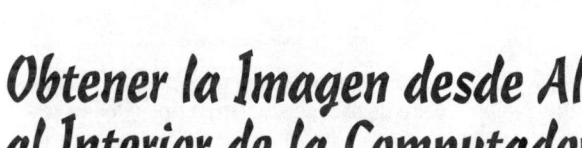

Los escaners y cámaras digitales son meramente métodos de recolectar imágenes. La parte realmente útil es trasladar las imágenes del escáner o cámara digital a su computadora, donde puede editarlas, guardarlas en disco, imprimirlas, enviarlas por correo electrónico o lo que sea. Así empieza el lado del software en su aventura de imágenes digitales.

Primero, algo para ignorar totalmente en Windows

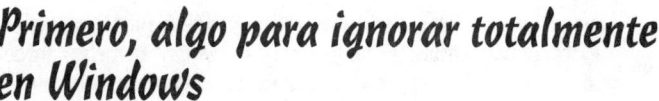

Todas las versiones de Windows (bueno, no Windows 98 o anteriores) vienen con una cosa especial en el Control Panel llamada Scanners and Cameras. Este es el granero donde Windows almacena información sobre cualquier cámara digital (incluyendo cámaras de video) o escaners adjuntos a su computadora.

En Windows XP, vaya al elemento Scanners and Camera del vínculo Printers and Other Hardware.

Honestamente, puede ignorar el elemento Scanners and Cameras. Aún cuando hay una opción para agregar un escáner o cámara digital al inventario de hardware de su computadora, no lo necesita. Todos los escaners y cámaras digitales vienen con su propio software de instalación. Utilícelo en lugar de Windows.

Después de instalar el hardware, utilizará programas de edición de fotografías que vienen con su escáner o cámara digital. El icono Scanners and Cameras en el Control Panel realmente no se agazapa.

Un vistazo general, rápido y sucio de cómo escanear una imagen

Un escáner puede tomar cualquier cosa plana y convertirla en una imagen gráfica. Oh, supongo que podría escanear un gato si se quedara sentado por suficiente tiempo, pero ese no es el diseño verdadero del dispositivo. Si es plano o puede doblarlo de esa forma, puede escanearlo. A continuación presentamos un vistazo general de cómo funciona:

1. **Active el escáner.**

   Esto puede ser un paso automático. Algunos escaners se activan cuando sube sus tapas o utiliza el software de escaneado. Otros tipos deben ser encendidos.

2. **Inicie su software de edición de fotografías.**

   La mayoría de los escaners viene con software de edición de fotografías, como Adobe PhotoDeluxe. Este programa es en el que terminará su imagen escaneada. (Otros programas pueden ser usados para activar el escáner, pero la mayoría de las veces necesitará energía de una aplicación de edición de fotografía para completar la operación).

3. **Coloque hacia abajo su imagen en el escáner.**

   La mayoría de los escaners escanean desde la parte trasera a la delantera y le dirán cuál esquina es la *upper right (superior derecha)*. Intente colocar su imagen cómodamente contra esa esquina, aunque este no es un requisito difícil y rápido.

4. **Escoja el comando adecuado para obtener una imagen escaneada.**

El comando depende del programa. Podría, por ejemplo, haber un botón de escaneado en la barra de herramientas. También puede tener que escoger File⇨Acquire or File⇨Scan en el menú. Sin embargo usted llega allí, Este programa ejecuta una utilidad de escaneo especial que controla el escáner directamente. La Figura 17-2 muestra dicha utilidad.

5. Obtenga una vista previa de la imagen.

Use la utilidad de escaneo para visualizar la imagen. Esto le permite ver lo que va a lograr sin tener que escanear más de lo que necesita. Por ejemplo, si está escaneando el bote del tío Richard, pero no desea al tío en la fotografía, puede ordenarle al escáner no copiarlo.

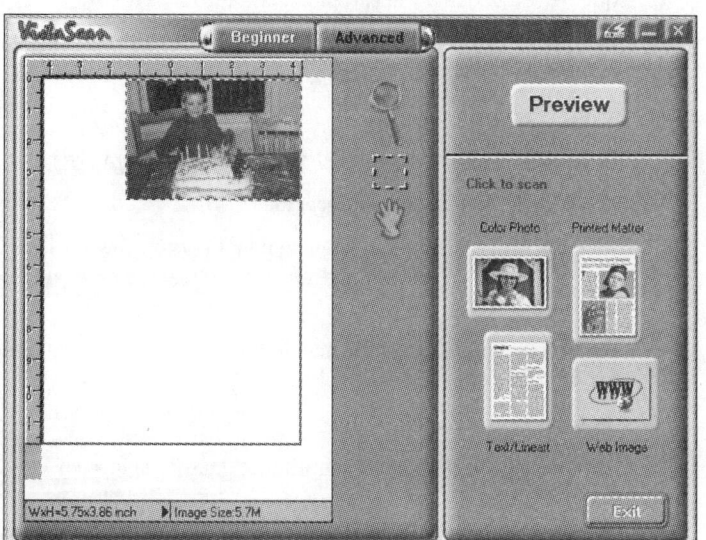

Figura 17-2:
Una utilidad
de escaneo.

6. Seleccione la parte de la imagen que realmente desea.

Use la herramienta de selección del escáner para lazar solamente la parte de la imagen que desea. Arrastre el lazo sobre la imagen o utilice el mouse para arrastrar el borde del lazo hacia adentro o hacia afuera.

Quizás necesita la herramienta de la lupa para inspeccionar la imagen en detalle y asegurarse de que está obteniendo solo lo que desee escanear.

7. Haga ajustes para el tipo de imagen.

En la Figura 17-2 (el modo *beginner*), hay cuatro opciones disponibles: Color Photo, Printed Matter, Text/Line art y Web Image. Algunos programas de escáner pueden enumerar opciones para escanear en blanco o negro o a co-

lor. Algunos pueden enumerar resoluciones. Como sea. Seleccione las opciones que describen mejor la imagen que está escaneando.

Algunas utilidades de escaneo tienen un botón Auto Adjust. Utilícelo para hacer que la computadora tome su mejor decisión en cuanto a las configuraciones que necesita.

8. Escanee la imagen.

Haga clic sobre el botón Scan para hacer esto.

En la Figura 17-2, en el modo Beginner, usted hace clic sobre el botón asociado con el tipo de la imagen que está escaneando. Por ejemplo, para escanear la fotografía de Jonah, yo haría clic sobre el botón Color Photo (el que tiene a la dama y el estúpido sombrero).

El escáner puede tomar unos cuantos momentos para calentarse o calibrarse.

Scan . . . scan . . . scan. . . .

(Pido disculpas por no tener el ruido apropiado para insertarlo aquí).

9. Coloque la imagen en su aplicación.

Algunos programas del escáner tienen un botón OK. Si es así, haga clic sobre él. Esa acción pone la imagen en la aplicación para editar, guardar o imprimir.

Su escáner puede automáticamente colocar la imagen en la aplicación. Si es así, ¡no tiene que hacer clic sobre nada!

10. Juegue con la imagen.

Ahora está listo para editar, imprimir o guardar la imagen.

Para más información sobre editar una imagen, refiérase a la sección acerca de software de edición de fotografías al final de este capítulo.

✔ Puede ser capaz de escanear varias fotografías simultáneamente: Escanee el lote y luego use el software de edición de fotografías para recortar cada fotografía individual. Esta técnica toma menos tiempo que escanear cada imagen individualmente.

✔ Se necesita hardware especial para escanear diapositivas. Este hardware es un dispositivo de escaneo de diapositivas especial o un adjunto a un escáner tradicional. Usted no puede, desafortunadamente, poner las diapositivas de su viaje a Bermudas en un escáner plano y hacer que aparezcan como cualquier otra cosa que no sea un rectángulo negro.

✔ TWAIN es un acrónimo asociado con escanear gráficos. Significa Technology Without An Important Name. No, no estoy inventando eso.

Tomar una fotografía digital

Capturar una imagen con una cámara digital es otra forma de remojar los gráficos en la PC. El método de entrega depende de cómo la cámara se conecta en su computadora.

Esas cámaras que utilizan un cable para conectarse a la PC vienen con una utilidad de lectura especial, una que puede ser activada dentro de un programa de edición de fotografías. La utilidad de lectura de fotografía enumera las imágenes dentro de la cámara y le permite seleccionar una o varias para irradiar a la computadora.

Para cámaras con almacenamiento removible, como un disquete, usted solo mete el almacenamiento en el dispositivo adecuado en su PC y luego accede a las imágenes como lo haría con cualquier otro archivo en su computadora.

Por supuesto, el próximo paso que posiblemente desearía tomar es ejecutar un programa de edición de fotografía en las imágenes. Quizás desee reajustar su tamaño, recortarlas o guardarlas en archivos de gráficos especiales para enviar como archivos adjuntos de correo electrónico. Todo eso se detalla en la próxima sección.

> ✔ Después de irradiar las imágenes en su computadora sería un buen momento para borrarlas de la cámara. No está perdiendo las imágenes, porque una copia se mantiene en el disco duro de la computadora.

¿Cómo imprimo una imagen más grande que la pantalla?

P: He estado intentando imprimir una copia del mapa que encontré en una página Web, pero no he tenido suerte. El mapa es más grande que mi pantalla y mi impresora no lo imprimirá todo. ¿Es posible imprimir aún si necesita varias páginas?

R: Haga clic sobre el mapa para desplegar un menú que aparece. Escoja el comando Save Image As de ese menú, esto guarda la imagen desde la página Web a la unidad de disco de su PC. Puede luego abrir la imagen utilizando un programa de gráficos en su computadora, como el Microsoft Imager. Una vez allí, puede ajustar el tamaño de la imagen para arreglarlo en una hoja de papel.

✔ Si Windows todavía no ha creado un espacio de almacenamiento, entonces recomiendo utilizar la carpeta My Pictures dentro de la carpeta My Documents como el lugar principal para almacenar sus imágenes de gráficos. Cree subcarpetas adicionales dentro de las carpetas My Pictures para varios álbumes.

✔ A pesar de la existencia de la carpeta My Pictures, considere también guardar imágenes en discos Zip o, con el tiempo, apilar las imágenes en un disco CD-R. Recuerde que las imágenes gráficas ocupan montones de espacio en disco. Unas cuantas rondas con la cámara digital o un evento como un matrimonio o graduación, puede llenar su disco más rápido de lo que esperaría.

Utilizar Software de Edición de Fotografías

La mayoría de los escaners y cámaras digitales vienen con software de edición de fotografías que le permite modificar o editar la imagen que ha creado. Algunos, como Adobe PhotoDeluxe, son fáciles de usar.

Se han escrito libros enteros sobre el software de edición de fotografías y lo motivo a revisarlos si está involucrado en este campo. De lo contrario, probablemente solo desea hacer un montón de cosas con la imagen, algunas de las cuales explico en las siguientes secciones.

Recortar la imagen

Recortar es lo mismo que emparejar, lo que haría con un par de tijeras a una fotografía. Esto le permite sujetar la imagen para contener la parte que desea.

 A menudo la herramienta para recortar, parecida a la mostrada en el margen, es usada para identificar este comando.

En PhotoDeluxe, el comando se llama Trim, el cual se muestra en la Figura 17-3. Para recortar la imagen, seleccione la herramienta Trim y arrástrela sobre la parte de la imagen que desea mantener. Complete el comando haciendo clic sobre la imagen o pulsando la tecla Enter.

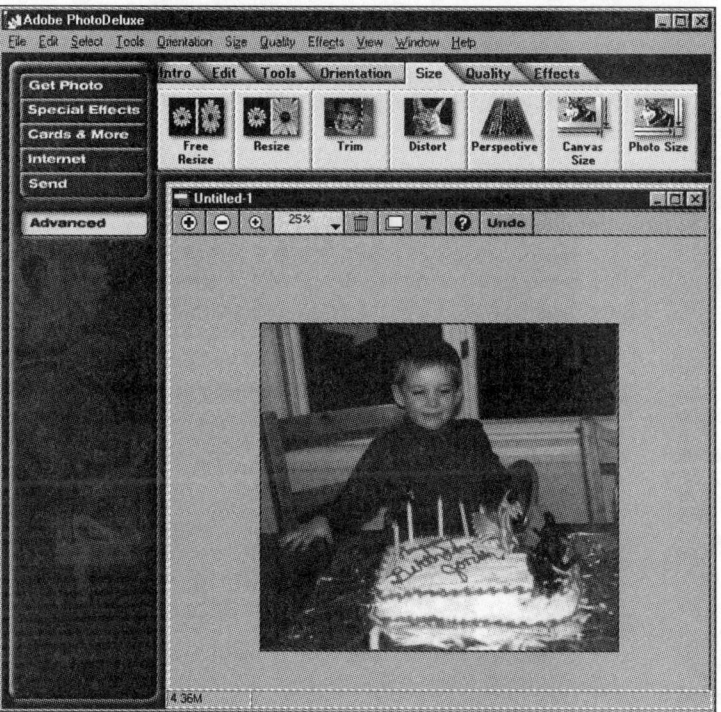

Figura 17-3:
El programa
de edición
de imagen
de Photo-
Deluxe.

Cambiar las dimensiones de la imagen

Si es principiante en el software de edición de fotografías, podría asumir que las imágenes escaneadas son *enormes*. Ese no es el caso. El tamaño de una imagen se mide por su resolución horizontal y vertical, digamos 1024 x 768 pixeles. Esa imagen puede llenar toda su pantalla (especialmente si su monitor es configurado en esa misma resolución), pero cuando la imprime en una impresora de 600 dpi, entonces la imagen puede terminar con solo 4 por 6 pulgadas. Es toda esta locura de la resolución. . . .

Afortunadamente, la mayoría de los programas de edición de imágenes tienen herramientas que le permiten calcular exactamente cuán grande será la imagen impresa. (Lo que tiene, después de todo, es una computadora buena para esas cosas). La Figura 17-4 ilustra el recuadro de diálogo Photo Size de PhotoDeluxe, que puede ver si hace clic sobre el botón Photo Size en la barra de herramientas. Note que la imagen es escaneada en 4 x 3-algo pulgadas, pero esa es una cantidad enorme de pixeles, 3.96MB de acuerdo con la figura.

Para cambiar el tamaño de la imagen, introduzca un nuevo valor en el recuadro de diálogo. El valor puede ser en pulgadas, centímetros o pixeles. Use pulgadas para lo que planea imprimir. Para imágenes de página Web y correo electrónico, se usan pixeles. Un buen ancho para una imagen de correo electrónico es alrededor de 300 pixeles de ancho.

 Si está guardando la imagen para ser usada como el papel tapiz de su escritorio de Windows, hágala del mismo tamaño de su escritorio: haga clic en el botón derecho sobre el escritorio y escoja Properties en el menú del acceso directo. En la pestaña Settings del recuadro de diálogo Display Properties, note el tamaño del área Screen. Ajuste el tamaño de su imagen a esas dimensiones exactas.

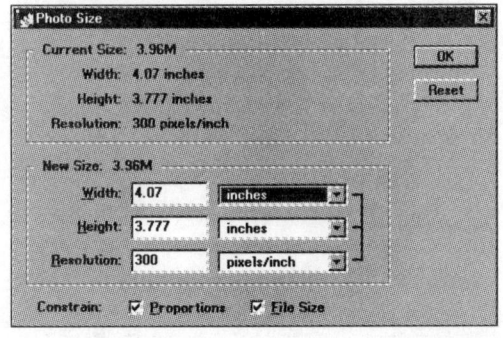

Figura 17-4: El recuadro de diálogo para ajustar tamaño en Photo-Deluxe.

Guardar la imagen en un formato específico

La tarea final para su imagen escaneada, editada o no, es guardarla en disco.

 Si escoge solo usar el comando Save, ¡cuidado! La mayoría de los programas de edición de imagen usan sus propios formatos para las imágenes. Por ejemplo, si guarda una imagen en formato de PhotoDeluxe, no solo será muy grande en el disco duro, sino que solo las personas que tienen PhotoDeluxe podrán ver la imagen. No, es mejor seleccionar un formato de archivo adecuado para lo que está haciendo con la imagen.

- ✔ El mejor formato para enviar fotografías por correo electrónico, o guardarlas en una página Web, es el formato de archivo JPEG.

- ✔ Si la imagen contiene trabajo de arte, como una ilustración, dibujo de niños, o cualquier cosa que no sea una fotografía, use el formato GIF. Las imágenes GIF pueden ser también enviadas o colocadas en una página Web.

- ✔ Si va a colocar la imagen en otro programa, como uno de publicación de escritorio, procesador de palabras, u otra aplicación, guarde el archivo como un TIFF. Este formato usa una gran cantidad de espacio en disco, así que aunque almacena la imagen muy bien no es práctico para enviar por medio de correo electrónico. (Las imágenes TIFF tampoco se desplegarán en una página Web).

✔ Si va a utilizar la imagen como papel tapiz de Windows, guarde la imagen como un archivo mapeado, BMP. Esa es más o menos la única vez que desea jugar con archivos mapeados.

Para guardar estos formatos, use el comando Save As or Export.

Si usa el comando Save As, seleccione el archivo adecuado en la lista que desplegable Type. (Refiérase al Capítulo 5 para más información sobre el comando Save As).

El comando Export, llamado *Send To* en PhotoDeluxe, por lo general, despliega un submenú lleno de formatos de archivo. Seleccione el adecuado de la lista.

Si se retira después de exportar, el programa puede advertirle que la imagen no está guardada. ¡Eso está bien! El programa indica que la imagen no es guardada en su propio formato. No necesita hacer eso si la imagen fue guardada en otro formato (y deseo que el programa se despertara y se diera cuenta de eso, pero soy apenas una voz en el bosque).

Capítulo 18

Más Cosas Para Su PC (Periféricos)

• •

En este capítulo

▶ Descubrir periféricos

▶ Instalar nuevo hardware en Windows

▶ Agregar más unidades de disco

▶ Utilizar respaldo en cinta

▶ Actualizar su PC

• •

Los científicos dicen que el universo se está expandiendo, constantemente creciendo hacia afuera en todas direcciones. Mi doctor me dice que mi estómago está haciendo exactamente lo mismo. ¡Al fin, tengo algo en común con el universo! Y con usted, si es como la mayoría de los usuarios de PC.

No, no estoy hablando de cómo los usuarios de la PC generalmente se engordan mientras comen papas y surfean en la Internet. Estoy hablando de su PC y su universo en expansión de accesorios y dispositivos. Esas partes extra se llaman *peripherals (periféricos)*, los cuales puede agregar a su computadora para hacerla más útil o divertida y, por supuesto, más costosa. Este capítulo echa una mirada a algunos de los periféricos más populares que se adjuntan a una PC.

El Mundo Amplio, Amplio de los Periféricos

Peripheral (periférico) se refieren a cualquier cosa fuera de lo principal. Por ejemplo, el *peripheral nervous system (sistema nervioso periférico)* está formado por todos los nervios de su cuerpo fuera de su cerebro -lo que se llama *central nervous system (sistema nervioso central)*. La *peripheral vision (visión periférica)* incluye cosas que puede ver sin mirarlas directamente. Y *peripheral nervous vision (visión nerviosa periférica)* es lo que los compradores de computadoras principiantes obtienen cuando entran a una tienda. Sin embargo, con una computadora, un *peripheral (periférico)* es cualquier accesorio o equipo auxiliar que puede comprar y conectar a ella.

La variedad de periféricos que puede comprar para su computadora es infinita. Elementos periféricos comunes incluyen escaners, unidades de cinta, CD-R, cámaras digitales, cámaras de video y muchos otros juguetes que puede conectar a la PC típica.

✔ Los periféricos le permiten expandir el sistema de su computadora sin tener que comprar una computadora totalmente nueva. Puede agregar estos dispositivos de hardware extra usted mismo o tener un gurú, consultor de computadora o algún otro individuo sobrepagado para que lo haga.

✔ Todos los periféricos son hardware.

✔ Aunque la palabra periférico se refiere a las cosas fuera de una computadora, puede también agregar periféricos internamente —dentro de la consola de la PC. (En una forma, periférico se refiere a cualquier otra cosa más allá de lo que viene comúnmente en la computadora).

✔ Si su PC muestra un puerto USB, siempre revise si es una versión USB del periférico que está comprando: parlantes, joystick, escáner, lo que sea. Hardware USB es por mucho lo mejor y más fácil de instalar.

✔ Bueno, en realidad algunos dispositivos FireWire son mejores que los dispositivos USB. Por ejemplo, los dispositivos FireWire (discos duros, CD-R, etcétera) y los escaners FireWire son mucho más rápidos que sus primos USB.

Instalar un periférico

El lado de hardware de agregar un periférico es realmente seguro. La mayoría de los periféricos se localizan fuera de la PC. Todo lo que necesita hacer es encontrar el orificio adecuado y conectar la cosa.

Bueno, listo, necesita seguir otras instrucciones al agregar un periférico, pero conectar la cosa en el puerto adecuado es más importante.

Como los periféricos pueden también vivir dentro de la PC, instalar uno puede involucrar abrir la consola y conectar una tarjeta de expansión. De nuevo, este proceso no es tan difícil, pero no es mala idea si le paga a alguien para hacerlo.

✔ La mayoría de los periféricos se conecta a los conectadores estándar en la parte trasera de cada PC. Refiérase al Capítulo 8 para una revisión.

✔ Por lo general, cuando instala hardware a su PC, debería primero apagar la computadora. Refiérase al Capítulo 2 para las instrucciones oficiales de apagado.

- ✔ Los periféricos USB son por mucho los más fáciles de instalar. Ni siquiera necesitaría apagar su PC; solo conecte el cable USB y está en camino.

- ✔ Algunas veces debe instalar el software de su periférico antes de instalar el periférico. Por ejemplo, la unidad de Zip y módem que acabo de instalar requieren que primero instale su software y luego conecte el hardware. Sin embargo, algunas veces funciona al revés; necesita instalar el hardware primero y luego el software. Siempre refiérase al manual para ver en cuál forma hacerlo.

Decirle a Windows sobre su nuevo hardware

Todos los periféricos vienen con software. El lado del software de la instalación ocurre ya sea antes o después de que instale el hardware; el manual que viene con el periférico le dirá en cuál forma seguir. ¡Así que siga las instrucciones del manual!

Después de que el hardware esté adjunto, Windows lo detecta y agrega el dispositivo a la lista interna secreta de hardware de Windows. Si no, entonces debe agregar manualmente el dispositivo usted mismo. De nuevo, el manual del dispositivo le dirá si Windows lo reconocerá o no.

Por ejemplo, Windows puede no reconocer algunos modems. Para terminar la instalación del módem, necesita abrir el icono Modems en el Control Panel y hacer clic sobre el botón Add para agregar su módem. Idem para los joysticks: abra el icono Gaming Options en el Control Panel y haga clic sobre el botón Add para agregar manualmente su joystick.

- ✔ El icono Gaming Options se llama Game Controllers en Windows 98 y Windows 2000.

- ✔ En Windows XP, Gaming Options puede encontrarse en el vínculo Printers and Other Hardware.

- ✔ La capacidad de Windows para reconocer instantáneamente nuevos periféricos se conoce como *Plug and Play:* al reiniciar su computadora después de la instalación, Windows reconoce instantáneamente el nuevo hardware (a menos que sea un periférico USB, en cuyo caso no tiene que apagar la PC).

- ✔ El software que controla su hardware se llama *driver (controlador).* Así que cuando alguien diga, "Windows necesita un nuevo controlador", él no está insultándolo como operador de la computadora.

- ✔ Plug and Play no es a prueba de tontos; por esa razón, mucha de la industria lo ha llamado "plug and pray" (conecte y rece).

"¡Windows es estúpido y no reconoce mi nuevo periférico!"

En algunos casos extraños, Windows puede no reconocer su nuevo hardware. El problema podría ser que el hardware no es Plug and Play compatible o podría ser que usted está instalando algo que no llama la atención de la computadora directamente, como un nuevo módem externo.

Add New
Hardware

Cuando Windows rehúsa reconocer el nuevo hardware, debería ejecutar el Add New Hardware Wizard. Abra el Control Panel y luego haga doble clic sobre el icono Add New Hardware para ejecutar el asistente.

Siga los pasos en el controlador. Lea la pantalla. Haga clic sobre el botón Next o seleccione las opciones según sea necesario. En meros momentos, su nuevo hardware debería estar instalado y operando y todo lo demás será maravilloso.

✔ En Windows 2000, el icono se llama Add/Remove Hardware.

✔ En Windows XP, haga clic sobre el vínculo Printers and Other Hardware en el Control Panel. Luego busque el vínculo Add Hardware en la parte See Also del recuadro de diálogo.

✔ El punto Big Decision en el Add New Hardware Wizard es si permitirle a Windows buscar el nuevo hardware o seleccionarlo usted mismo de una lista. Algunas veces es tentador para mofarse de Windows: "¡Siga adelante! ¡Encuentre el hardware! ¡Lo reto a que lo encuentre! !Lo reto dos veces!" Otras veces tomar el dispositivo de una lista usted solo es más fácil y rápido.

✔ Windows no puede (o se rehúsa) encontrar unidades de respaldo de cinta, especialmente los modelos internos. Si acaba de agregar una, no se preocupe si Windows parece mudo ante su existencia. En lugar de ello, opere el software de respaldo que viene con la unidad de respaldo en cinta. Debería localizar el dispositivo, no hay problema.

Algunos Periféricos Populares

Este capítulo se vuelve más y más corto con cada edición de este libro. De vuelta en 1992, los modems y unidades de CD-ROM eran considerados periféricos. Hoy en día la lista es corta y puede hacerse todavía más corta.

El periférico más popular de la PC actualmente es el escáner, pero se volvió tan popular que lo puse en el Capítulo 17, junto con las cámaras digitales. Eso deja los periféricos más populares como unidades de disco externas (discos Zip, unidades de CD-R/RW), respaldos en cinta y cámaras de video.

Escoger un periférico para respaldar

P: usted no dice nada acerca de respaldar en disquetes. Pensé que ese era el propósito original del disquete.

R: No, el propósito original del disquete era suministrar un ambiente de disco a las personas que no podían costear discos duros de $15,000, en 1978. Considere que necesitaría cientos de disquetes de 1.4MB para respaldar la información en un disco duro típico de una PC. Eso le costaría más que una unidad de respaldo en cinta, así que ¿por qué no comprar solamente el respaldo en cinta? Yo ni siquiera mencionaría que esos disquetes son muy poco confiables, o que le tomaría aproximadamente una semana para insertar y remover disquetes para completar la operación.

Unidades externas de disco

Es fácil expandir el almacenamiento de su sistema; ¡solo conecte otra unidad de disco! Agregar una CD-R, CD-RW, disco duro, DVD, disco Zip o varias combinaciones de cada uno es un pastel.

La mejor forma de agregar almacenamiento externo es por medio del puerto USB. (Y si su PC no tiene un puerto USB, entonces compre una tarjeta de expansión USB por $20 y ¡está en el negocio!) Con el puerto USB, puede agregar tantos dispositivos externos como su tarjeta VISA lo permita.

La segunda mejor forma de agregar almacenamiento externo es usar el puerto Printer de la PC. Desafortunadamente, eso le permite agregar solo un dispositivo, así que si el puerto Printer ya es usado para un escáner o algún dispositivo, entonces no puede conectar en cadena de margarita otro dispositivo.

✔ En realidad, los periféricos FireWire son mejores que los USB, aunque no todos los tipos de dispositivos de almacenamiento externo vienen con una versión FireWire.

✔ Si tiene FireWire, ¡compre dispositivos FireWire!

✔ Una mayor ventaja para los dispositivos de almacenamiento externo es que pueden sobrevivir a la configuración actual de la computadora. Por ejemplo, mi disco duro FireWire externo puede funcionar con mi computadora actual y terminar conectado al modelo del año siguiente. De esa forma, no tengo que copiar mi software; en lugar de ello solo conecto la unidad de Firewire.

Respaldos en cinta

Una unidad de cinta es un dispositivo utilizado para crear respaldos, o duplicados, de toda la información en el disco duro de su PC. Todo. Es una copia de emergencia, una copia de seguridad, una copia por si acaso.

Agregar una unidad de respaldo a su PC es sencillo. Algunas pueden ser agregadas internamente, respaldándolas en el disquete de su PC (en realidad tomando la posición de la unidad B). Otras pueden ser agregadas externamente, a menudo conectándose al puerto de la impresora o un puerto USB.

Después de que instale su unidad de respaldo en cinta, ¡úsela! Haga una copia de su trabajo *al menos* una vez al mes. Yo hago copias de respaldo de los libros que escribo diariamente. Y el software de respaldo automatiza todo. Todo lo que hice fue decirle qué respaldar y cuándo. Oh, es en momentos como este que las computadoras realmente cumplen con todo lo que el folleto prometió.

- ✔ Una unidad de respaldo en cinta cuesta entre $100 y $1,000 para las unidades de respaldo para redes súper sofisticadas.

- ✔ Las unidades de respaldo en cinta vienen con una cinta. Compre más. Necesita aproximadamente tres para rotar sus copias de respaldo.

- ✔ La cantidad de información almacenable en una cinta de respaldo varía. Algunas cintas almacenan solamente 500MB, otras más de 8GB. Compre una unidad de respaldo en cinta que usa cintas iguales o mayores que la capacidad de todos los discos duros de su PC.

- ✔ Puede también respaldar en unidades de CD-R o CD-RW y esas unidades por lo general vienen con software para ayudarle a respaldar. Sin embargo, esos discos retienen quizás un máximo de 650MB, que es bastante menos que una sola cinta de respaldo.

- ✔ Recomiendo utilizar el software del respaldo en cinta y no el software propio de Windows para respaldar su disco duro. El software de respaldo de Windows apesta (o en el caso de Windows Me, no existe). Su unidad de respaldo en cinta probablemente viene con algo mejor.

¡Está vivo y vive en su monitor!

Un juguete interesante para agregar a su PC es una cámara de video. Estos pequeños ojos mecánicos se posan cerca de su PC, por lo general, sobre el monitor. Puede usarlos para grabar películas o imágenes sencillas o enviar imágenes en vivo por la Internet; todo depende del software que venga con la cámara.

- ✔ Mi cámara parece estar rota. Tarda mucho para incluir una toma de acción en vivo de mí escribiendo este libro . . .

- ✔ Si desea una de esas cámaras que envía fotografías a la Web, lo que quiere es una Webcam. Tengo dicho dispositivo en mi oficina (en realidad, es una Webcam *inalámbrica*), que puede visualizar si visita `www.wambooli.com/Live/`.

- ✔ Asegúrese de que el software que necesita está incluido con la cámara. Por ejemplo, las videoconferencias son posibles solamente con el software adecuado. La cámara es tan solo un dispositivo; necesita software para realmente jugar con él.

"Tengo un Poco de Dinero y Deseo Actualizar Mi Hardware"

La mayoría de las personas no cambian sus autos todos los años. La TV, VCR, licuadoras y radios reloj por lo general permanecen en el mismo lugar hasta que se descompongan y luego usted compra uno nuevo. Es la teoría del encendedor Bic: ¿Por qué reparar algo que es barato cuando puede comprarlo nuevo? Lo mismo aplica a la mayoría de las mascotas. Por ejemplo, ¿por qué incurrir en una factura de veterinaria de $35 por un ratón de $1.59? ¡Tírelo lejos y cómprele al niño uno nuevo! Pero yo me desvío de allí. . . .

El mundo de la computadora, extraño y diferente como es, ofrece mejoras y actualizaciones a un ritmo mensual, si no semanal. ¡Es tecnología! ¡Hay algo nuevo y mejor! ¡Y todavía tiene $1,500 de crédito en su tarjeta VISA!

Qué comprar primero

En lugar de comprar una computadora nueva, actualizar la vieja puede ser más barato; o más bien, hacer que alguien más actualice su computadora. Pero ¿dónde gasta su dinero primero? Demasiadas cosas atractivas pueden atravesarse en el camino de una decisión sana. Déjeme ayudar.

Memoria: Su primera prioridad de actualización debería ser la memoria. No es tan costosa y la instalación no es un dolor de cabeza importante. Casi todo su software disfrutará al tener más memoria disponible.

- ✔ La memoria aumentada puede hacer que estos programas funcionen más rápido y que manejen trozos de información más grandes. También le permite a la computadora manejar más gráficos y sonido.

- ✔ Más memoria es lo mejor que puede comprar para su PC.

- ✔ Para más información acerca de la memoria, lea el Capítulo 10.

Disco duro: Compre un segundo disco duro. Que sea grande. La mayoría de las PC puede manejar dos discos duros internamente (y docenas externamente). Y para el momento que necesita otro, sabrá cuántos gigabytes más de almacenamiento requiere.

✔ La mejor forma de agregar discos duros es por medio del puerto FireWire (preferiblemente) o USB. En esta forma, puede agregar docenas de discos duros a su computadora.

✔ Si tiene una UPS, entonces conecte cualquier disco duro externo a ella. De lo contrario, la computadora puede no ser capaz de guardar sus documentos en caso de que se vaya la corriente. (Refiérase al Capítulo 2 para más información acerca de una UPS).

✔ Por cierto, los discos duros más grandes no ocupan espacio extra en el cajón de la computadora, así que no se preocupe sobre necesitar un cajón más grande.

Monitor: Compre un monitor grande, como de 21 pulgadas. Estas cosas son *maravillosas*. Puede ver simultáneamente muchas ventanas en la pantalla sin sentirla aglomerada. A menudo, solo reemplazar el viejo monitor es fácil. De hecho, puede hacer toda la operación usted mismo, pero tenga a alguien que le ayude.

✔ Vuélvase loco y compre un monitor LCD. ¡Los amo! Son mucho mejores para los ojos, pero un poco más costosos.

✔ Considere que Windows le permitirá instalar múltiples monitores en una PC. (Bueno, la edición "Personal" de Windows XP no se lo permite).

✔ Para más información sobre monitores, refiérase al Capítulo 11.

Microprocesador: Actualizar el microprocesador es complicado. No lo recomiendo. Generalmente, es mejor solo comprar una computadora nueva. En esa forma, usted obtiene *todos* los nuevos componentes por un costo más bajo que comprar una nueva PC un bit a la vez.

Mi opinión es que sería mejor agregar más memoria a su sistema o instalar un disco duro más grande. Estas dos actualizaciones le dan resultados instantáneos, mientras que un microprocesador más rápido puede o no ser notorio de inmediato. Por supuesto, esta es mi opinión y si está determinado a hacer una actualización, hágala.

Cuando comprar una nueva computadora

Planee esto: cada cuatro o cinco años reemplace su PC. Para entonces, el costo de un nuevo sistema será más barato que cualquier actualización.

Su PC está esencialmente desactualizada en el momento en que la compra. En algún punto en Silicon Valley, están concibiendo nuevos microprocesadores y tarjetas madre mejores que costarán menos dinero. Quizás no en el *minuto* que compró su PC, pero tarde o temprano su tecnología de punta será un juguete del pasado.

Pero ¿realmente necesita comprar una nueva computadora? Quizás no. Mire las razones por las que la compró. ¿Puede la computadora todavía manejar esas necesidades? Si es así, está haciendo lo correcto. Actualice cuando necesita desesperadamente hacerlo. No tiene sentido gastar más dinero en el monstruo.

✔ La tecnología de la computación crece más rápido que las palomillas en un parabrisas. Pero, a menos que sus necesidades de computación hayan cambiado drásticamente, su computadora puede todavía manejar las tareas por las que la compró.

✔ La mayoría de las personas compra computadoras más nuevas para el aumento en velocidad. No obstante, la velocidad no siempre significa productividad aumentada. Por ejemplo, la mayoría del tiempo de procesamiento de palabras se gasta pensando en la opción correcta de las palabras. Una computadora más rápida no puede ayudar. Las computadoras más rápidas ayudan a esas aplicaciones que necesitan los caballos de fuerza extra, como gráficos, animación, escritorio y programas de esa índole.

✔ Compare el precio de una nueva computadora con la cantidad de tiempo que ahorrará a una velocidad de procesamiento más rápido. Si gasta mucho tiempo mucho tiempo esperando para que su computadora se ponga a su nivel, una actualización estará a la orden.

✔ Evite el aliciente y seducción de esas revistas técnicas de computación que lo incitan a ¡comprar! ¡comprar! ¡comprar! la última PC. Recuerde quiénes son la mayoría de los anunciantes.

Parte IV
La Guía del Software de la Computadora para No Nerdos

"¡BUENO, DARRYL! CREO QUE ES HORA DE ADMITIR QUE NO CARGAMOS EL SOFTWARE DEL MAPA CORRRECTAMENTE".

En esta parte. . .

El software de la computadora hace que el hardware camine. Es el cerebro de la operación, aunque en este libro viene después del hardware. ¿Por qué? Porque debe tener uno antes de poder tener el otro. El software necesita el hardware como una sinfonía necesita una orquesta. Después de todo, ¿cuál es el rol de un fagot sin música qué tocar? Y, ¿no es la palabra fagot divertida de decir?

Fagot.

Me hubiera encantado seguir adelante y adelante con el fagot y ver cómo pienso que fue inspirado en un intento hacia la plomería interna de un principiante en el siglo diecisiete, pero esta parte del libro es acerca del software de la PC y no instrumentos musicales. Así que disfrute el software de su PC y aprenda a tocar el fagot, si tiene tiempo.

Capítulo 19

Software 101

- -

- -

Cuando utiliza su computadora, está realmente utilizando software. Aún algo tan "hardware" como expulsar un disco es realmente software en acción. Usted le indica al software que expulse el disco y el hardware de la unidad de disco obedece, luego el software (esperamos) expulsa el disco. Sí, en verdad, el software tiene el poder.

No hay necesidad de que este libro entre en detalles profundos sobre cómo funciona todo el software de su computadora. Considero *PC Para Dummies* como un libro sobre todo de hardware. Así que he destilado la esencia del software a los aspectos más necesarios. El primero de ellos es la tarea de instalar y actualizar software, que es algo que podría hacer a menudo pero que típicamente lleva a problemas.

Unas Cuantas Palabras sobre Comprar Software

"¿Software? Hijo, ¡está en el lugar equivocado! Aquí está la Big Earl's Ace Hardware Store y debería saberlo porque yo soy Big Earl. No tenemos E-Z-calc aquí. Tenemos calafateo, pintura, herramientas. Cosas que usan los hombres. ¿O sabrá usted algo de eso? No, no pensé eso. Sí, está en el lugar equivocado hijo".

Comprar software es parte del proceso de compra de la computadora. Si sigue mi consejo en *Comprar una Computadora Para Dummies*, entonces usted sabe escoger su software primero y luego el hardware que coincide. Aún así, probablemente no comprará todo su software de una sola vez. No, eventualmente entrará a la tienda de computación (no la tienda de hardware) y seguirá la selección. Cuando lo haga, mantenga estas cosas en mente:

- Si no está familiarizado con algo, intente obtener recomendaciones de amigos sobre cuáles programas usar. Por ejemplo, si desea meterse en la genealogía, entonces acose a alguien que ya esté involucrado para que le diga qué utilizan.

- Pruebe antes de comprar software. Si la tienda no le permite hacer esto, entonces encuentre una que sí. ¡Están allí afuera!

- Revise siempre la política de devolución de software de la tienda. Si la tienda no le permite devolver el software abierto, entonces básicamente están diciendo que no puede devolver el software del todo. Ojo con eso.

- Revise los requerimientos del software. Deberían coincidir con el inventario de hardware de su computadora. Por ejemplo, no desea comprar la versión DVD de un programa cuando su PC tiene solo una unidad de CD-ROM.

¿Qué Es esa Cosa en la Caja?

Sorprendentemente, muchas cajas grandes de software contienen aire o cartón para hacerla ver más grande e impresionante. Supongo que la idea es empujar la competencia fuera de la repisa. También podría ser para justificar los $279 de lo que termina siendo un CD y un panfleto.

Las cosas más vitales dentro de la caja de software son los discos. Casi todo el software viene en un (o más, muchos más) CD. Algunas cosas, sin embargo, todavía vienen en disquetes. Y ocasionalmente verá un disco DVD, especialmente en paquetes con varios CD.

Después de los discos, puede encontrar uno o más de lo siguiente:

El manual horroroso: La mayoría de los programas incluye manual impreso, por lo general del tamaño de un panfleto político y casi tan interesante. Más de un manual puede estar incluido. Primero que nada, busque la sección "Iniciar", "Instalación", o "Configurar" del manual. (Se han ido los días de encontrar un manual grueso y nunca llegaron los días de encontrar un manual útil).

Tarjeta de registro: Parece una tarjeta, aunque podría ser más grande. Esta es la que lo identifica como un usuario del producto ante el fabricante. Llene los espacios blancos en la tarjeta y luego envíela de vuelta a la compañía. La compañía entonces (supuestamente) le notifica de cualquier defecto, incluyendo los comandos no funcionales o problemas con bolsas de aire. Algunas compañías requieren que llene la tarjeta de registro antes de que ofrezcan el soporte técnico por teléfono.

Tarjeta de referencia rápida: El manual trabaja bien para explicar todo en gran detalle, pero se encontrará usted mismo repitiendo continuamente algunos comandos. Una rápida referencia contiene esos comandos útiles; puede mantenerla junto al teclado para rápidas hojeadas. Sin embargo, no todo el software viene con estas tarjetas.

Tarjeta de instalación rápida: Los usuarios de computadoras se desarrollan con gratificación instantánea: pulse un botón y observe cómo se hace su trabajo instantáneamente. Nadie quiere molestar con manuales lentos y gruesos, especialmente al instalar el software. Una tarjeta de instalación rápida contiene una versión abreviada de las instrucciones de instalación del manual. Al digitar los comando en la tarjeta, puede instalar el software sin abrir el manual. ¡Victoria!

Acuerdo de licencia: Esta serie extensa de la impresión toma un promedio de 3,346 palabras de términos legales para decir cuatro cosas: 1) No le dé copias de este programa a amigos (hágalos comprar sus propios programas). 2) Si pierde accidentalmente cualquier información, no es culpa del desarrollador. 3) Si este software no funciona, tampoco es su culpa. 4) De hecho, ni siquiera tiene su propio software. Solo tiene su propia licencia para usar el software. Nosotros tenemos el software. Somos malos. Algún día tendremos el poder del mundo. ¡Ja-ja!

Léame primero: Cuando la compañía encuentra un error en su manual recién impreso, no lo arregla ni imprime un nuevo manual. Imprime las correcciones en un pedazo de papel y le pone el encabezado "¡Léame Primero!" en la parte superior. Engrape ese pedazo de papel en la parte interna de su manual por seguridad.

Basura no solicitada: Finalmente, algún software viene con los catálogos de la empresa y ofertas *gratuitas* de las empresas relacionadas para sus cosas. Puede tirar todo esto si lo desea.

Algunos pensamientos adicionales:

¡Nunca tire los discos CD-ROM o disquetes! Manténgalos en la caja, especialmente después de la instalación, esto le facilita encontrar los discos si alguna vez los necesita.

✔ Algunas veces los manuales no vienen incluidos. Puede encontrar una tarjeta de instalación o panfleto. El manual está *en el disco*.

✔ Si su software viene en un CD pero su PC no tiene unidad de CD-ROM, entonces puede ordenar la versión en disquete del producto. ¡Retroceda! El programa puede estar en cualquier parte entre 2 a 36,000 disquetes.

✔ Algunas veces el acuerdo de licencia está impreso sobre una pequeña calcomanía en un sobre; debe quitar una parte del acuerdo antes de poder llegar a los discos. Si esto significa o no que usted acepta el acuerdo dependerá de un batallón de abogados para descubrir.

✔ Además de la tarjeta de registro, muchos productos le permiten registrarse en línea utilizando su módem. También puede imprimir una lista de información para enviarla por fax a la compañía, si prefiere no enviar nada por módem.

✔ Gracias a Dios que las cajas no son chatarra. Quizás nunca encuentre las cosas que necesita para llenarlas, como calcomanías para colocar sobre la TV o sobre la cabeza de Ed u opciones para pegarles. ¡Qué falta de sentido! Las cajas de software son mucho más lindas.

Tareas de Instalación de Software

Cada persona que haya tenido una computadora por más de un mes ha tenido que instalar algún software nuevo. Es una tarea con la que todos debemos lidiar. Las siguientes secciones ayudan a hacerlo más fácil.

La forma más fácil de instalar software

Haga que alguien más lo haga por usted.

La forma en que la mayoría de nosotros terminamos instalando software

Siga estos pasos para instalar su nuevo software. Estoy asumiendo que ya ha experimentado el éxtasis de arrancar la envoltura plástica y la emoción de oler el plástico industrial de las partes internas de la caja. Examine cuidadosamente la basura y alístese para empezar.

1. **Lea la propaganda** *Read Me*.

   Cuando abra la caja, busque una hoja de papel que diga "Léame Primero!" y siga la primera instrucción: Léala al menos para encontrarle sentido.

Algunas veces la hoja Léame Primero contiene una o dos oraciones que han sido sacadas del tercer párrafo de este manual en la página 127. Si no comprende la hoja, no la tire. Puede ser útil después de que haya empezado a utilizar el programa.

2. **Ponga el(los) manual(es) lejos.**

Diga, "Eso", cuando haga esto.

3. **Ponga el disco de Instalación en su unidad de disco.**

Busque el disco marcado con las palabras *Installation* or *Installation o Setup o Disk One,* (o el único disco si solo hay uno) y coloquelo en la unidad de disco donde calza.

Si está instalando desde disquetes, póngalos en una pila en orden, el primero arriba. De esa forma, puede fácilmente insertarlos, uno después del otro, en la unidad de disco, sin tener que registrar por el próximo disco más adelante.

4. **Inicie el programa Installation.**

Si tiene suerte, el programa de instalación se ejecuta automáticamente cuando inserta el CD en la unidad de CD-ROM.

Add/Remove
Programs

Si el programa de instalación no se inicia automáticamente, necesita ejecutarlo usted mismo. Puede hacer esto al abrir el icono Add/Remove Programs en el Control Panel. Use el recuadro de diálogo que aparece para ayudar a cazar su programa.

¿Cómo me salgo de todos los otros programas?

P: El programa de instalación me dice que debo estar seguro de salirme de todos los programas que están siendo ejecutados. ¿Cómo sé qué está siendo ejecutado y qué no? Y ¿por qué molestarse en salirse? ¿Ocurriría algo malo?

R: Esto es una adivinanza, pero creo que la razón por la que debe salirse de otros programas es para estar seguro de que no pierde ningún documento que no ha sido guardado. Por ejemplo, si el programa de

instalación reinicia la computadora, podría perder un archivo no guardado. Al forzarlo a salirse de todos los otros programas, este riesgo se reduce.

Para asegurarse de que ningún otro programa está siendo ejecutado pulse la tecla Alt+Tab. Si Windows lo lleva a otro programa, sálgase. Si es enviado a otra ventana, ciérrela. Manténgase pulsando Alt+Tab hasta que el único programa que vea sea el programa de instalación.

5. **Lea la pantalla cuidadosamente; haga clic sobre el botón Next según sea necesario.**

Mire las instrucciones cuidadosamente; algunas veces tienen algo importante allí. Mi amigo Jerry (su nombre verdadero) solo se mantuvo haciendo clic sobre el botón Next en lugar de leer la pantalla. Él no vio un aviso importante que decía que una versión más vieja del programa sería borrada. ¡Oh-oh! El pobre Jerry nunca recuperó su viejo programa.

6. **Escoja varias opciones.**

El software le pregunta su nombre y el nombre de la compañía y quizás un número de serie. Digite toda esa cosa.

No se aterrorice si el programa ya sabe quién es usted. Windows es algo clarividente en ese aspecto.

Cuando se le pide tomar una decisión, la opción ya seleccionada (llamada *default, predeterminada*) es por lo general la mejor. Solamente si sabe lo que está ocurriendo y se preocupa por ello, debería cambiar cualquier cosa.

Puede encontrar el número de serie dentro del manual, en la caja del CD-ROM, en el primer disco en la pila de discos de 3 1/2-pulgadas, o en una tarjeta separada que probablemente tiró aún cuando le dije que mantuviera todo en la caja original. ¡No pierda el número!

7. **Los archivos son copiados.**

Eventualmente, el programa de instalación copia los archivos desde la unidad de CD-ROM a su disco duro para residencia completa.

Si es tan desafortunado de estar instalando desde disquetes, manténgase alimentándolos, uno detrás del otro, en la unidad de disquete. Asegúrese de tenerlos en el orden adecuado (están numerados). Asegúrese de sacar un disco y reemplazarlo con el próximo.

8. **Ha terminado.**

Termina el programa de instalación. La computadora puede reiniciar en este punto. Eso es requerido algunas veces al instalar programas especiales que Windows necesita conocer. (Windows es bastante tonto después de que empieza).

¡Empiece a utilizar el programa!

- Estos pasos son vagos y generales. Esperamos que su nuevo software venga con instrucciones más específicas.

- Puede obtener software de la World Wide Web en la Internet. Este proceso se conoce como *downloading (bajar)*, y el Capítulo 25 lo explica.

- Mantenga una tarjeta rápida de referencia junto a su computadora inmediatamente después de instalar el programa; es más útil que el manual.

- Algunos programas requieren que usted deshabilite su software antivirus antes de que pueda instalar el software. Esta es generalmente una buena idea; software antivirus, que aunque necesario, tiende a volverse lento e interrumpir procesos regulares de computación más que necesarios. Lea más de mis vociferaciones sobre este tema en el Capítulo 26.

- Si el software tiene un número de serie, ¡manténgalo! Escríbalo en el manual. ¡No lo pierda! Con algún software, como Adobe PageMaker, no puede ordenar la actualización a menos que tenga un número de serie.

Desinstalar Software

Para eliminar cualquier programa recién instalado, usted utiliza un programa no instalado. Este programa no es una opción de Windows. Cada programa de software debe venir con su propia opción no instalada. De lo contrario, eliminar software no deseado es muy difícil (refiérase a la barra lateral, "¡Fuera software, fuera!").

Usted desinstala software ejecutando el programa de desinstalación. Típicamente, puede encontrar ese programa en el menú de Start a la par del icono donde inicia el programa. La Figura 19-1 muestra dicho arreglo; el software Norton Antivirus mostrado en un submenú del menú de Start. Aquí mismo, usted ve la opción Uninstall Norton AntiVirus, lo que quita el software.

Figura 19-1:
El submenú
de Norton
AntiVirus en
el menú de
Start.

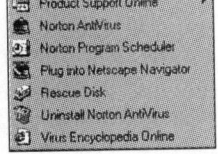

Si su software no tiene un programa de desinstalación obvio, puede intentar utilizar Windows para librarse de él. Puede abrir el icono Add/Remove del Control Panel para intentar desinstalar software. Abrir el icono Add/Remove Programs despliega el recuadro de diálogo Add/Remove Programs Properties, como se muestra en la Figura 19-2.

CONSEJO

¡Fuera software, fuera!

La mejor forma de quitar programas no deseados, especialmente aquellos sin programas de desinstalación, es obtener un programa de limpieza de disco. Recomiendo CleanSweep, actualmente disponible de Peter Norton/Symantec.

CleanSweep busca su disco duro para cada posible componente instalado con un programa. Esto le da una lista para que pueda marcar y quitar cuáles componentes realmente desea eliminar. Es más, cree una

copia de respaldo del programa de desinstalación para que pueda *deshacer lo* que hace CleanSweep.

CleanSweep y otros programas de desinstalación de terceros funcionan bien cuando monitorean la instalación de un programa. De esta forma, saben exactamente qué eliminar y qué reiniciar para llevar su PC al estado en que estaba antes de que instalar su software.

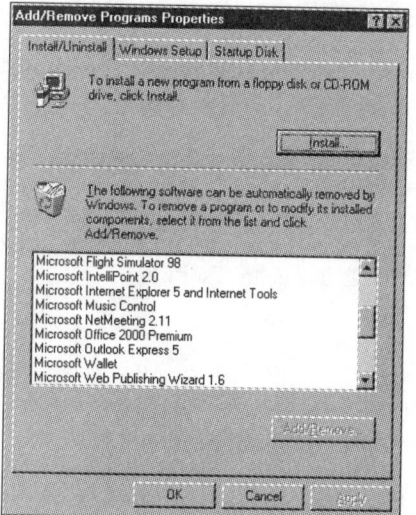

Figura 19-2:
El recuadro
de diálogo
Add/Remove
Programs
Properties.

La lista de programas que Windows conoce y puede desinstalar se encuentra en la parte inferior del recuadro de diálogo (refiérase a la Figura 19-2). Haga clic sobre uno de estos programas, el que desea desinstalar. Esto selecciona el programa para la acción. Entonces haga clic sobre el botón Add/Remove.

¿Qué ocurre al actualizar Windows?

Actualizar Windows es una gran cosa. ¿Por qué? Porque todo lo demás en su computadora depende de Windows. Por lo tanto, es un cambio importante, algo sobre lo cual pensar largo y profundo.

A menudo, la nueva versión de Windows tiene muchas más opciones que la versión más vieja. ¿Necesita esas opciones? Si no es así, no se moleste con la actualización.

Un problema que podría tener si decide actualizar es que su software puede no funcionar adecuadamente. Ninguna de mis aplicaciones de Adobe funcionaron con Windows 95. Tenía que esperar por meses y pagar montones de dinero para actualizaciones antes de que las cosas volvieran a lo normal. Cuando Windows 98 salió, opté por

no actualizar para que no tuviera que pasar por la misma molestia y costo. ¿Windows XP? Tiene demasiados cambios que considero innecesarios, así que también me saltaré la actualización.

Después de un tiempo, puede notar paquetes de software más nuevos que vienen a posarse sobre la versión más nueva de Windows. Lo nuevo será mejor que lo que tiene ahora, lo que quiere decir que necesitará actualizar si desea aprovecharse de eso.

Entonces ¿dónde lo deja esto? *¡No se moleste en actualizar Windows!* Solo espere hasta que compre una nueva computadora y que la PC tenga la versión más nueva de Windows, todo preinstalado y configurado lindamente.

Aparece el recuadro de diálogo de advertencia antes de que Windows le tire el cordón en su programa. Haga clic sobre Yes para irse a su Reino.

- ✔ En Windows XP, haga clic sobre el vínculo Add or Remove Programs en el Control Panel para acceder al recuadro de diálogo Add/Remove Programs.

- ✔ No intente desinstalar ningún software eliminándolo de su disco duro. Usted nunca debería eliminar ningún archivo que no creó usted mismo. (Puede, sin embargo, eliminar cualquier acceso directo que crea).

- ✔ El Norton AntiVirus es un programa de terceros que pagué e instalé en mi propia computadora. No viene en todas las computadoras con Windows, así que puede no tener ese menú en su PC.

- ✔ Puede también usar el botón Add/Remove para agregar componentes individuales a sus programas. Por ejemplo, puede hacer clic sobre Microsoft Office para agregar un nuevo componente o parte de ese software, algo que escogió no hacer entonces.

> ✔ Para agregar componentes ausentes de Windows, haga clic sobre la pestaña Windows Setup en el recuadro de diálogo Add/Remove Programs Properties.

Actualizar su Software

Después de que se ha escrito una novela, está terminada. Las reimpresiones posteriores corrigen unos cuantos errores de ortografía, pero eso es todo. Pero el software nunca se termina, es demasiado fácil de cambiar. La mayoría de los paquetes de software son actualizados cada uno o dos años.

La razón por la que el software era actualizado solía ser arreglar problemas o introducir nuevas opciones. Pero, honestamente, la mayor razón por la que las nuevas versiones del programa aparecen actualmente es que el desarrollador de software haga más dinero. Actualizar significa que todos los que tengan el software podrían comprar una nueva versión y generar ingresos para la compañía. Sí, es avaricia.

Mi consejo: Ordene la actualización solo si tiene opciones o hace modificaciones que necesita desesperadamente. De lo contrario, si la versión actual hace bien el trabajo, no se moleste.

> ✔ "El software nunca se vuelve obsoleto", Bill Gates

> ✔ Considere cada oferta de actualización sobre sus méritos individuales: ¿Utilizaría usted las nuevas opciones? ¿Necesita un procesador de palabras que pueda imprimir encabezados volcados hacia arriba y cuadros de barras que muestran su conteo de palabras? ¿Puede realmente obtener algún millaje de la *intranet version (versión Intranet)* cuando es tan solo usuario sentado en su casa?

> ✔ Algo más para recordar: si se está todavía usando DoodleWriter 4.2 y todos los demás están usando DoodleWriter 6.1, tendrá dificultad intercambiando documentos. Después de un rato, las nuevas versiones de los programas se vuelven incompatibles con los modelos más viejos. Si es así, necesita actualizarse.

> ✔ En un ambiente de oficina, todos deberían estar usando la misma versión de software. (No todos tienen que estar usando la *última* versión, solo la *misma* versión).

Algunos Consejos para Aprender un Programa

Utilizar software involucra aprender sus peculiaridades. Eso toma tiempo. Así que mi primera sugerencia para aprender cualquier nuevo software es darse usted mismo bastante tiempo. Tristemente, en la forma apresurada de hacer las cosas hoy día, el tiempo no es lo más fácil de lograr. Es un gran dolor cuando el jefe lo envía a la tienda de software y espera que al regreso pueda crear algo maravilloso antes del final del día. En el mundo verdadero, eso no es posible (ni siquiera si usted es un experto).

La mayoría del software viene con un libro de trabajo o un tutor para que usted siga, que es una serie de lecciones auto guiadas sobre cómo utilizar el producto. También le dice sobre las opciones básicas del programa y cómo funcionan. Realmente, recomiendo revisar el tutor. Siga las direcciones en la pantalla. Si nota cualquier cosa interesante, escríbalo en el folleto del tutor y marque esa página.

Algunos tutores son realmente tontos. No dude en sacar de apuros a uno si está aburrido o confundido. Puede también tomar clases sobre utilizar software, aunque pueden también aburrirlo. La mayoría de las personas, sin embargo, comprenden el programa mucho mejor después del tutor.

Después de hacer el tutor, juegue con el software. Haga algo. Intente guardar algo en disco. Intente imprimir. Luego corte. Esos son los primeros pasos básicos que debería seguir al utilizar cualquier programa de software. Conózcalo y luego expanda su conocimiento desde allí según se requiera.

- Algunos negocios pueden tener sus propias clases de capacitación que le muestran los elementos básicos para utilizar en el software interno. Tome notas abundantes. Mantenga un pequeño libro para usted mismo con instrucciones de cómo hacer qué.

- Tome notas cuando alguien le muestre algo. No intente aprender nada; solo note lo que se hace para que no tenga que hacer una llamada en caso de que la situación surja de nuevo.

- Nunca tire su manual. De hecho, recomiendo regresar e intentar leer el manual de nuevo varias semanas después de que empiece a aprender un programa. Puede realmente comprender cosas. (Considere que el amigo que escribió el manual conocía el producto cuando se sentó a escribir sobre él).

- Los libros de computación son también una buena fuente para aprender sobre programas. Vienen en dos tipos: referencias y tutores. El tutor es maravilloso para aprender; las referencias son mejores cuando usted sabe lo que desea hacer pero no están seguros de cómo.

- Este libro es una referencia. Todos los libros *Para Dummies* son referencias.

Capítulo 20

¡Software en Abundancia!

*H*ubo un tiempo en que usted podía tener solo una computadora y en ella podía tener una muestra de cada tipo de software en el mercado. Ya no. Los programas se han vuelto tan complejos y ocupan tanto espacio en disco (sin mencionar que se enojan entre sí de vez en cuando), que tenerlos todos simplemente es posible. Puede intentarlo pero probablemente no tendrá éxito.

Este segundo y, sí, último capítulo sobre software del libro completa el tour en torbellino de consejos para el software: preguntas no resueltas del software, ¡que resultan ser aquellas que los nerdos de la computación realmente disfrutan! Quizás usted también debería tener el tiempo o deseo.

Software Para la Casa

¿Quién habría pensado que una computadora se convertiría en parte del mobiliario de su casa? Cuando usted habla de mobiliario en el hogar, típicamente utiliza palabras como ottoman, chinoiserie o credenza. ¿Pero un escritorio para computadora? ¿Y qué es una credenza de todas formas? Es divertido de decir. No tan divertido como fagor, pero está cerca.

Los usuarios domésticos tienen intereses diferentes a los de los usuarios de negocios, que es la razón por la que algún software es escrito específicamente para cosas "domésticas", como educación, entretenimiento y software de finanzas personales. Las personas también trabajan en sus casas, pero el trabajo se cubre en la sección "Software para Negocios" porque el trabajo es negocio, aún el que se hace en la casa.

Finanzas Personales

Las viejas razones para obtener una computadora eran pintorescas y no prácticas: usted podía saldar su chequera, darle seguimiento a sus recetas y crear una lista de correo para Navidad. Dios. Debieron haber dicho: puede conocer el compañero de sus sueños, marcar al Pentágono y lanzar un arma o matar un millón de duendes sin tener sangre en su túnica.

Aún así, uno de los paquetes más populares de software de todos los tiempos se llama Quicken (refiérase a la Figura 20-1). Es esencialmente un paquete de contabilidad para el hogar (y los negocios) que facilita y hace divertido seguir el rastro de su dinero – sí divertido, en que la mayoría de las personas realmente se sientan y saldan sus chequeras porque es demasiado fácil.

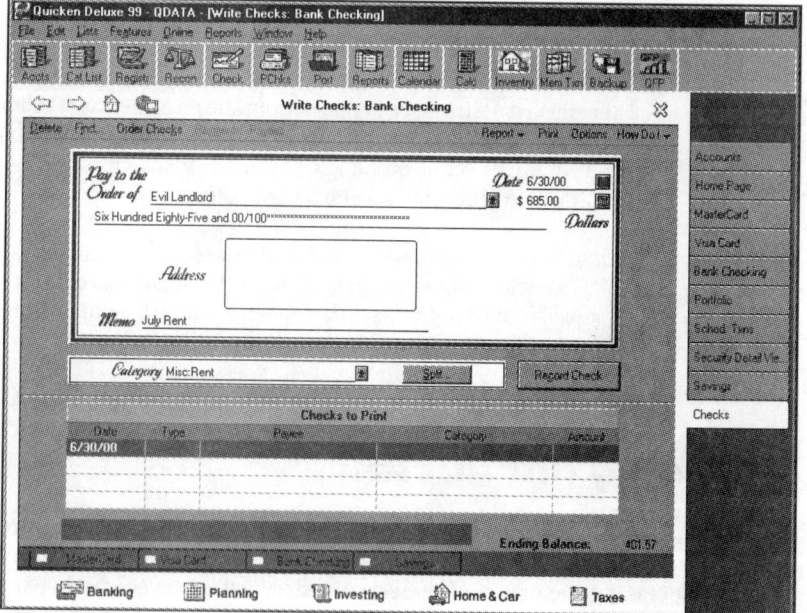

Figura 20-1:
Quicken le
ayuda a
hacer
cheques.

✔ Quicken puede también hacer finanzas para un negocio pequeño o doméstico. Para negocios más grandes, hay disponible software de finanzas.

✔ Más allá del Quicken está la alternativa de Microsoft, Microsoft Money. Pero aún Microsoft coincidió en que Money no es tan lindo como Quicken; cuando Microsoft tuvo la oportunidad de comprar Intuit (el desarrollador de Quicken), desechó Money como si estuviera hecho de plutonio.

Juegos y entretenimiento

Cuando se trata de innovaciones hambrientas de poder y tecnología superior, no necesita buscar más que la arena de los juegos de computación. Lo crea o no, el software de juegos tiene más demanda en el hardware de la PC que todos los tipos de software combinados. Esto se debe a que la PC es tan solo la plataforma de juego más excelente jamás desarrollada. Mire en las revistas de juegos de la PC y encontrará la computadora más avanzada disponible. Los juegos necesitan ese hardware; lo demandan.

Para jugar un juego en su PC de la mejor manera posible, su computadora debería estar equipada con lo último y mejor de todo:

✔ El microprocesador más actual y rápido.

✔ Un disco duro grande y espacioso.

✔ Una unidad de CD-ROM o DVD. Casi todos los juegos vienen en un CD, aunque predigo que los juegos serán la primera categoría de software en requerir unidades de DVD.

✔ Una tarjeta de gráficos poderosa. Los gráficos 3-D son mejores. Más memoria en la tarjeta de gráficos (más de 8MB) es aún mejor.

✔ Una tarjeta de sonido. Tiene que escuchar el crujido del cráneo de su enemigo debajo de las huellas del tanque.

Opcionalmente, podría también necesitar un joystick, aunque puede usar muchos juegos usando alguna combinación del mouse y el teclado. Si compra un joystick, asegúrese de que sea completamente compatible con el juego. Muchos simuladores de juegos están equipados para funcionar mejor con una marca específica de joystick. Si sabe eso antes de comprar, obtendrá la mejor configuración posible.

✔ ¿Ves, papá? No estoy inventando esto. Cuando su hijo le ruegue por el mejor hardware para jugar, no lo está engañando.

✔ El sueño del señor del juego: una PC de alto octanaje conectada al proyector de video del tamaño de la pared, sonido circundante estéreo y un sofá

CONSEJO

Calificar los juegos

Nada puede ser tan desalentador como comprar lo que piensa que es lindo, como un juego de computadora para su niño de nueve años, y descubrirlo haciendo burbujas en la boca mientras controla un carácter en la pantalla que está desgarrando la columna de su oponente electrónico. Para evitar dicho choque (al padre, no al oponente electrónico, que realmente no se siente bien), dos sistemas de calificación han evolucionado para permitirle a los padres, o cualquier comprador de juego para PC, saber qué esperar antes de comprar cualquier cosa.

La Entertainment Software Review Board (ESRB) usa una escala de cinco niveles, parecida a las calificaciones de las películas, para sus juegos (le enseñaría los gráficos aquí pero son marcas registradas y me da mucha pereza sacar el permiso):

✔ **EC:** Early Childhood significa que el juego está diseñado para niños pequeños y probablemente aburriría a los adolescentes.

✔ **K–A:** Un juego calificado G para niños y adultos.

✔ **T:** Un juego para adolescentes con alguna violencia y lenguaje fuerte, pero nada muy ofensivo.

✔ **M:** Solamente para audiencias maduras, preferiblemente de 17 años o mayo-

res. Este es el tipo de juego que un adolescente en realidad *desea*.

✔ **AO:** Solo para adultos, con contenido sexual o violencia grotesca.

Compitiendo con la ESRB se encuentra el Recreational Software Advisory Council (RSAC). A diferencia de la ESRB, que revisa el software enviado a ella, el RSAC es una calificación voluntaria decidida por el desarrollador de software. Tiene tres categorías: Violencia, Desnudez/Sexo y Lenguaje. Para cada categoría, un pequeño termómetro califica el contenido en cuatro niveles, siendo el nivel 4 el más ofensivo. (Personalmente estoy luchando por un nivel 5 en cualquier categoría).

Como ejemplo, un juego que compré recientemente tiene una etiqueta RSAC Advisory que indica que el juego tiene una calificación de Violencia de 3 y de Lenguaje de 2. Las explicaciones dadas en la caja del software son, para Violencia, "Blood and gore" y para Lenguaje, "Profanity". (Ahora por favor no saque ninguna conclusión sobre cuál tipo de juego me gustaría jugar basado en mi "investigación".).

Puede obtener más información en los siguientes sitios Web:

✔ **ESRB:** www.esrb.org/

✔ **RSAC:** www.rsac.org/

cómodo para hundirse en él. Desconecte el teléfono. Nos vemos en una semana.

✔ Otra forma popular de jugar es en línea. Muchos sitios le permiten practicar juegos interactivos en línea con uno o más amigos.

Enséñeme algo nuevo hoy

Las computadoras siempre han tenido software educativo. Puede no haber sido tan atractivo o animado y ruidoso como es actualmente, pero es una linda y vieja tradición. Y no piense que identificar formas o aprender el ABC es todo lo que ese software educativo puede hacer; puede enseñarle cualquier cosa, desde digitar hasta leer música, o conectar un transformador de 24,000-voltios a su teléfono celular.

Al igual que los juegos, el software educativo viene en diferentes tipos. Mavis Beacon (¡oh, Mavis!) enseña a digitar por medio de una serie de instrucciones inteligentemente divisadas como juegos. El ABC del Dr. Seuss es un libro de computación de lectura que educa a la vez que entretiene.

✔ La mejor forma de encontrar un buen software educativo es preguntar en todo lado. Descubra lo que los demás están usando. Pregunte lo que las escuelas y pre-escuelas recomiendan. Las revistas familiares, tanto de computadoras como las de temas variados, ofrecen revisiones y recomendaciones.

✔ Intente evitar el software de juegos que se hace pasar por educativo. Una gran cantidad de software diseñado para niños pequeños consiste realmente en software para juegos, rompecabezas y dibujo con algo de educación incluido como una ocurrencia tardía. Sus niños pueden divertirse, pero no aprenderán tanto como lo harían con otros.

✔ Si alguna vez se encuentra justificando un juego de computadora con el lema *coordinación mano-ojo,* entonces recuerde que hay algo mejor probablemente disponible. De hecho, la mejor forma para que sus hijos desarrollen coordinación mano-ojo es jugar a golpear una bola con un bate.

Software para Negocios

La mayoría del software vendido es para uso en los negocios, probablemente porque las computadoras son todavía esencialmente equipo de oficina. Esto no quiere decir que no puede usar el software en la casa; por ejemplo, Microsoft Word es un procesador de palabras de "negocios", pero casi todos lo usan en sus computadoras caseras para escribir cartas, diarios y manifiestos políticos. Aún así, debo soñar en una categoría diferente para esta cosa, algo para separar un producto serio como Microsoft Word de Putt-Putt Wins the Race.

Las siguientes secciones reflexionan sobre algunas de las categorías más populares de software para computadoras de "negocios". En realidad, debería llamarlo software de "productividad", el cual incluye todo el caballo de trabajo que utiliza para terminar las cosas en su PC.

La cosa verbosa

Casi todas las personas desean utilizar la computadora para escribir algo. Sin importar si es una nota de agradecimiento a tía Sally, una carta al editor liberal de su periódico local o una novela de romance con 500,000 palabras acerca de dos entomólogos en Bolivia; las computadoras hacen el proceso de escritura mucho más fácil.

Escribir en una computadora oficialmente se conoce como *word processor (procesador de palabras)*. El procesador de palabras es el programa más popular en cualquier computadora. Y, ¿por qué no? La mejor parte sobre escribir en una computadora es que puede cambiar lo que ha escrito sin estropear la página escrita. Editar la pantalla significa que cada página impresa será perfecta, o casi tan perfecta como usted y la computadora pueden hacerlo.

Existen tres niveles de software de procesador de palabras: editores de texto, procesadores de palabras y programas de publicación en escritorio.

Editores de texto. Un editor de texto es un procesador de palabras básico. No le permitirá establecer los márgenes y olvide formatear el texto o usar diferentes fuentes. Eso es porque los editores de texto están diseñados como rápidos y fáciles para crear archivos de texto sencillos que las computadoras usan todo el tiempo. El punto es que a menudo no necesita todo el poder de un procesador de palabras, así que el editor de texto llena nítidamente la brecha.

- ✔ Un editor de texto es básicamente un procesador de palabras sin adornos.

- ✔ En Windows, el editor de texto se llama Notepad.

- ✔ Los editores de texto guardan sus documentos como texto puro o archivos ASCII. Sin cosas sofisticadas.

- ✔ En realidad, cualquier procesador de palabras puede ser un editor de texto. El secreto es guardar el archivo como un tipo de archivo *plain text (texto puro) o text only (solo texto)*. Refiérase al Capítulo 5 para más información acerca de guardar archivos de un cierto tipo.

- ✔ ¿Por qué debería Freon costar algo?

Procesadores de palabras. El procesador de palabras es la evolución natural de la máquina de escribir. Ya las palabras no están escritas directamente sobre el papel; en lugar de ello, son *words electric (palabras eléctricas)*, que puede tirar y juguetear en la pantalla. La edición, arreglar cosas, la revisión ortográfica, los formatos y las computadoras fueron hechas para esta cosa. No hay que preguntarse cómo IBM vendió su división de máquina de escribir.

✔ Los procesadores de palabras funcionan con texto como cualquier editor de texto, pero agregan formato, estilos, revisiones y todo una serie de opciones que nunca nadie se toma el tiempo para aprender.

✔ Los archivos que los procesadores de palabras guardan son corrientemente llamados *document (documentos)*.

✔ En la primera parte de este siglo, Vladimir Nabokov escribía a mano mientras estaba de pie. En la segunda parte de este siglo, probablemente hubiera usado un procesador de palabras, pero siempre de pie.

✔ Windows tiene un procesador de palabras llamado WordPad. Es como una versión anterior a Microsoft Word. De hecho, WordPad tiene opciones por las que las personas hubieran babiado hace diez años. Hoy día, se considera normal. (Pero es gratuito con Windows y, aparte de eso, las personas no babean tanto como solían).

✔ El procesador de palabras más popular vendido hoy es Microsoft Word.

✔ Otro procesador de palabras popular puede encontrarse en el programa de productividad Microsoft Works. Tenga cuidado de notar que Microsoft Works no es el mismo programa que Microsoft Word.

Publicación de escritorio. El pináculo del logro del procesador de palabras es la publicación de escritorio, o DTP, si está apurado. Es donde las palabras e imágenes se combinan para producir documentos y publicaciones con apariencia profesional.

Con la publicación de escritorio, usted utiliza un procesador de palabras para redactar el texto. Luego, usa uno o más programas de gráficos para crear imágenes. Y, por último, los pone todos juntos usando un programa de publicación de escritorio.

✔ Sí, algunos procesadores de palabras pueden también mezclar texto y gráficos. Pero si alguna vez lo ha intentado, puede notar que los procesadores de palabras tienden a volverse lentos y fallar cuando usted se vuelve demasiado sofisticado. Eso no ocurrirá en los programas de publicación de escritorio, los cuales son diseñados para mezclar texto y gráficos.

✔ El software de publicación de escritorio es costoso. Las versiones caseras más baratas están disponibles, pero los que usan los profesionales son los softwares más costosos en el negocio.

La cosa numerosa

Los procesadores de palabras lidian con palabras, pero para números usted necesita software llamado hoja electrónica, como Microsoft Excel (refiérase a la Figura 20-2).

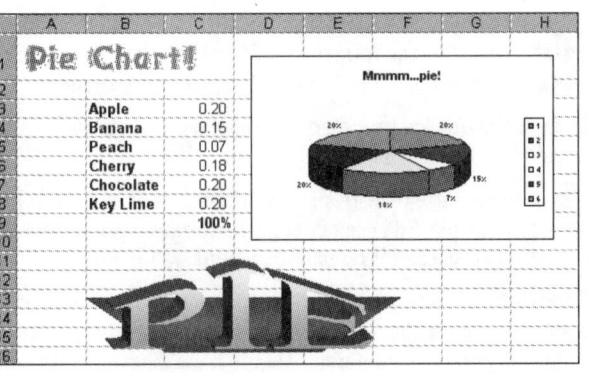

Figura 20-2:
Una hoja
electrónica
típica.

Una hoja electrónica usa una cuadrícula grande de *celdas* como cuadros en la pantalla (refiérase a la Figura 20-2). En esas celdas, puede poner texto, números o fórmulas.

La parte de la fórmula es lo que hace a la hoja electrónica tan poderosa: puede agregar varias celdas, comparar valores y realizar cualquier número de operaciones matemáticas o *functions (funciones)* extrañas o peculiares. Toda la hoja electrónica es instantáneamente actualizada, también: cambie un valor y vea cómo afecta todo lo demás. Millones de dólares han sido malversados de esta forma.

✔ Para agregar números sencillos, Windows incluye un programa de calculadora. Puede encontrarlo en el menú de Accessories en el menú de Programs de Start.

✔ Más que números, las hojas electrónicas pueden realmente manejar cualquier información que calza en una cuadrícula. Por ejemplo, al hacer mi programación de vacaciones, a menudo uso una hoja electrónica porque su cuadrícula es más fácil de trabajar que las pestañas en Microsoft Word.

✔ Las hojas electrónicas son también bastante aptas para hacer gráficos. El gráfico circular en la Figura 20-2 tomó quizás 20 segundos para crearse, después de responder algunas preguntas sencillas de sí-o-no. Algo impresionante. Buen gráfico, también.

✔ No sea tímido al utilizar color en una hoja electrónica, ¡especialmente si tiene una impresora a color!

✔ Los archivos guardados por hojas electrónicas son llamados *worksheets (hojas de trabajo).* Una hoja de trabajo se crea por una hoja electrónica. Aún así, muchas personas se refieren a las hojas de trabajo como hojas electrónicas. No hay crimen en eso.

¿Necesita una base de datos?

No, no necesita una base de datos. Usted podría probablemente beneficiarse con una, pero menos personas utilizan bases de datos de que lo que utilizan hojas electrónicas.

Si desea jugar con una base de datos, entonces visite el Software-O-Rama local y tome un programa de base de datos de la lista de correo. Eso es algo que puede probablemente usar para manejar las varias listas de personas que tiene (tarjetas de vacaciones, parientes, miembros del equipo de béisbol, señores del crimen, etcétera). El tipo de lista de correo de la base de datos puede imprimir etiquetas de correo o incluso crear listas de correo. Útil.

✔ La mayoría de las hojas electrónicas puede convertir números en gráficos y cuadros, lo cual facilita visualizar cuánto dinero está *realmente* haciendo el CEO.

✔ Las hojas de trabajo que crea están en blanco, listas para que usted las llene. Algunas hojas de trabajo no están en blanco. Estas se llaman *templates (plantillas)* y han sido prediseñadas y personalizadas para hacer tareas específicas.

✔ Crujido de números es igual a usar una computadora para trabajar problemas matemáticos.

La cosa de bases de datos

Como las tareas de procesado de palabras y números son realizadas por procesadores de palabras y hojas electrónicas, los programas de bases de datos son requeridos para destrozar todos los otros tipos de datos allí afuera.

Primero que nada, dos cosas importantes acerca de *data (datos)*: se pronuncia *day-tuh*. No es *dat-uh*. Piense *day-tuh*. La segunda cosa es que "datos" es tan solo la versión latina para la palabra *stuff (cosa)*. Una base de datos contiene cosas, sobre todo datos. (Los datos pueden también significar información, pero yo prefiero *cosas*).

Las bases de datos hacen dos cosas: acomodan y reportan. Ellas manejan cualquier tipo de información, ya sea palabras, números o pequeños trozos de trivia (el *Lawrence Welk Show* fue originalmente llamado *Dodge Dancing Party* o, el nombre científico para gorila es *Gorilla, gorilla*).

- ✔ Al igual que las hojas electrónicas, las bases de datos pueden ser personalizadas para coincidir con sus necesidades específicas. En lugar de trabajar usted solo, puede contratar un programador para crear una base de datos perfectamente ajustada para su línea de trabajo.

- ✔ Oh, diantres, solo ponga al programador en la nómina; esos chicos nunca terminan su trabajo.

- ✔ Las bases de datos y las hojas electrónicas pueden algunas veces reemplazar los trabajos de cada una. Si los campos en una base de datos contienen sobre todo números, una hoja electrónica puede funcionar mejor. Si una hoja electrónica contiene más etiquetas y texto, una base de datos puede estar en orden.

- ✔ De todo el software de computación, las bases de datos son las más lentas. Especialmente, si tiene archivos particularmente grandes, tomar información de la base de datos toma mucho tiempo.

- ✔ La designación *Gorilla gorilla* es un tautónimo.

Esos Programas Tipo Office

Para hacer aún más dinero, los desarrolladores de software han creado los tipos de programas *office suite (pila de oficina)*. Estas pilas son en realidad varios programas de software vendidos como una sola unidad. Puede comprarlos más baratos en esa forma, además, la compañía de software hace montones de dinero vendiendo sus actualizaciones de vez en cuando. (Puede encontrar más sobre actualizaciones en el Capítulo 19).

Los paquetes de Office son maravillosos cuando se está iniciando, pero usted podría no considerar uno si está comprándolo por solo una pieza del pastel. Por ejemplo, si está comprando Microsoft Office XP para ejecutar Excel o Word, considere comprarlos por separado. No veo el propósito de llenar de basura su disco duro con cosas que nunca utilizará.

- ✔ La mayoría de las personas compra una versión de Microsoft Office para ejecutar Word. ¡Eso es! Pagan por los otros programas pero nunca los usan.

- ✔ Podría también mencionar que instalar programas que no planea utilizar es un desperdicio de espacio en disco.

- ✔ La mayoría de los programas para oficina le permiten seleccionar cuáles de sus aplicaciones desea instalar cuando son instalados por primera vez. Siempre tiene la opción de agregar las otras aplicaciones más adelante, así que al menos debería seleccionar lo que necesita.

- ✔ Un buen programa para oficina debería ofrecer: un procesador de palabras, hoja electrónica, base de datos y gráficos o programa de presentación, además de –y esto es lo más importante- la habilidad de integrar cada uno de esos elementos. Todo debería funcionar perfectamente bien.

Software para Nerdos

Por supuesto, utilizo el término nerdos cariñosamente. Y también lo hacen ellos, una vez que los llega a conocer. Hay un cierto deleite en estar enamorado de una computadora. Los que aman sus PC se llaman nerdos o fanáticos. Son términos de orgullo.

Un día, usted puede convertirse en un nerdo de computación. Quizás no. Si lo hace, puede terminar programando la computadora. Incluso puede tan solo disfrutar comiéndose con los ojos el software utilitario, que también describo en las secciones que siguen.

✔ Recuerde, los nerdos de computación crean el hardware y software que usted utiliza. Puede ser rápido en culparlos cuando las cosas son difíciles de comprender, pero sea tan rápido para agradecerles cuando encuentra algo fácil y agradable.

✔ Solo porque el software está estigmatizado para un tipo de persona no significa que no debería intentarlo. Por ejemplo, el software de gráficos puede ser divertido y los resultados increíbles, aún si no lleva puesto una boina de cáñamo.

Decirle a la cosa estúpida qué hacer con ella misma (programación)

Para decirle a la computadora qué hacer con ella misma, debe hablar el lenguaje que la computadora comprende, un lenguaje de programación. En realidad es bastante fácil. (Tengo niños de nueve años que leyeron mis libros *C Para Dummies* y me enviaron los programas que han escrito).

El lenguaje de programación más sencillo para aprender es BASIC. Microsoft distribuye un producto llamado Visual Basic que hace la creación de los programas tan fácil como cortar y pegar. El lenguaje BASIC también es fácil de aprender; la mayoría de las palabras son en inglés, así que las instrucciones se ven como comandos que le daría a un perro, por ejemplo:

```
PRINT "I am stupid"
```

Y la computadora diligentemente despliega I am stupid en la pantalla. (No envía el texto a la impresora, lo que tendría sentido. Tíreme un hueso).

✔ Antes de que se aliste para programar, comprenda lo que es una variable y cómo usa ayuda. Para eso, un poquito de álgebra sirve.

✔ Cuando programa, la computadora hace las matemáticas. Usted solo le dice el problema y la computadora lo resuelve.

✔ BASIC es un acrónimo para Beginner's All-Purpose Symbolic Instruction Code.

✔ C es otro buen lenguaje de programación para aprender. La mayoría de los programas vendidos hoy día son escritos en el lenguaje C o en la variación C++ del lenguaje C. (Cerca del 95 por ciento del lenguaje C++ es el C básico).

✔ Si desea programar para la Internet, entonces los lenguajes de aprendizaje como Perl o Java son beneficiosos.

La cosa de la utilidad

La mayoría del software es diseñado para ayudarle a trabajar. Los programas utilitarios le ayudan a su computadora a trabajar. Básicamente, una utilidad le ayuda a una computadora a cumplir una tarea, ya sea que está organizando el disco duro o comprendiendo por qué la computadora no está funcionando bien. De hecho, la mayoría de las utilidades son utilidades de disco.

Windows viene con la mayoría de las utilidades que usted necesita. Para ver su cartera de utilidades de disco, haga clic en el botón derecho sobre una unidad de disco en la ventana My Computer y escoja Properties en el menú que aparece. Haga clic sobre la pestaña Tools y verá las tres utilidades de disco que puede (y debería) ejecutar de vez en cuando. La Figura 20-3 muestra la pestaña Tools en el recuadro de diálogo Properties de la unidad de disco.

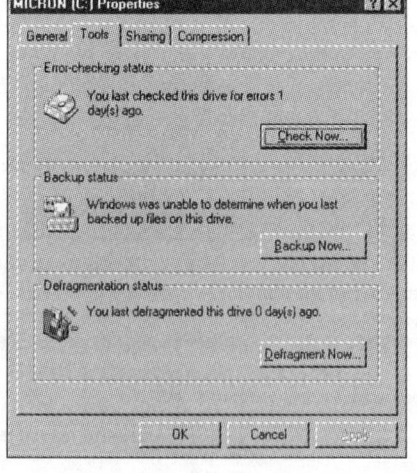

Figura 20-3:
Las utilidades de disco Windows.

- ✔ En el menú de Start, puede encontrar utilidades de Windows en el submenú de Programs➪Accessories➪System Tools. (En Windows XP, escoja More Programs➪Accessories➪System Tools).

- ✔ Windows viene con unas cuantas utilidades provechosas, pero eso no quiere decir que no debería comprar nada más. Muchas de las utilidades de terceros son mucho mejor de lo que ofrece Windows.

- ✔ Una utilidad con la que Windows no viene es un detector de virus. Estas utilidades escanean su disco duro para ver si hay programas malos y los elimina antes de que los virus intenten algún truco sucio. Los detectores de virus son muy importantes si baja muchos archivos de la Internet. Refiérase al Capítulo 25.

- ✔ Aún cuando Windows puede, supuestamente, desinstalar el software, usted podría considerar comprar un programa para desinstalar. Estos programas hacen un trabajo mucho mejor que Windows solo y le ahorran a menudo montones de espacio en disco en el proceso. Recomiendo CleanSweep de Norton/Symantec como un programa excelente para desinstalar.

Software por (Casi) Nada

Frustrados por el sistema, dieron sus programas por nada, o casi por nada. O algunas veces gratis-con-cadenas-adjuntas. A continuación, presentamos un detalle de los varios tipos de este software de obsequio comercial disponible, cada uno de los cuales tiene su propio nombre:

Software de dominio público. Este es absolutamente gratis, escrito para el bien de las personas. Nunca se le hacen cambios al software y usted está libre de hacer lo que desee con él.

Freeware. Este software también es gratuito, pero el autor retiene su propiedad. No puede modificarlo o reempacarlo sin permiso.

Shareware. Este es un software que puede probar en forma gratuita. El software puede tener una pantalla de inicio especial que le solicita dinero a cambio de que alguna opción no sea deshabilitada. Después de que paga por el software, obtiene todo el programa.

Puede encontrar software gratuito o casi gratuito en la Internet, lo que explico en el Capítulo 25. Puede también encontrar el software en una tienda de computación, una reunión de intercambio o un grupo de usuarios.

- ✔ Siempre obtenga su software de una fuente confiable. Evite los programas enviados a usted en forma aleatoria y obsequiados por "amigos".Estos programas a menudo contienen virus. Refiérase al Capítulo 26 para más información sobre virus.

- ✔ Si utiliza shareware, páguelo. Yo lo hago.

- ✔ El software establecerá que es dominio público o freeware. Si no dice eso, no es gratuito.

Parte V
La Guía de la Internet para No Nerdos

La 5a Ola

Por Rich Tennant

En esta parte. . .

*L*a Internet se ha vuelto una cosa tan grande que su crecimiento amenaza con consumirnos. Eventualmente, los cables telefónicos rodearán el globo a tal grado que los extraterrestres que vacacionan se saldrán de su ruta para visitar la bola más grande de cables de la galaxia. Probablemente, no será tan malo, pero cuando se siente en un teatro y todos hagan una broma sobre algo-punto-com, usted sabrá que la Internet es algo importante. Y sus bromas son más efectivas que todas esas cosas de "disco duro" que hice en los 80.

Esta parte del libro cubre la Internet. ¡Es la Web! ¡Es el correo electrónico! ¡Son las fotografías que envió de su Chihuahua para que todos lo conocieran y un montón de cosas más. Estos capítulos le dan un paseo rápido. (Los refrescos se servirán en el vestíbulo, en el intermedio).

Capítulo 21

Introducir la Internet

Hay un punto en la cantidad espacio-tiempo donde su teléfono, TV y computadora se encuentran. Ese punto es la Internet.

La Internet ha crecido desde una computadora para que los científicos e investigadores compartan información hasta algo en lo que su hija adolescente le escribe a sus amigos por horas. En serio, la Internet trae el mundo de las comunicaciones e información al escritorio de su computadora. Casi todas las personas que conoce están en la Internet o están pensando en conectarse. Y si no están, ¡por qué entonces esos tontos reaccionarios deben sufrir las no consecuencias de sus decisiones arriesgadas! ¡Ja!

Tome las cosas una por una, este capítulo es su orientación básica a la Internet. Empieza al conectarse a la Internet, luego describe lo que puede hacer después y, por ultimo, lo saca de la Internet, ¡lo que siempre parece ser el paso más difícil!

La Descripción de 1¢ de la Internet

Es fácil describir la Internet por lo que no es:

La Internet no es una pieza de software.

La Internet no es una sola computadora.

Nadie es el dueño de la Internet, aunque Bill Gates está haciendo su mejor esfuerzo.

La Internet consiste realmente en miles y miles de computadoras en todo el mundo. Las computadoras envían la información, la reciben y, más importante, la almacenan. Esa es la Internet.

- ✔ La idea detrás de usar la Internet es llegar a esa información.

- ✔ La mejor manera de obtener esa información almacenada en la Internet es utilizar una pieza de software llamada *Web browser (explorador de la Web)*. Describo los exploradores en los dos siguientes capítulos.

- ✔ La información es también intercambiada por medio de correo electrónico, el cual es más usado que la Web. (Lo crea o no, el correo electrónico es el número uno y usar la Web es segundo).

- ✔ El Capítulo 22 cubre el correo electrónico. En realidad, el Capítulo 24 también lo hace. El correo electrónico es una gran cosa.

Usted Tiene Casi Todo lo que Necesita para Conectarse a la Internet

Hay seis cosas que necesitará para acceder a la Internet, cinco de las cuales ya probablemente tiene y una que tendrá que conseguir.

Estas son las cinco cosas que posiblemente ya tiene:

Su computadora. Sin palabras.

Su módem. Una PC sin módem es rara. Si la suya es una de esas rarezas, entonces salga y compre un módem externo hoy mismo. (Refiérase al Capítulo 15 para más acerca de modems).

Una forma de hablarle a la Internet. Esto se hace corrientemente a través de la línea telefónica, aunque hay DSL, modems de cable, y otras formas de acceder a la Internet.

Software de la Internet. Windows viene con casi todo el software que necesita.

Dinero. Esto es quizás la cosa más difícil de tener, igual que TV por cable. Espere pagar cualquier cosa entre $5 y más de $100 por mes para acceder a la Internet, dependiendo de cuál tipo de servicio obtiene. El costo promedio es aproximadamente $20 por mes.

Hay una última cosa que necesita para acceder a la Internet, la que probablemente no tiene todavía:

Un *Proveedor de Servicios de la Internet o* **ISP.** Obtener su ISP se trata en la sección siguiente.

✔ Aunque odio utilizar acrónimos, ISP se está volviendo tan popular que siento que debo hacerlo. No solo es más fácil de digitar, sino que muchas personas dicen "ISP" y ni siquiera saben que significa Internet Service Provider.

✔ Aunque la Internet no es un programa, necesita software especial para acceder a la Internet y enviar o recuperar información.

✔ Windows viene con software de Internet, pero hay disponibles otras alternativas. Estas alternativas son descritas en el capítulo siguiente.

✔ Es mejor acceder a la Internet a través de la línea telefónica. Hágale un favor a su computadora y compre su propia línea telefónica.

✔ Si trabaja para una empresa grande, quizás esta le dé acceso a la Internet a través de la red en su oficina. Ídem para universidades y algunas instalaciones gubernamentales.

Qué buscar en un ISP

La mejor forma de conectarse a la Internet es a través de un ISP, que le brinda una conexión directa a la Internet, además de que puede ofrecer ayuda las 24-horas o clases para empezar.

La S en ISP significa *servicio*. Cuanto más dinero pague, más servicio le dará el ISP. Esto incluye los siguientes elementos:

✔ Acceso a la Internet desde su computadora usando un módem. Esta es la cosa más básica.

✔ Un número local para marcar.

✔ Una cuenta de correo electrónico. Algunos ISP ofrecen más cuentas en planes familiares o de oficina. Todas las personas necesitan una cuenta de correo electrónico. Obtenga los nombres de registro y contraseñas.

✔ Un folleto clase software de *getting started (iniciar)*, u otra información para facilitarle la llegada a la Information Superhighway (Supercarretera de la Información).

✔ Una línea gratuita, clases o alguna otra forma de ayuda *humana*. Esto es la clave, especialmente para principiantes.

¿Qué le parece el AOL como un ISP?

No soy un gran fanático del AOL. Créame, he tratado. Lo utilicé en los años 80 en mi Macintosh cuando se llamaba AppleLink y he tenido varias cuentas desde entonces. Para mí, en el mundo de los ISP de alta velocidad, AOL es un retroceso. Pero ¿pueden estar 20 millones de usuarios equivocados?

Pro: AOL es maravilloso, si apenas está empezando. El software es gratuito y fácil de instalar. Access está disponible en todo lugar, lo que significa que puede obtener su correo y entrar en línea cuando viaja. Además, AOL es ampliamente soportado por muchas compañías, organizaciones de noticias y pequeños comerciantes en línea.

Contra: Utilizar el AOL es más lento que directamente conectarse a la Internet a través de un ISP. Usted está limitado por el software del AOL, a través del cual las páginas Web son vertidas, en lugar de visualizarlas directamente con un explorador de la Web verdade-

ro. Además, el correo electrónico del AOL no es estándar, lo que significa que algunos archivos adjuntos no pueden ser recibidos (refiérase al Capítulo 25). Aunque las líneas telefónicas del AOL pueden no estar tan ocupadas como en el pasado, la AOL todavía está sujeta a fallos. Y el sistema de ayuda del AOL es impersonal.

Yo me inclino por un ISP local porque usted a menudo obtiene servicio cercano y el acceso a la Internet más rápido. Todo el software de la Internet funciona y usted no está restringido a ciertos lugares o con el acceso inhabilitado porque el sistema está ocupado.

Mi consejo: Si utiliza el AOL principalmente para correo electrónico, ¡maravilloso! Pero si utiliza el AOL para acceso a la Internet, considere cambiarse a un ISP en el futuro. El precio puede ser más barato y usted puede terminar con mejor acceso a la Internet.

Me deshago en alabanzas con los ISP que ofrecen esos panfletos *getting started (iniciarse)*. El panfleto debería contener todo lo que necesita saber sobre conectarse a la Internet, todos los números secretos que necesita, además del número de teléfono y contraseña o cualquier otra información. Esto no puede faltar.

Más allá de los conceptos básicos, intente encontrar un ISP que ofrece la mayoría de lo siguiente:

- **Tiempo de acceso ilimitado.** Algunos ISP cobran por hora. Evítelos. Si le cobran el bloque de tiempo, obtenga un plan en el que pueda tener 100 ó más horas al mes. Solamente una persona muy aficionada puede estar en la Internet por más de 100 horas al mes.

- **Espacio en la Web o almacenamiento en disco.** Esta es una pequeña cantidad del almacenamiento del disco del proveedor que puede usar para lo que sea. Si el proveedor lo ofrece, puede usar el espacio para crear su propia página Web en algún momento futuro.

- **Herramientas de soporte de la Web:** Estas incluyen la mayoría de las cositas lindas avanzadas usadas para publicación de la Web, como acceso FTP, habilidades Real Audio/Video, programación CGI, estadísticas de página Web e incluso programadores para contratar.

- **Otras cosas.** La lista de elementos que un ISP puede ofrecer es infinita, incluyendo DSL de alta velocidad o acceso al Cable Modem, Newsgroups, además de incluso más cositas lindas y extrañas que son demasiado complejas para que las detallemos ahora. Cuanto más ofrecen, más felices están.

- No obtenga una *shell account (cuenta Shell)* a menos que disfrute utilizado UNIX.

Encontrar un ISP

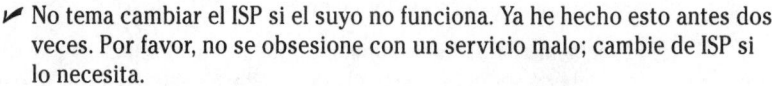

La mayoría de las ciudades e incluso pueblos y aldeas tienen su propio ISP. Si su área tiene la suerte de tener más de un ISP, compare. Encuentre el que dé la mejor oferta. A menudo, los ISP más baratos no tienen muchas opciones que otros ofrecen (pero no le va a decir eso a menos que sepa lo que se está perdiendo). Además, pagar por trimestre o anualmente (si puede hacerlo) es más barato que pagar por mes. Estos lugares pueden hacerlo rodar y rodar, siempre que sepa un poquito lo que quiera.

- No tema cambiar el ISP si el suyo no funciona. Ya he hecho esto antes dos veces. Por favor, no se obsesione con un servicio malo; cambie de ISP si lo necesita.

- La mayoría de las comunidades tienen varios ISP que ofrecen acceso a la Internet. Puede encontrarlos en las páginas amarillas bajo *Internet.* Algunos de ellos incluso se anuncian en la TV, por lo general tarde en las noches junto a las líneas de psíquicos 1-900.

- Yo podría agregar que los ISP con servicios de 24-horas tienen un alto rango en mi lista. Si su correo electrónico muere a las 11:00 p.m. y necesita estar en línea, es lindo tener a alguien allí que puede ayudarle.

Configurar Windows para la Internet

Instalar su PC para acceder a la Internet no es tan difícil, siempre que tenga las siguientes tres cosas:

- Un búho de plata
- Un cuchillo ceremonial, preferiblemente con joyas
- Una cabra sin manchas

No. Espere. Usted necesitaba esas cosas en los viejos días, antes de que Windows viniera con el Internet Connection Wizard. Ahora todo lo que necesita es un poco de información de su proveedor de servicios de la Internet y el Internet Connection Wizard hace el resto.

Esto es lo que necesita para operar el Wizard:

✔ El número de teléfono para llamar.

✔ El nombre de dominio de su ISP, la cosa `blorf.com` o `yaddi.org`.

✔ El ID de registro y contraseña de la Internet.

✔ Su nombre de correo electrónico de la Internet, dirección y contraseña (si es diferente de su ID de registro y contraseña).

Adicionalmente, puede también necesitar lo siguiente, así que manténgalos a mano:

✔ El número del DNS de su proveedor (Domain Name Server). Este es un número de cuatro partes separado por puntos, algo como esto: `123.456.789.0`.

✔ El nombre del servidor de correo electrónico de su ISP, que involucra los acrónimos POP3 o SMTP.

✔ El nombre del servidor de noticias (NNTP) de su ISP.

Probablemente, su ISP le suministró toda esta información cuando usted se registró. Debería ser útil en una hoja de papel para usted o localizado dentro de un panfleto. Todo lo que necesita hacer es decirle al Internet Connection Wizard sobre los números. Eso hace el resto.

Ejecutar el Internet Connection Wizard

La forma más fácil de iniciar el Internet Connection Wizard es buscar su icono de acceso directo en el escritorio. Si lo ve allí, ábralo: clic-clic. Eso hace que las cosas caminen. De lo contrario, encontrar el Internet Connection Wizard en el menú de Start varía con su edición de Windows:

En el menú de Start escoja <u>P</u>rograms➪Accessories➪Communications➪ Connection Wizard. (En Windows XP, escoja More Programs, luego Accessories y así sucesivamente).

Ejecute el Wizard y responda las preguntas utilizando la información suministrada para usted por su ISP. Lea las pantallas. Haga clic sobre el botón Next para seguir adelante.

Dial-Up Networking

Después de hacer todo y hacer clic sobre el botón Finish, su conexión a la Internet estará guardada en una carpeta especial. Esta carpeta contiene el icono que representa las configuraciones que acaba de hacer y puede usar ese icono para conectarse a la Internet si lo desea (aunque ejecutar cualquier programa de la Internet, como Internet Explorer, hace la conexión automáticamente).

- ✔ El nombre de la carpeta especial en Windows 98 es Dial-Up Networking. Usted la accede desde la ventana My Computer.

- ✔ En Windows Me, puede acceder a la carpeta Dial-Up Networking del Control Panel.

- ✔ En Windows 2000, la carpeta especial se llama Network and Dial-Up Connections, a la cual puede acceder desde el menú de Start, submenú de Settings.

- ✔ En Windows XP, abra el Control Panel y escoja Network and Internet Connections, luego haga clic sobre el icono Network Connections. Esto despliega la ventana Network Connections, donde los iconos de la Internet y la red de área local residen.

- ✔ Para instalar el AOL, solo instale el software de AOL desde el CD. Ha terminado.

- ✔ Necesita ejecutar este asistente solamente una vez. Bueno, si cambia o agrega ISP, necesita hacerlo de nuevo.

- ✔ ¡Nunca tire el panfleto u hoja de información que su ISP le dio! Puede necesitarlo más adelante.

- ✔ Su ID de registro y contraseña de la Internet serán diferentes al ID y contraseña de usuario que usted usa para entrar a Windows. Necesita un ID de usuario y contraseña para cada sistema que acceda.

- ✔ $111{,}111{,}111 \times 111{,}111{,}111 = 12{,}345{,}678{,}987{,}654{,}321$.

Conectarse a la Internet

Conectarse a la Internet es seguro; simplemente ejecute cualquier programa de la Internet en su computadora. Windows es lo suficientemente inteligente para conectarse en forma automática. Así es como las cosas ocurren la mayoría del tiempo:

1. Inicie el explorador de la Web.

En Windows, el explorador es Internet Explorer. Haga doble clic sobre el icono Internet Explorer en el escritorio o escoja Programs➪ Internet Explorer➪Internet Explorer en el menú de Start.

2. Llene el recuadro de diálogo de conexión (si aparece).

Después de que inicie el software de la Internet (el explorador de la Web en este caso), puede aparecer el recuadro de diálogo Connect To. La Figura 21-1 muestra una versión de ese recuadro de diálogo. Hay una segunda versión del recuadro de diálogo que despliega una lista adicional de mensajes ("Marcar" y así sucesivamente). Ambos recuadros de diálogo funcionan igual.

Introduzca el nombre de usuario de la Internet.

Introduzca su contraseña.

Haga clic sobre el botón Connect.

Haga clic sobre el recuadro Save Password si no desea ser molestado al digitar la contraseña cada vez que se registra. Sin embargo, para computadoras portátiles y en ambientes de oficina abiertos, recomiendo deseleccionar ese elemento.

Para conectarse automáticamente sin ver ningún recuadro de diálogo, solo inicie cualquiera de sus programas de la Internet, como Internet Explorer o Outlook Express. Para hacer que eso ocurra, haga clic sobre la casilla Connect Automatically.

Hacer clic sobre el botón Connect es opcional; si ha configurado Windows para que se conecte automáticamente, no necesita hacer clic sobre nada. El módem solo marca: *Boop-beep-doop-dap-dee-dee-dee*.

Con suerte, está conectado y registrado en su ISP, listo para acceder a la Internet. Si no, Windows le brinda unos cuantos intentos más para hacer la conexión. Después de eso, debe iniciar todo de nuevo.

"¡Pero siempre tengo que introducir mi contraseña!"

P: Usted dice que funciona de una forma en su libro, pero en la pantalla de mi computadora siempre tengo que digitar la contraseña para conectarme a la Internet. Siempre. Y el elemento Save Password es gris, así que no puede seleccionarlo. ¿Por qué está ocurriendo esto?

R: Podría deberse a una serie de razones. Primero, puede tener una computadora portátil y, por lo tanto, no podría guardar la contraseña por razones de seguridad. Segundo, probablemente no se registró adecuadamente en Windows. Si hace clic sobre Cancel en el recuadro de diálogo desplegado cuando se inicia Windows, entonces Windows no recordará ninguna contraseña que haya digitado anteriormente. Debe registrarse en Windows adecuadamente para que recuerde las contraseñas.

3. **Espere mientras el módem marca.**

   Doh-dee-doh.

4. **¡Está conectado!**

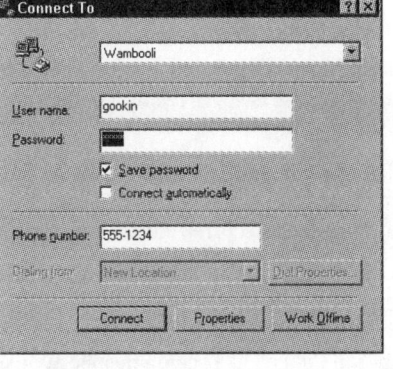

Figura 21-1:
El recuadro
de diálogo
Connect To.

Después de que esté conectado, puede ver el recuadro de diálogo Connection Established, mostrado en la Figura 21-2. ¡Está allí! Bienvenido al recuadro de diálogo Internet. Lea el recuadro de diálogo. Haga clic sobre Do Not Show This Dialog Box en la casilla de verificación Future si desea. Entonces haga clic sobre Close.

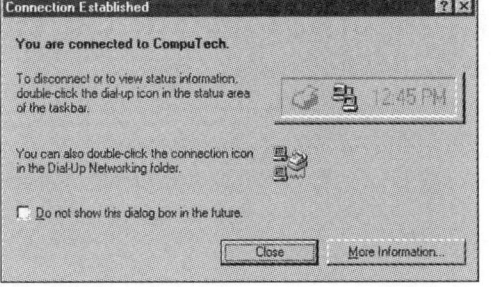

Figura 21-2:
El recuadro
de diálogo
Connected
to
Whatever.

Después de cerrar el recuadro de diálogo Connection Established, o incluso si no aparece, debería notar un nuevo icono en la bandeja del sistema (en el extremo derecho de la barra de tareas), el cual luce como el gráfico en el margen. Ese es su indicador del icono Connected To Whatever que le dice que está en línea con la Internet y listo para ejecutar su software de Internet.

Continúe leyendo en la siguiente sección.

- ✔ Para conectarse al AOL, inicie el software de AOL. Escoja el nombre de su pantalla y digite su contraseña en el recuadro de diálogo Welcome. Haga clic sobre el botón Sign On para conectarse. ¿Ve? Sencillo.

- ✔ Si tiene un DSL o módem de cable, entonces probablemente está en la Internet todo el tiempo. En ese caso, no necesita conectarse manualmente a la Internet, ni necesita desconectarse. Simplemente, opere cualquier programa de la Internet y ¡ta-da! Ahí está.

- ✔ Algún DSL o modems de cable pueden desconectarlo, dependiendo de cómo su ISP instala las cosas. En ese caso, necesitará pasar los procedimientos de conexión descritos en esta sección.

- ✔ Use el botón Work Offline para impedirle a Windows conectarse a la Internet. En esa forma, puede usar su explorador de la Web para visualizar documentos en su computadora o leer su correo electrónico sin conectarse.

- ✔ Si le molesta más adelante que Windows se conecte automáticamente a la Internet, puede siempre desactivar esa opción.
  Cuando el recuadro de diálogo Dialing Progress aparece (automáticamente), haga clic sobre el botón Cancel. Esa acción despliega de nuevo el recuadro de diálogo de conexión (Figura 21-1), donde puede des-marcar la casilla de verificación Connect Automatically.

- ✔ ¡Esté alerta del indicador de icono Connected To Whatever en la barra de tareas! Es su recordatorio de que su PC está hablando con la Internet.

Hacer Algo en la Internet (Usar Software de Internet)

Después de que haya hecho la conexión a su ISP, está listo para ejecutar cualquiera o todos los software de la Internet. Encienda su explorador de la Web, paquete de correo electrónico o cualquiera de una serie de aplicaciones diseñadas por diversión y locura en la Internet.

- ✔ En la medida que tenga la conexión a la Internet, puede ejecutar cualquier programa que acceda a la información en esta.

- ✔ Sí, puede ejecutar más de un programa de la Internet a la vez. Típicamente tengo tres o cuatro de ellos en ejecución simultánea. (Como la Internet es lenta, puede leer una ventana mientras espera que aparezca algo en otra ventana).

- ✔ Puede también permanecer en la Internet mientras usa un programa de aplicación como Word o Excel. No olvide que está en línea.

✔ Cierre sus programas de la Internet cuando ha terminado.

¡Adiós, Internet!

Para decirle adiós a la Internet, siga estos pasos:

1. **Cierre todos sus programas de la Internet.**

   Este paso no es una obligación, pero es un punto de inicio. Si desea mantener sus programas abiertos (digamos, para leer una página Web grande), eso está bien también; solo no cierre esa ventana y muévase al paso siguiente.

2. **Dígale a Windows que cuelgue el teléfono.**

   Probablemente, Windows deseará colgar automáticamente cuando cierra sus programas de la Internet. Aparece un recuadro de diálogo, como el mostrado en la Figura 21-3. Haga clic sobre el botón de desconexión, Disconnect Now (o puede ser llamado solo Disconnect). Está desconectado.

Figura 21-3:
Un recuadro de diálogo de desconexión.

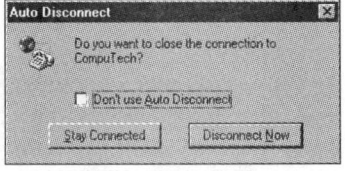

Si no aparece un recuadro de diálogo de desconexión, como cuando desea mantener una o dos ventanas abiertas, entonces debe desconectarse *manualmente*. Para hacer esto, haga doble clic sobre el indicador del icono Connected To Whatever en la bandeja del sistema. Aparece una ventana, que se ve como en la Figura 21-4. Haga clic sobre el botón Disconnect. Está listo.

✔ En AOL, puede escoger Sign Off⇨Sign Off en el menú para desconectarse, pero continúe usando el programa AOL. Escoger File⇨ Exit también se desconecta cuando cierra el programa AOL.

✔ Nunca olvide desconectarse de la Internet.

✔ Qué suerte que ya no está conectado a la Internet: el indicador del icono Connected To Whatever desaparece de la bandeja del sistema en la barra de tareas.

✔ Puede darle seguimiento a cuánto tiempo ha gastado en línea visualizando el recuadro de diálogo Connected To Whatever. Esta información es importante cuando llega a pasar varias horas en la Internet de lo que comúnmente estaría. Solo haga doble clic sobre el indicador del icono Connected To Whatever en la bandeja del sistema. Visualice la hora. Exclame, "¡Dios mío, eso va a ser mucho tiempo!" y luego haga clic sobre el botón OK.

Figura 21-4:
Haga clic sobre el botón Disconnect para decirle adiós a la Internet.

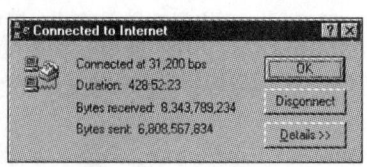

Capítulo 22

Elementos Básicos de la Internet

*L*a World Wide Web es directamente responsable de hacer la Internet tan popular como es ahora. La Web introdujo en la Internet gráficos y texto. Y después de que la intimidante y fea naturaleza de Unix de la Internet fue eliminada, todos querían "surfear en la Web".

Más allá de la Web, está el correo electrónico, que es en realidad más popular. El correo electrónico es tan viejo como la Internet en sí, pero con la popularidad de la Web, el uso del correo electrónico de la Internet ha explotado. Y nada le gana a la diversión de recibir correo electrónico nuevo. Para algunas personas, es todo por lo que viven hoy día.

Este capítulo describe la Web y el correo electrónico. Son las dos cosas en las que desperdiciará, digo, pasará el tiempo en la Internet más que cualquier otra cosa.

Decirle Hola a la Web

Prepárese para sumergirse en las aguas frías de la Internet. . . .

La parte más importante del software usado para acceder a la información en la Internet es un Explorador de la Web, o *browser (explorador)* para hacerlo corto. Afortunadamente para la humanidad, Microsoft ha considerado que Windows es, de hecho, un explorador de la Web. Eso significa que realmente no necesita comprar más software para acceder a la información acerca de la Internet. ¿No tenemos suerte?

✔ Si bien existen otros exploradores de la Web, este libro asume que Internet Explorer (IE) es el que usted tiene.

✔ Puede también explorar la Web en AOL, aunque hay restricciones para hacerlo, pero esto no se detalla en este libro.

Iniciar Internet Explorer

Abra el icono Internet Explorer en el escritorio para iniciar su explorador de la Web. Si no está completamente conectado a la Internet, lo estará (refiérase al Capítulo 21). Pronto, la ventana principal de Internet Explorer estará llena con una página de información de la World Wide Web (refiérase a la Figura 22-1).

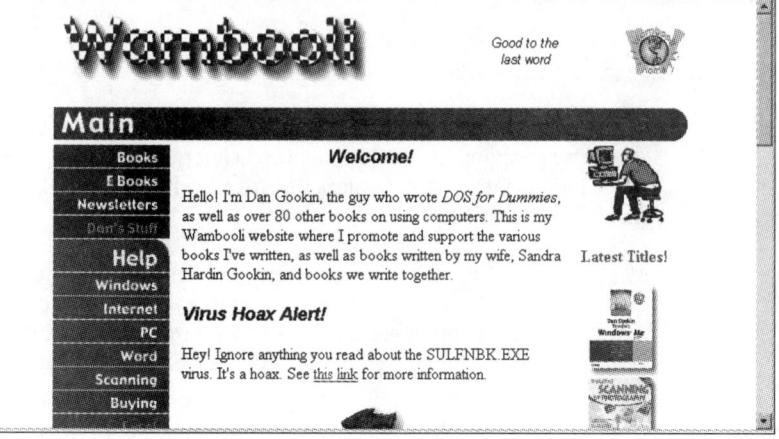

Figura 22-1:
El programa explorador de la Web Internet Explorer.

La primera página que usted ve se llama *home page (página de inicio)*. Es meramente la primera página que ve cuando inicia su explorador de la Web. (No es su propia página personal en la Web, pero puede cambiarla a esa página si lo desea; refiérase a la sección "¡Lléveme a casa!" más adelante en este capítulo).

Debería notar unas cuantas cosas en la ventana del explorador de la Web:

Button bar (Barra de botón). Debajo de la barra del menú, encuentra una serie de botones. Usted usa estos botones para visitar varios lugares en la Web y hacer cosas básicas con su explorador.

Busy thing (Cosa ocupada). El extremo derecho de la barra del botón tiene lo que llamamos la *busy thing (cosa ocupada)*. La cosa ocupada se activa cuando el explorador de la Web está haciendo algo, esto por lo general significa que está esperando por información para ser enviada desde las partes lejanas de la Internet. Esa es su señal para sentarse y ser paciente; la Web está ocupada.

Address box (Recuadro de dirección). Como en los días de DOS, puede digitar varios comandos para hacer que el explorador visite ciertos lugares en la Web. Estos comandos oficialmente se conocen como *URL,* aunque yo los llamo direcciones de la página Web. De cualquier forma, lo que digita es críptico, pero puede acostumbrarse.

Web page (Página Web). Los contenidos del explorador de la Web (lo que despliega) abren una página de información en la Web. En la Figura 22-1, usted ve la página de inicio para *Wambooli* la página de inicio de mi compañía en la Web (`http://www.wambooli.com`).

Scroll bars (Barras de desplazamiento). Lo que usted ve en la Web puede a menudo ser más grande que la ventana de su explorador. Así que no se lo pierda, las barras de desplazamiento le permiten mover los contenidos de la página Web aquí y allá.

El explorador de la Web le muestra cuán sencillo es visualizar información en la Internet. Lo que ve son gráficos y texto, casi como una revista. Además, algunas páginas Web pueden tener animación. Otras reproducen música mientras las visualiza (lo que puede ser molesto). Además, usted hace gran parte de la entrada con el mouse. Rara vez tiene que digitar algo. Supongo que esa es la razón por la que se llama *browsing (explorar)* y no *hunting and pecking (buscar y picotear).*

✔ La cosa ocupada estará muy ocupada. A menudo se dice que la World Wide Web debería ser WWWW, la cuarta W para Wait (Esperar).

✔ Usted pronuncia solo las letras en el URL: "*You Are El".* Es el acrónimo para Uniform Resource Locator (Localizador de Recursos Uniforme). Esencialmente, es un comando que usted le da al explorador de la Web para salir y encontrar algo en la Internet.

✔ La mayoría de los URL que digita empiezan con http://. Ese chisme críptico es en realidad un comando de la Internet. El texto que sigue a http:// es la dirección de esa información, su ubicación en alguna computadora en alguna parte del mundo. Piense en ello como la *ubicación* de un archivo en la Internet, muy parecida a la ubicación de un archivo en su disco duro.

✔ Solo raras veces usted digita la dirección de una página Web. Normalmente, puede hacer la mayor parte de la navegación en la Web haciendo clic sobre varios *links (vínculos)* localizados en una página Web o escogiendo una página Web de su lista de favoritos. Más de eso en un segundo.

- En AOL, digite la dirección de página Web en la barra de navegación justo debajo de la fila de botones debajo de la barra del menú. Haga clic sobre el botón Go para abrir la página Web.

- Las páginas Web pueden ser más grandes y largas de lo que ve desplegado en la ventana de su explorador. ¡No olvide usar las barras de desplazamiento! Aún así, maximice la ventana del explorador para obtener el efecto de una pantalla completa.

Visitar algún lugar "awebado"

Hay un estimado de 100,000,000 páginas de información en la World Wide Web. ¿Por qué no visitarlas?

Para visitar una página Web, tiene dos opciones. Primero, puede digitar manualmente la dirección de alguna página en alguna parte del planeta (usted sabe, todas esas cosas de http://www-barra-punto-com-punto-barra-barra que ve en todas partes). Segundo y, más fácil, puede hacer clic sobre un *link (vínculo),* que es una parte de texto o gráfico en una página Web que lo lleva a otra página.

La forma manual. Para visitar manualmente cualquier página Web en el universo, digite su dirección en la barra Address cerca de la parte superior de la ventana Internet Explorer.

Digite la dirección *exactamente* igual. Las mayúsculas y minúsculas significan diferentes cosas; debe ser exacto.

Use las teclas de retroceso o eliminación para borrar o editar texto que ya está en la barra Address.

Cuando está listo para visitar esa página Web, pulse Enter. Por ejemplo, para visitar la página Web de la CNN (http://www.cnn.com), digita **http**, dos puntos, dos barras hacia adelante, **www**, un punto, **cnn**, otro punto y **com**. No necesita digitar un punto al final de la dirección. Solo digite como se ve, raro después de todo. Pulse Enter y (eventualmente) verá la página Web de la CNN, desplegando las últimas noticias en el mundo entero (con una perspectiva americana, por supuesto).

- Si la página Web no se carga, puede haber algún tipo de error. ¡Lo primero que debe hacer es intentar de nuevo! La Web puede estar ocupada y a menudo cuando lo está, usted obtiene un mensaje de error.

- Si obtiene un error *404* entonces probablemente no digitó la dirección de la página Web adecuadamente. ¡Inténtelo de nuevo!

✔ El acceso directo del teclado para llegar al recuadro de la dirección es Ctrl+L. Cuando pulsa esa combinación de teclas, aparece un recuadro de diálogo donde puede digitar una dirección de página Web.

✔ En el "Now He Tells Us Dept", la parte http:// de una dirección de página Web es opcional. El explorador automáticamente asume que usted quiere decir digitar http:// aún cuando se le olvide.

✔ Por otro lado, si una dirección de página Web empieza con ftp:// o gopher://, entonces debe digitar esos comandos.

La forma automática. Se llama *Web* porque casi cada página tiene un vínculo a otras páginas. Por ejemplo, una página Web acerca del fin del mundo puede tener vínculos a páginas Web acerca de Nostradamus o ese muchacho que habla solo con un emparedado que dice, "El juicio final está cerca". Haga clic sobre el vínculo para ver más información.

La mayoría de los vínculos en páginas Web son texto. El texto aparece subrayado y por lo general en un color diferente al otro texto en la pantalla.

Los vínculos pueden también ser gráficos y fotografías. La única forma de estar seguro es colocar el puntero del mouse sobre un vínculo. Si el puntero cambia a una mano que apunta, entonces sabe que es un vínculo sobre el que puede hacer clic para ver algo más.

✔ Hacer clic sobre un vínculo lo lleva a otra página Web, justo como digitar una nueva dirección pero sin digitarla.

✔ Unas cuantas páginas Web son sencillamente colecciones de vínculos.

✔ Cualquier nueva página Web informativa tendrá vínculos relacionados con otros temas. Encuentra la mayoría de los vínculos en la parte inferior de la página Web, aunque algunas tienen los vínculos enlazados a lo largo del texto.

✔ El vínculo es una abreviación para *hyperlink (hipervínculo),* otro poquito de trivia para ocupar unas cuantas docenas de neuronas.

Irse atrás, muy atrás, hacia adelante y detenerse

Los siguientes vínculos pueden ser divertidos. Esa es la razón por la cual la mayoría de las personas desperdician tiempo en la Web. Por ejemplo, encontré una página Web recientemente que explicaba toda la letra de *American Pie,* de Don McLean. No sé cómo llegué allí; tan solo terminé allí después de hacer clic sobre unas cuantas docenas de vínculos. A diferencia de Hansel y Gretel, me olvidé de dejar boronas de pan a lo largo de la Supercarretera de la Información. Afortunadamente, el explorador de la Web hace eso por usted.

 Para regresar a la página Web en que estaba mirando, use el botón Back de su explorador. Puede continuar haciendo clic sobre el botón Back para visitar de nuevo cada página Web que ha mirado, hasta llegar hacia atrás a la primera página que vio hace 18 horas.

Si realmente necesita excavar hondo, haga clic sobre la flecha que apunta hacia abajo cerca del botón Back. Aparece una lista de las varias páginas Web que ha visitado. (En Netscape, puede también usar el menú de Go para ver las últimas páginas).

 Y si necesita dejar de irse hacia atrás, use el botón Forward. Back. Forward. Es como aprender a manejar, pero sin cuestas.

 Por último, si accidentalmente hace clic sobre un vínculo y cambia de parecer, haga clic sobre el botón Stop. La Internet luego deja de enviarle información. (Quizás necesita hacer clic sobre el botón Back para regresar adonde estaba).

- ✔ Estos botones también se encuentran en la barra de navegación de AOL.

- ✔ El vínculo American Pie es:

```
http://urbanlegends.com/songs/american_pie_-
          interpretations.html
```

¡Ah! Qué refrescante

El botón Refresh de su explorador tiene un propósito útil en el mundo de la siempre cambiante información. Refresh solamente le indica a la Internet que le reenvíe la información de una página Web. ¡Eso es!

Las razones para hacer clic sobre el botón Refresh son:

Cambiar información. Muchas páginas Web tienen información actualizada. Hacer clic sobre el botón Refresh siempre le brinda la última versión.

Fotografías faltantes. Ocasionalmente una imagen gráfica no puede aparecer. En ese caso, aparece un icono en *blanco,* que le indica que la imagen falta. A menudo, hacer clic sobre el botón Refresh hace algo de magia que hace que la imagen reaparezca.

Clic accidental sobre el botón Stop. ¡Ups! Haga clic sobre Refresh para cancelar la orden de detener y recargar la página Web.

¡Lléveme a casa!

Para visitar su página de inicio, haga clic sobre el botón Home. Esta acción lo lleva de vuelta a la primera página que vio cuando se conectó a la Internet.

La belleza de la página de inicio es que puede cambiarla. Por ejemplo, yo uso Yahoo! como mi página de inicio. (Yahoo es un sitio portal, como la terminal de un aeropuerto para conectarse a otros lugares en la Internet). Para establecer una página de inicio, siga estos pasos:

1. **Visite la página que desea llamar página de inicio.**

   Por ejemplo, Yahoo está en `http://www.yahoo.com`. Digite eso en el recuadro Address para visitar esa página.

2. **Escoja Tools⇨Internet Options.**

3. **Haga clic sobre el botón Use Current en el área de la página de inicio de la pestaña General.**

   Refiérase a la Figura 22-2.

4. **Haga clic sobre OK.**

La nueva página de inicio está ahora establecida. Y puede cambiarla de nuevo en cualquier momento. Después de todo, ¡es *su* página de inicio!

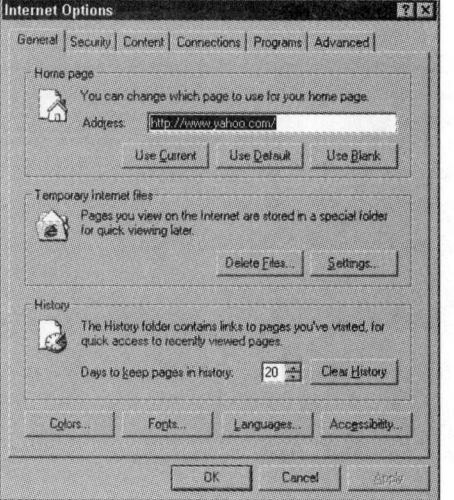

Figura 22-2:
El recuadro
de diálogo
Internet
Options.

Salirse de Internet Explorer

Después de que ha terminado de explorar en la World Wide Web, lo que quiere decir que son las 4:00 a.m. y necesita levantarse en 90 minutos para alistarse para el trabajo, debe salirse de Internet Explorer. Esto es fácil: escoja File⇨ Close en el menú.

Salirse de Internet Explorer no lo desconecta de la Internet. Si está usando una conexión de módem, entonces debe desconectarse manualmente si Windows no lo hace en forma automática. Refiérase al Capítulo 21 para más información acerca de desconectarse de la Internet.

¡Llamada de Correo!

Nada anima tanto su día de Internet como obtener correo electrónico fresco. Si tiene AOL, entonces adquiera el melifluo, "¡Le llegó correo!" que lo saluda al principio de un día productivo. *Ahhhh, ¡le importo a la gente lo suficiente para escribirme! ¡Soy querido!*

Las siguientes acciones lidian con el correo electrónico, que puede ser una obsesión para algunos amigos. De hecho, si usted es como la mayoría de las personas, probablemente ejecutará tanto el programa de su explorador de la Web como el de correo electrónico al mismo tiempo. En esa forma no "perderá nada" mientras está en la Internet.

- ✔ Este libro asume que usted tiene Outlook Express (Versión 5), el paquete de Windows de correo electrónico.

- ✔ Outlook Express no es el mismo programa que Outlook, que es otro programa de correo electrónico hecho por Microsoft y distribuido con Microsoft Office.

- ✔ Oh, y este capítulo menciona el AOL, aunque el tema aquí es realmente Outlook Express.

Iniciar Outlook Express

Outlook Express

Inicie Outlook Express al abrir el icono Outlook Express en el escritorio (mostrado en el margen). Puede también encontrar el icono en la barra Quick Launch.

Si no está realmente conectado a la Internet, iniciar Outlook Express lo conecta. Si no, refiérase al Capítulo 21 para información acerca de conectarse a la Internet.

No puede enviar o recibir correo electrónico a menos que esté conectado a la Internet.

La primera cosa que hace Outlook es revisar si hay correo nuevo. Refiérase a la sección "Leer correo electrónico," más adelante en este capítulo, si *realmente* no puede esperar a iniciar. Outlook también envía cualquier correo que tiene esperando.

La Figura 22-3 detalla la pantalla Outlook Express, la cual consiste en tres partes:

Lista Folders. En el extremo superior izquierdo de la ventana se encuentra la lista de carpetas donde está el correo enviado, recibido, eliminado y archivado.

Lista Contact. En el extremo inferior izquierdo hay una lista de contactos, las personas con las cuales normalmente se comunica.

Message summary (Resumen del mensaje). A la derecha hay una "página de inicio" de clases para mensajes, grupos de noticias y cosas. Usted puede o no ver esta pantalla. En lugar de ello, puede configurar Outlook para desplegar su Inbox (Bandeja de entrada) cuando lo enciende: haga clic sobre la casilla de verificación When Outlook Express Starts, Go Directly to My Inbox.

La pantalla de apertura para Outlook Express es algo que realmente no desea ver. No, ¡usted desea obtener ese correo! Haga clic sobre el vínculo Inbox para ver cualquier mensaje viejo o nuevo que haya recibido.

Cuando va a la Inbox (Figura 22-4), el lado derecho de la pantalla se divide en dos partes. La parte superior muestra la cola del correo electrónico en la Inbox. El texto en negrita indica correo no leído; las líneas normales indican correo leído (y el icono del sobre abierto/cerrado confirma esta información).

La parte inferior-derecha de la ventana muestra una vista preliminar de los contenidos del mensaje, como el comercial en la Figura 22-4.

Entre el lado izquierdo y derecho de la ventana hay una barra separadora. Puede arrastrar esa barra con el mouse para hacer cualquier lado más grande. Mi consejo es arrastrar la barra separadora a la izquierda, para hacer la ventana de vista previa del Inbox más grande.

Lista de carpetas (Folders list)   Mensajes no leídos (Unread messages)

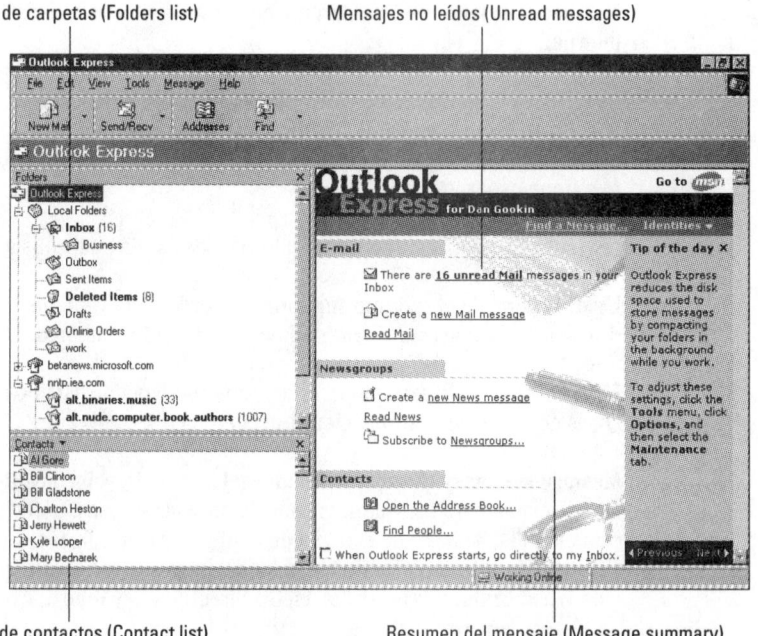

Figura 22-3: Outlook Express, su programa de correo electrónico.

Lista de contactos (Contact list)   Resumen del mensaje (Message summary)

¡Suficiente introducción! Si tiene correo en espera, salte hacia adelante a la sección "Leer correo electrónico". De lo contrario, continúe con la próxima sección sobre redactar un mensaje.

- ✔ La mayoría de los programas de correo electrónico se ven parecidos a Outlook Express. A menudo una Inbox despliega los mensajes pendientes en el tipo negrita y los mensajes leídos en el tipo normal. Hay una lista de carpetas afuera en el costado.

- ✔ Probablemente, no tendrá ningún correo esperándolo inmediatamente. Oh, puede tener un mensaje de bienvenida de Microsoft. Como si importara. . . .

Enviar correo electrónico

Con el fin de obtener un correo electrónico, debe primero enviarlo.

Naturalmente, usted es popular. La gente lo adora. Y usted da su dirección de correo electrónico a todas las personas que ha conocido. Aún así, para obtener mucho del correo electrónico tiene que enviar un montón de correo electrónico.

Ocasionalmente, algunas personas le enviarán cosas espontáneas, pero tenga presente que la comunicación es una calle de dos vías.

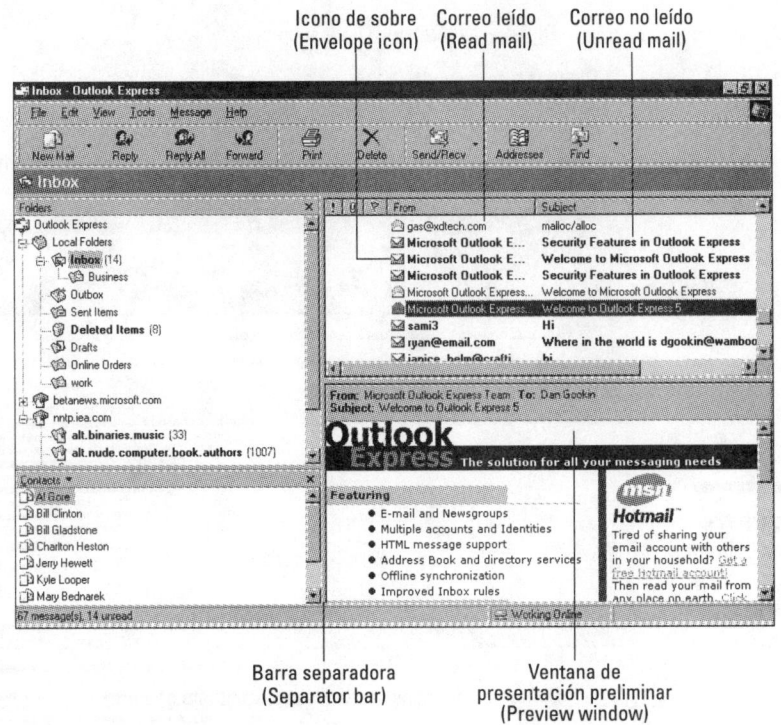

Figura 22-4:
La vista
Outlook
Express
Inbox.

Icono de sobre | Correo leído | Correo no leído
(Envelope icon) | (Read mail) | (Unread mail)

Barra separadora
(Separator bar)

Ventana de
presentación preliminar
(Preview window)

Para crear un nuevo mensaje en Outlook Express, haga clic sobre el botón New Mail. Aparece la ventana New Message, como se muestra en la Figura 22-5. Su trabajo es llenar los espacios blancos.

To (Para). ¿A quién le está enviando el mensaje? Digite la dirección del correo electrónico de la persona en el campo To.

✔ Para redactar una carta de correo electrónico, necesita conocer la dirección de alguna otra persona en la Internet. Sus amigos y compañeros pueden darle esta información y además es extremadamente moderno poner su dirección de correo electrónico en su tarjeta de negocios y currículum.

✔ No ponga espacios en la dirección de correo electrónico. Si piensa que es un espacio, entonces probablemente es un guión bajo.

✔ Debe introducir toda la dirección de correo electrónico: blah@wambooli.com. Note la única excepción: si tiene sobrenombres de correo electrónico instalados, puede digitarlo en el campo To en lugar de toda la dirección de correo electrónico. (Refiérase al Capítulo 24 para información acerca de sobrenombres).

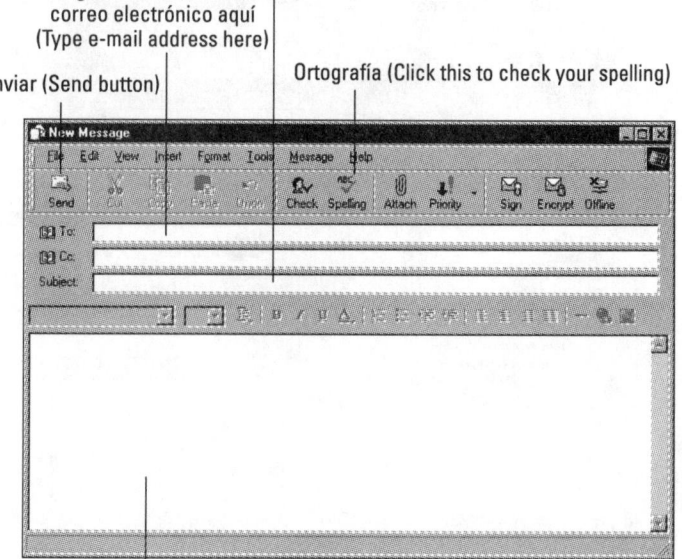

Digite el asunto aquí (Type subject here)

Digite la dirección de correo electrónico aquí (Type e-mail address here)

Enviar (Send button)

Ortografía (Click this to check your spelling)

Figura 22-5: La ventana New Message.

Contenido de mensajes (Message contents go here)

¿Por qué aparece mi verdadero nombre en mis correos electrónicos?

P: ¿Por qué, cuando envío correo electrónico, aparece mi nombre verdadero? Hoy me llegó un correo electrónico de alguien que no mostraba el nombre verdadero. ¿Cómo sé quién lo envía REALMENTE?

R: Su programa de correo electrónico está configurado para desplegar su nombre verdadero. Usted llenó esta información cuando instaló el programa. Ese nombre aparece en la línea From de cada mensaje que envía.

✔ Puede digitar más de una dirección en el campo To. Si es así, separe cada una con punto y coma, como en:

```
president@whitehouse.gov;first.lady@whitehouse.gov
```

✔ Si digita la dirección de correo electrónico equivocada, el mensaje le *rebota*. Esto no es malo; solo intente de nuevo con la dirección correcta.

Cc. El campo de la copia al carbón. Este campo contiene direcciones de correo electrónico de las personas que desea que reciban la copia del mensaje. Esas personas reciben el mensaje, pero también saben que este no era dirigido a ellos.

Subject (Asunto). Digite el asunto del mensaje. ¿De qué se trata el mensaje? Ayuda si el asunto es en alguna forma relacionada con el mensaje (porque los receptores ven el asunto en sus Inboxes, al igual que usted).

El mensaje en sí. La última cosa para llenar en los contenidos.

```
Actually, I didn't suspect that Joyce had her eyes "done."
                I just assumed that she was very surprised all
                evening.
```

Cuando haya terminado, revise su ortografía haciendo clic sobre el botón Spelling. Su mensaje es revisado y las palabras potencialmente mal escritas son destacadas. Seleccione la palabra bien escrita en el recuadro de diálogo, el mismo ejercicio que realiza con la revisión ortográfica de su procesador de palabras.

¡Revise su mensaje! La revisión ortográfica no señala errores gramaticales o declaraciones potencialmente ofensivas. Recuerde, ¡no puede hacer volver el correo electrónico después de que es enviado!

Por último, usted envía el mensaje. Haga clic sobre el botón Send y estará en la Internet, entregado más barato y en forma más segura que ningún correo en la Tierra.

Si no desea enviar el mensaje, cierre la ventana New Message. Se le preguntará si desea guardar el mensaje. Haga clic sobre Yes para guardarlo en la carpeta Drafts. Si hace clic sobre No, el mensaje es destruido.

✔ Puede iniciar un nuevo mensaje pulsando Ctrl+N o escogiendo Ctrl+N File⇨New⇨Mail Message en la barra de menú.

✔ En AOL, cree un nuevo mensaje haciendo clic sobre el botón Write en la barra de herramientas o pulse Ctrl+M. Haga clic sobre el botón Send Now en AOL para enviar su mensaje, bueno, *¡ahora mismo!*

PREGUNTE A DAN

¿Cómo reenvío un mensaje rebotado?

P: Después de digitar una dirección equivocada en una carta de correo electrónico y tenerla devuelta con el mensaje de usuario desconocido, ¿puedo corregir la dirección y reenviar la carta?

R: Puede reenviar el correo electrónico devuelto a la dirección correcta. El comando para reenviar es Ctrl+F. Luego digite la dirección adecuada y quizás una explicación de cómo ha fallado o algo. También puede copiar el mensaje y pegarlo en una ventana New Message que tenga la dirección de correo electrónico correcta.

✔ Un mensaje de correo electrónico es enviado instantáneamente. Envié un mensaje a un lector en Australia una tarde y recibí la respuesta en menos de 10 minutos.

✔ Por favor, no digite todo en MAYÚSCULAS. Para la mayoría de las personas, las mayúsculas lucen ¡COMO SI LES ESTUVIERA GRITANDO!

✔ La revisión ortográfica en Outlook Express funciona solo si tiene Microsoft Word o todo el paquete de Microsoft Office instalado. De lo contrario, no podrá revisar la ortografía.

✔ Tenga cuidado con lo que escribe. Los mensajes de correo electrónico son a menudo escritos en forma casual y pueden fácilmente ser malinterpretados. Recuerde mantenerlos moderados.

✔ Ignore a las personas que escriben sus mensajes molestos. Es difícil, pero puede hacerlo.

✔ No espere una respuesta rápida de un correo electrónico, especialmente de sus amigos en la industria de la computación (lo que es irónico).

✔ Para enviar un mensaje que ha metido en la carpeta Drafts, abra la carpeta Drafts. Luego haga doble clic sobre el mensaje para abrirlo. La ventana original New Message es luego desplegada de nuevo. Desde allí, puede editar el mensaje y hacer clic sobre el botón Send para enviarlo de una vez.

Leer correo electrónico

Para leer un mensaje, selecciónelo en la lista del Inbox. El texto del mensaje aparece en la parte inferior de la ventana, como se mostró anteriormente en la Figura 22-4. Puede leer cualquier mensaje en la lista, en cualquier orden; seleccionar un nuevo mensaje despliega sus contenidos en la parte inferior de la ventana.

Por supuesto, no está atrapado visualizando el mensaje en la cárcel aglomerada del infierno de las múltiples ventanas de Outlook Express. No, si desea, puede abrir una ventana de mensaje haciendo doble clic sobre el mensaje en el Inbox. Se abre una ventana especial de lectura del mensaje, la cual es similar a la mostrada en la Figura 22-6.

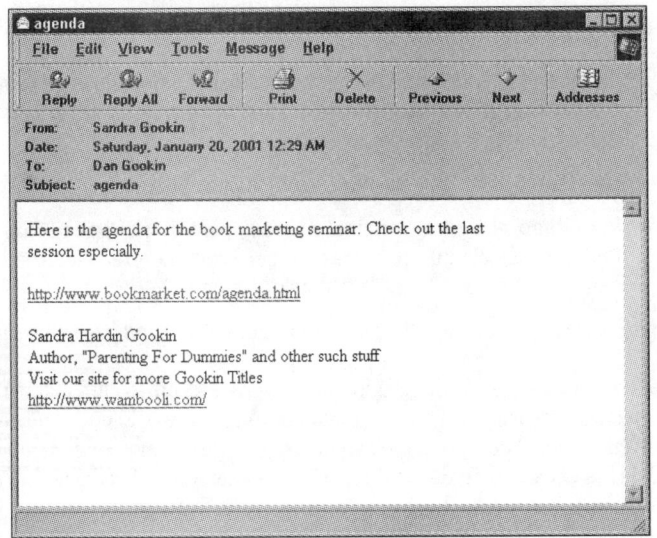

Figura 22-6:
Un mensaje
de correo
individual en
su propia
ventana.

Siendo su propia ventana, puede reajustar el tamaño o arrastrar el mensaje a cualquier parte en la pantalla. Y puede abrir más de una ventana de lectura de mensaje a la vez, lo que ayuda si necesita referirse a más de un mensaje simultáneamente (este tipo de cosas que él dijo y ella dijo).

La ventana de lectura de mensaje también tiene dos botones útiles: Previous y Next.

Haga clic sobre el botón Previous para leer el mensaje anterior en el Inbox, el que está antes del mensaje actual.

Haga clic sobre el botón Next para leer el siguiente mensaje en su Inbox. Si está leyendo el último mensaje en el Inbox, entonces al hacer clic sobre el botón Next produce un sonido molesto.

Después de leer un mensaje, puede hacer una de varias cosas:

Imprimir un mensaje de correo electrónico, escoja File➪Print en el menú. Aparece el recuadro de diálogo Print; haga clic sobre OK para imprimir. Puede también imprimir un mensaje haciendo clic sobre el botón Print de la barra de herramientas.

Para enviar una respuesta o darle seguimiento a un mensaje de correo electrónico, haga clic sobre el botón Reply.

Note que Outlook Express hace varias cosas para usted automáticamente:

- ✔ El nombre del que envía es automáticamente colocado en el campo To. Su respuesta regresa directamente a quien le escribe, sin tener que digitar de nuevo una dirección.

- ✔ El asunto original se referido (Re) en la línea Subject.

- ✔ Por último, el mensaje original es *citado* para usted. Esta opción es importante porque algunas personas reciben mucho correo electrónico y no pueden hacer volver el tren de la conversación.

Digite su respuesta y luego haga clic sobre el botón Send para enviarlo.

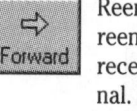

Reenviar un mensaje es lo mismo que volver a escribirlo para alguien más. Para reenviar un mensaje, haga clic sobre el botón Forward. El mensaje reenviado aparece citado en el cuerpo del nuevo mensaje. Digite cualquier comentario opcional. Llene el campo To con la dirección de la persona a la cual le está reenviando el mensaje. Por último, haga clic sobre el botón Send para enviarlo.

Para eliminar el mensaje que está leyendo, haga clic sobre el botón Delete. ¡Puuf! Se fue. (Bueno, para ser preciso, el mensaje es meramente movido a la carpeta Deleted Items al lado izquierdo de la ventana Outlook Express).

- ✔ En realidad, no tiene que hacer nada con un mensaje después de leerlo; puede solo mantenerlo en su Inbox. No hay castigo por eso.

- ✔ Los mensajes nuevos de correo electrónico aparecen en su Inbox en texto en negrita.

- ✔ Puede editar el texto citado al responder o reenviar un mensaje. El texto citado no está "bloqueado" o cualquier cosa. Por lo general, divido un texto citado cuando respondo a un correo electrónico, de manera que pueda dirigir los temas individualmente.

- ✔ Puede también editar texto citado eliminándolo, si eso desea.

- ✔ Utilice el botón Reply All cuando responda un mensaje que tenía una copia al carbón a varias personas. Al hacer clic sobre Reply All, usted crea una respuesta que enumera *a todas las personas* a las que el mensaje fue enviado, para que todas puedan leer la respuesta.

- ✔ Después de responder a un mensaje, el icono del sobre en el Inbox cambia (mostrado en el margen). Este cambio es la clave de que el mensaje ha sido respondido.

- ✔ El correo eliminado se encuentra en la carpeta Deleted Items hasta que limpie esa carpeta. Para limpiarla, escoja Edit⇨Empty Deleted Items Folder en el menú.

Salirse de Outlook Express

Para salirse de Outlook Express cuando haya terminado, cierre la ventana del programa, o escoja File⇨Exit en el menú.

Capítulo 23

Advertencia General Para los que Están Cansados de la Web

En este capítulo

▷ Buscar cosas en la Web

▷ Comprar en línea

▷ Comprar y negociar en una subasta de la Web

▷ Organizar sus Favoritos

▷ Aprender de su Historial de la Web

▷ Utilizar Consejos y trucos de la Internet Explorer

T anto tiempo, tan poco por hacer. . . . — Willy Wonka

Una razón por la que la Web es tan exitosa es que realmente no se requiere mucho para comprender cómo funciona. Pudo haber sido así antes, pero gracias a las bien diseñadas páginas Web y una simple interfaz punto-y-clic, utilizar la Web no es tan difícil para nadie. Así que en lugar de darle el Gran Tour de la Web y desperdiciar su tiempo leyendo sobre tiquetes de aerolíneas de compras en línea o cómo llamar al restaurante chino calle abajo para ordenar comida, he decidido dedicar este capítulo a varios consejos, trucos y advertencia generales para los que están cansados de la Web. Esto le ahorrará toneladas de tiempo y le dará algo que leer mientras espera por su pollo General Tso.

Buscar Cosas

La Web es como un bibliotecario, aunque no tiene un catálogo de tarjetas. Y olvídese de buscar algo en los estantes: las páginas Web no están organizadas en ninguna manera, ni la información en ellas está garantizada, completa o precisa. Como cualquiera puede poner cualquier cosa en la Web, entonces lo hace.

Usted encuentra algo en la Web utilizando un *search engine (sistema de búsqueda)*. Esa es una página Web que contiene un enorme catálogo de otras páginas Web. Puede buscar en el catálogo lo que desee. Los resultados son desplegados y usted puede hacer clic sobre esos vínculos para eventualmente llegar a la página Web que desea. Todo es muy ingenioso.

Cuando busco en la Internet, empiezo en Yahoo. Es quizás el sistema más viejo y tradicional de todos. Visite Yahoo en www.yahoo.com (La Figura 23-1 ilustra cómo se ve).

Con Yahoo tiene dos opciones para buscar: digitar algo que buscar en el recuadro de texto Search o explorar las categorías haciendo clic sobre esos vínculos con su mouse.

En pocos momentos, Yahoo despliega una lista de elementos encontrados. La lista puede incluir Category Matches (que es como encontrar la información en el catálogo de tarjetas de una biblioteca) o páginas Web individuales. Estos resultados son desplegados en la próxima pantalla que ve.

Yahoo no está solo. Muchos sistemas de búsqueda están disponibles, así como sitios todo-en-uno "portal Web" que ofrecen noticias, correo electrónico basado en la red, juegos, pláticas y otras cositas diseñadas para mejorar toda la experiencia en la red. La Tabla 23-1 enumera el rango de los sistemas de búsqueda/portales de la web.

Figura 23-1:
El sitio Web
de Yahoo.

Tabla 23-1	Populares Sitios Portales, Pero No Todos Ellos
Lugar	**Dirección**
CNET	www.cnet.com
CNN	www.cnn.com
Dogpile	www.dogpile.com
Excite	www.excite.com
Lycos	www.lycos.com
Microsoft	www.msn.com
Yahoo!	www.yahoo.com
ZDNet	www.zdnet.com

✔ Google es considerado por muchos como el último sistema de búsqueda, aunque no es realmente un sitio portal. Visite Google en www.google.com/.

✔ Si el sistema de búsqueda encuentra más de una página de información, usted ve un vínculo <u>Next 20 Matches</u> (o algo similar) en la parte inferior de la página. Haga clic sobre ese vínculo para ver la próxima lista de páginas Web encontradas.

✔ Cuanta más información le dé al recuadro de texto Search, más precisa resulta la página Web.

✔ De todas las búsquedas en la Internet, buscar personas es quizás la menos exitosa. Encontrará que la mayoría de las páginas Web que buscan personas requieren una TONELADA de información acerca de la persona que intentan encontrar. Aún entonces, no siempre al encuentran.

✔ Para una muestra de un sitio localizador de personas, visite people.yahoo.com.

✔ No se extrañe cuando se encuentre usted mismo (su dirección y número telefónico). La mayoría de los lugares localizadores de personas le permiten "des-enlistarse" bastante fácil.

✔ Un portal es una gran cosa para tener como página de inicio. De esa forma, puede siempre regresar rápidamente allí haciendo clic sobre el botón Home. Refiérase al Capítulo 22 para información sobre configurar su página de inicio.

Disposición Adecuada de sus Ingresos

Comprar en la Web es actualmente *lo que debe hacer* con una computadora. Puede comprar computadoras, libros, ropa, chucherías, hasta propiedades desde la comodidad de su silla de computadora ortopédicamente diseñada. Todo lo que se necesita son unos cuantos clics del mouse y un número de tarjeta de crédito.

P&R acerca de comprar en línea

Esté alerta de sus temores: comprar en línea es rápido, fácil y seguro. Tan solo usted está a unos cuantos clic de recargar su tarjeta Visa. . . .

P: ¿Qué puedo comprar en línea?

R: Cualquier cosa y todo.

P: ¿No es un poco extraño que vendan computadoras en línea?

R: No, realmente. Cuando el radio se hizo popular, los comerciales anunciaban nuevos radios.

P: ¿Cómo compro?

R: Busque una página Web que venda algo. La más famosa es Amazon.com (`www.amazon.com`), que empezó como una librería en línea, pero ahora vende otras cosas.

P: ¿Cómo escojo algo?

R: Usted escoge un producto al agregarlo a su *carrito de compras virtual.* Hace clic sobre un botón, el cual coloca el elemento en una *bin (papelera)* que puede revisar más adelante.

P: ¿Cómo lo pago?

R: Igual que paga los artículos que compra en una tienda: abre la ventana de la canasta de compras (por lo general haciendo clic sobre un vínculo de canasta de compras) y revisa los artículos allí. Siga las instrucciones en la pantalla para salirse, las cuales por lo general involucran completar información personal y de envío, así como un número de tarjeta de crédito.

R: ¿Es la información de mi tarjeta de crédito segura?

P: Muy segura. La mayoría de los sitios de compras y el Explorador de la Web utilizan tecnología de codificación para asegurar que nadie hurte su tarjeta de crédito de camino a la tienda. (Este proceso es mucho más seguro que, por ejemplo, entregársela a un mesero en un restaurante). Puede saber que está en tal sitio viendo la barra de dirección https en lugar del estándar http.

Siempre pague con tarjeta de crédito. De esa forma, si no llega donde desea, o no obtiene nada, entonces puede fácilmente cancelar la deuda. Una tarjeta de crédito es una buena forma de protección en caso de que el vendedor en línea resulte ser falso.

P: ¿Y qué pasa con devolver cosas?

R: Esto es muy importante: revise la política de devoluciones de la tienda. Algunos lugares son muy buenos y aceptan devoluciones. Si es posible, intente encontrar un lugar con una política de devoluciones sin preguntas. ¡Pero ojo! algunos lugares son crípticos y esconden información de devoluciones. ¡Siempre revise!

Algunos otros consejos acerca de la devolución que no pudo incluir en el formato de P&R:

✔ Revise si el número telefónico o la dirección de los vendedores en línea con los que está lidiando son verdaderos. Nunca ha habido un hurto importante en línea; las empresas que hacen negocios en línea son legítimas. Aquellas que no lo son probablemente no tendrían un número telefónico o dirección enumerados.

✔ Algunos detallistas en línea ofrecen alternativas de pago si teme pagar en línea. Quizás puede ordenar por teléfono o pedirle a la compañía que confirme por teléfono. Algunos lugares pueden permitirle imprimir un fax o una orden.

✔ Los grandes vendedores en línea tienen sistemas de búsqueda que buscan en sus sitios cosas que usted necesita. Así que puede buscar allí o digitar **night vision goggles** en el recuadro de texto Search y ver qué sale.

✔ Muchos detallistas en línea tienen listas de productos de mayor venta. ¡Revíselas! También refiérase a los comentarios de los usuarios acerca de los productos vendidos, si fuera posible. ¡No olvide los especiales! Yo compro especiales *solo para la Web* todo el tiempo. ¡Ahorre dinero!

Subastas sin el subastador

Existen dos tipos de subastadores. Primero está el subastador rápido que escupe los números como una ametralladora, *budda-budda-budda-budda.* Luego está el tipo muy amable: "Ofrezco $35-punto 2 millones por el Van Gogh. ¿Alguien dijo 35-punto 3? ¿Sr. Gates?"

Las subastas en línea no tienen subastadores, per se. En la mayoría de los casos, el subastador es la página Web en sí. Funciona como una combinación de sistema de búsqueda y vendedor en línea.

El sistema de búsqueda le permite encontrar cualquier cosa que desee comprar. El vendedor ofrece un precio y usted ofrece sobre él, enviando cuánto dinero desea pagar a la página Web. Cientos de personas ofrecen cada hora, así que el precio sube y sube. Eventualmente, usted obtiene su artículo y el vendedor el dinero.

Uno de los sitios de subasta en línea más populares es eBay (`www.ebay.com`). Este le permite comprar o vender casi cualquier cosa. Después de registrarse, puede entrar en la pelea, para buscar a alguien que desee comprar o colocar información acerca de lo que desea vender.

- ✔ El sitio de subasta en línea saca su dinero de comisiones recolectadas del vendedor.

- ✔ Después de cierto tiempo, si usted tiene la oferta ganadora, usted y el vendedor deciden sobre los términos de pago y envío (o pueden ser determinados de antemano).

- ✔ Para evitar ser destrozado, muchos de los mejores sitios de subasta en línea ofrecen información acerca del vendedor, incluyendo comentarios de otros compradores.

- ✔ Puede también utilizar un servicio de depósito en línea si desea retener su pago hasta que reciba la mercancía. Dicho servicio es I-Escrow en `www.iescrow.com`.

Todos Tenemos Nuestros Favoritos

A menudo encontrará algún lugar en la Web que adora y desea visitar de nuevo. Si es así, ponga un *bookmark (marca de favorito)* en esa página. De esa forma, puede visitarla en cualquier momento seleccionando el favorito de esa lista.

Para poner una marca de favorito, use el comando Ctrl+D.

Este comando coloca la marca de favorito en el menú de Favorites en Internet Explorer. En esa forma, puede revisitar la página Web tomándola del menú de Favorites. Un pastel.

✔ ¡Nunca tema agregar una página Web a sus favoritos! Es mejor agregarla ahora y eliminarla más adelante que lamentar no haberla agregado.

✔ Para agregar una página Web (o cualquier lugar en AOL) a su lista de favoritos de AOL, haga clic sobre el botón *heart (corazón)* localizado en la esquina superior derecha de la ventana. En el recuadro de diálogo, seleccione el elemento Add It to My Favorite Places.

✔ Si olvida poner una marca de favoritos, entonces utilice la lista de selección en la barra Address para localizar un sitio Web que haya visitado recientemente. También puede usar la lista History; refiérase a "Historia 101" más adelante en este capítulo.

✔ Realmente desearía que Microsoft llamara a los *favoritos* por su propio nombre: marcas de favoritos. Cualquier otro Explorador de la Web usa favoritos en lugar de ello. Ese nombre es mucho más descriptivo que favoritos.

Organizar los Favoritos

El menú de Favorites puede enredarse muy rápidamente. La solución a ello, o cualquier enredo en la computadora, es organizar. Puede organizar el menú de favoritos al eliminar favoritos no deseados o crear submenúes y sub-submenúes. Todo es bastante fácil.

Para organizar el menú de Favorites en Internet Explorer, escoja Favorites⇨Organize Favorites. Aparece el recuadro de diálogo Organize Favorites, como se muestra en la Figura 23-2.

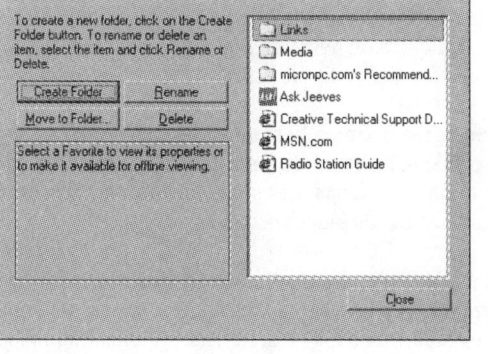

Figura 23-2:
El recuadro
de diálogo
Organize
Favorites.

Para crear una nueva carpeta, haga clic sobre el botón Create Folder. Aparece la carpeta nueva, llamada "New Folder," aunque puede digitar un nuevo nombre para ella en ese momento.

Para mover un favorito seleccionado en una carpeta, puede arrastrar y soltarlo con el mouse o usar el botón Move to Folder.

Puede cambiar el nombre seleccionando el favorito y luego haciendo clic sobre el botón Rename. Esto es una buena idea, especialmente para nombres largos de favoritos, que hacen el menú de Favorites muy amplio. Por ejemplo, yo cambié el nombre bastante largo de mi página Web del tiempo local para que solo dijera "tiempo", que es todo lo que necesito saber cuando escojo ese vínculo del menú de Favorites.

Y, por supuesto, para eliminar favoritos no deseados, selecciónelos con el mouse y haga clic sobre el botón Delete.

- ✔ Intento mantener tantos favoritos en el menú de Favorites como quepan en la pantalla. Así que si abro el menú de Favorites y empiezo a desplazarme fuera de la pantalla, sé que necesito entrar y hacer un poco de organización.

- ✔ Cree carpetas para categorías específicas de favoritos: noticias, tiempo, deportes, música, películas, cosas divertidas, referencia de computación o cualquier cosa en la que esté metido.

- ✔ Puede usar submenúes para organizar más sus temas.

- ✔ Siéntase libre de eliminar cualquier favorito que Microsoft haya preinstalado en el menú de Favorites. Esos favoritos son de compañías que pagaron dinero para anunciar sus productos allí. Siéntase libre de eliminarlos.

Utilizar la carpeta Links

Una carpeta especial que ya viene instalada dentro del menú de Favorites de Internet Explorer es la carpeta Links. Los elementos que aparecen en esa carpeta también aparecen en la barra de herramientas Links en Internet Explorer, que hace esos vínculos aún más fáciles de alcanzar.

Para hacer que aparezca la barra de herramientas Links, escoja View➪Toolbar➪Links en el menú. La barra de herramientas despliega los vínculos guardados en la carpeta Favorites\Links. Los submenúes en la carpeta Links aparecen como menúes en la barra de herramientas Links.

En mi computadora, fui al recuadro de diálogo Organize Favorites y eliminé todos los vínculos preinstalados en la carpeta Links. Luego creé submenúes para los lugares que me gusta visitar todos los días: noticias, diarios (para páginas Web actualizadas diariamente), computación, referencia, compras y otros. Luego moví mis favoritos a los submenúes adecuados dentro de la carpeta Links. En esa forma, siempre tengo mis lugares favoritos en el menú de Links.

Historial 101

Internet Explorer le da seguimiento a cada página Web que haya visitado, hoy, ayer y algunas veces durante las semanas pasadas. A muchas personas les gusta esta opción; les permite revisar dónde han estado y volver a visitar esos lugares. Muchas personas odian esta opción porque le permite a cualquier persona husmear donde han estado en la Internet.

Para ver la lista History, haga clic sobre el botón History en la barra de herramientas Internet Explorer. Aparece el panel History en el lado izquierdo de la ventana Internet Explorer, como se muestra en la Figura 23-3. El panel es dividido en áreas por fecha: Today (Hoy), Last Week (La semana pasada), 2 Weeks Ago (Hace 2 semanas) y 3 Weeks Ago (Hace 3 semanas). Debajo de cada fecha hay carpetas que representan los sitios Web en los que ha estado. Abra una carpeta para visualizar la lista de páginas individuales.

Cierre la lista History cuando haya terminado: haga clic sobre el botón X (cerrar) en el panel History o haga clic sobre el botón History en la barra de herramientas.

PREGUNTE A DAN

¿Cómo elimino estos sitios malditos para adultos?

P: Recientemente, visité uno de esos sitios para adultos. ¡No fue culpa mía! De todas formas, seguí su consejo y lo eliminé de la lista History. Pero todavía aparece en la barra Address algunas veces cuando digito parte del nombre. ¿Qué hago?

R: No sé de nadie que haya caído accidentalmente en uno de esos sitios para adultos, así que no se preocupe. Pero para eliminar completamente el sitio de la memoria de la computadora, necesita usar el Windows

Registry. Esta es una cosa temerosa, así que puede considerar tener a alguien que sabe de Windows Registry para hacer esto. Básicamente, el URL ofensivo es encontrado en la siguiente entrada Registry:

HKEY_USERS\.Default\Software\Microsoft\Internet Explorer\TypedURLs.

La dirección ofensiva puede ser eliminada de la lista que aparece para esa entrada. Pero tenga presente que hacer dicha edición en el Registry no es algo que recomiendo

✔ El botón History en Internet Explorer 6 no se llama "History". Está allí, se ve como un reloj con una flecha que apunta contra el reloj. Oh, olvídese: solo pulse Ctrl+H para ver la lista History.

✔ Para volver a visitar una página, simplemente escójala en la lista History. Por ejemplo, abra el elemento Last Week, entonces escoja el sitio Web Obscene Arbor Day Humor, y luego escoja una página individual de ese sitio que visitó la semana pasada.

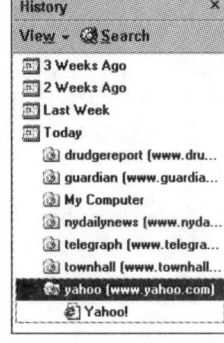

Figura 23-3:
Lista History
de Internet
Explorer.

✔ Para quitar una página o sitio Web de la lista, haga clic en el botón derecho sobre ese elemento. Escoja Delete en el menú de acceso directo de selección.

✔ Puede deshabilitar completamente la lista History si la detesta: Escoja Tools➪Internet Options para desplegar el recuadro de diálogo Internet Options. En la pestaña General, localice el área History. Allí puede reiniciar el elemento "Days to keep pages in history" en cero, que deshabilita History de Internet Explorer. Haga clic sobre OK.

✔ Puede también limpiar todos los elementos en la lista History al hacer clic sobre el botón Clear, también encontrado en el recuadro de diálogo Internet Options/General.

Los Consejos de la Web para Volver a Hacer de las Suyas

Por último, estoy sintetizando los aspectos incompletos de este capítulo y aspectos de advertencia y conocimiento para ayudarle a conquistar la Web. Estos se entresacan de cientos de preguntas que recibo de los lectores de este libro, así como introspecciones que tengo luego de utilizar Internet Explorer por los últimos años.

Las secciones siguientes destacan solamente algunos de los consejos, trucos y sugerencias más comunes. Si tiene cualquier otro comentario o le gustaría alguna introspección, siéntase libre de enviar correo electrónico a dgookin@wambooli-.com, o visite mi página Web para información adicional: www.wambooli.com/.

No habilite el Content Advisor

Internet Explorer viene con una cosa llamada Content Advisor. Este está diseñado para controlar el contenido de la Internet que visualiza al evitar que ciertos sitios se desplieguen en la pantalla. Esto suena como una buena idea, porque no sé de nadie que realmente quiera ser sorprendido o impresionado por ver repentina-mente algo de pornografía que no esperaba.

Vaya, el Content Advisor no es la mejor forma de proteger sus ojos de ver porno-grafía en la Internet. De hecho, puede realmente confundir mucho de los sitios inofensivos de la Internet, sin mencionar que el Content Advisor es verdadera-mente una peste difícil de eliminar una vez que ha sido activada. Por esa razón, de corazón recomiendo no utilizarlo.

- ✔ En lugar del Content Advisor, considere algunos de los otros programas anti-pornografía o seguros de surfear disponibles, como Net Nanny (www-.netnanny.com) o Cybersitter (www.cybersitter.com). Estos ofrecen mejor servicio y hacen un trabajo bastante superior que el tonto Internet Explorer Content Advisor.

- ✔ La mayoría de los problemas que las personas tienen con el Content Advi-sor se relacionan con la configuración y el olvido de la Supervisor Pass-word. Si va a jugar con el Content Advisor *¡no olvide esa contraseña!*

Imprimir Páginas Web

Para imprimir cualquier página Web, escoja File⇨Print en el menú. Sin trucos.

Desafortunadamente, algunas páginas Web, no se imprimirán bien. Unas son de-masiado grandes; otras tienen texto blanco sobre fondo negro, lo que no se impri-me muy bien. Así que mi consejo es siempre usar el comando Print Preview para ver lo que está imprimiendo antes de imprimirlo. Si todavía tiene problemas, en-tonces considere una de las siguientes soluciones:

- ✔ Considere guardar la página Web en el disco; escoja File⇨Save As. Asegúre-se de escoger "Web page, complete" en la lista desplegable Save as type.

Luego puede abrir el archivo de la página Web en Microsoft Word o Excel o cualquier programa de edición de páginas Web y editarla o imprimirla desde allí.

✔ Para imprimir gráficos grandes en una página Web, baje la imagen del grafico al disco (Refiérase al Capítulo 25). Luego utilice una aplicación de imagen o el programa Paint para reajustar el tamaño de la imagen a algo que se pueda imprimir en una sola hoja.

✔ Use el programa File⇨Page Setup para seleccionar la orientación horizontal para imprimir paginas Web más amplias de lo normal.

✔ Use el botón Properties en el recuadro de dialogo Print para ajustar la impresora. Estas configuraciones dependen de la impresora en sí, pero he visto impresoras que pueden reducir la impresión a 75 ó 50 por ciento, lo que asegura que toda la pagina Web se imprima en una sola hoja de papel. Otras opciones pueden permitirle imprimir en escala de grises o blanco y negro.

"¿Qué es un agregado?"

Los agregados son pequeños programas que expanden el poder de Internet Explorer. La mayoría de ellos son agregados de multimedia, los cuales le permiten a Internet Explorer reproducir archivos de animación, visualizar imágenes 3-D, escuchar sonidos y otras cosas "multimediadas".

Los dos agregados más comunes son Flash y Real Player.

Flash es una herramienta gráfica que le permite reproducir animaciones y escuchar sonidos. Las animaciones y sonidos se cargan rápidamente, lo que hace a Flash increíblemente popular.

Real Player le permite escuchar sonidos, incluyendo audio "en vivo", así como visualizar cortos de video.

Obtener estos agregados es fácil: simplemente visite cualquier página Web que emplea la tecnología y por lo general encontrará un vínculo que le permite bajar el programa de agregado. No hay nada de malo con eso, y nada malo ocurre si escoge no bajar ni ejecutar el agregado; tan solo no verá la animación ni escuchará el sonido.

✔ La mayoría de los agregados son gratuitos. Puede bajar e instalar el software sin pagar ni un centavo.

✔ Las páginas Web que usan agregados ofrecen páginas Web alternativas para aquellos que no tienen o no desean usar dichos agregados.

✔ Yo tengo mis dudas acerca del agregado Real Player, el cual parece tomar control de toda la computadora. También ruega por ser actualizado o mejorado, o cualquier cosa, muy a menudo, lo que encuentro molesto.

¡Oh! Esas ventanas molestas que aparecen

Algunas páginas Web usan ventanas especiales que parecen saltar en la pantalla, por lo general desplegando algún anuncio. Puede encontrar esto molesto, especialmente cuando intenta desplazarse a través de la ventana solo para descubrir que el pequeño anuncio está forzando su campo al frente de nuevo.

¿Qué puede hacerse? Nada, desafortunadamente. Lo que está viendo son los efectos de un lenguaje de programación de una página Web llamado *JavaScript*. Este lenguaje hace que su explorador de la Web abra ventanas nuevas y despliegue información en momentos que puede encontrar irritantes. Todo lo que puede hacer es intentar cerrar las ventanas conforme aparecen.

✔ Los peores ofensores para estas ventanas son esos sitios pornográficos accidentales en los que puede caer de vez en cuando. Intentar cerrar esas ventanas o utilizar el botón Back resulta en todavía más ventanas desplegadas de Windows. Solo tiene que mantenerse cerrándolas o salirse de Internet Explorer.

✔ Considere enviarle un correo electrónico al "webmaster" si prefiriere no tener las ventanas que aparecen. Un correo electrónico puede no ayudar, pero si todos envían un correo electrónico entonces el sitio Web puede dispensarse por las ventanas que aparecen.

✔ Ruegue porque Microsoft permita deshabilitar esta opción para futuras ediciones de Internet Explorer.

Capítulo 24

Correo Electrónico y Más Allá

Ya nadie parece tener problemas con el correo electrónico. En los viejos tiempos, supongo, era cosa de extraterrestres. Pero visite cualquier reunión de acolchado y verá a las abuelas intercambiar direcciones de correo electrónico más a menudo de lo que muestran fotografías de recién nacidos. El correo electrónico ya no es tan extraño.

Para concluir la discusión del correo electrónico de *PC Para Dummies* he creado este capítulo lleno de trozos, consejos, trucos e información adicional para concluir su viaje por el correo electrónico. Esta no es la última palabra, por supuesto, pero debería inspirarlo para que se vuelva un usuario más eficiente y conocedor de Outlook Express.

🖍 El correo electrónico básico se explica en el Capítulo 22.

🖍 Refiérase también al Capítulo 25, que describe los archivos adjuntos del correo electrónico.

Personalizar Su Correo Electrónico

Todo el correo electrónico es texto. ¡Todo él! Cartas, números, signos de puntuación, todos son la base de todo el correo electrónico enviado por todo el mundo. Aparte de eso, las dos siguientes secciones muestran formas para perfeccionar e individualizar su correo electrónico.

Redactar mensajes con estilo

Outlook Express tiene la habilidad de permitirle redactar correos bonitos. Lo llamo correo bonito porque se ve mejor que el texto puro y aburrido.

Para hacer correo bonito, puede iniciar un mensaje nuevo haciendo clic sobre la flecha que apunta hacia abajo junto al botón New Mail. Aparece una lista de papelería, como se muestra en la Figura 24-1. Seleccione un tipo de la lista y Outlook Express despliega una ventana de mensaje nuevo con un patrón de fondo, fotografía o diseño especial. Usted luego procede a crear su mensaje nuevo.

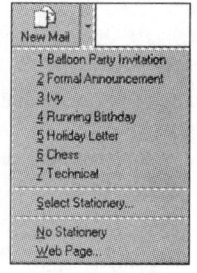

Figura 24-1:
Seleccionar
papelería
para un
mensaje
nuevo.

Después de llenar los campos To, Cc (si es necesario) y Subject para el mensaje, puede empezar a digitar el cuerpo de su nuevo mensaje. Puede usar los botones en la barra de herramienta de formato para cambiar la fuente, tamaño, color y otros atributos de formato. Los botones en la barra de herramientas son similares a los botones que encuentra en su procesador de palabras y tienen el mismo efecto en su texto.

- ✔ Haga clic sobre el botón Send para enviar su carta de correo electrónico altamente formateado.

- ✔ Para crear su propia papelería, escoja el comando Select Stationery en el menú de selección New Mail (refiérase a la Figura 24-1). En el recuadro de diálogo Select Stationery, haga clic sobre el botón Create New para ejecutar el Stationery Setup Wizard.

✔ No todos los programas de correo electrónico recibirán los mensajes formateados en la forma que usted lo ve. Si obtiene una respuesta que dice que el
mensaje se veía como texto confuso, entonces considere redactar mensajes
sin el formato y la papelería sofisticados.

Crear una firma

Otra forma de personalizar sus mensajes es crear una firma. Esto es un poco de
texto que se anexa a cualquier mensaje que envía. Por ejemplo, mi firma es

```
Cheers!
DAN
```

Ese texto se anexa automáticamente a cada mensaje de correo electrónico que
redacto o respondo. Configurarlo es un pastel en Outlook Express:

1. **Escoja Tools⇨Options.**

   Aparece el recuadro de diálogo Options.

2. **Haga clic sobre la pestaña Signatures.**

3. **Haga clic sobre el botón New para crear una nueva firma.**

4. **Introduzca el texto que desea que aparezca en la parte inferior del recuadro de diálogo.**

   La Figura 24-2 muestra cómo creé mi firma. Puede digitar varias líneas en el
   recuadro Text, como si estuviera digitando esas línea al final de un mensaje
   de correo electrónico. Note cómo agregué a la firma una línea de guiones y
   mi dirección de página Web en la Figura 24-2.

Figura 24-2:
Puede crear
una firma en
el recuadro
de diálogo
Signature.

Otra opción es usar un archivo en disco como su firma, en cuyo caso hace clic sobre File y usa el botón Browse para localizar el archivo de la firma.

5. Haga clic para poner una marca de verificación junto a "Add signatures to all outgoing messages".

Usted desea que Outlook Express anexe su firma a los mensajes. Opcionalmente, "des-verifique" la casilla "Don't add signatures to Replies and Forwards" si quisiera que apareciera su firma todo el tiempo.

6. Haga clic sobre OK.

La firma está lista para ser usada.

La próxima vez que cree un mensaje nuevo verá su firma aparecer en el área del mensaje. ¡Ta-da! Digitación automática.

✔ Es posible tener varias firmas. Para establecer la que prefiere usar, selecciónela en el recuadro de diálogo Options y haga clic sobre el botón Set as Default.

✔ Para cambiar las firmas en un mensaje nuevo, escoja Insert⇨Signature y luego escoja la firma adecuada en el submenú que aparece.

Manejar sus Mensajes

Vinton Cerf, padre de la Internet y creador de la @ en todos sus mensajes de correo electrónico decía que el correo electrónico podía ser como el estiércol de un establo; se acumula si alguien no se ocupa por él.

Para ayudarle a cuidar su correo electrónico, Outlook Express tiene la ventana Folders (refiérase a la Figura 22-3). Tiene cinco carpetas estándares:

Inbox (Bandeja de Entrada). Aquí es donde está su correo no leído y donde puede eliminar los mensajes o moverlos a alguna otra parte.

Outbox (Bandeja de Salida). Esta carpeta contiene mensajes que esperan ser enviados. Si está en línea, entonces esta carpeta está vacía la mayoría del tiempo.

Sent Items (Elementos Enviados). Una copia de todos los mensajes y respuestas que haya enviado se encuentra allí.

Deleted Items (Elementos Eliminados). Los mensajes que ha eliminado están allí.

Drafts (Borrador). Cualquier mensaje que decida no enviar es guardado aquí.

Además de estas carpetas, puede crear sus propias carpetas para almacenar y organizar sus mensajes. Las siguientes secciones detallan el proceso.

- ✔ Las carpetas con números azules entre paréntesis junto a ellas contienen correo no enviado. El número indica cuántos mensajes no se han leído.

- ✔ Para eliminar un mensaje de la carpeta Drafts, ábrala. Una vez abierta, puede visualizar o editar el mensaje, pero haga clic sobre el botón Send para enviarlo. También puede arrastrar un mensaje de la carpeta Drafts a cualquier otra en la lista.

Crear una carpeta de correo

Para crear su propia carpeta de correo, es decir, un lugar para tipos específicos de mensajes, siga estos pasos:

1. **Escoja File⇨New⇨Folder en el menú.**

   Aparece el recuadro de diálogo Create Folder, como se muestra en la Figura 24-3.

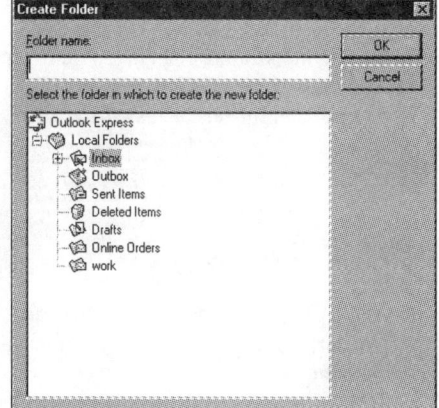

Figura 24-3:
El recuadro
de diálogo
Create
Folder.

2. **Introduzca un nombre para la nueva carpeta.**

   Digite el nombre en la casilla Folder Name.

   Por ejemplo, tengo una carpeta llamada *Online Orders* para recibos de correo electrónico enviados a mí cuando ordeno cosas en la Web. Otra carpeta buena para crear es una carpeta Jokes para cosas humorísticas que las personas envían.

3. **Seleccione donde desea la carpeta creada.**

   Haga clic sobre la carpeta en la cual desea colocar la nueva carpeta. Si selecciona el elemento Local Folders, Outlook coloca la carpeta en el *mismo nivel*. Al seleccionar otra carpeta crea una subcarpeta.

   Yo mantengo mis carpetas en el nivel principal, así que selecciono el elemento Local Folders en la parte inferior del recuadro de diálogo Create Folder.

4. **Haga clic sobre OK.**

   La nueva carpeta es creada y aparece en la lista Folder en el lado izquierdo de la ventana.

Usted administra las carpetas que crea haciendo clic derecho sobre ellas. Un menú de selección se materializa con comandos para cambiarle el nombre o eliminar las carpetas.

Para visualizar los contenidos de una carpeta, selecciónela de la lista Folders. Haga clic una vez para destacar la carpeta y cualquier mensaje almacenado allí es enumerado en el lado de la ventana.

Las carpetas que Outlook Express usa para el correo no son las mismas que las que usa Windows para almacenar archivos. Técnicamente, cada carpeta es un archivo de texto en el disco, un archivo que Outlook Express organiza y corta en trozos para reflejar los mensajes individuales de correo dentro de ese enorme archivo de texto. Y es mucho mejor usar Outlook Express para manejar esos archivos de carpeta/texto que intentar buscarlos en Windows y manejarlos usted mismo.

Mover un mensaje a una carpeta

Yo intento mantener mi Inbox vacío del correo ya leído. Después de leer un mensaje, simplemente lo arrastro a la carpeta adecuada. Esto funciona igual que arrastrar cualquier icono en Windows.

Desde el Inbox, por ejemplo, puede arrastrar un mensaje a la carpeta Jokes: haga clic sobre el icono del sobre junto al mensaje y arrástrelo a la carpeta adecuada en el lado izquierdo de la ventana.

Note que puede eliminar mensajes arrastrándolos a la carpeta Deleted Item.

Eliminar (y "des-eliminar") mensajes

Generalmente, no recomiendo que elimine ningún correo electrónico. En lugar de ello, considere moverlo a una carpeta. Yo hago esto con todo mi correo electrónico; una copia de este va a una carpeta relacionada: amigos, familia, negocios, correo de admiradores, correo de personas que lo odian, etcétera. Solo elimino los mensajes no específicamente dirigidos a mí, como correo electrónico basura, conocido en el universo de la Internet como "spam".

Si usted elimina el correo electrónico, entonces se va a la carpeta Deleted Items: y allí se sienta hasta que la vacíe. Incluso, si desea, puede cancelar la orden de eliminar un mensaje arrastrándolo desde la carpeta Deleted Items de vuelta a su carpeta Inbox o alguna otra.

Para vaciar la carpeta Deleted Items, escoja Edit⇨Empty "Deleted Items" Folder en el menú. Note que esto borra permanentemente todos sus mensajes contenidos en la carpeta Deleted Items. No puede recuperarlos después de que han sido eliminados de la carpeta Deleted.

- ✔ ¡El correo eliminado no va a la Recycle Bin (Papelera de Reciclaje)! No vaya a buscar en ella ningún correo electrónico eliminado. No está allí.

- ✔ No puede recuperar correo electrónico que ha sido eliminado de la carpeta Deleted Items.

El Valioso (Address Book) Libro de Direcciones

Cuando obtenga el correo electrónico de alguien más o cuando se aprenda la nueva dirección en línea de un amigo, debería anotarla en el Outlook Express Address Book (Libro de direcciones). Este Address Book no solo le permite mantener las direcciones en un lugar, sino también puede fácilmente recuperar una dirección para enviar correo más adelante.

Agregar un nombre al (Address Book) Libro de Direcciones

Puede agregar un nombre de correo electrónico al Address Book en dos formas diferentes: manual o automáticamente.

Manualmente. Para agregar manualmente un nombre, escoja File⇨
New⇨Contact en el menú. Outlook entonces crea una nueva entrada al Address
Book (mostrado en la Figura 24-4), la cual usted llena.

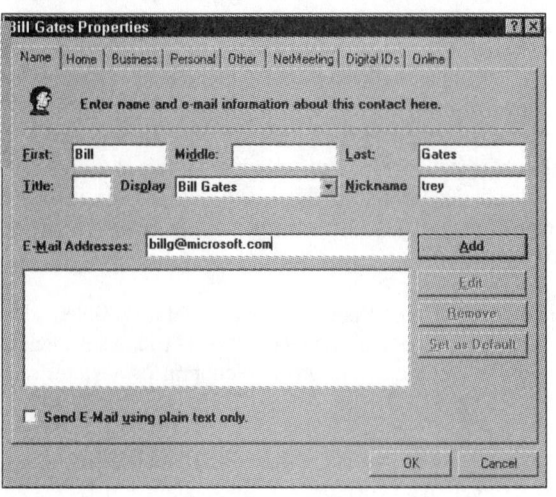

Figura 24-4:
Llenar una
nueva
entrada en
el Address
Book.

El recuadro de diálogo tiene muchas pestañas y accesorios para que usted trabaje, pero realmente necesita llenar cuatro elementos en la pestaña Name: First
(Nombre), Last (Apellido), Nickname (Sobrenombre) y E-Mail Addresses (Direcciones de Correo Electrónico).

El elemento Nickname es opcional, aunque puede ser útil. Por ejemplo, puede digitar **goober** en el campo To de un mensaje nuevo, en lugar de la dirección de correo electrónico de su hermano. Outlook Express reconoce el acceso directo y lo
reemplaza con la dirección adecuada y completa.

Después de llenar los cuatro campos (o más, si está completamente aburrido),
haga clic sobre el botón Add y luego haga clic sobre OK.

Automáticamente. Para agregar automáticamente un nombre al Address Book,
despliegue un mensaje de correo electrónico de alguien cuyo nombre le gustaría agregar. Escoja Tools⇨Add to Address Book⇨Sender en el menú. Outlook
agrega instantáneamente el nombre.

Haga clic sobre el botón Addresses en la barra de herramientas para desplegar la
ventana Address Book. Desde allí, puede editar o administrar las entradas en su
libro de direcciones.

Usar el Address Book al enviar un mensaje

 El Address Book (Libro de Direcciones) realmente se vuelve útil cuando está creando un mensaje nuevo. Con la ventana New Message en la pantalla, haga clic sobre el botón del campo To, como se muestra en el margen. Aparece una ventana especial Address Book, como se muestra en la Figura 24-5.

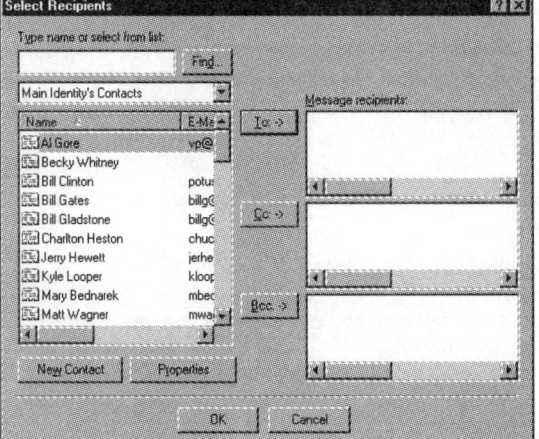

Figura 24-5: Seleccione personas para enviarles correo electrónico desde aquí.

Poner la Bcc a trabajar

El campo secreto Bcc se usa para hacer una *blind carbon copy (copia al carbón ciega)* de un mensaje, lo que involucra enviar una copia del mensaje a alguien y hacer que el nombre de esa persona no aparezca en ninguna copia del correo electrónico. En esa forma, puede indicar a las personas en sus mensajes sin que los receptores verdaderos sepan los nombres de todos los que recibieron el mensaje.

Para acceder al campo Bcc, escoja View➪ All Headers en el menú de la ventana New Message. Las personas en el campo Bcc reciben una copia del mensaje de correo electrónico como cualquier otra persona; sin embargo, las personas en los campos To o Cc no ven los nombres del campo Bcc enumerados.

Una forma maravillosa de usar la Bcc es cuando envía un mensaje a varias personas. Por ejemplo, al enviar That Latest Joke, solo escriba el nombre de todos en el campo Bcc y su propio nombre en el campo To. En esa forma, todos reciben la broma (o no, según sea el caso), pero ellos no ven la gran pila de nombres al principio del mensaje de correo electrónico.

Spam, spam, spam, spam

El correo electrónico basura se conoce como "spam". Es una referencia a una vieja rutina de comedia de Monty Python y sin importar las protestas de la compañía Hormel (que hace el SPAM, el producto de carne), se usa como un término para solicitudes de correo electrónico ampliamente distribuido y no deseado.

No permita que el spam lo moleste. Todos lo obtienen. Solo elimine esos mensajes. Léalos si desea, pero luego bórrelos. Y *nunca* responda, aún si está solicitando ser eliminado de la lista spam; responder a cualquier spam le indica a quien lo envía que usted está conectado y su nombre será agregado a la lista de bobos. Obtendrá más spam en el futuro. ¡Así que nunca responda! ¡Nunca!

Para agregar a alguien en el campo To, seleccione el nombre de esa persona y haga clic sobre el botón To. De igual forma, los campos Cc o Bcc. Para seleccionar más de una dirección de correo electrónico a la vez, pulse la tecla Ctrl y Ctrl+clic para seleccionar los nombres.

Cuando haya terminado, haga clic sobre OK y los campos To, Cc y Bcc del mensaje se completan.

Crear un grupo

A menudo se encontrará usted mismo enviando correo electrónico a más de una persona. Por ejemplo, todos los amigos de sus listas Jokes, Sappy Stories, Family o cualquier otra. Al crear un grupo, puede evitar digitar todas esas direcciones una y otra vez.

Para crear un grupo, siga estos pasos:

1. **Escoja Tools⇨Address Book para abrir el Address Book.**

2. **Escoja File⇨New Group.**

   Aparece un recuadro de diálogo donde puede crear el grupo.

3. **Digite un nombre para el grupo.**

   Sea inteligente y descriptivo. El grupo Jokes puede llamarse "Jokes." Las personas a las que envía mensajes relacionados con su grupo Reformed Dirt Eaters podrían llamarse Dirt Eaters.

4. **Agregue miembros al grupo.**

Use el botón Select Members para escoger quién desea que esté en el grupo. Este recuadro de diálogo despliega otro desde donde puede elegir su lista de contactos de correo electrónico y agregarlos al grupo: seleccione el nombre/dirección en el lado izquierdo de la ventana y use el botón Select para agregarlos al grupo al lado derecho.

5. **Haga clic sobre OK cuando haya terminado de agregar miembros.**

6. **Haga clic sobre OK para cerrar la ventana Properties del grupo.**

7. **Cierre la ventana Address Book.**

Ahora está listo para usar el grupo.

Para enviar un mensaje al grupo, digite el nombre del grupo en el campo To, Cc o Bcc. El mensaje es luego enviado automáticamente a ese grupo de personas.

Puede también hacer clic sobre el botón To, como se describe en la sección anterior, para escoger un grupo de la lista en su Address Book.

Por cierto, poner el grupo en el campo Bcc es una idea maravillosa; refiérase a la barra lateral "Poner la Bcc a trabajar" para más información.

Bloquear Mensajes

Hay algunas personas de quienes realmente no desea recibir correo electrónico Por ejemplo, esa personita molesta a la que le dio la dirección de su correo electrónico, la que siempre pide dinero o le envía quintillas obscenas. Outlook Express tiene una forma de lidiar con estas pestes llamada bloquear mensajes.

Para bloquear el correo electrónico de una persona específica, primero abra o destaque un mensaje de esa persona. Luego escoja Message⇨Block Sender de la lista. Outlook Express le indica que los mensajes posteriores de esa persona indeseable serán bloqueados y que si le gustaría eliminar todos los mensajes de esa persona. Haga clic sobre Yes para eliminar sus mensajes. Ya no debería ser molestado por esta persona de nuevo.

Si cambia de parecer o si accidentalmente agrega alguien que no deseaba, entonces puede quitar el bloqueo: escoja Tools⇨Message Rules⇨Blocked Senders List. Esto despliega el recuadro de diálogo Message Rules. Destaque la persona que desea desbloquear, luego haga clic sobre el botón Remove. Haga clic sobre OK y están de vuelta.

✔ Por supuesto, si la peste cambia su dirección de correo electrónico, entonces tendrá que hacer todo el proceso de bloqueo de nuevo.

✔ Sí, puede usar este truco para bloquear algunos, pero no todos los correos electrónicos basura o spam. Solo agregue el nombre del que envía en mensaje no deseado a la lista bloqueada. Refiérase a la barra lateral "Spam, spam, spam, spam" para más información no deseada.

✔ El recuadro de diálogo Message Rules puede ser usado para personalizar cómo Outlook Express lidia con los mensajes. Desafortunadamente, no tengo el espacio aquí para describir en su funcionamiento con detalle.

Capítulo 25

¡Archivos para Acá, Archivos para Allá!

En este capítulo

▶ Guardar información de una página Web

▶ Buscar archivos y programas en la Internet

▶ Bajar un archivo MP3

▶ Recibir un archivo con su correo electrónico

▶ Enviar un archivo con su correo electrónico

▶ Explorar un sitio FTP

L a Internet nació de la necesidad de lanzar los archivos por todas partes entre las computadoras Cro-Magnon de principios de 1970. Gracias a Dios, es mucho más fácil de hacer hoy día. Puede enviar un archivo a cualquier persona agregando un archivo adjunto a su correo electrónico. Puede tomar archivos ya sea a través de un mensaje de correo electrónico o amarrándolos desde una página Web. Este capítulo le cuenta todos los detalles.

Tomar Cosas de la Internet

La Internet está llena hasta los topes de archivos y programas que están esperando a que usted tome una copia. Haga un poco de magia y el archivo es instalado en su PC como si lo hubiera copiado desde un disco CD-ROM o disquete (pero no tan rápido). Puede tomar archivos, programas, fuentes, gráficos, casi cualquier cosa y todas las cosas que desee. Y eso es tan simple como hacer clic sobre un mouse.

✔ Copiar un archivo a su computadora se conoce como *downloading (bajar)*. Cuando la Internet le envía un archivo, usted lo *download (baja)*. (Piense en la otra computadora como si estuviera en la cima de una montaña; puede que no lo esté, pero ayuda pensar de esa forma).

✔ Enviar un archivo a otra computadora se conoce como *uploading (cargar)*.

✔ Quejarse con su mejor amigo se conoce como *unloading (descargar)*.

Guardar una página Web en el disco

Para guardar una página Web entera, escoja File⬦Save As en Internet Explorer. Aparece un recuadro de diálogo Save Web Page, parecido al recuadro de diálogo Save As en cualquier otra aplicación. Use este recuadro de diálogo para guardar la página Web en un disco.

✔ Al guardar una página Web, en realidad guarda lo que se llama un archivo HTML en el disco. Ese archivo contiene las instrucciones de formato para la página Web.

✔ Puede visualizar la página Web fuera de línea utilizando Internet Explorer o puede editarla usando cualquier página Web, como Microsoft Word o FrontPage.

✔ Como HTML es un formato de archivo basado en texto, puede también visualizar el archivo usando un editor de texto, como Notepad. Esté conciente de que las páginas Web se ven realmente feas así.

Guardar parte de una página Web en disco

La mayoría de las páginas Web despliega texto puro. Puede copiar ese texto y guardarlo en disco como si copiara texto desde una aplicación y lo pegara en otra. A continuación presentamos cómo:

1. **Seleccione el texto que desea copiar.**

   Arrastre el mouse sobre el texto, lo cual lo destaca en la pantalla. El texto está ahora seleccionado.

2. **Escoja Edit⬦Copy.**

   También puede pulsar la combinación de teclas Ctrl+C.

   El texto es ahora copiado y listo para ser pegado y guardado en otra parte.

3. **Inicie cualquier procesador de palabras.**

   Puede iniciar Notepad, WordPad o su procesador de palabras, como Microsoft Word.

4. **Pegue el texto en su procesador de palabras.**

Escoja el comando Edit⇨Paste para pegar el texto (Ctrl+V es la tecla de acceso directo).

5. Imprima. Guarde. Lo que sea.

Use el comando de menú adecuado para guardar, imprimir o editar el texto que copió desde la página Web.

He usado esta técnica varias veces, sobre todo para copiar citas de cualquier persona famosa y pegarlas en mis libros. Luego atribuyo la cita a mi persona y me vuelvo famoso por ella. Por ejemplo, "Todos los hombres son creados iguales". Yo inventé esa.

Buscar programas

La Internet es una vasta bodega para varios programas. Contiene aplicaciones, lenguajes de programación, utilidades, juegos, archivos de fuentes y muchos programas para usar la Internet. Todo está allí, gratuito para que se lo lleve. El problema por lo general es encontrar dónde se mantienen los programas.

Para encontrar programas, usted usa un sistema de búsqueda parecido al sistema de búsqueda de una página Web. Varios de estos sistemas están disponibles, aunque el siguiente ejemplo usa Shareware.com de CNEt..

Como ejemplo, suponga que desea buscar el programa Atomic Clock para configurar la hora de su computadora en un reloj llamado atómico muy preciso. He aquí cómo usted buscaría uno:

1. Visite Shareware.com.

Digite la siguiente dirección en su explorador de la Web: `http://shareware.cnet.com`

En unos instantes, la página Web Shareware.com aparece en su pantalla. La página Web cambia, así que no lo aburrirá con una imagen antigua suya. Básicamente, necesita buscar el recuadro de texto Search, una lista de selección de las computadoras o "plataformas" y el botón grande Search. Esa es la esencia de buscar un programa en la Internet.

2. Introduzca el tipo de programa que está buscando en el recuadro Search.

Cuánto más descriptivo sea, mejores serán los resultados, aunque sea vago puede ayudar en algunas circunstancias.

Para este ejemplo, usted está intentando uno de esos programas que le permite configurar el reloj de la computadora basado en el Reloj Atómico. Digite **atomic clock** en la casilla.

3. **Seleccione su sistema operativo en la lista desplegable.**

Escoja Windows para buscar cualquier programa de Windows. Si hay opciones para versiones específicas de Windows, escoja algo que coincida con su versión de Windows.

4. **Haga clic sobre Search.**

Doh-dee-doh. . . .

Eventualmente, ve la página Search Results. En ella, encuentra una lista de programas que puede bajar junto con una pequeña descripción. Puede haber un vínculo para hacer clic y encontrar más información. Si es así, haga clic sobre él.

La información más importante que necesita es el tamaño de archivo, que le dice aproximadamente cuánto tiempo tomará para bajar el archivo desde la Internet a su computadora. Con un módem típico de 56K, un archivo de 500K dura aproximadamente tres minutos para bajarse.

Si se encuentran más coincidencias, ve un vínculo en la parte inferior de la página llamada NEXT 25 (o algo). Haga clic sobre él para ver más coincidencias.

5. **Seleccione el archivo que desea bajar.**

Haga clic sobre el vínculo junto al nombre del archivo. Pueden aparecer más páginas con más información (y recuerde que funciona diferente para cada sistema de búsqueda en la Web)

6. **Baje el archivo.**

Siga las instrucciones en la pantalla para guardar el archivo en disco. Aparece un recuadro de diálogo Save As, donde usted le indica a la Internet el lugar para guardar el archivo en su sistema.

Recomiendo crear una carpeta Downloads en la carpeta My Documents para guardar archivos bajados. Puede crear esa carpeta usando el botón New Folder en el recuadro de diálogo Save As. Luego use los controles del recuadro de diálogo para guardar el archivo en esa carpeta en disco.

7. **Espere mientras se baja el archivo.**

El recuadro de diálogo File Download monitorea el proceso de bajada conforme el archivo se traslada desde la Internet a su computadora. Dependiendo de la velocidad de su módem, este proceso podría tomar días. (¡Hey, Obtenga ese módem de cable!)

¡No se desconecte de la Internet hasta que el archivo haya sido completamente enviado! Si lo hace, ¡no tendrá el archivo completo!

Y tampoco se siente allí a solo ver la pantalla. Puede visitar diferentes páginas Web y hacer otras cosas en la Internet o trabajar en otras aplicaciones como Word, mientras su computadora está recibiendo el archivo.

Luego de que baje satisfactoriamente el archivo, debería ejecutarlo. La mayoría de los archivos bajados son archivos EXE, lo que significa que son programas. Al ejecutar el programa, por lo general lo instala en su computadora. Es eso o parte del archivo en muchos pedacitos, uno de los cuales es un programa SETUP que puede ejecutar para instalarlo. De cualquier forma, ¡el programa es suyo!

- La bajada del archivo es gratuita. Sin embargo, si el archivo es shareware, se espera que pague por usarlo.

- Algunos archivos que usted baja se llaman archivos ZIP. Estos archivos son *"archives" (archivos principales)*, y pueden retener otros varios archivos como una sola unidad compacta. Después de que baje un archivo ZIP, necesita expandirlo o "unzip" con un administrador de archivo ZIP, como WinZip.

- Puede encontrar el WinZip en: `www.winzip.com`.

- Windows Me y Windows XP tratan los archivos ZIP como carpetas comprimidas. Puede fácilmente abrir la carpeta comprimida y extraer cualquier archivo que necesita de ella luego de bajarla. Refiérase al Capítulo 5 para más información acerca de carpetas comprimidas.

- Siéntase libre de eliminar cualquier archivo que baja. Si es un archivo ZIP (carpeta comprimida), entonces puede eliminarlo si no ha sido instalado o incluso después de instalar el programa. No hay problema. (Sin embargo, todavía necesita desinstalar el programa si lo ha instalado; refiérase al Capítulo 19).

¿Cuánto dura para bajar un archivo?

P: Mientras mi archivo se baja, Windows dice que tomará 3 minutos, luego 15. Luego de más o menos 5 minutos, las cosas se vuelven lerdísimas. ¡Vamos! ¿Cuánto dura para bajar un archivo?

R: La respuesta es la misma que la pregunta, "¿Cuánto tiempo dura para llegar al centro de una Tootsie Pop?" Quizás nadie lo sabrá jamás. El problema es que la velocidad es una a variable en la Internet. A pesar de cuán rápido se conecta su módem, Inter-

net Explorer puede solamente adivinar cuánto tiempo durará la bajada. Asume que su velocidad no fluctuará. Pero sí lo hace. Digamos, por ejemplo, un servidor en Texas falla en el medio de la bajada. Eso significa que el resto de la Internet se vuelve más ocupada y, por lo tanto, la bajada dura más.

En resumen: no hay nada que pueda hacer. Considere todo el tiempo estimado por el Internet Explorer (y Windows) como meras adivinanzas.

Bajar un archivo MP3

MP3, que significa algo, es un formato de archivo usado para almacenar audio. La calidad del formato es tal que la música, cuando es reproducida hacia atrás, suena casi perfecta. Además, los tamaños del archivo son relativamente pequeños: cerca de 1MB de espacio en disco para cada minuto de música. Eso está bastante bien; cinco minutos de audio en un CD ocupan solamente 5MB de espacio en disco en formato MP3, contrario a 100MB o más para otros archivos de sonido parecidos.

Para encontrar música MP3, visite la página Web MP3 en `www.mp3.com`.

Después de que encuentra la música que desea, haga clic sobre el vínculo de bajada con el mouse. El archivo es luego enviado a su computadora.

Al hacer clic sobre el vínculo de bajada hace que aparezca el Windows Media Player, ¡deténgase! usted desea guardar el archivo en disco y no solo escuchar Media Player reproducirlo. (no hay forma de guardar un archivo en Media Player). Cierre el Media Player y en lugar de ello, haga clic en el botón derecho sobre el vínculo de bajada. Aparece un menú de selección, como se muestra en la Figura 25-1.

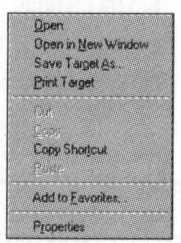

Figura 25-1:
Escoja Save Target As para bajar cualquier vínculo.

Escoja Save Target As en el menú. Hacer eso abre un recuadro de diálogo Save As, que puede utilizar para guardar el archivo en un punto específico del disco. (¡Digamos! ¿Qué le parecería una carpeta MP3 en su carpeta Audio en su carpeta My Documents?)

Después de que el archivo esté en disco, puede reproducirlo: haga doble clic sobre su icono para abrirlo y se va lejos, siempre que tenga un reproductor MP3. La última versión de Windows Media Player trabajará bien. Para otros reproductores más llamativos, refiérase a la misma página Web MP3 para bajar algún software maravilloso.

> ✔ Note que algunos archivos MP3 son solo para reproducir; puede solo escucharlos en la Web usando un programa como el Windows Media Player. Di-

chos archivos no pueden ser guardados en disco, a menos que obtenga software específico que guarda el archivo en lugar de reproducirlo. Dicho software puede ser encontrado en el sitio Web `/www.mp3.com/`.

✔ Los archivos MP3 no son comprimidos; puede reproducirlos inmediatamente después de bajarlos.

¡Mira, Mamá! ¡Es un Archivo Adjunto de Correo Electrónico!

Los archivos adjuntos de correo electrónico son divertidos. Son una forma conveniente de enviar archivos de ida y vuelta en la Internet. Por ejemplo, use su vasto conocimiento del escáner para copiar una imagen de los niños, guárdela en disco como un archivo JPEG ¡y luego adjúntela a un mensaje de correo electrónico para Abuelita! Siempre que Abuelita haya leído este libro, estaría contemplando a sus hermosos nietos en unos cuantos instantes por medio de la Internet.

✔ Refiérase al Capítulo 22 para más información básica acerca del correo electrónico.

✔ En algún punto, puede recibir un archivo que su PC no pueda digerir (un archivo de formato desconocido). Si es así, entonces aparece el recuadro de diálogo espantoso Open With. Rápidamente, ¡ignórelo! Escoja Cancel. Luego responda el correo electrónico y dígale a la persona que no puede abrir el archivo y necesita re-enviarlo en otro formato.

✔ Esté alerta de los archivos adjuntos sorpresa, ya que podrían contener virus u otros programas dañinos. La mayoría de estos puede venir de personas que no conozca, aunque puede también venir en forma inesperada de sus amigos o correo electrónico regulares. ¡Solo necesita ser cuidadoso! Acepte archivos adjuntos de las personas que conozca. Evite abrir archivos adjuntos que terminen en VBS o EXE. De lo contrario, solo elimine el mensaje y estará seguro.

✔ Yo no acepto archivos de programa u otros archivos adjuntos grandes por el correo electrónico.

✔ Los archivos VBS son programas de Visual Basic Script. Rara vez, si es que ocurre, alguien le enviará legítimamente un archivo VBS.

✔ Puede enviar más de un archivo a la vez, tan solo siga adjuntando archivos.

✔ En lugar de enviar varios archivos pequeños, considere usar el programa WinZip para almacenar sus archivos en un solo archivo ZIP útil. O bien, si tiene Windows Me o Windows XP, ponga todos los archivos en una carpeta comprimida y envíe por correo electrónico la carpeta comprimida.

✔ No envíe accesos directos de archivo; solamente envíe los originales. Si envía un acceso directo, las personas que reciben el archivo no obtendrán el original. En lugar de ello obtendrán el acceso directo de 296-bytes, lo que no ayuda.

✔ Intente no mover o eliminar ningún archivo que adjunte a mensajes de correo electrónico hasta *después de* enviar el mensaje. Sé que esto suena tonto, pero a menudo estaré esperando que se envíe el correo electrónico y (mientras no esté ocupado) empezaré a limpiar archivos. ¡Ups!

✔ Los archivos procesadores de palabras de este libro fueron escritos en Idaho, comprimidos y adjuntados a un mensaje de correo electrónico que le envié a Paul en Indiana. Después de editarlo, Paul comprimió los archivos de nuevo y me los envió por correo electrónico de vuelta para revisarlos. Luego fueron enviados a Indiana, adjuntos a un mensaje de correo electrónico.

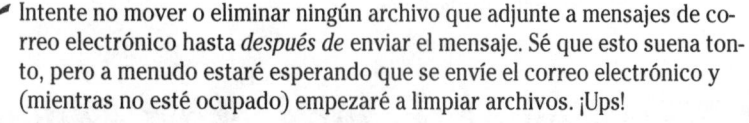

Enviar archivos colosales

P: Estoy intentando enviarle a mi amigo una canción y dura demasiado en llegarle. Sí, algunas canciones son archivos muy grandes. He intentado comprimir el archivo y fue quizás de 3.18MB a 3MB, así que no ayudó. ¿Hay alguna forma más sencilla de enviar un archivo adjunto de una canción? Por favor ayúdeme! ¿Qué estoy haciendo mal?

R: Bueno, la compresión no ayudará porque los archivos de canciones (MP3) ya están bastante comprimidos. Pero además de eso, su programa de correo electrónico convierte los datos "crudos" en texto puro, lo que hace el archivo resultante aún más grande, digamos 5MB, que dura aún más tiempo para enviarlo. Así que a menos que ustedes dos estén usando acceso a la Internet de alta velocidad (DSL, Cable módem o T1), adjuntar ese archivo enorme a un mensaje de correo electrónico es completamente ineficiente. (De hecho, algunos programas de correo electrónico rehúsan enviar archivo adjunto así de grande).

Como alternativa, necesita guardar el archivo en un disco removible y dárselo a su amigo. Puede usar un CD-R para quemar un CD y sacar el archivo del camino, o si ambos tienen unidades de Zip, puede guardar el archivo en un disco Zip. Esto puede parecer como una solución clunky, pero es la mejor por ahora.

Tomar un archivo adjunto con Outlook Express

El secreto de los archivos adjuntos de Outlook Express es el icono del clip de papel. Cuando usted ve este icono junto al asunto del mensaje, indica que el mensaje de correo electrónico tiene uno o más archivos adjuntos.

Cuando lee el mensaje, encontrará un botón de clip de papel grande en la esquina superior derecha de la ventana del mensaje, como se muestra en el margen. Haga clic sobre ese botón para ver una lista de archivos adjuntos al mensaje, como se muestra aquí:

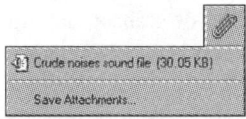

Un archivo de sonido es adjuntado al mensaje anterior. Al seleccionar ese archivo en el menú del botón del clip de papel se reproduce el archivo.

Los archivos de gráficos adjuntos aparecen como imágenes debajo del cuerpo del mensaje. No tiene que hacer nada; las imágines solo aparecen. (Si no, entonces las imágines enviadas no son archivos JPEG o GIF).

Todos los otros archivos adjuntos deberían probablemente ser guardados en disco. Para guardarlos, escoja el elemento del menú de File⇨Save Attachments. Aparece una ventana que enumera el(los) archivo(s) adjunto(s) al mensaje, como se muestra en la Figura 25-2.

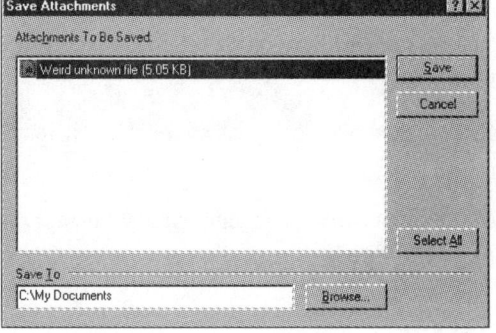

Figura 25-2: Guardar un archivo adjunto en Outlook Express.

Note el elemento Save To en la parte inferior del recuadro de diálogo. Use el botón Browse para seleccionar otra carpeta; de lo contrario, el(los) archivo(s) adjunto(s) será(n) guardado(s) en cualquier carpeta que Outlook Express considere como la mejor (lo que es un riesgo, créame).

Haga clic sobre el botón Save para guardar el archivo.

¡Recuerde dónde guardó el archivo!

Con el archivo adjunto guardado, puede responder o eliminar el mensaje como lo haría normalmente.

- Yo guardo mis archivos adjuntos en la carpeta My Documents. Después de buscarlos o examinar sus contenidos, los envía a la carpeta adecuada.

- Aún si Outlook Express despliega archivos de gráficos justo en su mensaje, puede desear escoger File⇨Save Attachments para guardarlos en el disco.

Enviar un archivo adjunto en Outlook Express

Usted adjunta un archivo en Outlook Express al hacer, ¿puede adivinar? clic sobre el botón del clip de papel grande en la ventana para redactar el mensaje. Sí, es así de fácil.

Empiece por crear o responder a un mensaje. (Refiérase al Capítulo 22 para los detalles). Cuando esté listo para adjuntar un archivo, haga clic sobre el botón del clip de papel o escoja Insert⇨File Attachment en el menú.

Use el recuadro de diálogo Insert Attachment para encontrar el archivo que desea adjuntar. Funciona exactamente como un recuadro de diálogo Open/Browse. Después de encontrar y seleccionar el archivo, haga clic sobre el botón Attach.

El archivo que adjunta aparece en una nueva línea en la ventana New Message, justo arriba de la línea Subject.

Para enviar el mensaje y el archivo, haga clic sobre el botón Send. Y este se va, se va. . . .

- Enviar un mensaje con un archivo adjunto dura más tiempo que enviar un mensaje de solo texto regular.

✔ Es una buena idea asegurarse de que el receptor del mensaje pueda leer el tipo de archivo que está enviado. Por ejemplo, enviar un archivo Word a un usuario de WordPerfect no puede satisfacer los resultados que desea.

✔ Para seguir las reglas mencionadas anteriormente, telefonee o envíe un correo electrónico antes de enviar un archivo de programa, para que sepan que no es un virus aleatoriamente enviado.

✔ Envíe imágenes JPEG o GIF. Cualquier otro formato de imagen es por lo general demasiado grande y hace que el receptor espere mucho tiempo para recibir el mensaje.

El Mundo del FTP

La forma tradicional de enviar archivos de ida y vuelta en la Internet es usando algo llamado FTP, que significa File Transfer Protocol (Protocolo de Transferencia de Archivos). Nunca sabré cómo llegó la parte de Protocolo allí. Debería ser FT para File Transfer (Transferencia de Archivos), que es lo que hace el programa. Quizás FT es una marca registrada o es un juego de palabras en STP. ¿Quién sabe?

Recibir archivos con FTP es fácil; su explorador de la Web hace eso y opera en un modo con el que usted está familiarizado.

Enviar archivos con FTP es difícil. Yo guardaré ese escabroso tema para la última sección de este capítulo.

✔ FTP es File Transfer Protocol. Pronuncie *ef-tee-pee*.

✔ STP es Scientifically Treated Petroleum (Petróleo Científicamente Tratado). Es el filo del competidor.

✔ La mayoría del tiempo, utilizará el FTP para obtener archivos, por lo general algún archivo grande en alguna parte de la Internet.

✔ Enviar archivos a la Internet es algo raro. Corrientemente, se hace cuando carga información para una página Web. Además, algunas empresas pueden tener un sitio FTP donde es posible cargar proyectos, lo que todavía es raro.

Explorar un sitio FTP

Cuando usted apunta su explorador de la Web a un sitio FTP, cambia los modos y opera más como una herramienta de archivo de disco. La diferencia es que los archivos que está mirando están en una computadora en alguna parte de la Internet y no en su propia PC.

Siga estos pasos para visitar el sitio Simtel FTP:

1. **Vaya a:** `ftp://ftp.simtel.net/.`

   Digite el comando anterior en la barra Address en Internet Explorer. Digite **ftp**, punto y coma, dos barras, **ftp**, punto, **simtel**, punto, **net** barra.

   El comando `ftp://`, como `http://`, le indica al explorador de la Web que visite un sitio en la Internet. En lugar de una página Web, sin embargo, usted ve un sitio FTP. En este caso, es el archivo Simtel.

   El archivo principal se muestra como una lista de archivos secundarios, ¡como en los viejos tiempos de DOS! Sin embargo, algunas veces, el archivo principal FTP puede aparecer como iconos de una carpeta estándar y archivos secundarios, justo en la forma en que Windows Explorer los muestra. Todo depende del sitio FTP.

2. **Abra la carpeta pub.**

   Haga clic sobre el vínculo **pub**. O si ve una carpeta **pub**, haga doble clic para abrirla.

3. **Abra la carpeta simtelnet.**

4. **Abra la carpeta win95.**

   Por ultimo, está en el archivo Windows 95/98 en Simtel. Lo que ve en la ventana del explorador es una lista de todas las carpetas, cada una de las cuales contiene una cierta categoría de archivo secundario.

5. **Abra la carpeta cursors.**

   Dentro de la carpeta cursors hay varios archivos de cursor, que puede usar para avivar el escritorio.

   La mayoría de los archivos principales FTP contienen al menos un archivo secundario de índice, que describe todos los archivos secundarios en la carpeta. Localice el archivo secundario índice, que puede ser llamado IN-DEX.TXT o algo similar.

   Note también los otros tipos de archivo secundario. Son en su mayoría archivos principales ZIP, pero quizás también algunos archivos secundarios EXE, de fuente o sonido.

6. **Baje un archivo.**

   Haga clic sobre el vínculo de archivo secundario al que desea bajar ese archivo. También si ve un icono, haga doble clic para abrir el archivo secundario y bajarlo. Aparece el recuadro de diálogo File Download. Seleccione la opción Save This File to Disk y haga clic sobre OK. Luego use el recuadro de diálogo Save As para encontrar un punto para la bajada en disco.

Puede continuar leyendo cuidadosamente la biblioteca FTP mientras el archivo secundario se está bajando, o bien, explorar en la Web, leer correo electrónico, usted conoce el procedimiento. Con Internet Explorer Version 5, use el botón Back para regresar al *Web browsing mode, (modo de exploración de la Web),* digite una dirección de la Web o pulse Alt+Home para llegar a su página de inicio.

✔ Siempre lea cuidadosamente el archivo secundario Index en un archivo principal FTP. Note que el archivo secundario Index no siempre está disponible.

✔ No todos los sitios FTP le permiten explorar por ahí. Tiene que ser un *anonymous FTP site (sitio FTP anónimo),* lo que significa que le permite a cualquiera explorar.

Unas cuantas palabras acerca de los programas FTP

Su explorador de la Web le permite navegar por los sitios FTP y bajar programas, pero no le permite cargar programas (enviar los archivos secundarios a una computadora de la Internet). Esa situación es rara, como se describe en la introducción de esta sección. Pero es posible, siempre que use un programa FTP especial.

Windows viene con un programa de línea de comando (DOS) FTP llamado, lo crea o no, FTP. Es un programa feo e incómodo basado en el programa original de UNIX FTP. No me gustaría tenerlos como enemigos.

Más allá del programa sinvergüenza FTP de Windows, puede obtener programas FTP de terceros que hacen el envío de los archivos secundario entre la Internet y su PC tan fácil como copiar un archivo secundario a un disquete.

Un programa de terceros FTP que uso y recomiendo es el CuteFTP. El programa shareware cuesta solo $30 y puede bajarlo o comprarlo en `www.cuteftp.com`. Es el que uso para actualizar mis páginas Web personales y de negocios.

Parte VI

¡Algo Ocurre!

En esta parte. . .

Cuando finalmente inventemos la computadora perfecta, sin fallas, será nuestro fin. La PC se volcará contra nosotros. Tendremos que servirle. ¡Y no crea que las computadoras serán tan generosas como somos con ellas!

El dilema con los problemas de la computadora es que las personas son demasiado rápidas para culparse por las tonterías de sus PC. Las personas asumen que es su culpa, que de alguna forma ofendieron la sensibilidad de su PC.

¡Tonteras! Las computadoras cometen errores con las cosas más básicas. No mal interprete su volubilidad por cualquier cosa que haya hecho. En lugar de ello, refiérase a los capítulos en esta parte para los remedios. Haga esta parte del libro su lugar para regresar cuando su computadora muere — o tan solo hace bizco y dice, "Windows existe, así que hay problemas".

Capítulo 26

Una Onza de Prevención de PC

*L*a diferencia entre una crisis y un incidente es el grado de preparación. Si usted comprende qué puede salir mal y lo que necesitará para lidiar con eso, entonces cuando algo salga mal, estará mejor que el inocente usuario que está completamente perdido. Por ejemplo, tengo extintores de incendio por toda mi casa y el garaje. Cuando el tractor del césped se incendió (debajo de un árbol), lo apagamos. El tractor se salvó, al igual que el bosque alrededor de nuestra casa y posiblemente la casa también.

Estar preparado para un desastre de PC es una parte importante y a menudo tristemente ignorado, al utilizar una computadora. Aún así, estar armado con unas simples herramientas y realizar algunas tareas sencillas puede disminuir el daño o evitar algunas catástrofes comunes de las computadoras. Este capítulo contiene dichas prescripciones de prevención para la PC. Sígalas y viva bien. (Y en cuanto al tractor del césped: siempre asegúrese de que el vendedor le quite los trapos de limpieza antes de que lo monte y corte el césped).

El Disco de Reinicio de Emergencia

Lo mejor que puede crear para su PC es el disco de reinicio de emergencia. Ese es un disco que puede usar para iniciar su computadora en caso de que algo espantoso le ocurriera al disco duro. Puede indicarle a Windows crear este disco, empacarlo con herramientas de diagnóstico e inicio. Cada computadora que tiene debe tener dicho disco y es una buena idea renovarlo cada ciertos meses o algo así, además de probarlo y asegurarse de que funciona.

Instrucciones de Windows 98/Me

Siga estos pasos para crear un Emergency Boot Disk (Disco de Reinicio de Emergencia) para su PC Windows 98 o Windows Me:

1. **Introduzca un disquete en la unidad A.**

   Este disco se convertirá en el disco Emergency Boot.

2. **Abra el icono Add/Remove Programs en el Control Panel.**

   En el menú de Start, escoja Settings⇨Control Panel. Haga doble clic sobre el icono Add/Remove Programs para abrirlo.

3. **Haga clic sobre la pestaña Startup Disk.**

4. **Haga clic sobre el botón Create Disk.**

   Siga las direcciones en la pantalla. No hay necesidad de meter un disco en la unidad A, puesto que ya lo hizo.

   Quizás necesita el CD de Windows original para esta operación. Si es así, un molesto recuadro de diálogo le informará.

5. **Haga clic sobre OK y cierre el Control Panel cuando haya terminado.**

Salte a la sección, "Ahora que tiene el disco. . ."

Instrucciones de Windows 2000/XP

Siga estos pasos para crear un Emergency Recovery Disk (Disco de Recuperación de Emergencia) para su PC con Windows 2000 o Windows XP:

1. **Introduzca un disquete en la unidad A.**

   Este disco se convertirá en el Emergency Recovery Disk, que no es lo mismo que el Emergency Book Disk para Windows 98/Me (explicaré cómo en un momento).

2. **Abra el programa Backup.**

   En el menú de Start, escoja (More) Programs⇨Accessories⇨ System Tools⇨Backup.

3. **Haga clic sobre el botón Emergency Repair Disk en la pestaña Welcome.**

4. **Haga clic sobre OK.**

   Siga las direcciones en la pantalla. No hay necesidad de meter un disco en la unidad A, puesto que ya lo hizo.

5. Haga clic sobre OK y cierre el programa Backup cuando haya terminado.

El disco no es un disco de inicio, como el disco Windows 98/Me; no puede iniciar su computadora usando el disco. En lugar de ello, debe iniciar su computadora usando los CD o discos de inicio que venían con Windows 2000 o Windows XP. Luego, usa la información en el disco para ayudar a recuperar. Esta es información con la cual una persona de soporte técnico lo asistirá en caso de necesidad.

Etiquete cuidadosamente el Emergency Recovery Disk y manténgalo en un lugar seguro para cuando lo necesite. Y si hace cualquier cambio adicional al hardware o software de su computadora, asegúrese de actualizar también el Emergency Recovery Disk.

Ahora que tiene el disco. . .

Cuando el programa ha terminado de crear el disco, sáquelo de su unidad de disquete. Etiquete el disco como Emergency Boot Disk de su PC y manténgalo en un lugar seguro, pero a mano.

Para probar el disco, insértelo en la unidad A de su computadora, luego reinicie la computadora. (Refiérase al Capítulo 2 para información acerca de cómo reiniciar). Mantenga el disco en la unidad A para que la computadora se inicie desde ese disco.

Eventualmente, verá el menú de inicio del Emergency Boot Disk, algo como:

```
1. Help.
2. Start computer with CD-ROM support.
3. Start computer without CD-ROM support.
4. Minimal Boot

Enter a choice: _
```

Las diferentes versiones de Windows despliegan distintos elementos del menú, aunque sus opciones son básicamente para iniciar la computadora con o sin el soporte del CD-ROM. Si necesita la unidad de CD-ROM para recargar Windows o algún controlador, entonces escoja esa opción. De lo contrario, escoja la opción sin soporte del CD-ROM. Para este ejercicio, escoja la opción para empezar con el soporte del CD-ROM.

Verá algunos mensajes desplegados conforme la computadora se inicia en DOS o el modo indicador de comando. Eventualmente, verá el indicador de comando DOS:

```
A:\>
```

¿Qué ocurre con el Norton Utility Emergency Boot Disk?

P: Sumisamente creé el Emergency Boot Disk según las instrucciones de su libro. Sin embargo, también tengo el Norton Utilities y noté que viene con un Emergency Boot Disk. ¿Cuál debería usar?

R: Siempre use el disco que creó usted mismo, el cual es personalizado para su computadora y su versión de Windows. El disco que viene con el Norton Utilities es necesario porque Norton no sabe si su PC tiene un Emergency Boot Disk o no. Si lo tiene, maravilloso, entonces puede usar ese disco. De lo contrario, Norton incluye su propio disquete para aquellos que, desafortunadamente, no hicieron el suyo. Además, el disco Norton contiene unas cuantas utilidades para diagnóstico y recuperación de datos.

¡Corra por las colinas! En serio, es en este punto que su gurú de PC o la persona que le brinda soporte técnico lo ayudaría con mayor probabilidad de recuperación.

Para reiniciar su computadora de nuevo en Windows, saque el Emergency Boot Disk de la unidad A, luego pulse Ctrl+Alt+Delete (las tres teclas simultáneamente). Ese es el viejo comando de reinicio de DOS, FYI.

- ✔ Si su Emergency Boot Disk no funciona, cree otro. ¡Hágalo ahora! No se arrepienta más tarde.

- ✔ Quizás nunca use este disco. De hecho, las únicas personas que podrían usarlo son las de soporte técnico o su gurú de PC.

- ✔ No olvide etiquetar el disco. Creo que encontrará que la etiqueta hace el disco más fácil de encontrar en un momento de pánico.

Respaldar sus Archivos

Respaldar es muy importante para utilizar una computadora, es completamente chocante cuántas personas no lo hacen. De hecho, creo que esa es una de las razones de por qué Microsoft de repente dejó de incluir un programa de respaldo en Windows. ¿Quién se molesta con eso? Pero la verdad es que necesita mantener copias de respaldo de sus cosas. Por si Acaso.

No hablaré con rimbombancias sobre el respaldo. Y como no hay un programa de respaldo estándar, voy solamente a machacar la mantra de respaldo para usted:

- ✔ Todos los días necesita respaldar lo que trabajó en ese día.

- ✔ Todas las semanas necesita respaldar todo su trabajo.

- ✔ Todos los meses necesita respaldar toda su computadora, todos los archivos.

¡Sáquele sentido a esto! No importa si usted tiene o no un programa de respaldo o incluso una unidad de cinta sofisticada. De hecho, yo uso discos Zip y CD-R para todos mis respaldos. Como todo mi trabajo se mantiene en la carpeta My Documents, es sencillo para mí arrastrar esa carpeta a un disco CD-R Direct CD o Zip. Si estoy trabajando en un solo proyecto, entonces solo hago una copia de respaldo de la carpeta de ese proyecto al final del día en un disco Zip de 250MB. Simple.

Toda la importancia detrás de este esfuerzo es que siempre tiene una copia duplicada de cualquier cosa que cree. En esa forma, en caso de que algo espantoso ocurriera, puede usar la copia para recuperación. Por ejemplo, cuando mi disco duro externo murió, no lloré; tenía una copia de todos los archivos en esa unidad. ¡No perdí nada! Me tomó un poco recuperar (copiar) todos los archivos al reemplazo del nuevo disco duro, pero no perdí ni un poquito de información. Todo eso se debió a la práctica de respaldo preventiva.

- ✔ Yo roto a través de tres grupos de discos Zip de 250MB para mis respaldos diarios. Los mantengo en una pila y pongo el respaldo de hoy en la parte inferior.

- ✔ En la medida que mantenga todo su trabajo en la carpeta My Documents y sus subcarpetas, entonces respaldar su trabajo es tan fácil como hacer una copia de ese "árbol" carpeta.

- ✔ Sí, es posible respaldar en un segundo disco duro, pero es mejor si es una unidad física diferente a su unidad C. Por ejemplo, si la unidad D es una unidad externa FireWire, entonces respaldar en ella está bien. Pero respaldar en la unidad D, que está en el mismo disco físico que la unidad C, podría no ser tan seguro; si toda la unidad de disco muere, entonces ambos discos duros están perdidos.

- ✔ Las unidades de cinta de respaldo son las cosas más fáciles de usar para respaldar. No solamente porque las cintas retienen más información que los discos Zip o CD-R, sino también porque el software de respaldo que viene con la unidad ayuda hace el proceso totalmente automático.

- ✔ Evite utilizar disquetes para respaldo. Los disquetes son extremadamente poco confiables.

"¿Tiene Mi PC un Virus?"

Una pregunta común que pasa por la mente de un usuario desconsertado frente a una tonta PC es, "¿Podría esto ser un virus?" Odio decirlo, pero sí, especialmente si puede responder **sí** a cualquiera de las siguientes opciones:

- Bajé los archivos desde una página Web en la Internet, específicamente una página Web con naturaleza cuestionable.

- Ejecuté un programa que me enviaron como un archivo adjunto de correo electrónico, algo que no estaba esperando o de alguien que no conocía o confiaba.

- Ejecuté un programa que obtuve en un cuarto de pláticas.

- Empecé un juego en mi PC desde un disquete o disco de inicio CD-R.

- Utilicé software robado que mis amigos y compañeros me dieron.

- Otras personas usan mi PC.

Si contesta sí a cualquiera de estos elementos, probablemente tiene un virus. Todos esos son hábitos molestos y casi las únicas formas en que un virus puede infectar una PC.

Dónde no puede obtener un virus

No puede obtener un virus de ninguna de las siguientes fuentes:

Correo electrónico. Leer un correo electrónico puro no infecta su PC con un virus. Varios temores han surgido acerca de leer ciertos mensajes y obtener un virus, pero todos son engaños. No puede obtener un virus por leer su correo electrónico, a menos que su programa de correo electrónico (como Outlook Express) esté configurado para abrir archivos adjuntos automáticamente. (Refiérase a la segunda nota al final de la sección).

Un archivo de fotografía. Los archivos de fotografías no pueden infectar su PC. Los JPEG, GIF o incluso formatos de archivo más elaborados no pueden infectar su PC. Siéntase libre de abrir esos archivos en la Internet o si están adjuntos a un mensaje de correo electrónico.

Bajadas. Bajar un programa que contiene un virus no infectará su computadora. El virus debe ser un programa que usted ejecuta. Si baja el archivo y no lo ejecuta, entonces está seguro. (Alguien me envió un virus una vez. No ejecuté el programa, así que mi PC nunca se infectó). Para revisar si hay un virus, haga que su software anti-virus revise el archivo . En esa forma, lo sabrá instantáneamente y puede eliminar el archivo o repararlo (si esa es una opción).

Software de vendedores. Esa cosa que venden en la tienda y no está infectado.

Sitios Web FTP conocidos. Los sitios Web, como Shareware.com o cualquier sitio FTP ampliamente usado, no tendrán software infectado en ellos. Y si duda de eso, entonces baje el software y ejecute un detector de virus antes de ejecutarlo. (Refiérase a la sección siguiente).

Ahora preste atención: la única forma en la que puede obtener un virus en su PC es *ejecutar* un programa infectado. ¡Eso es! Si no ejecuta el programa, no obtendrá el virus.

Existe un problema potencial con los virus en las versiones más viejas de Outlook Express. En esas versiones, es posible obtener un virus al leer un correo electrónico, aunque no es realmente el correo electrónico el que le pasa el virus; es una firma o archivo adjunto asociado con el correo electrónico que contiene el virus. Outlook Express fue configurado una vez para abrir automáticamente y ejecutar cualquier programa en el archivo de firma que infectó su computadora a pesar del hecho de que no abrió manualmente ningún archivo adjunto. Esto fue una pulga y Microsoft la arregló.

Para asegurarse de que su versión de Outlook Express no es susceptible a esta pulga, visite `http://support.microsoft.com`. Busque **Outlook Express** y use el número de ID específico **Q262165**.

Software antivirus

Aún si no practica ningún programa molesto de PC, puede dormir mejor si obtiene un software antivirus especial.

Vaya, Windows no viene con ningún software antivirus. Necesita correr al Software-o-Rama para comprar o bajar software antivirus de la Internet.

✔ El software antivirus quita el virus de su PC, a la vez que le ayuda a detectar esos programas molestos antes de que invadan de nuevo.

✔ El software antivirus también tiende a demorar su PC. Mi consejo: ejecute el software antes de revisar si tiene virus. Luego configúrelo para que pueda revisar su sistema solamente cuando inicia la PC. Luego use el programa para revisar individualmente los archivos que bajó u obtuvo de otras personas. Pero desactive las opciones que monitorean la actividad de su PC 24 horas al día.

✔ Créale a su software antivirus cuando le diga que no hay virus en su PC. En la medida que haya actualizado su software anti-virus con la más reciente información anti-virus, estará bien.

✔ En la Web, visite McAfee para un programa antivirus de prueba en `www.m-cafee.com`.

✔ No, no puede pasarle un virus a su PC al estornudar sobre el monitor. Pero debería tener una caja de toallas de papel a mano para cuando eso ocurra.

Utilizar System Restore

Se me desinfló una llanta del auto hace unos meses. Había algunos escombros en la calle. Yo le pasé por encima de algo. Escuché el sonido ssp-ssp-ssp conforme la llanta perdía el aire mientras rodaba. Fue una señal bastante audible.

Al igual que los autos, las computadoras deberían hacer ruidos graciosos antes de estropearse. Las computadoras necesitan hacer ruidos sordos o trituradores. Quizás debería haber charcos de aceite debajo del mouse, pero no. Las computadoras solo dejan de trabajar. Es una locura.

Algunas veces el síndrome ayer-estaba-funcionando tiene una razón, solo que se le olvidó. Hágase las siguientes preguntas:

✔ ¿Agregué recientemente algún hardware nuevo para PC?

✔ ¿Agregué algún software nuevo?

✔ ¿Eliminé algunos archivos recientemente?

✔ ¿He cambiado algún software?

✔ ¿He reiniciado algunas de las opciones de Windows?

✔ ¿Desinstalé algo?

A menudo, se encuentra recordando qué ocurrió; o sea, "Ah, sí, ayer establecí la impresora para que imprimiera de lado. Ahora entendí por qué mi correspondencia se veía tan cobarde."Como sea, concretar lo que fue cambiado le ayuda a arreglar las cosas o al menos dirige a las personas de soporte técnico o a su gurú de PC hacia su propia cura.

Una forma en que puede ayudar es ejecutar el programa System Restore antes de que pueda meterse con la computadora. Al crear un punto de restauración, usted realiza un mantenimiento preventivo valioso para el síndrome ayer-estaba-funcionando. Básicamente, está haciendo un punto al decirle a la computadora recordar su configuración "ayer", antes de que instale algo nuevo hoy. De esa forma, puede recuperar, en caso de que lo necesite.

Vaya, el comando System Restore está solamente disponible en Windows Me y Windows XP.

Crear un punto de restauración

Para establecer un punto de restauración, siga estos pasos:

1. **Ejecute System Restore.**

   En el menú de Start escoja (More) Programs⇨Accessories⇨ System Tools⇨System Restore.

2. **Escoja "Create a restore point".**

3. **Haga clic sobre el botón Next.**

4. **Introduzca una descripción.**

   Sea creativo. Digite algo como, "Antes intenté instalar esa unidad Printer Port CD-R". Eso debería servir.

5. **Haga clic sobre el botón Next o Create.**

   Windows se ocupa al crear el punto de restauración.

   Pronto aparece un mensaje en la pantalla, el cual le indica que el punto de restauración fue creado.

PREGUNTE A DAN

¿Cómo puedo proteger mi sistema contra los "hackers" en la Internet?

P: ¿Puede cualquier persona acceder a todos los archivos en mi computadora por medio de un cable módem? Aparentemente, funciona como una tarjeta de red y por lo tanto permite el acceso gratuito a mi sistema por medio de la compañía de cable o cualquier persona que conozca la dirección. ¿Es eso cierto?

Q: Sí. Los cable modems y la mayoría de las conexiones de DSL tienen su propia y única "dirección IP" en la Internet. Cualquiera que conozca la dirección puede PING, intentar FTP en su sistema o hacer un montón de cosas molestas. De hecho, ellos pueden hacer ese intento aún si no conocen la dirección IP de su módem; existen varios software de "sonda" que constantemente buscan cable o modems DSL. Es un mundo peligroso.

¡No entre en pánico! Pregúntele a su ISP sobre varias formas de protección *"firewall"* que evitan el acceso no autorizado a su computadora. Por ejemplo, el paquete Norton Internet Security ofrece un nivel decente de barrera de protección que le prohíbe a ciertos tipos de personas en la Internet meterse a su computadora por medio del cable o módem DSL.

6. Haga clic sobre el botón OK o Close.

(Es "OK" en Windows Me, "Close" en Windows XP).

Se cierra System Restore.

Ahora está listo para proceder con la instalación de su hardware o software. Si nada sale mal con el sistema, puede fácilmente restaurar las configuraciones del sistema a la forma en la que estaban anteriormente. Continúe leyendo la próxima sección.

Restaurar su sistema

Si todo sale bien con la instalación de su hardware (o software), perfecto. Disfrute el hecho de que la computadora está viviendo de acuerdo con las promesas ultrajantes de Microsoft. Dese unas palmaditas en la espalda. Haga una reverencia a Redmond, Washington.

Si, por otro lado, las puertas del infierno se abren y manadas de demonios infectan su computadora como langostas de alguna plaga bíblica, entonces siéntase bien por haber usado el System Restore. Tiempo para recuperar:

1. Ejecute System Restore.

En el menú de Start escoja (More) Programs⇨Accessories⇨ System Tools⇨ System Restore.

2. Escoja "Restore my computer to an earlier time".

3. Haga clic sobre el botón Next.

La próxima sección le permite escoger un punto de restauración. Windows crea su propio punto de restauración hace unos cuantos días aproximadamente y aquellos marcados en el calendario que aparece en la ventana System Restore (Figura 26-1). También puede escoger un punto de restauración manual, en caso de que haya sido lo suficientemente afortunado para crear uno (refiérase a la sección anterior).

4. Escoja una fecha en el calendario.

Cuanto más cerca esté de la fecha de hoy, mejor.

5. Escoja un punto de restauración en la configuración del día actual (a la derecha del calendario).

Si creó recientemente un punto de restauración, entonces escójalo de la lista.

6. Haga clic sobre Next.

Quizás aparezca una advertenciaque le solicita que cierre ventanas y guarde su información. ¡Haga eso! Cambie a cualquier ventana abierta o programas y ciérrelos. Luego haga clic sobre OK en el recuadro de diálogo de advertencia.

7. Haga clic sobre Next.

El sistema se restaura. *Siéntese quieto.* Espere.

Su computadora se reinicia. Relájese. Espere a que termine de reiniciarse.

Eventualmente, después de que la computadora se reinicia, será enviado de vuelta al programa System Restore.

8. Haga clic sobre OK.

Ya terminó.

En este punto, su computadora debería estar comportándose normalmente, como lo hacía antes de que instalara o actualizara su hardware o software. Felicidades.

Por supuesto, esto todavía lo deja con el hardware o software problemático que lo obligó a hacer un System Restore. En este punto, puede considerar contactar la página Web del fabricante para tener soporte o información sobre la localización de averías o considere regresar el hardware para un reembolso si es realmente incompatible. La decisión es suya, pero al menos la computadora funciona.

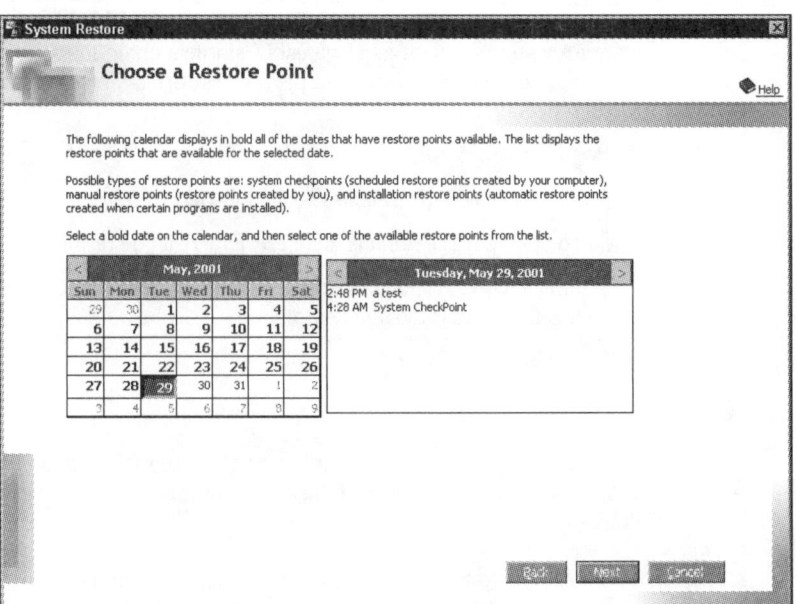

Figura 26-1:
System Res-
tore le per-
mite esco-
ger una fe-
cha para
restaurar
sus configu-
raciones de
Windows.

Capítulo 27

Localizar Averías en su PC

¿Por qué las computadoras operan como locas? Si los autos tuvieran los mismos problemas, nadie conduciría. Diantres, nadie caminaría, ni se sentarían o jugarían en ninguna parte cerca de una carretera. Como humanos, contamos con cosas para ser confiables y consistentes. La vida supuestamente debe ser así. El cielo debe ser de esa forma. ¿El infierno? Probablemente, computadoras del techo hasta el piso.

Por millones de razones, las computadoras se vuelven locas y se vuelcan contra sus dueños. (¡Llamando a Stephen King! ¿Tienes algunas ideas?) No puedo enumerarlas aquí, pero le doy un consejo general y unos cuantos pasos para retomar el control de la bestia.

Advertencia General, Frontal, Alarmista

Cuando su computadora se estropee, ¡DEJE DE TRABAJAR EN ELLA!

> ✔ En cualquier momento que un programa se estropee o algo no funcione bien, guarde y apague. Reinicie su PC. Eso generalmente arregla la mayoría de los problemas.

- No sea tonto e intente continuar trabajando en el sistema o incluso jugar. Eso es una locura.

- Si está teniendo problemas con el disco, intente guardar su archivo en disco, pero también use el comando Save As para guardar el archivo en otro disco duro, disquete o disco Zip.

- Los programas que se estropean no se van lejos, sus cuerpos están en la memoria. Solamente al reiniciar su PC requiere la memoria.

Cosas por Revisar

Cuando una computadora se estropea, debería hacer unas cuantas cosas inmediatamente.

Revisar su hardware

¿Están todos los cables conectados? ¿Está el monitor (o impresora o módem) conectado?

Los cables de la impresora y monitor pueden aflojarse. ¡Revíselos!

Los modems deben estar conectados adecuadamente a la pared, lo que es difícil porque todos tienen dos enchufes telefónicos en la parte trasera. Asegúrese de usar el adecuado.

Los cables del teclado y del mouse pueden aflojarse. ¡Revíselos

Descubrir cuánto control tiene

Algunos programas se van gentilmente en la noche oscura. Otros son succionados al pozo del infierno y dejan marcas de aruñazos en el linóleo.

Cuando un programa muere, quizás vea un mensaje de error, note que las cosas no están funcionando adecuadamente o no recibe respuesta de la computadora. Si es así, necesita determinar cuánto control tiene sobre la PC.

Mueva el mouse. ¿Todavía trabaja? Si es así, bien. Si no, intente el teclado.

¿Funciona el teclado? Intente mostrar el menú de Start en Windows: Pulse Ctrl+Esc para ver si su teclado todavía está funcionando. (Pulse la tecla Esc para hacer que el menú de Start desaparezca).

PREGUNTE A DAN

¿Qué es un procedimiento ilegal?

P: He estado recibiendo mensajes que dicen que esta máquina está haciendo algo ilegal. . . .

R: *Ilegal* es un término muy mal utilizado por programadores de computadoras. Significa malo o no permitido con respecto a la forma en que la computadora hace las cosas. Por ejemplo, en el nombre de archivo *this:that*, los dos puntos son un carácter ilegal. Ese es justo el término que utilizan. Lamento haberlo asustado.

Quizás deba esperar a que Windows responda; algunas veces un programa que se comporta mal tira una llave de tuercas al engranaje, lo cual hace la PC lenta para responder.

Si no tiene control del teclado o del mouse, su único recurso es reiniciar. Sí, este es el único momento en que debería reiniciar manualmente la PC. Refiérase al Capítulo 2.

Quitar ese programa muerto

Windows tiene la capacidad de vivir con programas muertos. Aún cuando el programa no responde, puede usar el mouse y el teclado y trabajar con otros programas. Aún así, debería librarse de las cosas muertas. Aquí le decimos cómo:

1. **Pulse Ctrl+Alt+Delete.**

   En Windows 98/Me, esta acción muestra la ventana Close Program. (Refiérase a la Figura 27-1).

   En Windows 2000, pulsar el saludo de tres dedos (Ctrl+Alt+Delete) muestra el recuadro de diálogo Windows Security, ¡pero eso no es razón para entrar en pánico! Simplemente, haga clic sobre el botón Task Manager para desplegar la ventana Task Manager, que presenta opciones similares en la ventana Close Program.

   Al pulsar Ctrl+Atl+Delete en Windows XP aparece el recuadro de diálogo Windows Task Manager que cumple la misma función que la ventana Close Program.

2. **Detecte cualquier programa recientemente muerto.**

   Busque las palabras *not responding* después del nombre del programa en la lista. Por ejemplo, el programa *Government* puede no responder. Haga clic sobre el nombre de ese programa en la lista.

(Si más de un programa no está respondiendo, repita todos los pasos para librarse de cada uno de ellos).

3. Haga clic sobre el botón End Task.

El programa es matado.

4. Cierre la ventana Close Program o Windows Task Manager.

En Windows 98/Me, tenga cuidado de no escoger el botón Shut Down en lugar del End Task. Algunas veces eso tiene sentido, por ejemplo, usted desea cerrar un programa de AWOL. Pero el botón Shut Down realmente cierra Windows sin advertirle. ¡Así que no lo seleccione en forma casual!

Figura 27-1: Mate programas testarudos usando la ventana Task Manager.

En este punto, el programa se ha ido. Debería ser removido de la pantalla, lo que facilita obtener los otros programas.

Su próximo paso debería ser guardar y cerrar otras aplicaciones que puede ejecutar. Luego reinicie su PC.

Reiniciar para arreglar rarezas

Reiniciar es algunas veces la mejor forma de curar casi cualquier cosa extraña. Si el puntero del mouse está perdido, reinicie. Si Explorer muere, reinicie; si un programa se congela, reinicie, aún después de que se libre del programa muerto.

Siga las instrucciones en el Capítulo 2 para reiniciar su PC: Hágalo. Cuando la computadora vuelve a la vida, el problema puede haber sido solucionado automáticamente.

✔ ¿Por qué reiniciar funciona? No tengo idea. Pienso que quizás, la computadora se cansa. Necesita ser reiniciada de vez en cuando para mantenerse despierta.

Después de reiniciar, revise el disco duro

Cuando su computadora está instalada y operando después de fallar-y-reiniciar, considere ejecutar el programa ScanDisk. Este programa revisa sus discos duros para ver si tienen errores y se asegura de que el sistema del disco está listo para olfatear.

Para ejecutar ScanDisk siga estos pasos:

1. **Abra la ventana My Computer.**

2. **Haga clic en el botón derecho sobre el icono de la unidad C.**

   Aparece desplegado el menú de acceso directo de selección.

3. **Escoja Properties.**

   Aparece el recuadro de diálogo de las propiedades de la unidad del disco.

4. **Haga clic sobre la pestaña Tools.**

5. **Haga clic sobre el botón Check Now.**

   En Windows 98/Me, el programa ScanDisk es ejecutado. Seleccione el(los) disco duro(s) para escanear haciendo Ctrl+clic sobre ellos en la lista. Escoja

¡Windows no me permite cerrar!

P: No puedo cerrar Windows. Este llega a la pantalla que dice, "Windows se está cerrando" ¡y luego . . . nada! Espero y espero, pero eventualmente tengo que reiniciar manualmente. Tengo miedo de que esto esté dañando mi computadora. ¿Puede ayudarme?

R: No, no está dañando su computadora cuando Windows "se congela" en su salida. Al igual que la mayoría de las exageraciones, ¡Windows solo rehúsa dejar el escenario!

Honestamente, lo que está ocurriendo es que algunos programas están rehusando salir. Se quedan atrapados en la memoria y Windows no puede sacarlos, así que Windows espera externamente. Usted está haciendo lo correcto al quitar la energía manualmente. Después de todo, ¿qué más puede hacer?

Es difícil decir cuál programa se queda atrapado en la memoria, pero una buena adivinanza es que es su software antivirus. Por alguna razón, el software antivirus causa más problemas de cierre con Windows de lo que jamás he visto. Si usted deshabilita su software antivirus (según recomiendo en el Capítulo 26), entonces el problema de cierre desaparece.

Standard (la opción Thorough es buena, pero dura más tiempo de lo que necesita después de reiniciar) y verifique el elemento "Automatically fix errors".

En Windows 2000/XP, el programa Check Disk es ejecutado. Verifique para seleccionar ambas opciones, "Automatically fix file system errors" y "Scan for and attempt recovery of bad sectors". Haga clic sobre el botón Start.

6. Haga clic sobre el botón Start.

Su disco es revisado para ver si tiene errores, los cuales son automáticamente arreglados si son encontrados. Después de eso, usted está perfecto.

Cierre la ventana ScanDisk cuando haya terminado.

- ✔ Si Check Disk (Windows 2000/XP) no es capaz de hacer su trabajo, aparece el recuadro de diálogo de advertencia. Haga clic sobre Yes. En esa forma, la operación de revisar el disco continúa más adelante.

- ✔ Si Scan Disk o Check Disk parecen nunca ejecutarse, entonces necesitará comprar una utilidad de terceros para hacer el trabajo. (Las utilidades de Microsoft no son tan robustas). Yo recomiendo utilizar las Norton Utilities y su versión de Scan Disk si está teniendo problemas. Muchos de mis lectores han encontrado que Norton se abre campo donde las utilidades de Microsoft se quedan cortas.

- ✔ ScanDisk no es vodú. Si tiene serios problemas de disco, entonces probablemente no se ejecutará del todo. En ese caso, necesita tomar su PC para servir, como se describe en el Capítulo 28.

- ✔ Ejecute ScanDisk cada semana o algo así, por si acaso. Windows tiene una herramienta de programación que puede ejecutar ScanDisk automáticamente. Cualquier buen libro en Windows le dirá cómo hacerlo.

Los Peligros del Modo Safe

Cuando Windows detecta problemas importantes, se inicia en lo que se conoce como el modo Safe. Si eso implica o no que la operación normal es el modo unsafe, dejaré el debate para los gurús. El punto es que Windows tiene un modo especial que puede intentar en caso de que necesite salirse de un pepinillo.

Iniciar en forma segura

Digamos que estropeó algo o se estropeó solo. La situación más común en que puedo pensar es cambiar el despliegue del video por algo que no quiera. Por

---

Busque un balde, ¡hay un derrame de memoria!

En serio, un "derrame de memoria" no involucra un balde o toalla o limpiar cualquier tipo de reguero de líquido. En lugar de ello, un derrame de memoria es un nombre simpático dado a un problema común.

Cuando se sale de un programa de computación, el sistema operativo acomoda las cosas. Primero, busca cualquier archivo abierto por ese programa y lo cierra. Luego toma toda la memoria que usó el programa y la dispone para otros programas. Todo está bien. Bueno, hasta que algún programa indisciplinado rehúsa cerrarse adecuadamente. En ese caso, algunos programas permanecen testarudamente en la memoria. Ese es un "derrame".

Un caso peor ocurre cuando el programa no solo rehúsa dejar la memoria, sino que continúa en ejecución y consume más y más memoria. Este tipo de programa de ejecución alocada eventualmente daña toda la computadora y ocasiona en uno de los notorios errores KERNEL32.DLL.

La parte triste sobre los derrames de memoria es que no puede hacer nada para evitarlos. (Es realmente el trabajo del sistema operativo tomarlos y conectarlos, pero Windows simplemente no hace la tarea). Lo que puede hacer es reiniciar Windows (Refiérase al Capítulo 2). Si sabe cuál programa está causando el derrame, entonces puede reportarlo a los desarrolladores y ellos pueden tener la cura. Pero de lo contrario, está atrapado allí, mirando la memoria irse. (Al menos no hay goteos molestos).

---

ejemplo, tiene texto negro-sobre-negro o quizás texto tan grande que no pueda llegar a la parte inferior para cambiarla de vuelta. Si es así, necesita reiniciar en el modo Safe.

Apague la PC como lo haría normalmente. Si no puede acceder al botón Start, pulse Ctrl+Esc. Luego pulse la tecla U para acceder al comando Shut Down. Aparece el recuadro de diálogo Shut Down Windows.

Si no puede ver el recuadro de diálogo Shut Down Windows, pulse Alt+R para seleccionar la opción Restart. Luego pulse la tecla Enter.

Conforme Windows se reinicia, pulse y sostenga la tecla Ctrl (en algunas PC necesita pulsar la tecla F8) para desplegar un menú especial de Startup. Aquí hay un menú que aparece con Windows Me:

```
Microsoft Windows Millennium Startup Menu
==================================
 1. Normal
 2. Logged (\BOOTLOG.TXT)
 3. Safe mode
 4. Step-by-step confirmation
Enter a choice:
```

Busque la opción Safe mode (número 3 aquí). Digite ese número y pulse la tecla Enter.

Se inicia el modo safe, el cual carga solo los archivos necesarios para ejecutar Windows, es una operación sin adornos. Cuando Windows está finalmente instalado, lo ve desplegado en un modo de baja resolución, bajo color con las palabras Safe mode desplegadas en el escritorio.

¡Arregle su problema! Existe el modo Safe para arreglar problemas. Lea el recuadro de diálogo que le dice acerca del modo Safe y cómo visitar el Control Panel para arreglar lo que lo esté molestando. Hablando en forma general, todo lo que necesita hacer primero que nada es deshacer lo que estropeó.

- ✔ Windows 98 tiene dos opciones adicionales del Startup Menu, ambos para iniciar con el indicador de comando.

- ✔ Windows 2000 no tiene un Startup Menu. Si pulsa la tecla Ctrl mientras Windows 2000 lo inicia, verá eventualmente la pantalla Windows 2000 Setup, donde puede ajustar o reparar la instalación de Windows 2000.

Iniciar normalmente de nuevo

Si su PC parece estar atrapada en el modo *diagnostic (diagnóstico),* entonces quizás necesite volver al modo normal. He aquí cómo:

1. **Escoja el comando Run en el menú de Start.**

2. **En el recuadro de diálogo Run, digite MSCONFIG y pulse Enter.**

   Esta acción ejecuta el System Configuration Utility, un programa útil para ayudarle a localizar averías en los problemas de inicio

3. **Haga clic sobre la pestaña General y asegúrese de que el elemento Normal Startup sea seleccionado.**

Esta opción le asegura que Windows se inicia normalmente. (Puede notar que el Diagnostic Startup es seleccionado, que es la fuente de sus infortunios).

4. **Haga clic sobre OK. Su computadora debería iniciarse normalmente desde aquí, a menos que tenga otro problema.**

También note que puede usar el System Configuration Utility para quitar programas de inicio que pueden estar causando problemas. Refiérase a la sección, "Utilizar MSCONFIG para Localizar Averías en los Problemas de Inicio" en algún otro lugar en este capítulo.

Iniciarse en forma segura en Windows XP

De todas las ediciones de Windows, XP tiene el menú de Startup más elaborado y lleno de opciones para ayudarle a recuperarse en tiempos de infortunios.

Cuando Windows XP se está iniciando, pulse y sostenga la tecla F8. El siguiente menú es desplegado:

```
Windows Adavnced Options Menu
Please select an option:

    Safe Mode
    Safe Mode with Networking
    Safe Mode with Command Prompt

    Enable Boot Logging
    Enable VGA Mode
    Last Known Good Configuration
    Directory Services Restore Mode (Windows domain controllers
            only)
    Debugging Mode

    Boot Normally
    Reboot
    Return to OS Choices Menu

Use the up or down arrow keys to move the highlight to your
            choice.
Press ENTER to choose.
```

Para el modo Safe, destaque la opción superior y pulse la tecla Enter.

Otra buena opción es la Last Known Good Configuration, que básicamente ejecuta la utilidad System Restore para restaurar a Windows a la última vez que estaba funcionando adecuadamente, una mejora maravillosa en las versiones más viejas de Windows.

La última opción que probablemente escogerá es Boot Normally, que inicia Windows como si nada estuviera mal.

Cuando el modo Safe se inicia automáticamente

Si el problema es realmente serio, Windows puede iniciar en el modo Safe automáticamente. ¡No permita que esto lo atemorice! Windows ha descubierto algo no tan bueno en el sistema y ha iniciado en el modo Safe para ayudarle a arreglarlo.

✔ El modo Safe puede aparecer después de que ha instalado nuevo hardware. Eso significa que el software (controladores) requerido para ese hardware no está funcionando adecuadamente. Desinstale el software en el modo Safe y reinicie su computadora. Contacte a su distribuidor para ver si existe el nuevo software.

✔ Considere ejecutar System Restore si el Safe Mode levanta su cabeza fea en forma inesperada. Refiérase al Capítulo 26.

✔ Refiérase a la siguiente sección, "Revisar si hay Conflictos de Dispositivos", para más información sobre por qué el modo Safe pudo haber iniciado automáticamente.

Revisar si hay Conflictos de Dispositivos

Una cosa que debería revisar cuando se inicia Windows en el modo Safe es el Device Manager. Este enumera todo el hardware en su PC y señala cualquier hardware que pueda estar causando problemas.

Visualizar el Device Manager

Siga estos pasos para visualizar el Device Manager:

1. **Haga clic en el botón derecho sobre el icono My Computer en el escritorio.**

2. **Escoja Properties en el menú de acceso directo**

3a. **Para Windows 98/Me, haga clic sobre la pestaña Device Manager.**

3b. **Para Windows 2000/XP, haga clic sobre la pestaña Hardware, luego haga clic sobre el botón Device Manager. (Note que no necesita permisos adecuados en Windows 2000 para cambiar cosas en el Device Manager).**

El Device Manager se muestra en la Figura 27-2, aunque puede verse sutilmente diferente dependiendo de su versión de Windows. Todos los dispositivos del hardware adjuntos o husmeando dentro de su computadora son enumerados en un formato de árbol. Puede abrir varias ramas del árbol para ver, por ejemplo, las varias unidades de disco que conoce su computadora.

Figura 27-2:
La ventana
Device
Manager.

Si hay conflictos de hardware, estos serán señalados por un pequeño signo de exclamación en un círculo amarillo:

No tiene que buscar estos elementos; sus ramas se abren automáticamente para desplegar el dispositivo errante.

Si tiene dicho dispositivo funcionando mal en su sistema, haga doble clic sobre él con el mouse. En el centro del recuadro de diálogo Properties del dispositivo hay una explicación del problema (en el área de condición del Device). Algunas veces el dispositivo es específico; otras veces, es tan solo "refiérase al manual del dispositivo". También se le pide ejecutar un localizador de averías o administrador de conflictos. Siga leyendo la siguiente sección.

4. Cierre el Device Manager cuando haya terminado.

Haga clic sobre el botón OK o solo cierre la ventana.

Otro programa para revisar si hay conflictos del sistema es la utilidad System Information: En el menú de Start escoja Programs⇨Accessories⇨SystemTools⇨ System Information. La página Hardware Resources/Conflicts/Sharing enumera cualquier punto problemático que el Device Manager pueda ignorar.

Ejecutar un localizador de averías

Los localizadores de averías son programas especiales P&R incluidos en el sistema Help para Windows. No hay otra forma fácil de iniciarlos, que no sea la siguiente:

1. **Escoja Help en el menú de Start.**

   La cosa Windows Help aparece.

2. **Haga clic para visualizar el Index.**

3. **Digite** Trouble **en el recuadro de texto.**

   La primera coincidencia podría ser "troubleshooter," pero ese no es el que usted desea.

4. **Desplácese hacia abajo a la palabra *troubleshooting*.**

   Ese no es "troubleshooter" sino más bien "troubleshooting," así que quizás deba desplazarse hacia abajo un poco para encontrarla.

5. **Desplácese a través de la lista para encontrar el localizador de averías que satisfaga sus necesidades.**

   ¿Problemas con el módem? Desplácese hacia abajo, al localizador de averías Modem.

   Note que algunos de los elementos enumerados no son localizadores de averías, sino que solamente despliegan la información de ayuda.

6. **Seleccione un tema y haga clic sobre el botón Display.**

   ¡Y está afuera!

   Haga clic sobre los varios vínculos y ponga puntos en los círculos adecuados para responder preguntas y trabajar a través del localizador de averías.

7. **No olvide cerrar las ventanas Help y Troubleshooter cuando haya terminado.**

He tenido cerca de 50-50 de suerte con los localizadores de averías de Windows. Algunas veces me han guiado justo al problema. Otras veces, utilizar el localizador de averías era como intentar agrupar gatos.

Restaurar un Controlador de Dispositivos

La pregunta más común sobre localizar averías involucra reemplazar el controlador de dispositivo del adaptador de gráficos, que es el que controla la pantalla. Por alguna razón, la resolución del despliegue puede volverse loca. La resolución es demasiado baja y el lector no es capaz de reiniciarlo de nuevo. Este es un problema común y tiene unas cuantas soluciones fáciles.

La primera solución, siempre que tenga Windows Me o Windows XP, es usar el System Restore para recuperar la condición de la computadora cuando el despliegue estaba funcionando bien. Eso funciona.

La segunda solución es reinstalar el controlador de dispositivo de video, que no es tan horrible como suena:

1. **Llame la ventana Device Manager.**

   Refiérase a los pasos en la sección, "Visualizar el "Device Manager", anteriormente en este capítulo.

2. **Haga clic para abrir Display adapters branch on the tree.**

   Su adaptador del despliegue será enumerado, como NVIDIA GeForce2 GTS o algo igualmente críptico. Ese es el nombre de su adaptador de gráficos.

3. **Haga doble clic sobre el nombre del adaptador de los gráficos.**

   Aparece el recuadro de diálogo Properties para su adaptador de gráficos.

4. **Haga clic sobre la pestaña Driver.**

5. **Haga clic sobre el botón Update Driver.**

   El Update Device Driver Wizard se ejecuta, lo cual es una forma sencilla de actualizar o reinstalar la unidad del dispositivo.

6. **Siga los pasos en el Wizard.**

   Siga los pasos en el Wizard. No hay necesidad de cambiar las opciones preseleccionadas a menos que sepa lo que está buscando. De lo contrario, el Wizard automáticamente reinstala el controlador del dispositivo. Para un adaptador de gráficos, las probabilidades son que usted encontrará el controlador de dispositivo adecuado en su disco duro. Si es así maravilloso; reinstale el controlador según las instrucciones del Wizard.

   Su computadora puede necesitar reiniciarse; eso está bien. Haga eso.

Cuando haya terminado, el nuevo controlador debería estar instalado o el viejo controlador reinstalado, lo que le devuelve todos los gráficos gloriosos que una vez utilizó.

✔ Aunque estos pasos son específicos al adaptador de gráficos pueden ser seguidos para actualizar o reinstalar el controlador del dispositivo en su computadora.

✔ En Windows 2000 debe estar registrado como Administrador para hacerle cambios al controlador del dispositivo.

✔ Otra forma de localizar los controladores del dispositivo es visitar el fabricante del dispositivo en la Internet. Realice una búsqueda en Yahoo para el nombre del adaptador de los gráficos. Esto eventualmente lo lleva al nombre del fabricante y página Web. Desde allí puede visitar el área Technical Support en la página Web del fabricante, el cual contiene vínculos para bajar nuevos archivos del controlador del dispositivo. Recuerde marcar la página Web del fabricante en caso de que necesite visitarlo de nuevo.

Utilizar MSCONFIG al Localizar Problemas de Inicio

La mayoría de los problemas de inicio no tienen nada que ver con que la computadora se reinicie adecuadamente, sino tienen que ver con extraños mensajes que aparecen cuando la computadora se reinicia. Por ejemplo, usted ve que algún archivo DLL o VBX está "perdido". ¿Huh? O quizás un mensaje de error le dice que algunos aspectos del programa se han ido y que la utilidad "Frapulator" no estará disponible. ¿Qué?

Para localizar un problema de inicio, necesita usar una herramienta llamada System Configuration Utility o MSCONFIG, abreviado. (Note que Windows 2000 no tiene esta utilidad).

Para iniciar MSCONFIG, escoja Run en el menú de Start. Digite **MSCONFIG** en la casilla y haga clic sobre el botón OK. Aparece la utilidad System Configuration Utility, como se muestra en la Figura 27-3.

La Figura 27-3 muestra la pestaña Startup, la cual contiene una lista de todos los programas secretos que Windows ejecuta cuando se inicia. Estos son además de aquellos enumerados en la carpeta Programs/Startup del menú de Start. Algunos de ellos son iconos System Tray, otros son tareas de fondo, como software antivirus y otros son programas que Windows usa para hacer varias cosas.

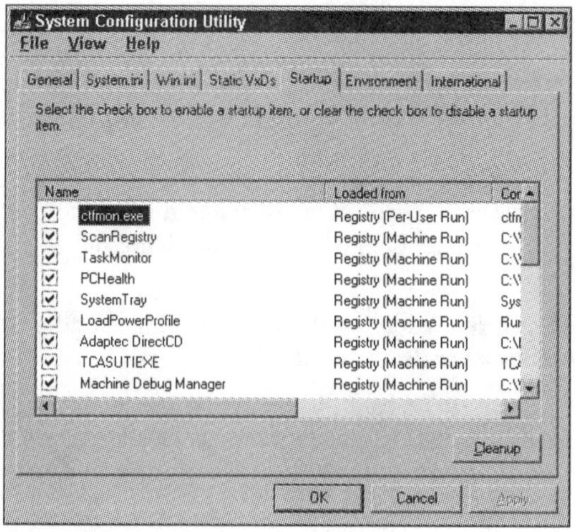

Figura 27-3: MSCONFIG.

Para detener un programa y que no lo ejecute en el momento de inicio, quite su marca de verificación. Eso no desinstala el programa, más bien lo deshabilita para ejecutarse, lo que podría motivar que despliegue un mensaje molesto cuando se inicia la computadora.

Cierre la ventana System Configuration Utility cuando haya terminado con ella.

- Solamente, deshabilite esos programas que usted sospeche que están causando problemas de inicio. De lo contrario, deje la System Configuration Utility sola.

- Otro lugar para buscar programas de inicio está en la pestaña Win.ini: Abra la rama `[windows]` dentro de la lista de desplazamiento y busque elementos por `load=` o `run=`. Puede deshabilitar esos elementos al quitar sus marcas de verificación.

Capítulo 28

Cuándo Gritar por Ayuda

- -

En este capítulo

▶ Encontrar un gurú de PC

▶ Obtener ayuda de computación de otras personas

▶ Cómo decir si algo está mal

▶ Explicar adecuadamente el problema

- -

¿Debería gritar por ayudar? Por supuesto. La decisión de gritar nunca debería cuestionarse. Podría agregar, sin embargo, que ayuda saber a quién gritarle.

Las personas gritan porque necesitan ser escuchadas. Las computadoras no tienen orejas, así que gritarles no ayuda (aún si la computadora tiene un micrófono). De hecho, como no tienen emociones, las computadoras no pueden decirle si está realmente en un lío o pulsando por error la tecla F1.

No ayuda tener una persona a quien gritarle. Es más, ayuda gritar en una voz suave. Grite calmadamente. Describa lo que está ocurriendo. Y siga el consejo en este capítulo para ayudarle a evitar todo ese griterío.

¿Quién es su Gurú de PC?

Su gurú personal de computación es algo, cualquier persona, que ama las computadoras y sabe lo suficiente acerca de ellas para ofrecer la ayuda que necesita. Su gurú es una persona importante de conocer y respetar. ¡Todos tienen un gurú! Si usted no tiene uno, lo necesita.

En el trabajo. En la oficina, el gurú es probablemente el administrador de la computadora, pero pregunte si alguien más puede hacer el trabajo. Unos pocos zanies de computación pueden estar husmeando por la oficina. Si encuentra uno, él o ella pueden ser capaces de ofrecer ayuda más rápidamente que el administrador (que obedece a una programación). Especialmente para tipos particulares de software, acuda a personas que utilizan los programas regularmente; ellos pueden conocer trucos útiles.

En la casa. Para la casa, encontrar un gurú puede ser difícil. Por lo general un vecino, amigo o pariente sabrá lo suficiente sobre computadoras para ayudarle a instalar hardware o software, o al menos darle un consejo sobre algún programa.

Cualquiera que sea su situación, identifique su gurú y mantenga esa persona en mente para momentos difíciles o para obtener algunas advertencias y consejos. Es como tener un buen mecánico a mano o conocer un doctor amistoso. Quizás no use su gurú todo el tiempo, pero saber que él o ella está disponible hace la computación más fácil.

Se requiere una cierta cantidad de fineza al usar los talentos de su gurú de computación; se debe trazar un límite entre obtener ayuda ocasionalmente y terminar con la paciencia de su gurú.

Otros Lugares donde Puede Buscar Ayuda

Los gurús de computación no están en ninguna parte. Suponga que vive en la Isla Pitcairn y su PC acaba de llegar por orden de correo de PCs Limited (junto con su papeleta absentista para las elecciones presidenciales del 2000). ¿Quién va a ser su gurú? Definitivamente no es la dama que hace agarraderas de olla con frondas de palma.

Cuando no tiene un gurú verdadero a mano, busque alternativas. A continuación presentamos un montón de opciones que se me vienen a la cabeza:

✔ Algunas tiendas de computación pueden ofrecer clases o grupos de café en los que puede hacer preguntas. Pero recuerde que son una fuente limitada de información.

✔ Los clubes de computación abundan. No tenga miedo de aparecer y hacer unas cuantas preguntas. Puede incluso adoptar un gurú allí o aprender sobre secciones especiales para principiantes. Muchos clubes de computación o grupos de interés especiales (SIGs) están diseñados para preguntas y respuestas. Revise el periódico local o volantes de computación en la tienda.

✔ Las universidades comunales ofrecen cursos introductorios sobre computación y algunos programas de software. Venga armado con sus preguntas.

✔ No olvide los gurús que ya pagó: la gente de soporte técnico en la tienda de computación o el soporte telefónico que obtiene con cada parte de software que compra. Todo viene con soporte; es parte del precio de compra (o eso es lo que dicen). Especialmente para el software, llame al departamento de soporte si tiene problemas. (Pero no abuse del soporte telefónico; no es una excusa para no leer el manual.) Además, busque soporte telefónico que debe pagar, ya sea cargo por llamada de larga distancia o por minuto.

✔ Si estas opciones tradicionales se fracasan, considere lo no convencional. Busque ayuda en la Internet o acceda a un grupo de noticias particular para el asunto que lo está molestando.

Descubra si Es un Problema de Hardware o Software

Su gurú, o incluso usted, puede ser capaz de arreglar problemas de hardware: verifique los cables, escuche ruidos, busque chispas, etcétera.

Los problemas de software, por otro lado, pueden generalmente ser remediados por su gurú o con una llamada telefónica a la línea caliente (o una llamada de esperar en línea) de soporte técnico del desarrollador. Pero ¿cuál es cuál? Es importante saber cuál problema está experimentando porque los doctores de computación se molestan cuando les da una PC con problema de software. Estas son las claves:

1. **¿Ocurre el problema consistentemente, sin importar cuál programa está ejecutando?**

   Por ejemplo, ¿rehúsan Word, Excel y su paquete de contabilidad enviarle cosas a la impresora? Si es así, es un problema de hardware; más específicamente la impresora se ha vuelto estúpida. Revise la energía. Revise los cables. Revise la impresora.

2. **¿Acaba de surgir el problema?**

   Por ejemplo, ¿funcionó el modo Print Preview la semana pasada, pero no hoy? Si es así, podría ser un problema de hardware, podría ser un problema de la red o un problema con el controlador de software, siempre que usted no haya cambiado nada en su computadora o agregado algún software desde la ultima vez que funcionó adecuadamente.

3. **¿Ocurre el problema con solo una aplicación?**

   Por ejemplo, ¿se reinicia siempre la computadora cuando intenta imprimir usando su editor de fotografías? Si es así, es un problema de software. Llame al desarrollador.

Generalmente, si el problema ocurre con solo un programa, es el software. Si es consistente a través de sus aplicaciones o si ocurre aleatoriamente, es el hardware.

Llamar al Soporte Técnico

¡El soporte técnico puede ser bueno o malo, o los dos! Solía ser bueno y gratuito. Había 800 números y montones de jóvenes ansiosos y dispuestos a ayudarle a hacer cualquier cosa, desde escribir un controlador de escritura hasta quitar el celofán de la caja de la computadora.

Hoy día, el soporte técnico es pagado o no existe. Antes de llamarlo, intente averiguar cuánto va a costarle y cuán ocupado está el personal generalmente. Preguntar es la mejor forma de descubrir esta información.

Además, intente visitar la página Web de la compañía. Busque información sobre soporte o una página FAQ (Preguntas Frecuentemente Formuladas). Puede encontrar su respuesta allí. Descubrí, por ejemplo, cómo configurar mejor mi PC por dos meses visitando una página Web en lugar de marcar al soporte técnico costoso.

Si por último se da por vencido y llama al soporte técnico, deberá estar armado con la siguiente información:

- ✔ Esté cerca de la computadora cuando llame. El técnico sin duda querrá que usted trabaje algunos problemas o intente soluciones.

- ✔ Para problemas de hardware, reúna una descripción del hardware que lo está atormentando: cuánta memoria está instalada, el nombre y número del microprocesador, el tipo y marca de la computadora y el número de serie del dispositivo.

- ✔ Para problemas de software, querrán un número de serie, número de versión y quizás un número de registro.

- ✔ Sea capaz de describir el problema.

- ✔ Actúe con calma y civilizado.

- ✔ Esté preparado para escuchar el consejo.

El técnico lo llevará por el problema y suministrará una solución. Esperamos que eso arreglará el problema.

- ✔ Quizás desee escribir la solución para que no tenga que llamar al soporte técnico de nuevo.

- ✔ El soporte técnico está disponible para casi todos los productos de hardware o software vendidos. ¡Por favor no se abuse! Intente siempre cualquier recurso posible (la Web, el manual) antes de llamar.

- ✔ Haga clic en el botón derecho sobre el icono My Computer y escoja Properties en el menú de acceso directo. La mayoría de los fabricantes importantes ponen el botón en el recuadro de diálogo System Properties/General llamado Support Information. Haga clic sobre ese botón para descubrir cómo obtener ayuda con su computadora.

- ✔ Nunca use el soporte técnico como sustituto para leer el manual. Demasiadas personas hicieron eso a principios de 1990 y esta es la razón por la cual todo este soporte técnico desapareció y actualmente por lo general debe pagarlo.

- ✔ ¡No olvide a su distribuidor de la computadora! Le pagó por el servicio y soporte. Si está en un lío, los amigos allí debería ser a los que llama primero.

Parte VII
Los Diez Mejores

La 5a Ola — Por Rich Tennant

"BUENO, UNO DE USTEDES SE QUEDARÁ EN EL CAMPO, PERO EL OTRO MANEJARÁ LOS CLIENTES POR LA INTERNET".

PERO, ¿CUÁL? BRAD O IGOR, BRAD O IGOR

En esta parte. . .

Nuestra aventura amorosa con el número diez probablemente está relacionada con nuestros dedos. A lo largo de la historia, hemos enumerado cosas por docenas: Los Diez Mandamientos, diez velocidades en las bicicletas, etc. Casi todas las civilizaciones tienen sus "diez" cosas. Bueno, excepto los sumerios. Por alguna razón se quedaron con el número 12. ¿Quién sabe? ¿Diez dedos y dos orejas? ¡La mente vuela!

Esta es la Parte de los Diez Mejores, que hubiera sido la Parte de los Doce Mejores si hubiera vivido en la antigua Sumeria y hubiera habido necesidad de un libro como El Ábaco Para Dummies. En cualquier caso, los capítulos en esta parte del libro enumeran diez elementos que le ayudan a lidiar con su computadora. Toda esa es información útil.

Capítulo 29

Diez Errores Comunes de los Principiantes

*S*eguro, puede cometer un millón de errores con una computadora, ya sea eliminar el archivo incorrecto o dejar caer la impresora sobre su pie. Pero he sintetizado esta lista a diez. Estos son los diez errores operativos día-a-día que las personas tienden a repetir hasta que se les diga que no lo hagan.

No Salirse Adecuadamente de Windows

Cuando haya terminado con Windows, ciérrelo. Escoja el comando Shut Down en el menú de Start, haga clic sobre OK y espere hasta que la pantalla diga que es seguro apagar su PC.

▮ ✔ No desconecte el interruptor de corriente cuando haya terminado. •

▶ En la misma línea, si su PC tiene un botón de reinicio de hardware, no lo use a menos que sea completamente necesario.

▶ Refiérase al Capítulo 2 para instrucciones adecuadas del apagado de la PC.

Comprar Demasiado Software

Su PC probablemente salió de la caja con docenas de programas preinstalados. (No, no tiene que usarlos, refiérase al Capítulo 19 acerca de desinstalar software.) Aun con todo ese software preinstalado, no se abrume comprando más inmediatamente.

Comprar demasiado software no es realmente el pecado aquí. El pecado es comprar demasiado software e intentar aprenderlo todo de una sola vez. El hábito de comprar todo al mismo tiempo probablemente viene de comprar música, donde está bien arrastrar a la casa toda una pila de CD de la tienda. Puede escuchar varios CD en el transcurso de unos cuantos días. Son agradables la primera vez y envejecen bien. El software, por otro lado, es espantoso el primer día y puede tomar hasta dos meses familiarizarse con él.

Tenga piedad de usted mismo cuando esté en el mostrador y compre software a un ritmo moderado. Compre un paquete y apréndalo. Luego avance y compre algo más. De esa manera aprende más rápido.

Comprar Hardware Incompatible

¡Ups! ¿No se dio cuenta de que el nuevo teclado que compró era para Macintosh? O quizás pensó que era una oferta comprar ese módem USB, y su PC no tiene un puerto USB. Y el disgusto más grande: compra una nueva tarjeta de expansión AGP, pero todo lo que tiene disponible son ranuras PCI.

¡Siempre revise su hardware antes de comprarlo! Especialmente si está comprando en línea; si no está seguro de que el hardware es compatible, llame el distribuidor y pregúntele esas cosas.

No Comprar Suficientes Suministros

Compre papel para impresora en esas cajas grandes. Se le acabará. Compre disquetes extra, discos Zip, CD-R y cualquier tipo de discos que se tragará su PC.

No Guardar su Trabajo

Cuando esté creando algo muy original, escoja el comando Save y guarde su documento en el disco duro. Cuando escriba algo tonto que va a arreglar más adelante, escoja el comando Save también. La idea aquí es escoger Save cuando piense en él, esperamos que cada ciertos minutos.

Usted nunca sabe cuando su computadora va a vagabundear para ver a Barney mientras está esperando terminar los últimos párrafos del reporte. Guarde su trabajo tan a menudo como sea posible. Y siempre guárdelo cuando se levante de su computadora, aún si es solo para tomar un chocolate del otro cuarto.

No Respaldar Archivos

Guardar el trabajo en una computadora es un proceso de varios pasos. Primero, guarde el trabajo en su disco duro cuando lo haya creado. Luego, al final del segundo día, respalde su trabajo en disquete o discos Zip. Siempre mantenga una copia de seguridad en alguna otra parte, porque uno nunca sabe.

Al final de la semana (o mes), ejecute el programa de respaldo que viene con la unidad de respaldo de cinta de su PC. Sé que esto es un dolor, pero es mucho más automatizado y fácil de hacer que lo que era antes. Si su PC no tiene una unidad de respaldo en cinta ¡cómprela! Puede respaldar en discos Zip, pero eso es costoso; respaldar en disquetes es una locura y respaldar en un CD-R o unidad de Jaz está bien, especialmente si tiene software que puede realizar el respaldo por usted.

Abrir o Eliminar Cosas Desconocidas

Existen reglas tanto para hardware como para software acerca de abrir o eliminar cosas desconocidas. En el lado del software, yo tengo una regla:

Si no creó el archivo, no lo elimine.

Windows está rebosante con archivos inusuales y desconocidos. No juegue con ellos. No los elimine; no los mueva; no les cambie el nombre y, especialmente, no los abra para ver qué son. Algunas veces abrir un icono desconocido puede causar problemas.

En el lado del hardware, no abra nada adjunto a su PC a menos de que esté completamente seguro de por qué lo está haciendo. Algún hardware está diseñado para ser abierto. Las nuevas cajas de las consolas tienen tapas especiales para un acceso rápido. Hacen la actualización de las cosas algo fácil. Y si abre una consola, recuerde desconectarla. Está bien abrir su impresora para deshacer un estancamiento de papel, instalar tinta nueva o colocar un cartucho de tóner. Aún así, no abra los cartuchos de tinta o tóner.

Otros elementos de hardware indican *no abrir,* escrito sobre ellos: el monitor, teclado y módem.

Iniciar Desde un Disco Desconocido

La forma número uno de obtener un virus de computadora es iniciarla desde un disquete desconocido. No estoy hablando de iniciar la PC usando un disco de inicio que usted crea o uno que viene en una caja de software herméticamente sellada. Estoy hablando de aquel juego que Bob le entregó la semana pasada. Usted sabe cuál. (Heh, heh.) Reinicie desde ese disco y estará invitando a quién sabe quién a su PC. No lo haga.

Contestar a un Correo Electrónico SPAM

No responda ningún correo electrónico spam a menos que desee más spam. Un truco popular es poner texto que dice, "responda este mensaje si no desea recibir más mensajes. . . ." ¡No lo haga! Contestar a un SPAM le dice a quienes lo envían que tienen a alguien atrapado y recibirá más spam que nunca. ¡Nunca responda a un spam!

Abrir un Program Adjunto a un Mensaje de Correo Electrónico

Puede recibir fotografías por medio del correo electrónico. Puede recibir archivos de sonido. Puede recibir cualquier tipo de documento. Puede incluso recibir archivos ZIP o carpetas comprimidas. Todo esto está bien. Pero si recibe un archivo de programa (EXE o COM) o un Visual Basic Script (VBS), ¡no lo abra!

La única forma de obtener un virus en una PC es ejecutar un archivo de programa infectado. Puede recibir el archivo sin problemas. Pero si lo abre, está muerto. Mi regla es: no abra ningún archivo EXE que le envían a través del correo electrónico.

✔ Los archivos ZIP (carpetas comprimidas) pueden ser recibidos. Puede abrirlos y ver lo que hay en ellos. Si contienen programas de los que no está seguro, solo elimine todo. Así está seguro.

✔ Si tiene que enviar un archivo de programa a través del correo electrónico, escriba o llame por teléfono al receptor con anticipación para comunicarle lo que está ocurriendo.

✔ Cuando tenga dudas, ejecute el software antivirus del archivo antes de ejecutarlo.

✔ Algunos tipos de virus pueden venir en documentos de Microsoft Word. El software antivirus puede atrapar estos virus, pero en cualquier caso, confirme que quien lo envía quería enviarle el archivo antes de abrirlo.

Capítulo 30

Diez Cosas que Vale la Pena Comprar para su PC

No estoy tratando de venderle nada y estoy bastante seguro de que usted no está listo para lanzarse a gastar, gastar y gastar en algo como una nueva computadora (a menos que sea el dinero de alguien más). Pero quizás desee considerar comprar algunas cositas lindas para la Sra. Computadora. Como las diez cosas que vale la pena comprar para su perro (correa, juguetes en forma de gato, etcétera), estas diez cosas harán el trabajo con la bestia más disfrutable.

Software

Nunca descuide el software. Hay millones de tipos diferentes de programas de software disponibles, cada uno de ellos diseñado para realizar una tarea específica para un cierto tipo de usuario. Si alguna vez se encuentra frustrado por la forma en que la computadora hace algo, considere buscar una pieza de software que lo haga mejor.

Almohadilla para la Muñeca

Una almohadilla para la muñeca calza justo debajo de su teclado. Esta le permite descansar su mano en forma cómoda mientras digita. Esto puede ayudar a aliviar algunas de las molestias de movimiento repetitivo comunes entre los usuarios de teclado. ¿Qué más puedo decir?

Pantalla Antidestellos

Aunque suene extraño, una pantalla antidestellos no es más que una media de nylon estirada sobre el frente de su monitor. Está bien, estas son medias profesionales de nylon con sostenedores sofisticados que se adhieren a su pantalla. El resultado es nada de brillo de las luces en el cuarto o exteriores. Es tan buena idea que algunos monitores vienen con pantallas antidestellos incorporadas.

El brillo es la causa número uno de cansancio visual mientras usa una computadora. Las luces por lo general se reflejan en el vidrio, ya sea desde arriba o una ventana. La pantalla antidestellos corta los reflejos y hace que las cosas en el monitor se vean mejor.

Algunas pantallas antidestellos también incorporan protector anti-radiación. En serio, estas brindan protección de los rayos electromagnéticos dañinos que se desprenden de su monitor mientras lee esto. ¿Es esto necesario? No.

Cobertor de Teclado

Si usted está con una taza de café o tiene niños pequeños con dedos llenos de mantequilla de maní utilizando el teclado, un cobertor de teclado es una buena idea. Quizás los haya visto en las tiendas de departamentos: cubren el teclado perfectamente pero aún así le permiten digitar. Una maravillosa idea, porque sin un cobertor, toda esta desagradable porquería se cae entre las teclas. ¡Qué asco!

Siguiendo la misma línea, puede comprar un cobertor de polvo genérico para su computadora. Este mantiene la apariencia de la computadora pero no tiene mayor valor. Use un cobertor de computadora solamente cuando la máquina esté apagada (y no recomiendo apagarla). Si coloca el cobertor sobre la PC mientras está encendida, crea un pequeño efecto de invernadero y la computadora, algunas veces, lo derretirá. Molesto. Este resultado no ocurre con el teclado, que siempre esta frío.

Más Memoria

Cualquier PC funciona mejor con más memoria instalada. Un límite superior en algunas computadoras es más de 1GB de RAM, lo que parece ridículo ahora, pero quién sabe en unos cuantos años. Aún así, actualizar su sistema a 128MB ó 256MB de RAM es una buena idea. Casi inmediatamente usted nota la mejoría en Windows y varias aplicaciones de gráficos y juegos. Haga que alguien más realice la actualización por usted, usted solo compra la memoria.

Disco Duro Más Grande y Rápido

Los discos duros se llenan rápidamente. La primera vez es porque ha mantenido mucha basura en él: juegos, cosas que las personas le dan, archivos viejos y programas viejos que ya no usa. Así que puede eliminarlos o copiarlos a discos Zip para almacenamiento de largo plazo. Luego, después de un tiempo, su disco duro se llena de nuevo. La segunda vez, tiene cosas que realmente usa. ¡Ay! ¿Qué puede eliminar?

La respuesta es comprar un disco duro más grande. Si puede, instale un segundo disco duro y empiece a llenarlo. De lo contrario, reemplace su primer disco duro con un modelo más rápido y grande. En realidad, comprar un modelo más rápido es una forma maravillosa de mejorar el desempeño de cualquier PC más vieja sin desecharla.

Teclado Ergonómico

El teclado tradicional se basa en el teclado viejo de las máquinas de escribir (la IBM Selectric, por cierto). ¿Por qué? Porque sí. Ninguna mecánica dentro del teclado requiere que las teclas sean distribuidas en forma escalonada o en una cascada. La digitada repetitiva en dicho teclado puede causar varios desórdenes de movimiento desagradables (VUMD, siglas en inglés).

Para ayudarle a digitar más cómodamente, puede comprar un teclado ergonómico, como el Microsoft Natural Keyboard. Estos teclados acomodan las teclas en una manera más cómoda para sus manos, mantienen todo alineado y no difieren mucho del teclado de computadora regular.

Mi esposa adora su teclado Microsoft Natural. Ella delira por él. Por otro lado, soy purista y rehúso usarlo. De hecho, uso un teclado viejo de la IBM con 101 teclas en mi computadora porque me encanta el ruido que hace.

Monitor Más Grande o Secundario

¿Alguna vez ha visto un monitor de computadora de 19 pulgadas? ¿Qué le parece un modelo de 21 pulgadas? ¡Son maravillosos! El monitor de 17 pulgadas que usted tiene fue probablemente una buena opción cuando compró su computadora. Pero vea la pantalla en ese monitor más grande.

Lo bueno de Windows y comprar un nuevo monitor es que usted no tiene que tirar el viejo. Puede usar ambos monitores al mismo tiempo. Usted necesita un segundo adaptador de video para controlar el segundo monitor, pero es absolutamente maravilloso.

Refiérase al Capítulo 11 para más información acerca de monitores en duo.

Tarjeta de Expansión USB

USB es la cosa que debe tener para expandir su PC. Si su computadora no tiene un puerto USB, entonces puede comprar una tarjeta de expansión USB .

Mi consejo: compre una tarjeta USB PCI de dos puertos. (Perdón por todos los acrónimos y jerga). Dos puertos son suficiente para empezar. Si obtiene más de dos dispositivos USB, puede ya sea intercambiarlos o solo comprar un hub USB para continuar expandiendo su sistema. Refiérase al Capítulo 8 para más información acerca del USB.

Escáner o Cámara Digital

Si desea el ultimo juguete de la PC, entonces compre un escáner o cámara digital.

Los escaners son maravillosos si disfruta los gráficos y desea enviar fotografías por la Internet. Las cámaras digitales son un juguete lindísimos, pero costoso. Y se necesita algo de tiempo para acostumbrase a ellos.

Mi consejo: si ya tiene una buena cámara y toma muchas fotografías, compre un escáner. Espere que el precio de las cámaras digitales baje un poco antes de hacer la inversión. (Refiérase al Capítulo 17 para más información acerca de escaners y cámaras digitales).

Capítulo 31

Diez Consejos de un Gurú de PC

- -

En este capítulo

▶ Usted está a cargo

▶ A los nerdos de computación les encanta ayudar

▶ Compre una UPS

▶ No se enoje por actualizar el software

▶ No reinstale Windows para arreglar cosas

▶ Cómo arreglar perfectamente su monitor

▶ Apague la PC cuando abra la caja

▶ Suscríbase a una revista de computación

▶ Evite el engaño

▶ No tome esto de la computación demasiado en serio

- -

*N*o me considero un experto en computación, genio o gurú, aunque muchos me han llamado así. Tan solo soy alguien que comprende cómo funcionan las computadoras o, mejor aún, comprendo cómo piensan las personas en computación. Quizás no puedan expresar una idea, pero yo puedo verlo que quieren decir y traducirlo al español para usted. Dado eso, presento algunos consejos y sugerencias finales antes de que usted y su PC se marchen.

Usted Controla la Computadora

Usted compró la computadora. La limpia cuando se ensucia. La alimenta con disquetes cuando se lo pide. Usted controla la computadora, tan sencillo como eso. No le permita intentar mandarlo con sus conversaciones extrañas e idiosincrasias graciosas. Es realmente bastante tonta; la computadora es una idiota.

Si alguien pusiera una lata de aceite de motor aplastada en su boca, ¿trataría de saborearla? Por supuesto que no. Pero meta una lata de aceite de motor aplastada en una unidad de disco y la computadora intentará leer la información de ella, pensando que es un disquete. ¿Ve? Es tonta.

Usted controla esta computadora sin cerebro al igual que controla un niño. Debe tratarla de la misma manera, con respeto y cuidado. No sienta como que la computadora lo está mandando más de lo que siente cuando un niño le demanda que lo alimente a las 3 a.m. Ambas son criaturas indefensas sujetas a todos sus caprichos. Sea gentil, pero esté a cargo.

A la Mayoría de los Nerdos de Computación les Encanta Ayudar a Principiantes

Es triste, pero la mayoría de los nerdos de computación pasan gran parte de sus horas de trabajo frente a una computadora. Ellos saben que eso es algo raro, pero no pueden evitarlo.

Sus conciencias culpables son lo que por lo general los hace felices de ayudar a principiantes. Al transmitir su conocimiento, pueden justificar las horas que pasan sobre el banquillo de su computadora. Además, les da una oportunidad de abrirse paso en una destreza social que se está escapando lentamente: el arte de hablarle a una persona.

- Siempre agradezca cuando reciba ayuda.

- Tenga cuidado de los Falsos Nerdos. Estos son personas que no aman las computadoras pero que fueron a alguna especie de escuela para aprender algunos trucos. Quizás no sean útiles ni saben sobre computadoras más que lo que les han dicho. Puede diferenciar los Falsos Nerdos porque no tienen el entusiasmo del Verdadero Nerdo, el que le puede ayudar.

Comprar una UPS

El Uninterruptable Power Supply (UPS, Suministro de Energía Ininterrumpido) es una bendición para la computación en cualquier parte del mundo donde la energía no es muy confiable. Conecte su consola en la UPS. Conecte su monitor en la UPS. Si tiene enchufes extra respaldados con batería, conecte también su módem.

- Refiérase al Capítulo 2 para información acerca de usar una UPS así como usar una regleta.

> ✔ Utilizar una UPS no afecta el desempeño de su PC. A la computadora le importa muy poco si está conectada a la pared o la UPS.

Actualizar el Software no es una Necesidad Absoluta

Al igual que los modelos en la portada de *Vogue* cambian su vestimenta cada estación (o quizás eso debería ser cambiar su moda en cada estación), las compañías de software lanzan actualizaciones perpetuas. ¿Debería usted automáticamente comprar la actualización?

¡Por supuesto que no! Si está cómodo con su viejo software, no hay razón de comprar la nueva versión. ¡Ninguna!

La actualización del software probablemente tiene unas cuantas opciones (aunque todavía no ha tenido la oportunidad de revisar todas las opciones en la versión actual). También es probable que tenga algunas pulgas nuevas, lo que la hace fallar en formas nuevas y diferentes. Siéntase libre de buscar en la caja, igual a como observa a las muchachas en la portada de *Vogue*. Pero no se sienta obligado a comprar algo que no necesita. (Y me disculpo por los paréntesis).

Nunca Reinstalar Windows

Hay un mito dando vueltas en los sitios de soporte técnico de que la solución a todos sus padecimientos es reinstalar Windows. Algunas personas de soporte técnico incluso dicen que es común que la mayoría de los usuarios de Windows reinstalen al menos una vez al año. Eso es basura.

Usted nunca necesita reinstalar Windows. Todos los problemas son arreglables. Lo que ocurre es que los técnicos de soporte son perezosos y recurren a una solución drástica para evitar descubrir cuál es el problema. Si los presiona, nunca le dirán qué estaba mal y cómo arreglarlo.

En todos los años que tengo de usar una computadora, nunca he reinstalado Windows o reformateado el disco duro. Todo es arregable. Cualquier persona que le diga lo contrario está hablando basura.

Ajustar su Monitor Perfectamente

No tengo mucho que explicar aquí. Mantener el monitor encendido demasiado brillante es malo para los ojos y lo gasta más rápidamente.

Para ajustar el monitor a la perfección, suba todo el brillo (el botón con el pequeño sol) todo lo que pueda y ajuste el contraste (el botón con la media luna) hasta que el despliegue se vea bien. Luego baje todo el brillo hasta que le agrade lo que ve. ¡Eso es!

Desconectar su PC Cuando Actualiza el Hardware

Las nuevas PC no tienen un interruptor on/off como los modelos más viejos. Cuando abre la caja para actualizar o agregar una tarjeta de expansión, su ombligo (si es como el mío) puede oprimir el botón en encendido-apagado y se verá trabajando en un ambiente eléctrico peligroso. Para evitar eso, desconecte la consola antes de abrirla para actualizarla.

No necesita desconectar la consola o incluso apagar la PC cuando agrega un dispositivo USB o FireWire. (Sin embargo, necesita desconectarla si agrega una tarjeta de expansión USB).

Suscribirse a Una Revista de Computación

Oh, ¿por qué no? Busque en los estantes de su café/tienda de música/biblioteca local. Intente encontrar una revista de computación que le agrade.

- No he encontrado últimamente una buena revista de computación para principiantes. (Quizás una).

- Lo que me atrae de una revista son las columnas y las cosas nuevas que ponen al frente.

- Algunas revistas son solo anuncios. Eso puede ser maravilloso si le gustan los anuncios, o puede ser aburrido.

- Evite las revistas muy para nerds, pero probablemente no necesitaba decirle eso.

Evitar el Engaño

La industria de la computación está llena de engaños. Aún si usted se suscribe a una revista de computación orientada a la familia computadora, leerá sobre lo último de aquí o de allá. ¡Ignórelo!

Mi forma de medir el engaño es si lo que ofrecen es o no enviado como una parte estándar de una PC. Yo reviso los anuncios. Si lo envían, entonces escribo. De lo contrario, es un mito y puede no ocurrir. Evite ser engañado.

- ✔ Cuando el engaño se vuelve realidad, leerá sobre él en este libro.
- ✔ Engaños que he podido satisfactoriamente ignorar: Pen Windows; Push technology; Shockwave; Microsoft Bob; Windows CE, Home wireless networking.
- ✔ Engaños que eventualmente se volvieron realidad: USB; CD-R; unidades Zip; comprar en la Web o e-commerce; unidades DVD; cámaras digitales.

No Tomarlo Tan en Serio

Hey, tranquilícese. Las computadoras no son parte de la vida. No son más que depósitos minerales y productos de petróleo. Cierre sus ojos y respire profundo. Escuche el océano cuando choca contra el muelle; escuche las burbujas del tubo del Jacuzzi de mármol en el dormitorio principal.

Pretenda que está manejando un convertible a través de una arboleda de secuoyas en un día soleado con el viento contra su cara o en sus orejas. Pretenda que está acostado sobre el muelle bajo el sol mientras el Pacific Princess se enrumba al sur hacia las islas con monos amistosos de ojos grandes que comen coco en la palma de su mano.

Está en un globo de aire caliente saboreando el primer sorbo de champagne y sintiendo las burbujas explotar sobre su lengua. Adelante, hacia la izquierda, la espiral del castillo se levanta entre las nubes y puede oler el banquete del Chef Meisterbrau.

Luego abra lentamente sus ojos. Es tan solo una tonta computadora. De verdad. No lo tome tan en serio.

Índice

• B •

● *Ɗ* ●

• *E* •

• *J* •

• N •

• *O* •

• *P* •

• *W* •

• Y •

• Z •